北京城市副中心司法论丛

（第一卷·案例分析）

北京市通州区人民法院 编

法律出版社
LAW PRESS·CHINA

图书在版编目(CIP)数据

北京城市副中心司法论丛. 第一卷，案例分析 / 北京市通州区人民法院编. -- 北京 ：法律出版社，2019
ISBN 978-7-5197-2681-2

Ⅰ. ①北… Ⅱ. ①北… Ⅲ. ①审判—案例—通州区 Ⅳ. ①D927.130.5

中国版本图书馆 CIP 数据核字(2018)第 209674 号

北京城市副中心司法论丛(第一卷·案例分析)
BEIJING CHENGSHI FUZHONGXIN SIFA LUNCONG (DI-YI JUAN · ANLI FENXI)
北京市通州区人民法院 编

责任编辑 王 曦 冯高琼
装帧设计 李 瞻

出版 法律出版社
总发行 中国法律图书有限公司
经销 新华书店
印刷 北京建宏印刷有限公司
责任印制 吕亚莉

编辑统筹 法规出版分社
开本 710 毫米×1000 毫米 1/16
印张 22.5
字数 335 千
版本 2019 年 12 月第 1 版
印次 2019 年 12 月第 1 次印刷

法律出版社/北京市丰台区莲花池西里 7 号(100073)
网址/www.lawpress.com.cn
投稿邮箱/info@lawpress.com.cn
举报维权邮箱/jbwq@lawpress.com.cn
销售热线/400-660-8393
咨询电话/010-63939796

中国法律图书有限公司/北京市丰台区莲花池西里 7 号(100073)
全国各地中法图分、子公司销售电话：
统一销售客服/400-660-8393/6393
第一法律书店/010-83938432/8433　西安分公司/029-85330678　重庆分公司/023-67453036
上海分公司/021-62071639/1636　深圳分公司/0755-83072995

书号:ISBN 978-7-5197-2681-2　**定价**:68.00 元
(如有缺页或倒装,中国法律图书有限公司负责退换)

序　言

陈立如

"夫法之善者，仍在有用法之人，苟非其人，徒法而已。"法官是适用法律的工匠，他们将法律条文刻画得栩栩如生，案例是他们的产品和成果。优秀的案例是一座灯塔，为法官办理类案指引方向；是一泓清泉，为法学研究注入"源头活水"；是一件利器，为"弘于下"的社会风俗充实"立于上"的法治内核。

我院历来重视案例的研究、编撰工作，并使其与审判工作同频共振，通过案例总结审判经验，凝聚审判智慧。适逢全面依法治国之盛世，传承"有法者以法行，无法者以类举"之传统，我们将案例的撰写、汇编工作作为法官繁忙工作间隙"修行"提升不可或缺的途径，等不得、空不得、缺不得。

近年来，如火如荼的北京城市副中心建设为我院带来巨大历史机遇，亦带来空前严峻的挑战，对我院的审判工作提出了更高标准、更严要求。面对这样的形势，我们必须加强调研与指导工作，着力解决审判工作中的热点、难点和焦点。案例工作便是强有力的抓手，既能总结凝练有益审判经验，又有统一裁判尺度之效用，还兼具营造崇学培优氛围之功能。鉴于此，我院一方面组织审判实务经验丰富、理论功底深厚的专家型法官对审判实践中的疑难复杂问题开展案例研究，另一方面充分调动年轻法官的积极性，使其以积极主动的姿态投入案例研究事业。最终，通过严格把关，我们精心筛选出一百余篇文章集结成《北京城市副中心司法论丛（第一卷·案例分析）》一书，以营造"比学赶超"的浓郁学习氛围，激励、鞭策法官坚定法律信仰、提升业务水平，促进社会各界关注、支持、理解法院工作。北京城市副中心的建设绝非一日之功，因此，我们将以这次案例出版为契机,建立一套丛书,争取每年出版一本,以司法实务的理论研究服务和保障北京城市副中心建设核心内容,全情融入副中心命运共同体、行动共同体、创新共同体、使命共同体。

本书作为我院案例研究事业的阶段性成果,选材上乘,收录案例多为我院新型、疑难且受群众关切的案件,事实梳理、论法析理务求简练概括、逻辑清晰、充分翔实。这是我院集体智慧的结晶,是对我院审判调研成果的一次集中检验与总结,展现了我院优秀法官的司法能力和理论水平。本书亦是我院迈入新时代的新鲜印记,跳动着鲜活的学术理论脉搏,如初升旭日。期冀在不久的将来,在通州法院这片热土上,学术理论研究与司法审判实践将交相辉映,形成法治中国生动实践的一个亮丽剪影。

千里之行,始于足下。这是一个好的开端!

目　　录

民事篇

商事篇

刑事篇

行政篇

执行篇

民事篇

严重违反日常生活经验法则可作为“恶意串通”的重要认定依据

孙之智

一、据以研究的案例

原告张某、袁某系夫妻关系。坐落在北京市通州区安顺北里某号楼的某房屋（以下简称涉案房屋）原来登记在张某名下，该房屋建筑面积为155.30平方米，所在层数为4层。2011年10月20日，张某、袁某（委托人）与曲某（受托人）在北京市东方公证处签订《委托书》并办理了公证。委托内容载明：委托人双方为夫妻。根据京房权证通私字第××号《房屋所有权证》，涉案房屋的房产，产权登记人为张某。现委托人共同委托曲某作为代理人办理上述房产的提前还款以及解除抵押、注销和出售事宜。并全权代表委托人办理如下事项：提前还清上述房产的贷款，解除抵押；在解除抵押、取得房产证后，代为办理上述房屋的有关出售及产权转移过户、权属登记、税务登记等相关一切手续（包括签订买卖合同和网上签约手续）；代为确定卖房价格，代收卖房款并签署相关文件等。委托期限为2011年10月20日起至2012年4月19日止。受托人无转委托权。委托书还约定了其他内容。委托书签订后，曲某出资替张某、袁某提前还清了上述涉案房屋的贷款，并于2012年1月16日办理了按揭贷款的注销手续。

另查，曲某作为张某（出卖人）的委托代理人与李某（买受人）签订《存量房屋买卖合同》，约定：出卖人将涉案房屋出售给李某，该房屋成交价格为94万元。买受人向出卖人支付定金5万元，定金支付方式为直接支付给出卖人，支付日期为2012年1月15日。合同还约定了其他内容。但是，这份合同中没有约定房屋交付条款、违约责任条款和权属转移登记条款。本合同中出卖人的委托代理人曲某在合同上注明的签订时间为2011年1月18日，而买受人李某在合同上注明的签订时间为2012年3月27日。经查，李某在买房过户前没有到涉案房屋进行实地勘察。2012年3月27日，涉案房屋过户登记在李某名下。2012年3月28日，案外人段某代李某领取了房屋权属证书。此后，涉案房屋仍由张某、袁某居住使用，张某、袁某拒绝将房屋腾退给李某。

后原告张某、袁某诉至法院，要求判决被告李某、曲某之间签订的房屋买卖合同无效，称原告张某曾向被告曲某借款，后因客观原因原告未能按时全部一次性清偿，双方就此产生纠纷，在未经原告同意确认的情况下，被告曲某将属于原告所有的房屋卖给被告李某，二被告的行为严重侵害了原告的合法权益。

庭审中，曲某表示出卖人一栏的签订时间是其填写的，但因笔误写为2011年1月18日。二被告称合同实际签订日期为2012年3月27日，本案涉案房屋是先办理的房屋产权过户手续，在领取房屋产权证的当天李某一次性给付曲某房款94万元现金。经询问，原告张某、袁某表示，如果被告李某、曲某之间签订的房屋买卖合同被判决无效，对于合同无效的后果，其二人保留权利另行解决。

北京市通州区人民法院经审理认为：恶意串通，损害国家、集体或者第三人利益的，合同无效。张某、袁某委托曲某出售涉案房屋，曲某应当本着诚信原则，尽力勤勉地履行义务。但是，曲某将涉案房屋出售给李某的整个过程中存在重大疑点，严重违背生活经验法则。一是《存量房屋买卖合同》的两个签订日期严重不符，故曲某所述的笔误理由，不予采信。二是李某在买房过户前没有到涉案房屋进行实地勘察就签订合同并过户，而且买房款94万元系现金交易，均不符合生活经验。三是先过户再付款。曲某称与李某没有关系，却在没有收到任何房款，甚至没有按照合同约定收到定金的情况下将房屋过户给李某，这也不符合正常逻辑。四是在房屋没有重大质量问题或者其他不利因素的情况下，房屋交易价格明显低于当时的市场价格。因此，曲某将涉案房屋出售给李某的行为，属于恶意串通，严重损害了张某、袁某的合法权益，故对张某、袁某的诉讼请求，予以支持；对被告曲某、李某的辩解意见，不予采信。张某、袁某表示对于合同无效的后果，保留权利另行解决，法院不持异议。综上所述，法院依据

《合同法》*第52条第(2)项之规定,判决确认被告李某和作为张某委托代理人的曲某签订的关于涉案房屋的《存量房屋买卖合同》无效。

一审宣判后,李某、曲某不服,提出上诉,张某、袁某同意原判。李某、曲某的上诉请求均为:撤销原判,改判驳回张某、袁某的诉讼请求。李某、曲某的主要上诉理由为:张某、袁某与李某的房屋买卖,是基于其二人与曲某的委托合同关系,委托书亦经过公证。李某按照合同约定全面履行了自身义务,支付了价款,买卖合同并无不当。李某对涉案房屋支付了对价94万元,是鉴于房市行情和张某、袁某拒绝开门让看房及其二人对曲某欠债的多重考虑,不属于明显不合理的低价。在交易前,曲某曾带领李某看房,并多次给张某、袁某打电话,但对方拒接,到家敲门也不开,致使勘察不得。

二审法院经审理查明的事实与原审事实基本无异。二审法院另外查明:李某、曲某均认可双方之间仅签订了一份《存量房屋买卖合同》,即本案已提交的书证。

二审法院经审理认为:曲某与李某的交易过程存在多处重大疑点,这些疑点一并出现在同一交易过程中,难以以偶然性自圆其说,实属不符合交易习惯并有悖常理。一审法院认定曲某与李某之间存在恶意串通,损害张某、袁某合法权益的情形,处理并无不当,予以确认。至于李某、曲某的其他上诉理由,应当指出:曲某受张某、袁某之委托,代其二人出售涉案房屋,受托人曲某在处理委托人事务时,应以维护委托人利益为原则,并在遵循诚实信用原则的基础上,尽力勤勉地履行义务。若曲某认为其与张某、袁某另有债务纠纷,可通过包括诉讼在内的合法途径解决,而不能借代理之名解决双方纠纷或为自身谋取利益,此行为与法律创设代理制度的立法本意相悖甚远,亦属滥用代理权之行为。故曲某的上诉理由,法院不予采信。至于李某的上诉理由,既然李某明知原房主张某、袁某拒绝开门、不接电话,那么,李某应对张某、袁某的态度产生认知,并对曲某的行为是否损害他人利益形成合理怀疑。在此情况下,李某未与产权人进一步核实情况,反而与曲某继续交易,放任可能导致的损害发生。此事实亦可印证原判对其主观恶意的认定。据此,李某的上诉理由,亦不予采信。最

---

* 如无特别说明,本书中提到的法律法规均为我国国内法,因此统一省去"中华人民共和国"字样,特此说明。——编者注

终,二审法院判决:驳回上诉,维持原判。

二、相关法律问题分析

本案的争议焦点是李某与曲某代张某签订的《存量房屋买卖合同》是否有效,而认定合同效力的关键则是李某、曲某行为的定性问题。

(一)严重违反日常生活经验法则可作为恶意串通的认定依据

我国《合同法》第52条规定了导致合同无效的五种情形,其中第(2)项规定为"恶意串通,损害国家、集体或者第三人利益"。这一无效情形由主观和客观两个要件构成。主观要件为恶意串通,即当事人双方具有共同目的,希望通过订立合同损害国家、集体或者第三人的利益。它可以表现为双方当事人事先达成协议,也可以是一方当事人作出意思表示,对方当事人明知其目的非法而用默示的方式接受。它可以是双方当事人相互配合,也可以是双方共同作为。客观要件是双方订立的合同损害了国家、集体或者第三人的利益。

恶意串通是通谋后的非法行为,具有隐秘性和非法性。在当事人否认自己的行为属于恶意串通的情形下,法官必须根据已有证据来认定行为人的行为是否符合恶意串通的构成要件。其中,一个重要的认定标准是当事人的行为是否严重违反日常生活经验法则。经验法则,是指人们从生产生活体验中归纳获得的关于事物因果关系或属性状态的常识或知识。虽然经验法则不是事物之间内在联系的必然反映,只是一种具有盖然性的外在联系,一种按照归纳法所得出的判断和结论,但是,在大多数情况下,经验法则具有普遍公认的或者不证自明的性质。经验法则具有三个特点:一是反复发生,二是常人可感受,三是可验证性,即这种经验法则所依据的生活经验可随时以特定的具体方式还原为一般人的亲身感受。在司法实践中,经验法则往往被作为证据裁判的根据,用以衡量已知事实、确定未知事实,在证据的评价、案件事实的认定中占有极其重要的地位。

(二)对本案的分析

张某、袁某夫妻二人委托曲某将其自有的涉案房屋对外出售,且进行了委托手续公证。这一行为系双方的真实意思表示且不违反法律法规,合法有效。

依照双方的约定,曲某有权将涉案房屋对外出售。虽然,委托书并未注明售房价格,但曲某作为受托人应当按照诚信原则勤勉地履行义务,不得损害张某、袁某的合法权益。就本案而言,李某、曲某二人的房屋买卖行为存在多处重大疑点,明显不符合常理。

第一,在房屋没有重大质量问题或者其他不利因素的情形下,售房价格明显低于市场价格。涉案房屋于 2005 年建成,三室两厅格局,六层板楼结构,位于第四层。2012 年 3 月,涉案房屋所在小区的二手房交易价格每平方米均价为 10 000元至 15 000 元。而曲某出售给李某的涉案房屋单价竟然只有 6052. 8 元,仅相当于市场价格的 1/2。

第二,合同中没有关于房屋交付时间、产权过户时间以及违约责任承担等主要条款的约定。这些约定关系着当事人违约责任的承担以及买卖能否最终实现,而缺少这些约定极易发生纠纷,不利于当事人权益的实现;除非当事人之间存在非常特别的亲近关系,如亲戚、朋友、同学等关系,否则,通常不会出现这种情况。但在庭审中,李某、曲某称二人之间没有特别亲近关系。

第三,大额交易不转账而是现金交易,且无法说明资金来源或走向。李某称一次性以现金方式给付曲某 94 万元房款,这种说法不太可信。因为从常理分析,为了交易安全和保存证据,绝大多数人都会通过银行转账的方式进行大额交易,不会以现金方式交易,而且,李某亦不能说明 94 万元的来源。

第四,先过户再给付房款。根据二手房买卖的流程,买房人必须先给付房款,卖房人才能配合办理过户手续。而如果买房人未给付房款,卖房人就配合买房人过户的话,卖房人可能面临房屋、房款两失的困境。根据李某所述,其是在领取房产证的当天给付曲某 94 万元房款,这根本不符合正常的生活逻辑。

第五,买房前未实地勘察房屋。房屋是重要的生产资料,价值巨大。普通人对购房往往慎之又慎,实地勘察房屋更是“必修课”。因为,唯有实地勘察,才能发现房屋是否存在质量问题、房屋格局自己是否喜欢、房屋所在小区生活是否便利等。而李某称由于张某、袁某夫妻二人不开门致使其无法勘察,这种说法的真实性无从考证。如果属实,恰恰证明李某应当对房屋买卖的合法性产生合理怀疑,而李某在未排除合理怀疑的情形下继续交易,放任损害后果的发生,亦可印证其主观恶意。

第六,同一份《存量房屋买卖合同》上的两个签订日期严重不符,且年、月、日均不相同,与一般的书写笔误存在明显区别。曲某在合同上注明的签订时间为2011年1月18日,而买受人李某在合同上注明的签订时间为2012年3月27日。因此,曲某辩称的笔误,法院没有采信。

综上,李某、曲某的房屋买卖行为严重违反生活经验法则,该二人的辩解不符合常理,没有说服力,确实难以让人相信。全面考虑李某、曲某的言行,可以认定该二人关于涉案房屋的买卖行为系恶意串通的行为,应当认定合同无效。因此,一审、二审法院的判决是正确的。

夫妻婚姻关系存续期间一方将婚前房产约定为另一方所有的应认定为赠与

井 龙

一、据以研究的案例

2005年,胡某购买了位于北京市通州区某小区的5091号房屋一套。2006年1月10日,该房屋取得土地管理部门颁发的房屋所有权证,产权登记在胡某名下。同年10月,胡某与王某登记结婚。2010年12月6日,王某与胡某签订夫妻房屋转移协议,协议载明:二人为夫妻关系,坐落于通州区某小区的5091号房屋,胡某是所有权人且已取得房屋所有权。经双方共同协商,现申请将上述房屋产权转移到王某名下。此房屋产权归王某个人所有。当日,房屋产权人变更为王某。后王某以双方经常因家庭生活琐事吵嘴、打架导致夫妻感情破裂为由,起诉要求与胡某离婚,并要求确认5091号房屋为其个人财产。

北京市通州区人民法院经审理后认为,王某与胡某虽系自主结婚,但婚后未能注意夫妻感情的培养,夫妻感情确已破裂,对于原告起诉要求与被告离婚之请求,予以支持;关于北京市通州区某小区的5091号房屋,因原、被告在婚姻存续期间对该房屋的归属已有约定且已经办理过户手续,故该房屋现应为王某个人财产,被告关于夫妻房屋转移协议系当时为了让原告安心而签订,故该房屋系其婚前财产应予分割的辩解意见,没有事实依据,不予支持。后法院判决双方离婚,5091 号房屋判归王某所有。

胡某提起上诉,认为一审法院对于房屋的处理是错误的,要求确认本案涉案房屋系其个人婚前财产。二审法院判决维持原判。

二、相关法律问题分析

(一)关于本案王某与胡某签订的夫妻房屋转移协议的效力问题

对于该协议的效力,有两种观点:一种观点认为无效,另一种观点认为有效。笔者认为,王某与胡某签订的房屋转移协议系双方真实意思的表示,内容不违反法律、法规的规定,应属合法有效。

(二)关于本案中夫妻房屋转移协议的性质认定问题

转移协议的性质认定,关系到本案适用的法律。一种观点认为,该协议应属于夫妻财产约定,适用《婚姻法》关于夫妻财产约定的规定;另一种观点认为,该协议属于夫妻间的赠与,应适用《合同法》关于赠与的规定。笔者认为,该协议系赠与,应适用《合同法》关于赠与的有关规定。我国《婚姻法》规定了三种夫妻财产约定的模式,即分别所有、共同共有和部分共同共有,并不包括将一方所有的财产约定为另一方所有的情形。将一方所有的财产约定为另一方所有,也就是夫妻间的赠与行为,应适用《合同法》及《物权法》的相关规定。若房屋所有权尚未转移,即未办理房屋变更登记手续,赠与房产的一方可以撤销赠与。《最高人民法院关于适用〈中华人民共和国婚姻法〉若干问题的解释(三)》第 6 条规定,婚前或者婚姻关系存续期间,当事人约定将一方所有的房产赠与另一方,人民法院可以按照《合同法》第 186 条的规定处理。本案的房屋转移协议,应认定为胡某将个人婚前财产赠与王某,且办理了房屋产权转移登记,故胡某无法撤销该赠与。反之,若双方未办理房屋产权转移登记,胡某可以撤销该赠与。

如何认定夫妻之间的协议是属于夫妻财产约定还是属于夫妻之间的赠与,

这需要在审理中查明财产的来源及初始权属,若是婚前一方个人财产,婚后约定为另一方所有,虽协议中未涉及赠与,也应认定为赠与。

综上,一审法院的判决是正确的。

安装探头但未涉及他人私密空间的,不构成侵犯隐私权

邱春阳 梁 冬

一、据以研究的案例

原告王某和被告雷某系同村邻居,原告家在西院,被告家在东院。2011 年 11 月,被告在其院内东厢房最南侧房脊上安装了探头,该探头位置朝西,原告认为被告所安装的探头严重侵犯了其隐私,故诉至法院请求判令被告将其安装的探头从房脊上摘掉,并赔偿其精神损失费 2000 元。

庭审过程中,被告辩称其安装探头是为了自家安全,并称探头只能照到自己家的院子和门前,根本照不到原告家里,故请求法院驳回原告的诉讼请求。后经法院现场勘测,被告所安装的探头虽朝向西侧,但该探头并未照到原告院内。

通州区人民法院经审理认为,虽然被告所安装的探头确实朝向西侧即原告家,但是该探头的摄像探头并未照到原告家中,即使可能照到原告家门口,进而可能知道原告家中人员的出入情况,但是这种情况并未涉及原告的私密空间,亦不足以构成侵犯原告的隐私权。故对于原告的诉讼请求,缺乏相应的事实和法律依据,法院对此不予支持,判决驳回原告诉讼请求。但同时,法院出于构建邻里和谐关系的目的,在判决书中指出“虽然被告所安装的探头对原告的隐私权并不构成侵犯,但本院亦希望被告能够理解和体谅原告的担心和苦衷,采取

一定的措施消除其因安装探头而给原告所造成的困扰。”

本案宣判后,原告王某不服一审判决,提出上诉,二审法院经审理判决驳回上诉、维持原判。

二、相关法律问题分析

本案争议的焦点在于行为人在自家安装探头的行为(未涉及他人家中)是否构成侵犯隐私权。下面笔者予以具体分析。

隐私权是自然人的一项基本人格权利,是指自然人享有的私人生活安宁以及私人生活秘密依法受到法律保护,不被他人侵扰、知悉、干涉、利用和公开的一种人格权。公民的隐私权应当受到法律保护,公民有权自主决定是否公开自己的隐私,他人不得干涉。我国《宪法》第 39 条明确规定:“中华人民共和国公民的住宅不受侵犯。禁止非法搜查或者非法侵入公民的住宅。”第 40 条规定,“中华人民共和国公民的通信自由和通信秘密受法律的保护”。《最高人民法院关于确定民事侵权精神损害赔偿责任若干问题的解释》第 1 条规定,“违反社会公共利益、社会公德侵害他人隐私或者其他人格利益,受害人以侵权为由向人民法院起诉请求赔偿精神损害的,人民法院应当依法予以受理”。法律法规都对公民的隐私权保护给予了明确规定,如果行为人侵犯了他人的隐私权,理应承担相应的法律责任。

隐私权的内容包括公民个人生活安宁权、个人生活情报保密权、个人通信秘密权以及隐私利用权。其中最重要的一项权利内容就是公民个人生活安宁权,也就是公民的个人生活安宁应当受到法律保护,任何人不得窥探他人的生活环境、干涉他人的生活安宁,公民的个人活动不应受到他人干扰,尤其是公民住宅内的活动不得受到他人监视、监听和偷窥。至于何种窥探才算侵犯他人隐私权要看行为人的行为是否构成了侵扰、偷窥他人的生活秘密,只有侵犯到了他人的私密空间,非法窥探他人室内情况,才构成侵犯隐私权。

本案中,被告家安装探头并不必然构成侵犯原告隐私权的事实,判断其是否构成侵犯原告的隐私权,就要看其探头涉及的位置是否侵犯到了原告的私密空间,即是否触及了他人的室内情况。对于普通公民来说,家门口算是公之于外的,只有家里面才是自己不希望被他人触及的私密空间。被告安装的探头虽然能照到原告家门口,但其未能照到原告家里面,因而原告的私密空间并未被打扰和偷窥,其还是可以享受自己的生活安宁,保守自己的生活秘密,享有自己的私密空间,因而被告安装的探头并未侵犯原告的隐私权。

综上,一审、二审法院的判决是正确的。

夫妻合立遗嘱在现行法律制度下可以认定为有效

齐　松

一、据以研究的案例

路某与翟某系夫妻关系,二人共有两名子女,即本案被告路 A、路 B。原告尹某系路 A 之女,即路某与翟某的外孙女。位于北京市通州区×小区×号楼×单元×层×号房屋(以下简称×号房屋)系路某与翟某的夫妻共同财产,登记在路某名下。路某于 2008 年 10 月 15 日去世,翟某于 2012 年 4 月 7 日去世。路某与翟某生前于 2008 年 5 月 22 日立《遗嘱》一份,内容为:"我叫路某,老伴翟某,我俩经过深思熟虑,一致同意百年之后,将坐落在北京市通州区×小区×号楼×号路某名下的两居室住房,无偿赠与外孙女尹某。特立遗嘱。立遗嘱人:姥爷路某、姥姥翟某。见证人:柯某、胡某"。立遗嘱时有路某、翟某、柯某、胡某四人在场,遗嘱由路某执笔书写,书写完毕后路某、翟某及见证人胡某、柯某均在遗嘱上亲笔签名。

北京市通州区人民法院审理后认为,诉争的×号房屋系被继承人路某与翟某的夫妻共同财产。因路某与翟某生前已立遗嘱,表示其去世后将×号房屋无偿赠与尹某,该遗嘱由立遗嘱人路某、翟某在两名见证人柯某、胡某见证下亲笔书写,并在遗嘱落款处有立遗嘱人和见证人的亲笔签名,该遗嘱合法有效。法院最终判决被继承人路某名下×号房屋归原告尹某所有。

二、相关法律问题分析

本案的争议焦点在于路某与翟某夫妻二人合立的遗嘱是否合法有效，能否作为处理遗产的依据。

（一）关于遗嘱形式的现行立法规定

有效的遗嘱需要同时具备实质要件和形式要件，根据我国《继承法》的有关规定，遗嘱的有效条件包括：(1)遗嘱人在订立遗嘱时具有遗嘱能力；(2)遗嘱是遗嘱人的真实意思；(3)遗嘱内容合法；(4)遗嘱的形式必须合法。遗嘱形式合法，即遗嘱的形式必须是我国《继承法》规定的五种形式，并且符合相应的形式要件。根据《继承法》第17条规定，遗嘱的五种形式及其要件要求分别为：(1)公证遗嘱，由遗嘱人经公证机关办理；(2)自书遗嘱，由遗嘱人亲笔书写、签名、注明年、月、日；(3)代书遗嘱，应当有两个以上见证人在场见证，由其中一人代书，注明年、月、日，并由代书人、其他见证人和遗嘱人签名；(4)录音遗嘱，以录音形式立的遗嘱，应当有两个以上见证人在场见证；(5)口头遗嘱，遗嘱人在危急情况下，可以立口头遗嘱。口头遗嘱应当有两个以上见证人在场见证。危急情况解除后，遗嘱人能够用书面或者录音形式立遗嘱的，所立的口头遗嘱无效。

（二）本案所涉遗嘱为夫妻合立遗嘱，合立遗嘱的效力如何认定

合立遗嘱，又称共立遗嘱、共同遗嘱或者联合遗嘱，是指两个或两个以上的遗嘱人共同订立同一份遗嘱，对其死亡后各自或共同遗留的财产指定继承人继承的一种遗产继承方式。这是一种特殊的遗嘱方式，虽然我国《继承法》中未提及合立遗嘱，但合立遗嘱，特别是夫妻合立遗嘱，作为一个社会现象是客观存在的。例如，一对年老夫妻自书一份遗嘱，指定当两人百年之后，夫妻共同财产由其子女如何分配继承。此遗嘱即为夫妻合立遗嘱。本案路某与翟某所立之遗嘱即为夫妻合立遗嘱。

关于合立遗嘱的效力如何认定？由于《继承法》中未提及合立遗嘱，因而在理论界及审判实务界均对合立遗嘱有效性存在不同的观点。肯定合立遗嘱效力的观点认为：遗嘱行为是私法行为，遗嘱人设立遗嘱之目的在于表明自己死

亡后处分遗产的意愿。对遗嘱效力的确认应当贯彻私法自治的原则，只要是真实的意思表示就应当有效，而不应过分关注其行为的方式。否定合立遗嘱效力的观点认为：合立遗嘱恰恰违背了当事人意思自治原则和遗嘱自由原则，遗嘱人单方的意思表示即可独立自主地决定遗嘱的成立、变更或撤销。而合立遗嘱，尤其是内容相关的合立遗嘱，却是一种双方的民事法律行为，任何一方不得随意予以变更、撤销。另外，如果合立遗嘱人一方在生前即以实际行为处分了自己的遗嘱标的物，从而否定了其所立合立遗嘱时，合立遗嘱人的另一方所立的遗嘱内容是否仍然有效？再者，因合立遗嘱而发生的继承关系，继承开始时间无法确定。《继承法》第 2 条规定，继承从被继承人死亡时开始。事实上，合立遗嘱人通常情况下不会同时死亡，当合立遗嘱人一方先死亡时，有关该死亡人的遗产继承即应当开始，但合立遗嘱的存在，使得该继承开始时间失去了法律意义，且会导致遗产的范围无法确定。若等到最后一位合立遗嘱人死亡，继承才开始，则其间所发生的各种法律事实往往又会影响合立遗嘱的内容效力。

我国《继承法》虽然没有提及合立遗嘱，但也并无明文规定对“遗嘱合立行为”予以禁止。笔者认为，对于合立遗嘱的效力不应当一概否定：首先，当事人意思自治原则是一项古老的私法原则，在越来越注重私权保护的当代，法律更应当对公民处分个人权利给予充分的宽容和尊重。合立遗嘱人通过订立合立遗嘱的方式对自己死后各自或共同财产的处分作出共同意思表示，并不违背意思自治原则。合意行为虽然是一种双方或多方行为，但仍是当事人意思自治的结果，意思自治原则作为一项基本的私法原则，不应当仅局限在单方的民事法律行为之中。其次，合立遗嘱是基于立遗嘱人相互之间的信赖以及特定家庭关系而作出的，它不完全等同于契约之合意行为，这种与特定人身关系相联系的合立遗嘱，是人身关系的自然表达，能够保证家庭财产流转关系的安全运行。在遗嘱方式的有效性问题上，采取比较宽松的态度，既是对死者遗愿的尊重，也避免或减少了遗产继承关系的不稳定。再次，遗嘱是否有效取决于遗嘱的形式要件和实质要件是否具备，但主要还是遗嘱的实质要件，即遗嘱人在设立遗嘱时是否具有遗嘱能力，是否是遗嘱人的真实意思，是否只处分被继承人的个人合法财产。无论是单个遗嘱还是合立遗嘱，其若想有效必须符合这三要件，至于形式有效性问题，则可根据不同遗嘱形式之成立要件确立。最后，因合立遗嘱是遗嘱人双方或多方的合意行为，实践中极易出现其他法律事实的发生对遗嘱的内容、效力产生较大影响的情形。由于这些情况的存在，有关合立遗嘱能否成立，有何效力等实质性问题应由法律加以明确规定，而不能因为在遗嘱人合立遗嘱后可能出现其他影响遗嘱内容及法律效力的法律事实而一概否定合立遗嘱作为遗产处理方式的形式有效性。审判实务中，由于无明确法律规定，导致在处理涉及合立遗嘱的继承纠纷时，对合立遗嘱效力的认定标准不一，做法各异，有损当事人之利益，亦有损司法之公正形象。鉴于此，笔者建议在今后的继承立法过程中正视合立遗嘱的存在并给予其充分的关注。

就本案所涉遗嘱而言，遗嘱处理的房屋属于路某与翟某的夫妻共同财产。从路某的角度分析，其对房屋享有 50% 的份额，其有权根据自己的意愿就该部分财产立遗嘱处分，本案遗嘱由其本人书写并签字，就路某的角度而言，具备了自书遗嘱的要件。从翟某的角度分析，其对房屋也享有 50% 的份额，其也有权根据自己的意愿就该部分财产立遗嘱处分，本案遗嘱非翟某本人书写，但立遗嘱时有两个见证人在场见证，并由见证人和遗嘱人亲笔签名，基本符合代书遗嘱的要件。虽执笔书写之人为翟某之夫，不是其中一个见证人，但翟某本人的亲笔签字及两个无利害关系人的见证，足以认定翟某立遗嘱之真实性。考虑到本案所立遗嘱为夫妻合立的特殊性，由夫妻一人书写而非见证人书写不足以否定翟某所立遗嘱的有效性。因此，本案所涉遗嘱从路某与翟某两人各自的角度进行分析，均符合继承法中单个遗嘱的规范要件，应属于合法有效的遗嘱，认定该遗嘱有效并未超出现行法律规定之框架。

综上所述，法院的判决是正确的。

交纳“诚意金”后不能强制要求开发商签订《商品房预售合同》

李　想

一、据以研究的案例

2015 年 5 月 8 日,原告薛某某向房地产公司支付款项 1 万元,收款收据上载明为“诚意金 1 万元”,表明原告意欲购买由被告房地产公司所有的位于北京市通州区×小区×号楼×单元 1502 号房屋(以下简称 1502 号房屋)。但薛某某未与房地产公司就 1502 号房屋签订《购房意向书》及《商品房预售合同》。2015 年 7 月 31 日,房地产公司与案外人江苏福星建设工程有限公司大仪分公司(以下简称福星公司)签订《北京市商品房认购书》(合同编号:1114795),约定房地产公司以 32 847.82 元/平方米的价格将 1502 号房屋出售给福星公司,认购定金为 5 万元。薛某某当庭表示其与房地产公司的销售人员在 2015 年 5 月已就 1502 号房屋的购买事宜达成一致意见,房地产公司同意按照单价 26 404元/平方米的价格将 1502 号房屋向其进行出售,后因 1502 号房屋价格大幅上涨,房地产公司拒绝与其签订《商品房预售合同》。

开发商辩称,该公司不同意原告薛某某的诉讼请求;其与薛某某之间不存在商品房买卖合同关系。2015 年 1 月 8 日,薛某某向该公司交纳的 1 万元诚意金,仅是为了排号买房,不是定金。薛某某在支付 1 万元诚意金后,并没有支付定金,也没有支付任何购房款。该公司与薛某某之间未签订《认购书》和《认购合同》。因此,该公司有充分的自由选择权,可以将房屋出售给合适的客户。本案诉争房屋,现在已经由其他客户认购。

北京市通州区人民法院审理认为:合同当事人的法律地位平等,一方不得将自己的意志强加给另一方。当事人依法享有自愿订立合同的权利,任何单位和个人不得非法干预。根据本案查明的事实,原告薛某某自始未与被告房地产公司就1502号房屋签订任何书面的《商品房认购合同》和《商品房预售合同》。薛某某要求房地产公司按照238万元的价格与其签订1502号房屋的《商品房预售合同》的诉讼请求,有违合同自愿原则和相关法律规定,故对薛某某的上述诉讼请求,法院不予支持。综上所述,依据《民法通则》第4条、《合同法》第3条、第4条,《民事诉讼法》第64条第1款之规定,判决驳回原告薛某某的诉讼请求。

一审判决作出后,原、被告均未上诉,现判决已发生法律效力。

二、相关法律问题分析

(一)诚意金的性质及认定

本案中,原告的付款行为涉及一个流行概念,即"诚意金"。如何认定原告所付款项的性质,进而判断开发商所应承担的责任,是本案带给我们的思考。

1. 诚意金的性质系意向金。所谓诚意金,也称意向金,是指购房者为购房向卖方表示购买诚意而给付的、与卖家协商一致的金额。现在诚意金已成为开发商或原房主的一种营销手段,在收取诚意金的同时对购房者许诺一定的优惠,刺激购房者的积极性;另外,通过收取诚意金,确定购房者选房的先后顺序。

2. 与定金相比,诚意金的风险更大。通过对比定金和诚意金我们能更好地认识诚意金的实质:定金与诚意金都是在合同履行前一方当事人预先给付给对方的一定款项,都具有预先给付的性质,在合同履行后都可以抵作价款。但是二者又有根本区别:(1)二者效力不同。定金是法律概念,而诚意金仅是商业用语。定金具备担保的效力,可以适用定金罚则,彰显效力。诚意金则不具备合同效力也不受法律的保护,诚意金交付后,如双方当事人未达成合同,不发生丧失或双倍返还的效力。(2)二者蕴含风险不同。定金在我国的法律条文中有较为丰富的规定;诚意金则属于"编外成员",没有法律规定,风险较大,仅是表达交易诚意的一种方式。(3)二者适用条件不同。因为定金在法律上所享有的效力,所以在认定是否系定金性质时,条件较为严格。《担保法》第90条规定"定金应当以书面形式约定",诚意金则没有相关要求,只要双方签订了诚意金的凭证,一般应当认定诚意金的存在事实。(4)二者与主合同关系不同。交付定金的协议是从合同,而交付诚意金的协议一般为另一个不同内容的合同,两个合同之间没有主从关系。

(二)交纳诚意金不能强制订立买卖合同

1. 诚意金的收款凭证可以作为"要约邀请"。"诚意金"看上去很美好,但是购房人给了诚意金真的能够得到期待中开发商的诚意吗?《合同法》载明"要约—承诺"是一份合同的标准订立程序。"要约"是一种希望与他人订立合同的意思表示,要求:(1)内容具体明确;(2)表明经受要约人承诺即接受约束。而一份合同中通常会包含以下内容:(1)当事人的名称或姓名和住所;(2)标的;(3)数量;(4)质量;(5)价款或报酬;(6)履行期限、地点和方式;(7)违约责任;(8)解决争议的方式。"要约"往往也要包含上述内容(至少是大部分内容)。"承诺"是受要约人同意要约的意思表示,关键在于承诺对要约的主要内容不得作出实质性变更。在现实生活中,买房人交给开发商诚意金后,开发商很显然不会在收据上与"意愿购房人"(暂且将已经交了诚意金的购房人称为"意愿购房人")约定房屋的价款、房款支付方式等与房屋买卖行为关系密切的内容,通常情况下甚至连房号也不会标注。这种诚意金的收款凭证很显然不能算是一种要约,"要约邀请"也许算是对诚意金较为贴切的定义。

2. 诚意金不能强制开发商签订《商品房预售合同》。意愿购房人能否强制要求开发商以某一特定价格(通常是宣传单上的广告价格)签订《商品房屋预售合同》?显然意愿购房人低估了开发商的销售技巧,至少是过于信任开发商的诚意。如前所述,诚意金充其量算作一种"要约邀请",意愿购房人与开发商之间并没有完成"要约—承诺"的仪式(甚至连实质意义上的仪式也没有完成)。《合同法》强调民事主体之间地位平等、意思自治的精神,合同的成立需要双方在遵循上述精神的基础上意思表示一致。而在开发商明确表示不同意与意愿购房人签订《商品房预售合同》的情况下,其明显不会与意愿购房人在购房事宜上达成合意,因此诚意金在强制开发商签订《商品房预售合同》这件事上显得微不足道。类比而言,在审判实务中,《预约协议》订立后,当事人一方无正当理由拒绝签订《房屋买卖合同》,守约方起诉要求法院强制违约方订立买卖合同,一般也不会得到支持,其中原因与上面论述的原因相似。当然,如果《预约协议》具备了《房屋买卖合同》的要件,当事人双方就必须按照其内容履行各自义务,但是此时的《预约协议》实际上已经变身为一份正式的合同，当然就谈不上强制签订合同的问题。

3. 诚意金无法享受《合同法》给予定金的"优惠"政策。诚意金交了，房子飞了，意愿购房人应该怎么办？或者说能够怎么办？实际上，笔者在前文中已经详细论述了"诚意金"在法律上的价值。当然，意愿购房人能够要求开发商返还之前已经支付的诚意金，但这种返还请求权更多的是基于一种物权行为而非合同行为。意愿购房人可否比照"定金罚则"要求开发商返还双倍的"诚意金"？《合同法》中对"定金罚则"有着明确论述，前提条件系"定金"（严格意义），正是基于诚意金与定金根本性的区别（两者根本不是同一个概念），诚意金无法享受《合同法》给予定金的"优惠"政策。"信赖利益"的保护措施对于意愿购房人来说也显得遥不可及。"信赖利益"通俗点讲，就是守约方有理由相信双方签订的《合同》（广义《合同》）能够得到充分正当履行，因此为履行自身义务而支出的合理、必要费用。但"信赖利益"保护的前提条件是合同的依法成立。如果诚意金能够当然带来合同的依法成立，那么意愿购房人也就不会与开发商"奋力一搏"了。

综上所述，在这起涉及"诚意金"的典型房屋买卖案件中，一审法院的审判及其结论是正确的。

半封闭式的养护道路内未设置明显标识，施工方应担责

郭明伟

一、据以研究的案例

2013 年 1 月 9 日 19 时 11 分许一男子匿名报警称在北京市通州区翠福园南侧有人骑摩托车倒地，可能是撞车，接报后北京市公安局通州分局焦王庄派

出所民警赶往现场,倒地男子经抢救无效死亡,死者系王某。后北京市公安局通州分局出具尸体检验鉴定书,结论为“王某符合颅脑损伤死亡”。后王某的近亲属即本案的四原告将施工方城建北方公司和发包方商务园公司诉至法院,认为对方对于设置在路中央的钢板栏杆架未设置明显标识及安全防护措施,导致王某驾驶摩托车撞上钢板后当场死亡,因此要求赔偿损失。城建北方公司认为,事发时商通大道路面已经施工完毕,处在养护阶段,该道路东侧与富河大街接壤处设有围墙及标识“施工路段、请勿驶入”。该路段系施工场地,在道路中央设置路障系施工现场内部,故未设置警示标识。因此,王某应知道事发路段施工及设置相关路障的情况,其擅自进入上述路段,对死亡结果存在重大过错。

北京市通州区人民法院审理认为,在公共场所或者道路上挖坑、修缮安装地下设施等,没有设置明显标识和采取安全措施造成他人损害的,施工人应当承担侵权责任。根据查明的事实,综合事故发生的时间、地点及现场的状况,王某之死与城建北方公司架设的钢板栏杆之间存在因果关系,本案中事发地与公共道路接壤,其间虽设置墙体围堵,但并非完全封闭式施工,事实上亦存在不特定的人流量,施工方设置的警示标识与道路中央架设的钢板架相距甚远。在上述情况下,作为施工方的城建北方公司并未采取足够的安全防护措施,以致造成他人伤害,故此其应当承担相应的责任。但王某作为受害人,驾驶二轮摩托车擅闯处于养护期间的路段,根据现场的状况,其应当预见到危险的存在,故其自身亦存在过错。综合双方的过错程度,法院酌定城建北方公司承担70%的民事责任,王某承担30%的民事责任,最终判决城建北方公司赔偿原告死亡赔偿金、丧葬费共计人民币360 355.75元、精神损害抚慰金人民币4万元。

一审判决后,双方均未提起上诉,判决现已经生效。

二、相关法律问题分析

本案的争议焦点在于处于半封闭式养护阶段的道路内部所设置的障碍致损他人应由谁承担责任。在本案中需要对道路施工侵权的构成要件做出进一步分析。

(一)场所或者道路的“公共性”特征

根据法律规定,在公共场所或者道路上挖坑、修缮安装地下设施等,没有设置明显标识和采取安全措施造成他人损害的,施工人应当承担侵权责任。本案中施工方称事发时该路段施工完毕,处在养护阶段,两端设有围墙及标识,已经尽到注意义务,在道路中央设置路障系施工现场内部,不属于公共场所、道路或通道,死者擅自进入未对外开放的施工路段致其身亡应由其自己承担责任。

所谓公共场所,是指公民共同的活动场所,如公共道路、广场、影视剧场、体育馆(场)、商店营业场所、集贸市场等。由于是不特定人聚集、通行的场所,具有“公共性”,很有可能对他人造成损害,因此公共场所的注意义务比一般的注意义务要求更高。本案中事发地与公共道路接壤,其间虽设置墙体围堵,但并非完全封闭式施工,事实上亦存在不特定的人流量,可见该路段尽管处于半封闭式状态,但仍然具有一定“公共性”,对任何不特定人存在潜在的隐患,施工方有必要采取安全措施避免损害的发生,因此符合道路施工致人损害侵权责任的构成要件。

(二)标识的明显或措施的安全程度

地面施工致人损害,施工人有没有“设置明显标识和采取安全措施”应该是案件定责的关键,尽管施工人设置了标识和采取了措施,但由于其设置的标识不明显、采取的措施尚未达到足以保障他人安全的程度,因此造成他人人身损害的,施工人仍应承担民事责任。那么如何理解“设置明显标识”?“明显”应该是能达到醒目的效果,即警示标识本身必须醒目,标识设置的位置必须醒目,不能有其他遮蔽物遮挡,要符合足够的安全距离等。总之,施工人必须尽到善良管理人的足够谨慎的注意义务,设置的标识或采取的措施必须达到足以防止事故发生的程度。

在本案中经过调查发现,进入商通大道的交叉口的马路边堆砌了大量施工沙石,将原本树立的警示牌遮挡,致使行人通过时无法注意到警示牌,同时,在进入商通大道后,在路中央钢板栏架周围并没有设置安全警示标识,并且围墙的两侧留有1米左右的通过口供人通行。事发当晚,该处路段的路灯处于关闭状态,行人进入后不能对前方架设的钢板栏杆架进行辨识,以上系导致王某死亡的主要原因,对此被告方应承担相应的赔偿责任。

(三)受害方的过错导致的过失相抵

地面施工致人损害是适用无过错责任归责原则的特殊侵权案件,不以行为人是否有过错作为承担责任的前提条件,其适用范围和免责事由具有严格的法定性。即受害人无须证明施工人主观上具有过错,只需证明施工人没有设置明显标识和采取安全措施并造成损害即可。在本案中,施工方在半封闭式的道路上未设置明显标识显然不存在免责事由,但本案具备减轻侵权人责任的情节。根据侵权责任法规定,被侵权人对损害的发生也有过错的,可以减轻侵权人的责任。本案死者不慎驶入施工路段,其夜间驾驶机动车辆应谨慎驾驶,根据现场的状况,其应当预见到危险的存在,但未尽谨慎注意义务,应认定其有重大过失,因此依法可以减轻施工方的责任,这就是侵权法理论上的过失相抵问题。根据相关法律规定,以及从平衡双方当事人的权益的角度考虑,法院判决施工方承担70%的民事责任,王某承担30%的民事责任。

综上,一审法院判决是正确的。

雇员获得的保险赔偿款不能折抵雇主的赔偿款

王晓艳

一、据以研究的案例

李某受雇于吴某在北京市通州区永顺镇李庄村某门窗厂从事旧厂房的房顶改造工作。在房屋改造过程中,李某从房顶上摔下,后被送往解放军第263医院救治,被诊断为肋骨多发性骨折、创伤性血胸、脑震荡、肺损伤、头部外伤、胸椎骨折、腰椎骨折。李某将吴某诉至北京市通州区人民法院,经法院核实,李某的合理损失为医疗费、误工费等合计169 609元。吴某应承担70%的责任,即118 726.3元,除吴某已经支付的89 310元外,法院判决吴某支付李某医疗费等各项损失共计 29 416.3 元。同时,某门窗厂为被告投保了建筑施工人员团体意外伤害保险,在案件审理期间 60 000 元意外伤害保险赔偿金已经打入李某的个人账户。

现吴某以不当得利为由将李某起诉至北京市通州区人民法院,称住院期间其支付了医药费 89 310 元(保险公司要求先垫付后报销医药费),在案件审理期间李某得到了 60 000 元的赔偿金,故要求返还多取得的赔偿款 30 183.7 元。

李某辩称:不同意原告诉讼请求,被告获得赔偿是依据保险合同;被告在提供劳务过程中发生的伤害,依照合同约定应该获得赔偿;原告没有诉讼主体资格,这笔款项和原告没有关系。

北京市通州区人民法院经审理后认为,公民、法人的合法民事权益受法律保护,任何组织和个人不得侵犯。根据查明的事实,被告在为原告提供劳务期间受伤,原告除已支付的医疗费 89 310 元外,需要再支付给被告 29 416.3 元。被告依据保险合同获得赔偿款,于法有据,原告不能因此免除赔偿责任。原告要求用保险赔偿款抵偿,于法无据。判决驳回原告的诉讼请求。

判决作出后,吴某未上诉,判决已生效。

二、相关法律问题分析

本案的争议焦点在于雇员获得的保险赔偿款能否折抵雇主的赔偿款。

一种意见认为,雇员获得的保险赔偿款能折抵雇主的赔偿款,因为民事赔偿为补偿性质,个人不能因其受伤行为获利,雇员已经从雇主处获得了赔偿,再从保险公司处获得赔偿款相当于获得了"双重"赔偿,其已经获得的保险赔偿款应折抵雇主的赔偿款;另一种意见认为,雇员获得的保险赔偿款不能折抵雇主的赔偿款,因为雇员个人受到人身损害,其应得到相应的赔偿,依法可以从雇主处获得赔偿款,依保险合同可以从保险公司处获得赔偿款,两笔赔偿款取得的依据不同,且法律亦无相关禁止性规定,无法律明文规定雇员不能获得多笔赔偿款。

笔者赞同第二种意见,具体分析如下:

(一)两笔赔偿款取得的依据不同

雇员从雇主处获得赔偿款的依据是法律,即《侵权责任法》第 35 条的规定:

“个人之间形成劳务关系,提供劳务一方因劳务造成他人损害的,由接受劳务一方承担侵权责任。提供劳务一方因劳务自己受到损害的,根据双方各自的过错承担相应的责任。”

雇员从保险公司处获得保险赔偿款即保险金的依据是合同,即建筑施工人员团体意外伤害保险合同,雇员作为受益人,在提供劳务过程中遭遇意外伤害的,有权按照合同取得保险金。

根据《保险法》第39条的规定“投保人为与其有劳动关系的劳动者投保人身保险,不得指定被保险人及其近亲属以外的人为受益人”,如果雇员在提供劳务过程中受伤,受益人只能是雇员及其近亲属,享有保险金请求权的只有雇员及其近亲属,雇主作为投保人并不享有保险金的请求权,所以雇主不能要求以保险金来折抵自己应付的赔偿款。不论雇员是否被投保、是否获得保险金,根据《侵权责任法》的规定,雇主都负有赔偿责任。

(二)法律没有相关禁止性规定

在民事法律关系中,法无明文禁止即允许。对于雇员受伤是否既可从雇主处获得赔偿又可从保险公司处取得保险赔偿款这一问题,没有任何法律法规作出禁止性规定,法律没有规定个人不能因受伤而获得多笔赔偿款,所以雇员是可以从多处获得多笔赔偿款的,雇员已经获得的保险赔偿款不能折抵雇主的赔偿款。

(三)雇员获得两笔赔偿款不属于获利行为

个人人身受到伤害,其遭受的物质损失和精神损失实际上是无法量化的,是无法真正计算的。立法者只是针对司法实践中的索赔而设定了一定的计算方法,个人获得的赔偿实际上远远不足,应该允许通过保险等其他途径分散风险,加大对个人的补偿力度,雇员本身作为弱势群体,更应加大对其保护力度,所以雇员受伤是既可以要求雇主赔偿损失又可以要求保险公司支付保险金的。

就本案而言,李某在为吴某提供劳务过程中摔伤,经法院判决吴某除已支付的医疗费89 310元外,需要再支付李某29 416.3元,而李某依据保险合同获得赔偿款,于法有据,吴某不能因此免除其赔偿责任,故吴某不能要求用保险赔偿款抵偿,不能要求李某返还多取得的赔偿款30 183.7元。

综上所述,法院的判决是正确的。

代为抚养不构成事实收养关系

陈汉东　佟艳艳

一、据以研究的案例

被告王某、杨某系夫妻关系，杨某与原告杨小某系姑侄关系。杨小某于1982年出生，母亲于1988年去世，父亲于1995年去世，在其父母生病期间，杨小某被送至杨某家抚养至成年。其间，杨小某曾因上学问题回到父亲家居住一年六个月。1991年，杨小某以杨某侄子身份将户口迁至杨某处。王某、杨某于1980年生育一子王小某。原被告间的称呼未曾改变，杨小某一直称呼王某、杨某为姑爸姑妈。杨某户口所在地面临拆迁，杨小某曾因其享受拆迁利益问题将拆迁单位诉至法院，后撤回起诉。后杨小某要求法院确认与二被告存在收养关系，二被告对此无异议。

北京市通州区人民法院审理认为：公民合法的民事权益受法律保护。当事人对自己提出的事实和主张有义务提供证据加以证明，如果不能提供证据或是提供的证据不能证明自己的事实和主张的，应承担举证不能的法律后果。被告杨某与原告杨小某系姑侄关系，杨小某系在其父母生病的情形下，才被送至杨某家中代为抚养至成年的，双方并未办理收养手续，而是因特定的家庭因素形成了代为抚养关系，且双方称呼从未发生改变，无法认定被告王某、杨某对杨小某有收养的意思表示。本案中，杨小某并未提供充分证据证明其与二被告形成收养关系，且从户口簿登记来看，杨小某是以杨某、王某之侄的名义迁至现住所的，从户口簿登记来看亦无法证明其与二被告之间形成收养关系。故对杨小某要求确认其与二被告之间存在收养关系的诉讼请求，理由不当，证据不足，法院不予支持。综上所述，依据《民法通则》第5条、《民事诉讼法》第64条第1款之规定，判决驳回原告杨小某的诉讼请求。

一审判决后,原告杨小某不服提出上诉,请求二审撤销原判,依法改判。二审法院驳回上诉,维持原判。

二、相关法律问题分析

本案的争议焦点是在我国《收养法》颁布实施前,二被告抚养原告杨小某如何认定?是代为抚养还是形成事实收养?二者如何区分?对此,笔者认为根据《最高人民法院关于印发〈关于贯彻执行民事政策法律若干问题的意见〉的通知》和《收养法》相关规定,代为抚养不构成事实收养关系,应严格按照事实收养关系成立的法律要件来认定和区分。

(一)收养与代为抚养的区别

收养是一种民事法律行为,养父母和养子女的关系与亲生父母、子女间的关系基本相同。代为抚养是指父母因特殊原因不能直接履行对子女的抚养义务,把子女寄托在他人家中生活的一种委托代养行为。代为抚养不发生父母子女关系的变更,被抚养儿童与受托人之间不产生父母子女的法律关系。

二者的主要区别在于:(1)目的不同。代为抚养的目的是生父母将其子女委托他人代为抚养照顾子女,而非解除生父母与子女之间的父母子女关系;而作为生父母的送养人之所以将子女送养,其目的就在于解除生父母与子女之间的父母子女关系。(2)成立和生效要件不同。代为抚养并不需要特别的成立、生效要件,一般而言,只需子女的父母与负责代为抚养的亲友协商一致即可;而法律对收养的成立和生效有严格的条件限制,不符合实质性条件或者没有依法办理收养登记手续的,不能产生收养的法律效果。(3)后果不同。代为抚养只发生抚养形式的变化,不产生父母子女间的权利义务关系的转移或者变更,因而也不会产生拟制的血亲关系;而收养则使收养人与被收养人之间产生拟制的血亲关系,使子女与生父母之间的父母子女关系解除,收养人与被收养人之间形成父母子女关系。

(二)形成事实收养关系应具备的条件

我国《收养法》当中并未规定事实收养关系,可见,我国《收养法》不承认事实收养为合法有效的收养。但是,根据《最高人民法院关于印发〈关于贯彻执行民事政策法律若干问题的意见〉的通知》第28条的规定：亲友、群众公认，或有关组织证明确以养父母与养子女关系长期共同生活的，虽未办理合法手续，也应按收养关系对待。因此，在《收养法》颁布实施之前，也就是1992年4月1日前发生的事实收养，只要符合一定的条件，可以形成收养关系。具体包括以下几个条件：

1. 生父母及抚养人有送养和收养的意思表示。收养是一种民事法律行为，需要严格审查生父母及抚养人的真实意思表示，只有一方有送养的目的，另一方有收养的目的才可构成事实收养关系，任何一方目的的缺失都不构成收养关系。在实践中可通过查证双方的文字协议（说明）、送养时见证人的证言、送养原因、送养后的生活状态等方面来尽可能地还原当事人的真实意思表示。

2. 抚养人与被抚养人之间以父母子女相待。要求抚养人与被抚养人长期共同生活，以父母子女相称，并履行父母子女义务。关于此条件的成就，可通过查证抚养人与被抚养人对彼此的称呼、日常生活状态、是否各自履行了作为父母子女的义务、户口本登记情况、个人人事档案、举办婚丧嫁娶时的角色定位等方面进行考量。

3. 养子女与生父母在事实上已终止了父母子女间的权利义务关系。收养关系的成立即是生父母与子女的父母子女关系的解除，抚养人与被抚养人之间形成父母子女关系。实践中，可通过询问和查明被抚养人与生父母间的来往情况来判断父母子女间的权利义务关系是否终止，具体包括送养后子女与生父母间是否还有联系、联系频率、联系形式、父母子女间的称呼、户口登记情况等。

4. 亲友、群众或有关组织的公认。收养涉及家庭内部关系，外人一般不太知晓，但与当事人关系密切的亲属、朋友或收养人所在单位、村（居）委会对此一般会比较了解，可以起到见证作用。实践中，可查证亲属、朋友的证人证言，有关组织的证明材料，尤其是公证机关、村（居）委会的证明材料来进行认定。

另外，在认定过程中，还要充分考虑当事人要求确认收养关系的目的和可得利益以及双方当事人的诉辩意见，对于涉及继承财产、拆迁期待利益以及当事人无争议的案件，要更加严格的进行审查，防止虚假诉讼损害个人、集体和国家的利益。

结合本案，第一，在适用法律上，杨小某被生父母送至二被告家抚养发生在我国《收养法》颁布实施之前，应当适用《最高人民法院关于印发〈关于贯彻执行民事政策法律若干问题的意见〉的通知》中关于事实收养关系的认定。第二,在条件审查上,首先,原告无法证明生父母及二被告有送养及收养的意思表示,原告与二被告之间的称呼未曾改变,仅称呼二被告为姑爸姑妈;其次,原告与二被告长期共同生活存在中断,期间原告又回到父亲家居住一年半,与生父的权利义务关系并未终止,而生父逝于1995年,此时,我国《收养法》已经颁布实施,双方并未办理收养手续;再次,原告无法证明与二被告的关系得到了亲友、群众及有关组织的公认,其所在的村委会仅为其开具双方共同生活的证明,拒绝开具事实收养关系的证明,且从户口本登记上看,原告仅以被告杨某的侄子名义迁入杨某户口所在地,而非以杨某之子的名义;最后,原告起诉时已经三十二岁,距离送养时已二十年有余,时间间隔长,其户口所在地面临拆迁,原告曾因其享受拆迁利益问题将拆迁单位诉至法院,可见,其确认收养关系成立的目的是获取拆迁利益,而二被告对于原告的诉求均无异议,故无法有效排除虚假诉讼的可能性。因此,原告杨小某的诉讼请求不应得到法院支持。

综上,一审、二审法院的判决是正确的。

离婚诉讼合理期间内一方无故转移夫妻共同财产的视为恶意转移财产

李炎铎

一、据以研究的案例

原告陈某与被告张某于2009年通过网上认识,于2010年4月6日登记结婚,婚后育有一子名叫陈某某(2011年2月22日出生)。双方婚后居住于北京市通州区台湖镇北神树村,之后该房屋遇拆迁征地,双方于2011年11月搬至北京市通州区台湖镇次渠北里居住。后原告诉至法院要求离婚。

庭审中,被告认为北神树村落拆迁的相应安置房屋面积属于夫妻共同财产。法院查明,该院落登记在原告陈某某的父亲名下,拆迁协议系其父亲签署。此外,双方对共同存款也存争议,原告认为其名下有存款 5 万元,被告认为原告名下有存款 10 万元。

北京市通州区人民法院审理认为:人民法院审理离婚案件,应当进行调解,如感情确已破裂,调解无效的,应准予离婚。被告张某同意离婚,法院予以认可。夫妻共同财产中家具、家电部分双方同意按照清单所列总价 27 319.2 元进行折价,家具、家电归原告陈某所有,原告给付被告折价款 13 659.6 元,对此法院予以认可。关于被告陈述的房屋拆迁安置补偿面积问题,由于涉及案外人利益,不宜一并解决,可以另案起诉。

双方的争议焦点是共同财产中存款的数额认定问题。双方均认为被告处有存款 7 万元,法院不持异议。关于原告处存款数额,原告认为应该按照现有数额 50 473.61 元予以计算,被告认为应该按照起诉之日,即 2013 年 4 月 1 日的 100 880 元计算,因为在原告起诉之后的 4 月 3 日,原告去北京菜市口百货购买了黄金项链等首饰,挥霍夫妻共同存款。对于购买黄金首饰问题原告予以认可。法院认为夫妻共同财产的认定应该考虑双方是否分开生活以及是否存在恶意转移财产等因素。本案中,原告认为双方自 2013 年 2 月 9 日开始分居,同时生活开支也分开了;被告表示双方虽然分居,但仅是一个住主卧,一个住次卧,双方日常开销一直至原告起诉之日才分开。对于上述说法,原告并未提交证据证明双方分开单独生活,而且,庭审中原告表示在 2013 年 3 月 10 日的两笔支付宝消费也是被告消费,其本人不会用支付宝,而该银行卡系登记在原告名下,可见,二人的实际生活开销并未因二人的分居而分开。此外,在 2013 年 4 月 3 日,原告花费大笔资金用于购买金饰,庭审中原告表示是为自己本人购买,而其在 2013 年 4 月 1 日向法院提起离婚诉讼,从上述行为来看,法院认为原告存在转移财产的行为。结合上述事实,应该以 2013 年 4 月 1 日最后的存款额作为双方夫妻共同存款的数额,从银行明细中可以看出直至 2013 年 4 月 1 日原告银行账户尚存 100 080 元,故此,法院认定该数额为夫妻共同存款。

据此,法院判决原告陈某与被告张某离婚;婚生子陈某某由原告陈某抚养,被告张某自 2013 年 5 月 1 日起于每月 15 日之前给付陈某某抚养费人民币 600 元,直至陈某某年满 18 周岁止;夫妻共同存款人民币 170 800 元,由原告陈某和被告张某各享有人民币 85 040 元,原告陈某给付被告张某存款人民币 15 040 元,于本判决生效之日起 7 日内付清;夫妻共同财产中全部家具、家电归原告陈某所有,原告陈某给付被告张某家具、家电折价款人民币 13 659.6 元,于本判决生效之日起 7 日内执行完毕;驳回原告陈某其他诉讼请求。

判决后,双方均未提起上诉,现判决已生效。

二、相关法律问题分析

本案的争议焦点为:夫妻共同存款数额的认定问题,从根本上讲就是本案是否存在恶意转移夫妻共同存款的问题。关于如何认定恶意转移夫妻共同财产的问题,我国尚未有明确的法律依据,只是在《婚姻法》第 47 条规定了相应的法律后果。故关于上述问题的解决笔者认为需要分析以下问题:

(一)夫妻共同存款数额的认定

原则上以查明的现有存款数额为依据,对于结婚前已经存在的一方存款,也应认定为夫妻共同财产。金钱属于种类物,在夫妻婚姻存续期间金钱的进出无法明确显示是否为婚前的个人存款,而且金钱的属性决定了其具有可替代性和混同性,因此原则上应该以夫妻现有查明的存款为认定数额,在一方指明对方存在恶意转移存款的情况下,结合转移存款的目的和时间予以权衡。

(二)转移存款的目的

针对转移存款的数额,法院没有责任进行职权审查,只有当事人认为转移存款的数额过大,构成了恶意转移夫妻共同存款的情况下,才会要求对方进行合理的解释,在此需要查明:第一,该笔款项的实际用途;第二,是否用于夫妻共同生活;第三,是否经过双方协商。如果一方将存款用于家庭生活开支,原则上认定为合理消费;如果用于个人购买非必要生活物品,且具有消费挥霍性,或者购买奢侈品、投资物品,也在未经对方同意的情况下,则可能存在恶意转移夫妻共同存款的情形。

(三)转移存款的时间

在考察完上述因素之后,需要核实转移存款的时间是否在双方分居期间或在离婚争议发生期间，如果双方已经分居，且一方的消费不是用于生活必需支出，或者该支出无法说明消费目的，则应该认定为恶意转移；如果转移存款的时间发生在双方离婚争议期间，尤其是诉讼过程中，这样的消费往往具有挥霍性或者转移性质。而本案中原告正是在起诉离婚期间故意用大笔资金购买了黄金，故可以认定为非法转移夫妻共同存款。

综上，法院判决是正确的。

违约方无权依据合同约定的违约条款主张权益

张若琳

一、据以研究的案例

2006 年 12 月 24 日，原告董某购买顺开公司开发的 1105 号房屋，并支付了全部房款共计 48 万余元。合同约定出卖人应当在 2009 年 5 月 21 日前，取得该商品房所在楼栋的权属证明。2008 年 10 月 15 日，董某办理 1105 号房屋入住手续。2008 年 11 月 15 日，董某（甲方）与被告乔某（乙方）签订《房屋买卖合同》，约定董某将 1105 号房屋出售给乔某，房屋交易价格为 65 万元。合同第 3 条约定：本合同签订之日，乙方向甲方支付首付款 39 万元（含定金 1 万元），余款 26 万元在该房产过户手续办理完毕，乙方取得建委发放的领取房产证通知单的同时一次性交付甲方。第 5 条约定：如由于不可抗力原因导致本合同不能履行，双方互不承担违约责任；如由于甲方原因（包括但不限于甲方反悔，因甲方原因被抵押、查封、冻结等）造成该房产不能过户、乙方合同目的不能实现的，甲方应当支付乙方违约金 16 万元；如由于乙方原因（包括但不限于乙方反悔，无力支付该房产余款等）造成甲方合同目的无法实现的，乙方应当支付甲方违约金 16 万元。合同签订当日，乔某通过转账方式向董某支付购房款人民币 39 万元（含定金 1 万元）。2008 年 11 月 18 日，原告董某将 1105 号房屋交付乔某，乔某对1105号房屋进行了装修,并一直居住至今。因1105号房屋所在楼宇尚未通过竣工验收,故仍未取得该楼宇房屋产权证书。现董某以此种情况属于不可抗力,且双方合同目的不能实现为由诉至法院要求乔某解除合同并腾退房屋。乔某表示其不同意解除合同,且其同意将剩余购房款先行给付董某。

北京市通州区人民法院审理认为:依法成立的合同,对当事人具有法律约束力。当事人应当按照约定履行自己的义务,不得擅自变更或者解除合同。根据本案查明的事实,原告董某与被告乔某签订《房屋买卖合同》系双方真实意思的表示,且符合法律法规的强制性规定,合同合法有效,双方均应按合同约定履行各自的义务。现董某因1105号房屋的楼宇权属证书未办理完毕而无法为乔某办理房屋产权转移登记手续,董某认为此种情形属于不可抗力,进而造成乔某的合同目的不能实现,遂要求解除合同。董某与乔某签订《房屋买卖合同》时,1105号楼所在楼宇未取得该楼宇房屋产权证书,顺开公司未为董某办理1105号房屋的产权转移登记手续,此种情况在双方签订合同时已经存在,故不属于不可抗力。董某与乔某签订《房屋买卖合同》,将1105号房屋出售给乔某,对于乔某一方,合同目的是取得房屋进行居住使用,对于董某一方,合同目的是取得购房款。现乔某已经按照合同约定给付了部分购房款,剩余房款的给付条件尚未成就,乔某亦表示同意给付剩余购房款,故董某的合同目的能够实现。乔某自2008年11月18日起居住在1105号房屋已达五年之久,已经实现了对于房屋的实际占有和使用,现因顺开公司的原因无法办理产权转移登记手续,如其认为合同目的不能实现,其可以作为原告进行起诉。现乔某明确表示不同意解除合同,故董某要求乔某解除合同,并腾退房屋的诉讼请求,于法无据,法院不予支持。

一审判决后,原告董某不服一审判决,向北京市第三中级人民法院提起上诉,认为原审法院认定事实不清,适用法律不当,如果继续履行《房屋买卖合同》不能体现公平原则,故请求二审法院依法改判,支持其原审诉讼请求。后三中院驳回董某的上诉请求,维持原判。现判决已经生效。

二、相关法律问题分析

(一)房屋未办理完毕楼宇产权证书是否属于不可抗力

不可抗力,是指不能预见、不能避免并不能克服的客观情况。不可抗力是一项免责条款，是指买卖合同签订后，不是由于合同当事人的过失或疏忽，而是由于发生了合同当事人无法预见、无法预防和无法控制的事件，以致不能履行或不能如期履行合同，发生意外事件的一方可以免除履行合同的责任或者推迟履行合同。

本案中，董某与乔某签订《房屋买卖合同》时，1105 号房屋所在楼宇未取得产权证书，顺开公司未为董某办理 1105 号房屋的产权转移登记手续，此种情况在双方签订合同时已经存在，且从双方合同关于产权登记的约定分析，双方签约时已预测到短时间内无法办理房屋权属证书的情况，并约定了相应处理办法，故董某主张的不可抗力问题并不存在。

（二）未取得房屋产权证书的房屋是否能够买卖

合同是否有效取决于是否属于双方真实意思的表示，且是否符合法律法规的强制性规定。满足以上两个条件，合同是有效的。

《城市房地产管理法》第 38 条规定，未依法登记领取权属证书的房地产不得转让。该规定系管理性规范，目的在于规范房屋的交易管理，而非效力性规范，并不因此影响合同的效力。“不得转让”应理解为不能办理房屋转移登记手续，而不是指房屋买卖合同无效。

（三）董某不能依据合同约定的违约金条款解除合同

违约金条款针对当事人不按期履约而订立。主要内容是规定罚金或违约金的数额以弥补对方的损失。违约金条款应具有合法性、明确性、震慑性。违约金条款设立的本意应当是保护守约方的合法权益，弥补因对方违约造成的守约方的权益损失；提高违约方的违约成本。本案中，双方约定“如由于甲方原因（包括但不限于甲方反悔，因甲方原因被抵押、查封、冻结等）造成该房产不能过户、乙方合同目的不能实现的，甲方应当支付乙方违约金 16 万元……”现距双方签订合同交付房屋已逾五年，房价已经今非昔比，如解除双方的房屋买卖合同，乔某的损失绝不是仅有 16 万元。违约金条款的约定，应当是一方违约，守约方向违约方主张权益的依据，而不是违约方谋取违约利益的手段。

综上，法院的判决是正确的。

利息损失属损害赔偿的范畴，不应与违约金一并适用

郭明伟

一、据以研究的案例

刘某将自己所有的北京市通州区怡乐园×号楼322号房屋委托阳光爱家公司出租出售。2009年8月27日，阳光爱家公司代理刘某(甲方)与童某(乙方)签订《房屋租赁合同》，约定:由乙方租赁甲方的322号房屋;月租金1550元，租金月付，具体付款日期为第二次2009年9月29日，第三次2009年10月29日;租赁期限自2009年8月29日起，未约定租赁截止日期;合同签订之日乙方给付甲方房屋押金1550元作为保证金，保证金为乙方不损害房屋结构、设施、家具、电器和不拖欠水、燃气、卫生、电话等使用费用的保证，保证金不冲抵末期房租，合同期满结清全部费用，双方办理移交手续后，甲方应将所收保证金全部返还给乙方。当日童某交付阳光爱家公司月租金1550元及押金1550元。2009年8月28日双方签订了物业交接单。2009年8月29日童某入住322号房屋。2009年9月9日，刘某(甲方)与童某(乙方)就322号房屋买卖事宜签订《北京市房屋买卖合同》，约定:该房屋建筑面积47.92平方米，房款总价51万元，付款方式为贷款。同日，刘某(甲方)、童某(乙方)、阳光爱家公司(丙方)签订了《房屋买卖居间合同》，约定:交易定金5万元，居间方在办理手续时应提前3日通知甲乙双方，甲乙双方应积极配合居间方办理过户手续，如通知之日内任何一方不能到场配合，则视为违约，由此造成的损失由违约方承担全部责任。三方在补充条款中约定“乙方在2009年9月11日前将购房定金2万元打入甲方指定的账户，余下3万元在2009年11月9日前补齐;乙方将余下房款在

2010年9月9日前一次性付清;甲方在签订合同后违约将赔偿乙方14万元整,乙方违约定金不退还。”签订上述合同后,刘某向童某提供了中国工商银行的账户,童某以向该账号汇款的方式分别于2009年9月11日给付刘某定金2万元,于2009年10月11日给付刘某3600元。2009年10月13日刘某因更换身份证,注销了中国工商银行的上述账户,并于当日在中国工商银行重新办理了另一账户。童某再次以向该新账号汇款的方式分别于2009年11月19日给付刘某30 400元,于2009年12月11日给付刘某1850元,于2010年1月7日给付刘某1850元,于2010年2月4日给付刘某1850元。2010年2月下旬,刘某要求童某先行给付25万元,双方协商未果。后来童某又于2010年3月3日给付刘某1850元,于2010年4月2日给付刘某1850元,于2010年5月7日给付刘某1850元,于2010年6月4日给付刘某1850元,于2010年7月7日给付刘某1850元。后童某与刘某在履行合同过程中发生争议,童某于2010年4月12日向法院提起诉讼,要求刘某继续履行双方签订的《北京市房屋买卖合同》《房屋买卖居间合同》,并配合其办理过户手续。刘某在该案件中提出反诉,要求解除其与童某签订的《北京市房屋买卖合同》及《房屋买卖居间合同》,童某赔偿其损失1万元并要求童某配合其消除在上海浦东银行2009年9月至12月迟延还款的不良记录。法院于2010年7月29日作出判决:“一、被告刘某继续履行二〇〇九年九月九日与原告童某签订的《北京市房屋买卖合同》、《房屋买卖居间合同》;二、被告刘某于本判决生效之日起十五日内,协助原告童某办理房屋的所有权变更登记手续;三、原告童某于办理房屋的所有权变更登记手续当日给付被告刘某剩余房款人民币四十三万九千六百五十元;四、驳回被告刘某的反诉请求。”

该案判决作出后,刘某提出上诉。二审审理中,刘某将诉争房屋以75万元的价格另行出售给案外人朱某,并提供北京市通州区房屋产权产籍管理中心出具的《查询结果》作为证据。二审法院认为“刘某在诉讼期间将讼争房屋另行处置,导致本案合同无法履行,已构成根本违约,应承担全部的违约责任。对此,童某可另行主张”。为此,童某再次诉至法院要求:(1)解除其与被告刘某于2009年9月9日签订的《北京市房屋买卖合同》;(2)解除其与刘某、阳光爱家公司签订的《房屋买卖居间合同》;(3)判令被告刘某返还购房定金5万元;(4)判令被告刘某返还购房款25 600元;(5)判令被告刘某返还上述定金及购房款75 600元自2010年9月12日起至返还之日止按中国人民银行同期贷款利率计算的利息(截至2012年12月30日计算840天、按年利率6.10%计算为10 760元);(6)判令被告刘某赔偿违约金14万元;(7)本案诉讼费用由被告承担。

北京市通州区人民法院经审理认为,对童某主张违约金的诉讼请求,理由正当、证据充分,应予以支持;对童某主张利息损失的诉讼请求,法院认为利息属于法定孳息,利息给付并非合同给付的本来目的,而是合同无法履行或非正常履行的法律后果,旨在恢复或补偿受损害的合同关系或合同利益,其属于损害赔偿责任的内容,本案约定的违约金已弥补其利息损失,不应一并主张,故对于该项诉讼请求,不予支持。

一审判决后,双方均未提起上诉,判决现已经生效。

二、相关法律问题分析

在民事案件中,涉及给付的"利息"有时是指利息收益,在性质上属于法定孳息;有时则指利息损失,即法定孳息的损失。司法实践中,需要对"利息"的性质予以甄别,应明确其属于法定孳息还是法定孳息的损失。对涉及给付的利息性质认定不一致,会导致案件处理结果不统一。

(一)利息收益与利息损失

在民事案件涉及利息给付时,笔者认为应从发生利息的法律关系入手,根据案件的不同类型进行分析。利息之债以借贷合同为原型。在借贷关系中,利息是本金所生之孳息,本金是利息所从出之原物。因此,当事人基于金钱借贷之债而主张利息的,该利息作为本金的收益具有法定孳息的属性是毋庸置疑的。利息收益作为本金的法定孳息,自应归金钱之债的债权人享有,不受当事人过错的影响。实践中存在分歧的是,债权人享有利息的依据是什么。有一种观点认为,债权人取得利息是基于对本金的所有权,利息的归属适用孳息随原物的法则。笔者认为,这一观点有待商榷。法定孳息的归属不同于天然孳息。法定孳息基于法律关系而发生,其归属自应取决于法律的规定或者合同的约定。本案系房屋买卖合同法律关系,利息的给付并非合同的本来目的,即便出卖人刘某占有买受人童某支付的首付款会产生相应的利息收益,但在刘某违约的情形下,上述首付款的返还,并不当然及于刘某获取的利息收益,童某因此产生的利息损失可以通过合同约定或者法律规定予以救济。

（二）利息属于损害赔偿的范畴

利息对于收款人和付款人意义不同。对于收款人而言，收款人可能在占有已付本金期间取得了利息收益。而对于付款人而言，付款人付款后即丧失依本金取得利息收益的机会，因而发生了利息损失。由此可见，在其他合同纠纷案件中，利息收益和利息损失往往随着本金的得失而相伴发生，“利息”对于合同双方有着不同的属性。那么最终涉及给付的到底是本金的利息收益还是本金的利息损失呢？笔者认为，非借贷合同纠纷案件中的利息给付取决于民事法律责任的承担。此时，利息给付并非合同给付的本来目的，而是合同无法履行或非正常履行的法律后果。此时利息给付作为救济法律关系，旨在恢复或补偿受损害的合同关系或合同利益，因此利息给付反映的应是合同法律关系被破坏后产生的民事法律责任。民事法律责任的性质决定了利息给付的性质。在金钱给付之债迟延履行和合同解除两种情况下，合同违约方应承担赔偿损失的违约责任。在合同无效或被撤销的情况下，有过错的一方应承担缔约过失责任，赔偿对方因此所受到的损失。可见，在非借贷合同法律关系中，利息给付往往是损害赔偿责任的内容。本案中，童某请求刘某给付首付款的利息，可以将该“利息”视为当事人因对方存在违约行为所受到的利息损失。

（三）利息与违约金之间的关系

一般来说，合同中约定的违约金应视为对损害赔偿金额的预先确定，因而违约金与损害赔偿是不可以并存的。即违约金的运用并不以实际损害发生为前提，不管是否发生了损害，当事人都应支付违约金。但《合同法》第 114 条第 2 款规定：约定的违约金低于造成的损失的，当事人可以请求人民法院或者仲裁机构予以增加；约定的违约金过分高于造成的损失的，当事人可以请求人民法院或者仲裁机构予以适当减少。据此，虽然违约金的适用不以实际损害发生为要件，但最终违约金金额大小的确定与实际损失额密切相关。本案中，利息损失作为童某损失的一部分，可以将其作为确定违约金数额大小的标准，但不能简单叠加予以使用。

综上，一审法院的判决是正确的。

明知无给付义务而交付财产不构成不当得利,被告无返还义务

薛德胜

一、据以研究的案例

2012 年 7 月 29 日 11 时 30 分,在北京市通州区漷县镇张庄村内,徐某驾驶自行车由南向北行驶时,适有冯某驾驶电动自行车由西向南右转弯,徐某的自行车前部与冯某的电动自行车左后部接触后徐某连人带车摔倒。在该诉讼中,原告冯某称,其驾驶电动自行车由西向南右转弯时看到了被告徐某,双方均采取制动措施,被告徐某用脚支撑将车停下后身体右倾倒地,原告冯某考虑到双方系同村邻居关系,出于好心帮忙,便给父亲打电话。父亲到后帮忙将被告徐某送至医院治疗,并垫付住院押金 10 000 元,随后至北京市公安局公安交通管理局通州交通支队长陵营大队报案,称其与被告徐某自行车未发生接触,被告徐某受伤与其无关。2012 年 8 月 10 日,北京市公安局公安交通管理局通州交通支队长陵营大队作出道路交通事故证明称,事发后徐某与冯某均未保护现场,未及时报案,经勘验双方车辆没有明显接触痕迹,双方车辆是否接触无法确定,且双方叙述事故事实不一致,故不确定冯某与徐某的责任。现冯某诉至法院请求判令徐某返还垫付的医疗费 10 797 元。

北京市通州区人民法院经审理认为,没有合法根据,取得不当利益,造成他人损失的,应当将取得的不当利益返还受损失的人。根据查明的事实,原告冯某在自称并未发生碰撞的前提下,依然主动支付了被告徐某的部分医疗费用,在此期间被告徐某及其家属并未要求原告冯某予以支付,此种支付应视为原告冯某对自身财产的处置,现原告冯某以不当得利为由要求被告徐某予以返还,

依据不足，法院不予支持。综上所述，依据法律规定，判决驳回原告冯某的诉讼请求。

一审宣判后，原被告均未提出上诉，判决现已生效。

二、相关法律问题分析

（一）本案不宜按机动车交通事故责任纠纷进行处理

机动车交通事故责任，是指因在道路上驾驶机动车，过失或意外造成人身、财产损失而应当承担的侵权责任。道路交通事故实质上由道路、机动车和交通事故三个要素组成。在本案中，原、被告所驾驶的车辆均非机动车，并不符合机动车交通事故责任纠纷的基本条件，不应归为机动车交通事故责任纠纷。非机动车、行人之间在道路上因意外碰撞、接触造成的人身、财产损失，应比照一般侵权纠纷适用一般侵权的裁判规则予以解决，道路交通安全法律法规对于非机动车、行人的规定可以作为确认双方责任、过错程度的依据。

（二）原告有权提起不当得利之诉

《民法通则》第 92 条规定，没有合法根据，取得不当利益，造成他人损失的，应当将取得的不当利益返还受损失的人。具体构成要件在此不再具体阐述。在本案中，原告认为，双方未发生接触，被告徐某受伤与原告无关，其没有合法依据继续使用垫付的医疗费用，故以不当得利要求被告返还垫付的费用。无论最终判决结果如何，原告秉持的法律逻辑符合不当得利的构成标准，故其以不当得利起诉符合法律规定。

（三）明知无给付义务而交付财产，被告不具有返还义务

不当得利可分为给付不当得利与非给付不当得利。给付不当得利指受益人受领他人基于给付行为而移转的财产或利益，因欠缺给付目的而发生的不当得利。这种欠缺给付目的既可以是自始欠缺给付目的，也可以是给付目的嗣后不存在，或者是给付目的不达。这里的给付目的是指给付的原因。给付者给予财产总有一定的目的或原因，或为债务的消灭，或为债权的发生，或为赠与，这里的目的或原因就成了受领给付者受取利益的法律上的根据。如果，由于某种

原因,给付目的(原因)不存在或不能达到,那么受领给付者的受有利益便会因为无法律上的根据而成为不当得利。但在下列情形,当事人一方虽然没有给付义务而为给付,另一方的得利也不为不当得利:履行道德义务而为给付;为履行未到期债务而交付财产;明知无给付义务而交付财产;因不法原因而交付财产(但是,如果是单方面违法的,也构成不当得利,如绑架的赎金、黑社会的保护费等)。在本案中,原告冯某自始至终坚持认为原被告之间并未发生接触,但其在事发后依然在对方没有借款表示的情况下主动交纳了住院费用,符合"明知无给付义务而交付财产"的条件,因此并不能构成不当得利,被告对此不具有返还义务。

综上,一审判决是正确的。

被继承人有财产尚未分割不能成为继承人拒绝支付医疗费的依据

梁　涛

一、据以研究的案例

云某与宁某系夫妻关系,育有二子即原告云甲、被告云乙。2010 年 3 月 21 日、2014 年 5 月 22 日宁某、云某相继病故。2014 年 4 月 13 日,原告云甲、被告云乙经协商自愿签订了《赠与及赡养协议》,该协议约定,因云某突然发生重大疾病,需要有人照顾,决定由云某的两个儿子负责云某的生活和医疗所有相关事宜,云某本人后期治疗费用及赡养生活费由原被告共同支付。协议签订后原告云甲为云某支付医疗费 18 279. 48 元。因被告云乙未履行协议约定的义务,故原告云甲诉至法院,要求被告云乙支付其垫付的医疗费 9139. 74 元。庭审中,被告云乙提交了收条、字条、村委会证明、股权证等证据,证明云某有一定收入和财产来源,医疗费应由云某的个人财产先行支付,不足部分由原、被告二人依协议约定承担。此外,被告云乙还认为,云某有存款且都由原告云甲控制,遂申请法院对云某的个人财产进行调查。对上述证据及辩解意见,原告云甲表示不予认可,并表示其用于支付云某医疗费的钱款均是其个人财产。

法院审理后认为:原告云甲、被告云乙作为案外人云某之子,依法对云某负有赡养义务。2014 年 4 月 13 日原告云甲、被告云乙自愿签署《赠与及赡养协议》,协议内容不违反法律规定,属合法有效,对双方具有法律约束力,双方理应按照协议约定履行各自的义务,不得擅自变更或者解除。被告云乙认可协议签订后云某的医疗费系原告云甲经手办理支付给医疗单位。现原告云甲已积极主动地全额垫付了云某的医疗费,依照协议约定,被告云乙应将其承担部分给付原告云甲。原告云甲要求被告云乙支付其垫付的医疗费的诉讼请求,证据充足,于法有据,法院予以支持。被告云乙在庭审中认为,云某有财产,应以云某的财产先行支付其医疗费用,不足部分再由原被告双方平均分担,并申请法院调查云某财产,对此,法院难以认可。云某作为原被告的父亲,其是否有财产或财产的多少,并不影响原被告作为子女承担赡养义务,更不能构成拒绝支付云某医疗费用的依据。故判决:被告云乙给付原告云甲垫付云某的医疗费 9139.74 元。判决后,原被告双方均未上诉,现判决已经发生法律效力。

二、相关法律问题分析

(一)依据有效的《赠与及赡养协议》被告应履行相应义务

原被告之间自愿就父亲的医疗费、生活费等费用的负担比例达成一致意见并形成书面《赠与及赡养协议》,庭审中,原被告双方均认可涉案协议是其本人签署,是二人的真实意思表示,约定每人各负担父亲的医疗费、生活费等费用的一半。该协议是双方当事人达成和签署的合同,是义务方内部之间各自负担比例的认定,未限制一方向对方主张权利,也未损害被赡养人的权利,属于合法有效的合同。在原告云甲全额负担被赡养人的医疗费后,其有权利依据其与被告之间签订的合同向被告主张权利,即原告依据合同并基于给付全额医疗费的事实对被告享有债权,被告云乙有义务履行协议即给付云甲垫付的应由自己支付的一半医疗费。

(二)云某有财产尚未分割与云乙履行相应义务不冲突

云乙在庭审中认为,云某有财产,应以云某的财产先行支付其医疗费用,不足部分再由原被告双方平均分担,并申请法院调查云某财产。笔者认为,赡养父母是子女的法定义务。云某作为原被告的父亲,其是否有财产,并不影响原被告作为子女承担赡养义务,更不能构成拒绝支付云某医疗费用的依据。按照法律规定,被继承人对外负有债务的,应当由其遗产先行偿还其生前债务,尚有剩余的方由其继承人或受遗赠人分割。本案中,云某因治疗自身疾病所产生的医疗费并非普通意义上的债务,而赡养父母系子女法定义务的规定构成了该债务由遗产中先行扣除的阻却事由。在实际生活中被继承人生前或多或少都享有一定的不动产或动产,如果子女尽了主要赡养义务或有能力、有条件而未尽赡养义务,在法律上只是构成多分、少分或者不分遗产的情形,与子女履行法定赡养义务和支付协议中的相关费用不冲突。云乙要求有财产的云某以其财产先行支付其生活、医疗等费用,该要求非立法本意,与保护老人权益的初衷相矛盾。

原告对自身损害后果存在过失的应适用“过错相抵”规则

刘丹丹

一、据以研究的案例

2014 年 8 月 23 日 6 时许,原告薛某某在通州区榆景中路散步时,进入被告开发的通州区商务园 A 地块,落入无井盖的市政井中受伤。伤情为:腰 1 椎骨折,胸 12 椎体楔形变,胸 11/12 棘突骨折。经鉴定,伤残等级为九级。

原告薛某某起诉要求：判令被告赔偿医疗费、误工费、医疗辅助费、伤残赔偿金、精神损害抚慰金等各项损失23.8万余元。

被告辩称：原告薛某某在被告封闭的工地受伤，对此原告也有过错，但同意对薛某某的合理损失予以赔偿。

北京市通州区人民法院经审理认为：本案中的事发地块为被告开发管理，但被告在项目停滞后，未派人妥善地对事发地块内的设施进行管理，在井盖丢失的情况下未及时进行补装，亦未放置警示标志提醒行人注意。被告虽称该地块为非开放区域，设置了围挡，但铁丝围栏长期损坏，周边居民经常进入散步，被告未及时发现修补围挡，亦未对周边居民进入的行为进行劝阻，故被告应对原告因此次事故受伤造成的损失承担一定的责任。就原告自身而言，在明知该地块有铁丝围挡的情况下仍进入该地块散步，且原告自认在之前散步的过程中已知事发井口无井盖，在此情况下原告仍因自身未提高警惕而导致跌入井中，故原告应对其自身受伤的损失承担相应的责任。综合双方的过错程度，法院酌情确定原告、被告各承担民事责任的50%。故判决如下：被告赔偿原告医疗费、住院伙食补助费、交通费、护理费、营养费、残疾辅助器具费、误工费、残疾赔偿金、精神损害抚慰金等损失共计116 089元。

一审判决作出后，双方均未提出上诉，被告主动履行了判决确定的义务，现本案已执行完毕。

二、相关法律问题分析

本案涉及的主要法律问题是侵权责任认定时的“过错相抵”规则的适用问题，其具体分析如下。

（一）“过错相抵”规则的内容、依据与法律特征

“过错相抵”规则是民事损害赔偿领域的限制性规则，其主要是考虑到在一些特殊情形下，被害人对于损害的发生也有过错，而有可能使其损害赔偿权部分或完全归于消灭。

“过错相抵”规则的产生是基于任何人不得将因自己的过错发生的损害转嫁于他人的法理，也是民法公平原则和诚实信用原则的体现。该规则可适用于侵权责任或违约责任，该规则在我国侵权责任领域最直接的法律依据是《侵权

责任法》第 26 条的规定:被侵权人对损害的发生也有过错的,可以减轻侵权人的责任。

通过《侵权责任法》的相关规定,我们可以归纳出“过错相抵”规则至少具备以下四个法律特征:一是“被侵权人”因为“侵权人”的侵权行为而遭受了损失;二是“被侵权人”自身对于损害的发生也具有一定的过错;三是“过错相抵”规则的法律后果是减轻“侵权人”的法律责任;四是法院可以依职权适用“过错相抵”规则而无须当事人主张。对上述法律特征的细化,即为“过错相抵”规则的适用要件及法律效力。

(二)“过错相抵”规则的适用要符合一定的主客观要件

“过错相抵”规则的适用要件可从主客观两个方面来探讨。

客观方面的要件包括两方面内容:第一,损害的结果应当具有同一性,即“侵权人”与“被侵权人”各自的行为应当导致的是同一个损害结果,如果“被侵权人”的行为引发的是另一损害,则该行为不能成为减轻“侵权人”法律责任的理由。在本案中,原告自身的疏忽(“被侵权人”过错行为)与被告对停工场地的怠于管理(“侵权人”过错行为)所导致的结果均是原告跌入井中、造成原告的人身伤害,两者的行为指向同一损害结果,即损害的结果具有了同一性。第二,“侵权人”与“被侵权人”各自的行为应当共同构成损害形成的原因,缺少任一行为则当前的损害不会发生。特别是“被侵权人”的行为,一方面应当与同一损害具有相当的因果关系,否则就是“侵权人”的普通单方侵权行为;另一方面也不能导致“侵权人”与损害结果之间因果关系的中断,否则将可能不构成侵权行为。在本案中,原被告双方任何一方的过错行为消失(被告对停工场地做好必要的安全防护,或者原告对自己行走沿途的路况提起应有的注意),则原告最终的损害结果都完全可以避免,即该损害结果的发生并非单方行为独立造成的,而是双方各自行为共同导致的,因此本案原告的损害不能简单地由被告独自承担。

主观方面的要件,即“被侵权人”主观上应当具有过错。“被侵权人”的行为即便是损害发生的共同原因之一,如果“被侵权人”本身并无任何过错,不能仅因其行为与损害结果间具有因果关系而减轻“侵权人”的相应责任。“过错”包括了故意与过失,是“被侵权人”对其应有的“注意义务”的违反,这种“注意义务”应当是“被侵权人”可以意识到的、能够履行的，不应当超出其能力范围的义务。本案中，原告在明知该停工场地有铁丝围挡的情况下仍进入该停工场地散步，且其自认在之前散步的过程中已知事发井口无井盖，在此情况下原告完全可以避开该停工场地，或者至少应当注意地面状况及井口位置。原告自己选择了在该停工场地散步，且对路况的“注意义务”是其可以意识到并能够履行的，因此这种丧失了应有警惕的行为构成了原告的“过错”，原告依法应当为其“过错”承担相应的责任。

（三）“过错相抵”规则的适用将减轻侵权人的责任

根据《侵权责任法》第 26 条的规定，“过错相抵”规则适用的结果是“可以减轻侵权人的责任”。该法条并未明确规定可以“免除”侵权人的责任，但从该规则产生的基本法理及我国其他相关法律的规定可以认识到：在特定情况下适用“过错相抵”规则可以免除行为人的相应责任。例如，《民法通则》第 123 条便规定：“从事高空、高压、易燃、易爆、剧毒、放射性、高速运输工具等对周围环境有高度危险的作业造成他人损害的，应当承担民事责任；如果能够证明损害是由受害人故意造成的，不承担民事责任。”在具体适用方面，“被侵权人”仅具有一般过失的情况下，适用“过错相抵”规则只能影响“侵权人”民事赔偿责任的定量，即赔偿金额多少；仅当“被侵权人”具有故意或重大过失时，才有可能依法免除“侵权人”的相应责任。本案中，原告行为虽有过错，但其仅为一般过失，远非重大过失、更未被证明具有故意，法院依据具体事实酌情确定原告、被告各承担民事责任的 50%，判令双方各自对自己的行为承担相应的责任，是对“过错相抵”规则的合理适用。

饲养的动物惊吓他人的,饲养人须承担超正常支出的必要费用

叶福勇

一、据以研究的案例

2014 年 6 月 2 日 13 时,李某某(女,32 周岁)在其夫严某的陪同下在北京市通州区梨园地区某小区公共健身场所内休息,适逢马某某携犬进入该公共健身场所。在发现马某某携带的犬接近李某某后,严某遂要求马某某将其携带的犬拴住,但遭到马某某的拒绝,严某与马某某发生争执及肢体冲突。事发后,通州区梨园派出所出警。同时,李某某感到身体不适后被送往医院救治,于当日 15 时许送达北京某某妇产医院就诊并留院观察。2014 年 6 月 3 日 3 时,李某某早产一子。2014 年 6 月 3 日至 2014 年 6 月 9 日,李某某住院共计 6 日,入院确诊为:孕 3 产 1 孕 36 周头位自然分娩,早产。李某某住院期间共支出医疗费 19 090.52元。出院后医生建议李某某适当休息,增加营养,坚持母乳喂养。事发时,马某某所携犬为成年德国牧羊犬,属大型犬。马某某并未办理养犬登记,当日携犬时亦未牵引,未采取戴嘴套、束犬链等任何防护措施。李某某系北京某某有限公司员工,李某某此前产前检查均未见明显异常。事发后,双方未能就赔偿问题达成一致意见。2014 年 6 月,李某某向北京市通州区人民法院提起诉讼,要求马某某赔偿医疗费 10 427.26 元、误工费 3500 元、护理费 10 500 元、住院伙食补助费 150 元、交通费 500 元、营养费 1000 元、精神损害抚慰金 15 000 元,共计 41 077.26 元。

案件审理过程中,法院向北京某妇产医院询问确认,李某某住院所选分娩套餐费用为 18 900 元,正常生产孕妇住院时间一般为 3 日。庭审中,李某某提

供证人证言证明事发时马某某所携犬曾接近李某某。马某某亦提供证人证言证明事发时其所携犬与李某某保持较远的距离,但证人均承认并未见证事发全部过程。

北京市通州区人民法院经审理后认为:饲养的动物造成他人损害的,动物饲养人或者管理人应当承担侵权责任,但能够证明损害是因被侵权人故意或者重大过失造成的,可以不承担或者减轻责任。本案中,关于事发过程中马某某所携犬是否接近李某某致其受到惊吓一节,双方各执一词,均提供了证人证言佐证自己所主张的事实,但马某某所提供证人证言并未能反映事发全部过程,不足以推翻李某某提供的证人证言所证明的犬曾接近李某某的事实,该事实亦与严某、李某某在事发后第一时间向公安机关及北京某妇产医院的陈述基本一致。考虑到马某某所饲养的犬为成年大型犬,马某某携犬时并未牵引,亦未采取戴嘴套、束犬链等任何防护措施,而彼时李某某已怀孕 36 周,属于易受惊吓人员,故法院对于事发时马某某所携犬曾接近李某某致其受到惊吓的事实予以确认。即使如马某某所述,其所携犬与李某某保持 20 余米的距离,但事发公共健身场所中央系空旷场地,事发时李某某与马某某所携犬之间无有效隔离物,在要求马某某将其所携犬拴住却遭到拒绝的情况下,考虑到成年德国牧羊犬的速度,已足以造成李某某心理上受到惊吓。依据双方当事人的陈述,本案事发的时间为当日 13 时 30 分许,李某某于当日 15 时许被送达北京某妇产医院就诊,被诊断为先兆早产,并于次日凌晨早产一子,二者之间具有明显的连续性,且李某某此前产前检查均未见明显异常,应当认定李某某的早产与其曾受马某某所携犬惊吓之间存在因果关系。鉴于马某某未能证明李某某对于损害结果的发生存在故意或重大过失,其应当对李某某因早产产生的相应损失承担赔偿责任。

关于李某某所主张的具体损失问题,应当考虑孕妇在正常生产的情况下亦需支出必要的医疗费、营养费、护理费、误工费及交通费,如该部分费用亦由马某某承担,显然有失公允。现李某某要求马某某赔偿留院观察期间的医疗费及分娩套餐外的医疗费部分,理由正当、证据充分,法院予以支持。李某某选择的分娩套餐内的医疗费部分应属其正常生产须支出的医疗费,该部分费用不应由马某某承担;考虑到孕妇正常生产一般所需住院时间及李某某的实际住院时间,李某某要求马某某赔偿 3 日的住院伙食补助费共计 150 元的请求,合法有据,法院予以支持;李某某要求马某某赔偿营养费、误工费、护理费的请求,法院均予以支持。至于营养费、误工费、护理费的具体赔偿数额,应先确定相应的营养期、误工期及护理期。考虑到孕妇正常生产亦需相应的营养期、误工期及护理费,综合案情,法院酌情支持李某某主张 3 日的营养期、误工期及护理期。营养费计算由法院酌情按照每日 30 元的标准予以计算;李某某并未能提供个税完税证明及劳动合同,对其主张的月工资标准法院不予采信。误工费的计算参照 2013 年度北京市职工平均工资 69 521 元的标准予以计算。护理费的计算参照北京市护工从事同等级别护理的劳动报酬每天 100 元的标准予以确定;关于交通费部分,亦应考虑孕妇正常生产所需必要交通费用,交通费的具体数额由法院综合案情酌情确定为 90 元;因本次纠纷造成李某某早产的后果,给李某某造成了一定的精神损害,故李某某要求马某某赔偿精神损害抚慰金的请求,合法有据,法院予以支持,具体数额由法院综合案情酌情确定为 1000 元。对于李某某主张过高部分,法院不予支持。综上,法院最终判决:马某某赔偿李某某医疗费、住院伙食补助费、营养费、误工费、护理费 300 元、交通费、精神损害抚慰金共计 3273.93 元;驳回李某某的其他诉讼请求。

判决后,双方均未上诉,该判决已生效。

二、相关法律问题分析

(一)事发时马某某所携犬对李某某造成了惊吓

饲养动物致害多发生在饲养动物与受害人发生直接接触的情况下,比如饲养动物扑、咬受害人。但法律没有明确规定在动物致害中必须是致害动物直接与受害人接触进而攻击受害人,最终导致受害人遭受损害。现实生活中还有一种饲养动物致害的情形,即因受害人受到饲养动物的惊吓而发生损害。很多动物具有一定的攻击性,有的动物还有传染疫病的危险,尤其是老、幼、孕、残等特殊人群看到动物会产生恐惧、紧张、害怕的心理;受害人受到惊吓后可能会摔倒造成身体伤害,也可能会诱发体内疾病的发作,或造成其他的损害。本案中,马某某所携犬为成年德国牧羊犬,攻击性较强。马某某携犬时并未牵引,亦未采取戴嘴套、束犬链等任何防护措施,而彼时李某某为已怀孕 36 周的孕妇,属于易受惊吓的人群。即使如马某某所言其所携犬始终距离李某某 20 米左右,而事发地点位于场地中心空旷的健身场所，在要求马某某将其所携犬拴住却遭到拒绝的情况下，考虑到成年德国牧羊犬的速度，亦已足以造成李某某心理上受到惊吓。

故法院对于事发后李某某遭受马某某所携犬惊吓的事实予以确认。

（二）李某某早产与遭受马某某所携犬惊吓之间存在因果关系

侵权法上的因果关系，我国理论界和实务界采相当因果关系说，即主张原因行为与损害结果之间不必有必然客观的联系，而只要有“相当的”关联即可。孕妇早产虽可能存在多方面原因，但事发时，李某某已怀孕36周，李某某受犬惊吓与早产的发生在时间上存在明显的连续性，且李某某在此前的产检结果中均未见任何明显异常，马某某亦未就李某某早产存在其他原因提供证据予以证明，故足以认定两者之间存在“相当的”关联，即认定李某某早产与其受马某某所携犬惊吓之间存在因果关系。需要指出的是，事发时李某某确已属高龄产妇，但即使其“特殊体质”对早产存在一定程度的影响，亦不属于《侵权责任法》第78条规定的“受害人存在故意或重大过失”的情形，不能成为马某某得以此免责或减轻责任的理由。

（三）本案中损害结果范围仅限于超出正常生产所支出的必要费用

虽然李某某早产系遭受马某某所携犬惊吓所致，但是否意味着李某某为早产支出的全部费用均应由马某某予以赔偿呢？结论显然是否定的，因为即使未遭受犬惊吓而导致早产，李某某在正常生产的情况下亦需支出合理的必要的医疗费、营养费、护理费、误工费及交通费。此部分费用如仍由马某某予以赔偿显然有失公允。因此，本案中李某某的损害结果应仅限于因早产而导致的超出正常生产而需支出的费用部分。法院最终结合李某某生产医院的意见对该部分费用酌情予以确定的做法是正确的。

综上，法院的判决是正确的。

劳动者达到法定退休年龄后被用人单位招聘的，不应认定为劳动关系

孟　强

一、据以研究的案例

原告李某(女,工人)于1954年出生。2008年5月,原告李某进入被告某公司工作,担任GT部门经理一职,双方未签订书面协议。2009年6月2日,原告李某请假一周,销假后未再到被告某公司继续工作,并提出个人离职申请且得到某公司同意。原告李某离职后提起劳动仲裁,要求被告某公司为其出具解除劳动关系证明,并支付其解除劳动合同经济补偿金、未签订书面劳动合同补偿金、加班费、拖欠工资及差旅费,劳动争议仲裁委员会未予受理,原告不服诉至法院。被告某公司辩称,原告李某入职时已经超过法定退休年龄,原告、被告之间系劳务关系,而非劳动关系,故不同意原告李某的诉讼请求。

北京市通州区人民法院经审理认为:原告李某原系工人岗位,于2008年5月到被告某公司工作时已年满50周岁,达到法定退休年龄,其与被告某公司之间系属事实劳务关系,并非劳动关系。故对原告李某以其与被告某公司之间系属劳动关系为依据要求被告某公司为其出具解除劳动合同证明、向其支付解除劳动合同经济补偿金、未签订书面劳动合同补偿金及加班工资的诉讼请求,缺乏事实及法律依据,不予以支持,仅支持了部分劳务费及差旅费。

判决作出后,原告李某不服提出上诉,二审法院判决维持原判。

二、相关法律问题分析

本案的争议焦点在于:原被告之间是劳动关系还是雇佣关系。

第一种观点认为:按照现行《劳动合同法》的相关规定,16 周岁以上有劳动能力的公民都有劳动权,并未禁止用人单位聘用达到法定退休年龄的人员工作,也没有禁止超过法定退休年龄的人享有劳动权。原告李某虽已退休,但在被告公司工作期间与该公司形成了事实上的劳动关系。他们之间的权利义务关系应受《劳动法》的调整。因此,应当支持原告李某关于支付解除劳动合同经济补偿金、未签订书面劳动合同补偿金及加班工资的诉讼请求。

第二种观点认为:我国现行退休制度规定劳动者的退休年龄为男 60 周岁,女工人 50 周岁,女干部 55 周岁,因此法定 50 周岁的退休年龄应视为女工人劳动年龄的上限。原告李某作为退休人员重新受聘,其在工作岗位上付出了劳动,应享有获取劳动报酬的权利,同时其已享受社会保险待遇,领取了退休金,国家已保证其老有所养,因此原告李某要求被告某公司按《劳动合同法》的规定支付解除劳动合同经济补偿金、未签订书面劳动合同补偿金及加班工资,缺乏法律依据,应当驳回原告李某的诉讼请求。

笔者认为第二种观点比较符合立法的精神,理由如下:

(一)离退休人员已不再是《劳动法》意义上的劳动者,劳动关系不能成立

劳动权利的实现,要受劳动能力的限制。《劳动法》调整范围内的劳动既包括劳动权利、劳动能力,又包括劳动权利能力、劳动行为能力,属于"就业"范围,即指具有劳动能力的公民在法定劳动年龄内,依法从事某种有报酬或劳动收入的社会活动。因此,《劳动法》意义上的劳动者应是在法定劳动年龄内、具有劳动能力的公民,这也是劳动者作为劳动关系的适格主体必须具备的条件。法定劳动年龄是法律、法规规定的公民的就业年龄,虽然其上限在劳动法条文里未作明确规定,但并不能就此说不存在上限,法定退休年龄应是上限规定,职工在达到法定退休年龄后,履行退出工作岗位的义务,国家有责任为其提供养老金、医疗费等,让其颐养天年,而不需再为其承担对法定劳动年龄内的劳动者应承担的责任。因此,法定退休年龄的规定就应是法定劳动年龄的上限,这既符合《劳动法》的调整范围,又符合我国的就业政策。

(二)离退休人员受聘后与单位形成的关系不具备劳动关系的特点

《劳动法》第 16 条明确规定:劳动合同是劳动者与用人单位确立劳动关系、

明确双方权利和义务的协议。《劳动合同法》第10条也规定:建立劳动关系应当订立书面劳动合同。劳动法律法规均严厉禁止用人单位不与法定劳动年龄内的劳动者签订劳动合同的行为,同时,按照《劳动部关于实行劳动合同制度若干问题的通知》(劳部发〔1996〕354号)第13条规定:已享受养老保险待遇的离退休人员被再次聘用时,用人单位应与其签订书面协议,明确聘用期内的工作内容、报酬、医疗、劳保待遇等权利和义务。因此,离退休人员被再次聘用时签订的不是劳动合同,而是聘用协议,与劳动合同的最大不同之处在于,劳动合同内社会保险、劳动保护等内容是强制性内容,体现了《劳动法》对于劳动者的特殊保护,聘用单位无故解除劳动合同时应支付经济补偿金。而聘用协议双方是平等的,所有的内容由离退休人员与单位协商确定,不再受国家特殊保护,聘用单位无故解除协议时也无须支付经济补偿金。离退休人员与单位之间的关系,因欠缺了劳动关系所具有的隶属性特点、欠缺了必须签订劳动合同这一法律形式、缺乏劳动者受国家特殊保护等实质内容,而不属劳动关系,更具有民事合同的特征。

(三)离退休人员不属于劳动关系适格主体,符合政策实际和国家立法方向

按照现行政策规定,退休人员每月从社会保险基金中领取退休金,并享受其他各项社会保险待遇,如果退休后又受聘于某单位,这样同时又占据着一个现任工作岗位,享受该岗位的劳动报酬,这种退而不休的就业形式对其他需要工作岗位赖以生存或养家糊口的劳动者来说是不公平的。但我国法律对离退休人员再就业未作禁止性规定,离退休人员再就业并不违反法律规定,因此,将离退休人员从劳动关系中脱离出来,十分必要。离退休人员与聘用单位之间的关系是依据聘用协议产生的平等主体之间的民事关系,离退休人员再次被聘用时遭受权利损害的,聘用协议有约定的,应按协议约定处理;没有约定的,应通过民事诉讼解决。退休后再次被聘用,可以形成雇佣关系以及其他合同关系,离退休人员同样可以得到法律的保护,并不是一定要依据劳动关系才能得到权利的实现。

结合本案而言,作为已退休人员,原告李某与被告某公司之间形成的是雇佣关系而非劳动关系,属于民法调整,不属于劳动法律法规调整的范畴,且双方

未就加班工资等作出约定，因此，原告李某依据劳动法律关系主张加班工资及赔偿金等，缺乏法律依据。

综上，一审、二审法院的判决是正确的。

没有利益归属的合同一方当事人可以要求解除合同

何杨彪

一、据以研究的案例

2014年1月1日，原告张某与被告王某、被告程某经协商并签订协议书。协议书约定：被告王某将其拥有的北京伯雅轩家具有限公司（以下简称伯雅轩公司）100%的股权转让给原告张某、被告程某。同时，由原告张某与被告程某承担被告王某、北京伯艺创展木业有限公司（以下简称伯艺创展公司）及伯雅轩公司对外所欠的15项债务本金及利息。协议签订后，被告王某应配合原告张某及被告程某完成相关变更手续。协议书还约定了其他内容。协议书签订后，被告王某和被告程某未经原告张某同意，擅自到工商局进行了股权变更登记，被告王某将伯雅轩公司100%的股权全部转让给了被告程某。原告张某得知上述情况后与被告王某、被告程某多次协商解决未果。原告张某认为被告王某和被告程某的行为已构成严重违约，致使原告张某无法实现合同目的。另外，2014年11月25日被告程某已经将其拥有的伯雅轩公司100%的股权转让给了案外人姜某，并已经作了工商变更登记。为此，原告张某诉至法院，请求解除原告张某与被告王某及被告程某于2014年1月1日签订的《股权转让协议》中涉及张某部分的权利义务关系。

被告王某答辩称：不同意原告张某的诉讼请求，并要求原告张某继续履行合同，支付没有支付的欠款，理由是原告张某与被告程某明显是连带债权，被告王某向任何一个人履行了债务应视为向所有债权人履行了义务。

被告程某答辩称：被告程某应该履行的义务已经履行完毕且认可其将伯雅轩公司100%的股权又转让给了案外人姜某这一事实。

北京市通州区人民法院经审理后认为，公民、法人的合法的民事权益受法律保护。关于本案所涉的由原告张某、被告王某、被告程某于2014年1月1日签署的《协议书》，该《协议书》中明确约定伯雅轩公司全部机器设备、成品家具、半成品家具、工具，和上述所列15项，以及债权、债务等，包括伯雅轩公司，归被告程某、原告张某所拥有，并承担上述所列15项的债务本金及利息；同时协议中还约定伯雅轩公司自2014年1月1日以前对外所有欠款债务，除上述列表所列出的由新股东被告程某、原告张某承担外，其他一切经济纠纷全部由被告王某负责；协议签订后被告王某需配合原告张某、被告程某完成营业执照变更及各项后续交接事宜。上述约定表明《协议书》的目的是伯雅轩公司归原告张某和被告程某所拥有，原告张某和被告程某成为伯雅轩公司的新股东，被告王某需配合原告张某和被告程某完成营业执照变更及各项后续交接事宜。但实际上签订协议后，被告王某在原告张某并不知情的情况下将伯雅轩公司全部股权转让给被告程某，被告程某成为伯雅轩公司唯一股东，拥有伯雅轩公司100%的股权。后被告程某又将伯雅轩公司的全部股权转让给了案外人姜某。法院认为，被告王某与被告程某的转让行为与合同约定的目的并不一致，致使原告张某无法实现其合同目的，对于原告张某而言伯雅轩公司并未归其拥有，原告张某亦未成为伯雅轩公司的新股东，伯雅轩公司的权益全部归属于被告程某，而原告张某并未实际得到任何权益，相反其只有承担协议约定债务的义务，这违背了权利和义务对等的基本法律原则，同时也与协议约定的伯雅轩公司归原告张某、被告程某所拥有并承担所列15项债务本金及利息等内容相违背。根据《合同法》第94条规定，当事人一方迟延履行债务或者有其他违约行为致使不能实现合同目的，当事人可以解除合同。本案中被告王某将伯雅轩公司全部股权转让给被告程某的行为违反协议约定，致使原告张某无法实现成为伯雅轩公司新股东并获得伯雅轩公司相关权益的合同目的。对于原告张某而言，该合同目的已经由于被告程某又将伯雅轩公司100%的股权转让给了案外人姜某而无法实现。故原告张某有权要求解除合同中涉及其本人的权利义务部分，有权提出解除的主张。被告王某提出伯雅轩公司100%股权转让给被告程某得到了原告张某的同意，但并未提交任何证据证明，且原告张某当庭表示不同意，且对于被告王某和被告程某的转让行为不知情。同时，法院认为，由于被告程某又将股权转让给了案外人姜某，如果原告张某对此知情，如何会同意将股权全部转让给案外人姜某？原告张某提出其对股权转让给姜某并不知情，而是通过查询伯雅轩公司的工商档案材料才知道股权转让的情况。故法院认为被告王某、被告程某提出的抗辩意见，因缺乏事实与法律依据，不予采信。综上，法院依法判决解除原告张某与被告王某、被告程某于2014年1月1日签订的《协议书》中涉及原告张某权利义务的内容。

一审宣判后，被告王某不服提起上诉，二审维持原判。现该判决已生效。

二、相关法律问题分析

笔者认为，原告张某在未获得任何合同利益的情况下，依法可以要求解除该合同，理由如下：

（一）解除该合同符合权利与义务应对等的基本法理

《民法通则》第4条规定："民事活动应当遵循自愿、公平、等价有偿、诚实信用的原则。"第5条又规定："公民、法人的合法的民事权益受法律保护，任何组织和个人不得侵犯。"从这些规定可看出本案系合同权利义务项下的纠纷，于原告张某而言，其通过签订合同的民事活动获得伯雅轩公司的股权并成为公司股东，获得相应的利益，而张某付出的代价为必须承担合同上所列明的债务，这是权利与义务对等的基本法理，没有权利就没有义务。公平，等价有偿，平等交换是民事活动的基本原则，也是合同所应当遵循的基本原则。本案涉及的合同并非纯粹受益或者纯粹履行义务的合同，而是权利与义务并存的双务合同，是三方在平等协商自愿履行的基础上形成的。现在合同的另外两方在张某不知情的情况下，将全部合同利益归属于合同另一方程某，张某并未从该合同中获得任何利益，相应的就不应当承担义务，既然权利义务都与张某无关，张某当然可以解除合同，以获得解脱。如果合同约定张某应当承担债务，权利人又向张某主张债务，那么张某岂非既未获得任何合同利益，还要承担合同全部债务，显然不符合民事活动的公平原则和等价有偿原则。张某通过解除约定自己权利义务的合同部分,从合同中解脱出来,使自己的利益得到保护,完全符合民法基本原则。

(二)解除该合同符合《合同法》关于合同解除的规定

《合同法》第94条规定:“有下列情形之一的,当事人可以解除合同:(一)因不可抗力致使不能实现合同目的;(二)在履行期限届满之前,当事人一方明确表示或者以自己的行为表明不履行主要债务;(三)当事人一方迟延履行主要债务,经催告后在合理期限内仍未履行;(四)当事人一方迟延履行债务或者有其他违约行为致使不能实现合同目的;(五)法律规定的其他情形。”该条系规定合同法定解除的要件。本案就张某的角度而言,其本欲实现的合同目的为获得伯雅轩公司的股权,成为伯雅轩公司的股东,但王某将合同的全部利益即伯雅轩公司100%的股权全部转让给了合同的另一方程某,张某与程某同时作为合同的一方,张某并未实现其合同目的,程某在受让了伯雅轩公司的股权后又将伯雅轩公司的全部股权转让给了第三人,所以对于张某而言其合同目的已然无法实现。故张某可以依据该条的规定解除合同,有法可依。也有观点认为,该合同的当事人为两方即甲方系王某,乙方系程某、张某,程某和张某并列组合成为合同一方当事人,故合同目的就是王某作为甲方将伯雅轩公司100%的股权转让给程某和张某组合而成的乙方,现在王某已经按照合同约定将股权悉数转让给了程某,视为王某已经履行了合同义务,合同目的已然实现,故于张某而言可以找程某进行内部解决,而不应提起解除合同之诉,其无权解除合同。笔者不同意这种观点,理由系张某与程某虽然均作为乙方,但系两个具有正常民事行为能力之自然人,并非完全融合一体,且协议中明确约定王某系向张某和程某转让股权,张某和程某成为伯雅轩公司的股东,王某协助张某和程某办理股权转让的过户手续,并非直接书写甲方向乙方转让,合同中也并未以乙方来称呼张某和程某,而是直接书写了张某和程某的名字,故不能认为王某向程某转让了全部股权,就视为向程某和张某转让了股权,程某不能全权代表张某,程某接受了合同的全部利益,不能视为张某也获得了合同利益,这不能混为一谈。

(三)解除该合同符合合同实际履行的现状

根据《合同法》第97条规定:“合同解除后,尚未履行的,终止履行;已经履行的，根据履行情况和合同性质，当事人可以要求恢复原状、采取其他补救措施，并有权要求赔偿损失。”本案涉及张某部分的合同权利义务解除后，张某从合同中撤出去并不影响合同中王某与程某之间权利义务的履行，合同解除的后果就是乙方由张某、程某两人变为程某一人，因程某获得了合同的全部权利，那么程某按照合同约定承担全部债务也是理所应当。故从解除后果来说，只解除原告张某部分更加符合合同在履行中的应有之义，程某既然与王某达成一致受让了伯雅轩公司的100%的股权，而且程某紧接着又将全部股权转让给了第三人，那么程某应当预见到其应当承担合同的全部义务，这又回到权利义务对等的基本法理上来。合同解除以后的后果显然与合同实际履行过程中发生的变故契合，这也是合同的当事人应当承担的后果。

综上所述，一审、二审的判决是正确的。

实施家暴致重伤，应依法撤销监护人资格

钱　笑

一、据以研究的案例

申请人程某与被申请人李某系夫妻关系，双方于2010年9月登记结婚，婚后双方租住在北京市通州区永顺镇小圣庙村。婚后生育一子李甲。2015年6月13日，被申请人因琐事与申请人发生口角并将申请人赶出家门。其后，因李甲哭闹，被申请人在吸毒后用手扇打李甲头和面部。经北京市通州区公安司法鉴定中心鉴定，李甲硬膜下有大量积液，左额叶、左颞叶脑挫伤，属于二级重伤。2015年6月15日，被申请人被抓获羁押。2016年7月7日，被申请人被北京市通州区人民法院判处有期徒刑七年。

上述情况发生后，中华少年儿童慈善救助基金会（以下简称基金会）对李甲及申请人进行救助，为李甲筹集部分医疗及生活费用。2015年8月22日，基金

会与申请人签订《共同监护协议》,约定由基金会作为李甲的辅助监护人,与监护人申请人共同监护李甲,并由申请人向法院起诉撤销被申请人的监护权,同时确认基金会为李甲的辅助监护人。协议还约定,为促使被监护人得到更好的康复,在征得申请人同意后,基金会可以寻找适宜的寄养机构照料被监护人李甲。

2015 年 8 月 22 日申请人向北京市通州区人民法院提起诉讼,以被申请人虐待李甲,申请人无力独立承担监护人职责为由,诉请:第一,撤销被申请人对李甲的监护人资格;第二,指定基金会作为李甲的辅助监护人,与申请人共同监护李甲。基金会以第三人的身份参加诉讼。

被申请人称,其对李甲伤害太深,没有尽到父亲的职责,同意撤销其对李甲的监护权。

北京市通州区人民法院经审理认为:(1)我国法律禁止任何形式的家庭暴力,未成年人遭受家庭暴力的,应该给予特殊保护。监护人应当履行监护职责,保护被监护人的人身、财产及其他合法权益。监护人不履行监护职责或者侵害被监护人的合法权益的,应当承担责任。人民法院可以根据有关人员或者有关单位的申请,撤销监护人的资格。被申请人作为李甲之父,未尽到对孩子的关怀照顾义务,反而在吸毒后将不足三个月的幼儿李甲打成重伤,严重侵害了未成年人的合法权益,现申请人作为李甲之母,申请撤销被申请人对李甲的监护人资格,符合法律规定,法院予以支持。(2)《反家庭暴力法》第 21 条规定:监护人实施家庭暴力严重侵害被监护人合法权益的,人民法院可以根据被监护人的近亲属、居民委员会、村民委员会、县级人民政府民政部门等有关人员或者单位的申请,依法撤销其监护人资格,另行指定监护人。在撤销被申请人对李甲的监护人资格的同时,为保障李甲的合法权益,申请人作为李甲的母亲,具有法定的监护人资格,应积极履行对李甲的监护义务。(3)《民法通则》第 16 条规定:未成年人的父母是未成年人的监护人。未成年人的父母已经死亡或者没有监护能力的,由下列人员中有监护能力的人担任监护人:①祖父母、外祖父母;②兄、姐;③关系密切的其他亲属、朋友愿意承担监护责任,经未成年人的父、母的所在单位或者未成年人住所地的居民委员会、村民委员会同意的。对担任监护人有争议的,由未成年人的父、母的所在单位或者未成年人住所地的居民委员会、村民委员会在近亲属中指定。对指定不服提起诉讼的,由人民法院裁决。

没有第 1 款、第 2 款规定的监护人的，由未成年人的父、母的所在单位或者未成年人住所地的居民委员会、村民委员会或者民政部门担任监护人。依照上述法律规定，申请人系李甲的法定监护人，在撤销被申请人的监护人资格后，可独立行使对李甲的监护权。基金会在筹集善款，及时救治李甲的过程中，起到了积极的作用，其行为应当得到表彰和肯定，但基金会并不在法定的监护人主体范围内，且我国法律法规中并无所谓“辅助监护人”的概念。因此，对于申请人要求基金会担任辅助监护人的诉讼请求，法院不予支持。

综上，法院判决：撤销李某为李甲监护人的资格；驳回程某的其他申请。宣判后，李某未上诉，现判决已经生效。

二、相关法律问题分析

本案的争议焦点主要有两个：第一，是否应当撤销被申请人为李甲的监护人资格；第二，是否应当指定基金会成为李甲的辅助监护人。

（一）应撤销被申请人对李甲的监护人资格

撤销监护权制度，是未成年人权益保护的重要手段，目的是及时终止对未成年人的家庭伤害，提供安全健康的庇护，最终使未成年人健康成长。关于李甲父亲被申请人的监护人资格问题，法院裁判的着眼点在于如何能够对未成年人的身心健康予以最大程度的保护。对于是否应当撤销被申请人的监护人资格，有两种不同观点。第一种观点认为，不应当撤销被申请人的监护人资格，因为被申请人已经因故意伤害罪被法院判处有期徒刑七年，刑期自 2015 年 6 月 15 日起至 2022 年 6 月 14 日止，被申请人现正在狱中服刑，判决撤销其监护人资格并无实际意义。第二种观点认为，应当撤销被申请人的监护人资格，因为被申请人曾多次因强奸、吸食毒品等被判决有期徒刑或行政拘留，被申请人虽然现正在狱中服刑，但并不能排除被申请人出狱后再次侵害李甲的可能性，因此，撤销被申请人的监护人资格则能够彻底防止其再次侵害李甲。法院裁判采纳了第二种观点，理由如下：

1. 撤销被申请人为李甲的监护人资格，可以彻底防止其再次侵害李甲。一般意义上，监护是对未成年人和精神病人的人身、财产和其他合法权益进行监督和保护的一种民事法律制度，履行监护和保护职责的人，称为监护人，监护人即具有监护权。根据我国《民法通则》第 18 条的规定,监护权本质上是一种职责,监护权包括以下几项内容:一是保护被监护人的人身、财产及其他合法权益;二是担任被监护人的法定代理人;三是教育和照顾被监护人。监护人行使监护职责,则必然有权处理被监护人的人身、财产及其他合法权益,且教育和照顾被监护人的过程中,必然会接触被监护人。如果不撤销被申请人对李甲的监护人资格,则被申请人出狱后需要继续履行监护人职责,在这个过程中并不能排除其继续伤害李甲的可能性。且李甲被被申请人伤害至重伤二级,李甲除了需要较长时间甚至终身康复外,父亲的侵害势必已经给李甲的心理造成严重创伤,在这种情况下,无论被申请人出狱与否,以及是否实际履行监护人职责,保留被申请人对李甲的监护人资格都不利于李甲的健康成长。

2. 撤销被申请人对李甲的监护人资格有明确的法律依据。我国《民法通则》第 18 条规定,监护人不履行监护职责或者侵害被监护人的合法权益的,应当承担责任;给被监护人造成财产损失的,应当赔偿损失。人民法院可以根据有关人员或者有关单位的申请,撤销监护人的资格。我国《反家庭暴力法》第 21 条规定,监护人实施家庭暴力严重侵害被监护人合法权益的,人民法院可以根据被监护人的近亲属、居民委员会、村民委员会、县级人民政府民政部门等有关人员或者单位的申请,依法撤销其监护人资格,另行指定监护人。以及根据最高人民法院、最高人民检察院、公安部、民政部联合发布的《关于依法处理监护人侵害未成年人权益行为若干问题的意见》第 35 条的规定,被监护人有虐待、暴力伤害未成年人,严重损害未成年人身心健康的情形的,人民法院可以判决撤销其监护人资格。由此可见,我国法律禁止任何形式的家庭暴力,未成年人遭受家庭暴力的,应当给予其特殊保护。当监护人不能履行监护职责,甚至侵害被监护人时,为了未成年人能够健康成长,法律赋予人民法院撤销监护人监护权的权力。因此,法院判决撤销被申请人为李甲的监护人资格,系出于保护未成年人合法权益、促进未成年人健康快乐成长、基于法律规定作出的判决,实现了司法活动中法律效果与社会效果的统一。

(二)指定基金会为李甲的辅助监护人没有法律依据

李甲案件发生后,基金会对李甲及申请人进行了救助,包括为李甲筹集部分医疗及生活费用等,基于此,对于法院是否应当支持指定基金会成为李甲的辅助监护人颇有争议。一种观点认为，应当指定基金会为李甲的辅助监护人，与申请人共同监护李甲，案件审理过程中，申请人及基金会也提出意见称，目前申请人需要贴身照顾李甲，且无任何经济基础及来源，不能负担李甲的治疗、康复及生活费用；而基金会在李甲的救助、治疗、康复过程中发挥了巨大的作用，且申请人已经与基金会签订《共同监护协议》，基金会有意愿、有能力担任李甲的共同监护人，指定基金会作为李甲的辅助监护人，是对其未来最好的保障；且法律并未禁止共同监护，支持基金会作为李甲的辅助监护人，也能够推动我国撤销监护权后未成年人后续权益保障体系的逐步完善。另一种观点认为，申请人作为李甲的监护人，能够承担监护职责，且社会保障体系已经逐步完善，指定基金会作为李甲的共同监护人并无必要。法院最终裁判不支持基金会为李甲的辅助监护人，理由如下：

1. 支持基金会作为李甲的辅助监护人缺乏法律依据。监护法律关系的主体是监护人和被监护人，而并无“辅助监护人”，实际上，“辅助监护人”并非法律概念。关于监护人主体的范围，我国《民法通则》第 16 条明确规定，未成年人的监护人包括未成年人的父母，祖父母、外祖父母，兄、姐，关系密切的其他亲属、朋友，未成年人的父、母的所在单位或者未成年人住所地的居民委员会、村民委员会或者民政部门。应当注意的是，《民法通则》在监护人范围的规定上，并未设定“弹性条款”，即法官在适用该法律时并无自由裁量权，而应当严格按照法条本身来适用。在本案中，基金会并不在上述监护人范围之列，如果法院判决支持该项诉求，则有突破现有立法，创设法律规则的嫌疑。

2. 支持基金会作为李甲的辅助监护人并无必要。根据最高人民法院、最高人民检察院、公安部、民政部《关于依法处理监护人侵害未成年人权益行为若干问题的意见》第 36 条的规定，判决撤销监护人资格后，没有合适人员和其他单位担任监护人的，人民法院应当指定民政部门担任监护人，由其所属儿童福利机构收留抚养。目前，我国的社会保障体系已经逐步健全，民政部门完全有能力作为未成年人的监护人。从立法意图来看，民政部门对未成年人承担兜底的监护人责任，已经足以保护未成年人的合法权益。且在本案中，基金会与申请人签订《共同监护协议》，约定在征得申请人同意后，基金会可以寻找适宜的寄养机构照料被监护人，对李甲的健康成长可能带来不利影响。

综上所述，法院判决撤销被申请人为李甲监护人的资格，同时不支持基金会作为李甲的辅助监护人,系出于保障未成年人健康成长的根本目的,严格适用法律,同时综合考虑当事人实际情况作出的判决。

员工因非履职行为导致的侵权,单位无须承担赔偿责任

李炎铎

一、据以研究的案例

2013 年 8 月王某驾车进入单位所在的科技园区,未注意到迎面驶来一辆叉车,王某驾驶的车辆与钢架相撞,导致钢架脱离,造成扶钢架人员古某当场死亡,另一人员重伤。事发之后,经交警部门认定,事发事故非道路交通事故。后王某被北京市通州区人民法院以过失致人死亡罪判处有期徒刑一年零二个月,缓刑一年零六个月。死者古某亲属将王某和王某所在单位信元信息公司诉至法院,认为事故发生时王某系到电信办公大厦工作,电信大厦与信元信息公司系同一系统或同一家单位,王某前往科技园区的行为应属职务行为,其用人单位信元公司也应当承担赔偿责任。

被告信元公司认为,王某侵权行为发生在上班途中,并非发生在从事雇佣活动的过程中。案发时间并非上班时间;案发地点并非王某的工作场所;案发时王某并非从事雇佣活动。综上,信元公司不应承担赔偿责任。

北京市通州区人民法院经审理认为:本案中双方争议的焦点问题是信元信息公司是否应当承担赔偿责任。根据我国《侵权责任法》第 34 条的规定,用人单位的工作人员因执行工作任务造成他人损害的,由用人单位承担侵权责任。《最高人民法院关于审理人身损害赔偿案件适用法律若干问题的解释》第 9 条第 2 款对"从事雇佣活动"做了进一步解释,包括从事雇主授权或指示范围内的

生活经营活动或者其他劳务活动;雇员的行为超出授权范围,但其表现形式是履行职务或者与履行职务有内在联系的。本案中,从调取的刑事卷宗笔录和原告起诉书、被告陈述可以看出,事发时王某系开车进入园区。法院认为,无论王某开车进入园区是上班还是被派往此处履行职务行为,本案应该关注的是开车行为本身是否是履行职务行为。从本案查明的事实来看,王某系从事运营维护工作,而非司机,即使其进入园区是为了履行职务行为,但开车本身并非其职务行为。雇主之所以为雇员履行职务行为承担侵权责任,根本原因在于该行为系为雇主利益而为,是作为雇主代理人身份完成雇主的事务,而本案中王某的行为无法解释为上述行为,故法院认为,原告要求信元信息公司承担责任的诉讼请求,没有事实和法律依据,应予以驳回。

一审判决后,双方均未提起上诉。现判决已经生效。

二、相关法律问题分析

本案涉及的问题是雇主对雇员侵权行为承担侵权责任的法律认定。

(一)雇主对雇员侵权行为承担责任的依据

雇主对雇员侵权行为承担赔偿责任往往因为雇员受雇于雇主,雇员系代理雇主行使权利,为雇主利益行使职务行为,雇主在雇员侵权纠纷中,存在选任监督过失,[1]理应承担因选任过失带来的赔偿责任。此外从经济角度考虑,根据衡平原则,雇主更具备赔偿受害人损失的能力,可以保障受害人权益。

(二)雇主对雇员侵权行为承担责任的认定

根据我国《侵权责任法》和《最高人民法院关于审理人身损害赔偿案件适用法律若干问题的解释》的规定,雇主对雇员侵权行为承担侵权责任需要具备以下两个条件:(1)雇员从事雇佣活动;(2)侵权行为发生在雇员活动中。雇员只有在履行职务行为的过程中,因职务行为引发侵权,导致他人受害,才会构成职务行为引发的侵权,雇主才承担侵权责任。因此,在此过程中排除:(1)非从事

---

〔1〕 参见王泽鉴:《连带侵权债务人内部求偿关系与过失相抵原则之适用》,载《民法学说与判例研究》(第1册),北京大学出版社2009年版,第46页。

雇佣活动引发的侵权行为;(2)雇员故意侵犯他人权益。如系雇员故意侵害他人权益,应当由雇员承担责任,但因此会加重受害人举证责任,故法律规定了雇主享有追偿的权利。

雇佣活动的认定构成了雇主责任的首要认定条件。雇佣活动包含了雇员本职工作也包含了根据雇员行为推断为雇佣活动,主要认定依据为利益归属原则,即雇员行为导致的利益最后归属于雇主,则该行为可以推断为雇佣活动。而在此过程中雇员实施了侵权行为,该侵权行为可能为雇佣活动本身也可能为单纯的侵权行为,故法律推定只要发生在雇佣活动期间的行为导致的侵权责任就认定为雇主责任;对于单纯的侵权行为往往是雇员的故意或重大过失所致,对此雇主在赔偿之后可以向雇员追偿。

本案中,王某系前往工作单位上班,其并未实施职务行为,也非单位授权行为,无法合理推断为从事雇员活动,故雇主单位无须承担赔偿责任。

综上,法院的判决是正确的。

消费者网购受损,网络平台提供者与第三方卖家承担连带赔偿责任

秦　玲

一、据以研究的案例

2014 年 5 月 4 日,原告张某在京东商城网站购买台湾松竹脱丽露美白祛斑五件套产品,价格为 99 元,产品的卖家为雨滋专营店。“雨滋专营店”系被告雨滋公司利用京东商城平台开设的网络店铺的名称。2014 年 8 月 31 日,张某因身体不适,前往北京中医药大学东直门医院(东区)、北京大学第一医院、中国人民解放军第三〇七医院进行治疗,诊断证明为“1. 汞中毒;2. 肾病综合症;3. 低

蛋白血症"等,随后遵医嘱进行驱汞、改善循环、补液促排等治疗。张某认为其是因使用松竹脱丽露美白祛斑产品造成自身汞中毒等病情,故诉至法院,要求雨滋和京东公司连带赔偿医疗费、误工费、交通费、住院期间伙食费、精神损害赔偿金、鉴定费等各项损失 168 775 元。雨滋公司答辩,要求张某证明其确实是使用了涉案产品导致损害后果,否则不承担责任。京东公司辩称:公司作为网络平台提供者,不是涉案商品的销售者,不是本案的适格被告,不应承担赔偿责任,请求法院依法驳回原告的诉讼请求。在本案审理过程,对松竹脱丽露晚霜进行鉴定,鉴定意见为:"1. 鉴定标的物的汞含量为 7474. 1mg/kg;2.《化妆品卫生规范》(2007 版)规定的汞限量为 1mg/kg,鉴定标的物的汞含量超出标准限量要求。"

法院审理后认为:涉案产品与张某汞中毒等病情的损害后果之间具有因果关系。雨滋公司答辩,要求张某证明其确实是使用了涉案产品才导致损害后果,无异于加重原告方的举证责任,法院结合日常生活经验中护肤品的每日使用量、购买涉案产品与病发的时间间隔、涉案产品的剩余量等,认定张某确实在购买产品后进行了实际使用,且被鉴定的产品即是从雨滋公司处购买的产品,对于雨滋公司所述无法证明被鉴定产品即是从其处购买的答辩意见不予采信。京东公司作为网络交易平台提供者,收取了平台使用费,应当对第三方经营者的经营行为进行监督和约束,确保其提供符合消费者人身、财产安全的产品。京东公司作为网络交易平台提供者,未尽到对第三方经营者的监管义务,明知或者应知雨滋公司利用其平台侵害消费者合法权益,未采取必要措施,造成消费者的损害后果,依法应当与雨滋公司承担连带责任。故依据《产品质量法》第 43 条、第 44 条,《消费者权益保护法》第 11 条、第 40 条、第 44 条、第 49 条之规定,判决被告雨滋公司赔偿原告张某医疗费、误工费、营养费、精神损害赔偿金等共计人民币 54 611. 3 元;京东公司承担连带赔偿责任。

判决后,三方均未上诉,现判决已生效。

二、相关法律问题分析

随着网络的发展,网购越来越成为时下人们热衷的一种购物方式,但对于网上购物致损的赔偿问题,目前并未有明确的法律规定,此案即是典型的网购侵权损害赔偿问题。对于网购侵权后,平台提供者与第三方卖家是否共同承担连带赔偿责任,特别是"京东"平台提供者应否承担赔偿责任的问题,存在两种截然不同的观点。

第一种观点认为,"京东"等仅提供网络平台服务,并非买卖合同中的相对方,不应当对消费者的损失承担连带赔偿责任。该种观点认为,网络平台提供者既非销售者,也非生产者,仅提供平台服务,因此在消费品存在质量问题致使消费者受损的情况下,根据《消费者权益保护法》和《产品质量法》的规定,应当由产品的生产者或者产品的销售者承担责任,网络平台提供者不应当承担责任。

第二种观点认为,网络平台提供者应当对消费者的损失承担连带赔偿责任。因为网络平台提供者作为交易平台的提供方,消费者在其平台购买商品,多数是基于对于该平台的信任,且平台提供者收取了第三方卖家的平台使用费,根据权利义务相对等的原则,其有义务对入驻的第三方卖家进行监督和约束,确保其提供符合质量要求的产品。

笔者同意第二种观点,即网络平台提供者与第三方卖家承担连带赔偿责任,理由如下:

(一)雨滋公司即第三方卖家承担赔偿责任

雨滋公司认为,原告没有证据证明其汞中毒是由于使用了本公司所售的化妆品而导致的。本公司也并非涉案化妆品的唯一销售者,原告完全可以在其他网站上甚至是普通的化妆品实体店买到涉案化妆品。故请法院依法驳回原告的起诉。本案争议的焦点之一为涉案产品与张某汞中毒等病情的损害后果之间是否具有因果关系。在本案的审理过程中,涉案产品经专业鉴定机构鉴定,其汞含量是国家法定标准的7000余倍,张某在购买涉案产品三个多月之后出现身体不适症状,经医院诊断,病情为汞中毒等,法院据此认定涉案产品汞含量超标与张某汞中毒等损害后果之间具有因果关系。雨滋公司要求张某证明其确实是使用了涉案产品才导致损害后果,要求原告证明既往已经发生的日用事实,无异于加重了原告方的举证责任,法院结合日常生活经验中护肤品的每日使用量、购买涉案产品与病发的时间间隔、涉案产品的剩余量等,认定张某确实在购买产品后进行了实际使用,且被鉴定的产品即是原告在京东商城平台的雨滋公司处购买的产品,对于雨滋公司所述无法证明被鉴定产品即是从其处购买的答辩意见不予采信。另外，通过张某提交的公证光盘显示，2014 年 9 月 19 日，张某通过京东商城平台在第三方卖家“爱多丽店”购买了松竹脱丽露美白祛斑保湿抗过敏四件套产品一套，产品价格 95 元，该套产品即是雨滋公司答辩中所述的张某庭审中出示的另一套涉案化妆品，但该套商品是在张某出现身体不适症状之后才购买，不应认定张某汞中毒等病情的损害后果是由于使用了该套商品导致的。张某提交证据证明其在京东商城网站上购买雨滋公司出售的涉案产品，涉案产品汞含量超标的事实及张某存在汞中毒、肾病综合症和低蛋白血症的损害后果，张某尽到了其举证责任，法院认定张某汞中毒、肾病综合症及低蛋白血症三项症状均是由于使用了涉案产品所致；被告如果认为肾病综合症及低蛋白血症非因使用涉案产品所致，应当提供证据证明上述损害后果与使用涉案产品无关，但雨滋公司对此均未提供证据，故对于雨滋公司的答辩意见不予采信。

（二）网络平台提供者京东公司承担连带赔偿责任

京东公司为证明其并非产品的实际销售者，仅为互联网平台提供者，向法院提交了北京京东世纪贸易有限公司与长沙雨滋公司（乙方）签订的《“京东 JD. COM”开放平台服务协议》，协议约定：依据“京东平台”入驻流程和要求在线完成信息提交，经“京东”审核同意后，商家可以使用其自行设定的京东平台用户名和密码登录“京东平台”，以开立店铺开展经营，乙方店铺内商品，均以乙方自身名义进行商品信息上传、展示、咨询答复、商品销售、发票开具、物流配送服务及售后服务提供等；乙方销售及服务出现争议、纠纷以及国家机关机构调查时，由乙方以销售者身份处理。“京东”不参与乙方店铺的经营，除依据本协议相关约定外，也不直接介入乙方与其他人之间的争议和纠纷；乙方应按照约定的费用标准和时间向“京东”指定账户支付平台使用费，平台使用费按乙方店铺相应服务期进行缴纳等。

笔者认为：首先，京东公司与雨滋公司签订的平台服务协议是被告之间的内部约定，不能以此对抗第三人，即京东公司不能以其与雨滋公司的协议对抗本案原告张某。其次，多数消费者在京东商城网站上购买商品进行消费是出于对京东公司的信任，而非对第三方经营者的信任，此种信任即认为所有通过京东公司网上平台销售的商品均是符合消费者人身、财产安全的产品。最后，京东公司作为网络交易平台提供者,收取了平台使用费,应当对第三方经营者的经营行为进行监督和约束,确保其提供符合消费者人身、财产安全的产品。京东公司作为网络交易平台提供者,未尽到对第三方经营者的监管义务,明知或者应知雨滋公司利用其平台侵害消费者合法权益,未采取必要措施,造成消费者的损害后果,依法应当与雨滋公司承担连带责任。

我国目前的法律法规对于网络平台提供者的责任还没有明确的规定,2013年修改的《消费者权益保护法》第44条仅仅规定了"网络交易平台提供者明知或者应知销售者或者服务者利用其平台侵害消费者合法权益,未采取必要措施的,依法与该销售者或者服务者承担连带责任"。笔者认为此条规定的"明知或者应知"应作宽泛解释,应当对网络平台提供者提出更高标准的要求,因为根据社会发展现状来看,网络平台提供者对其平台的安全性进行了大量的宣传,多数消费者是被该平台吸引进而在其平台上购买商品或者服务。根据权利与义务相对等的原则,仅仅要求网络平台提供者享受权利,而在消费者受损的情况下,网络平台提供者却能免除其责任的话,也违反了公平正义的原则。基于以上理由,消费者在网络平台上购买商品受到损害的情况下,网络平台提供者应当与第三方卖家共同承担连带赔偿责任。

综上,一审法院的判决是正确的。

提供虚假毕业证应聘构成求职欺诈,双方签订的劳动合同无效

芦玉杰

一、据以研究的案例

原告某文化艺术公司通过网络招聘策划人,要求最低学历本科,工作经验3

年至5年。被告任某应聘并于2012年9月3日正式入职,2013年4月17日,任某离职,后向北京市通州区劳动人事争议仲裁委员会申请仲裁,要求支付拖欠工资、未签订劳动合同的双倍工资差额、违法解除劳动关系赔偿金。某文化艺术公司认为任某入职时提交虚假毕业证书,双方劳动关系无效,故另行申请仲裁,要求确认双方劳动关系无效。2014年11月6日,仲裁委裁决驳回某文化艺术公司的仲裁请求。某文化艺术公司不服,向通州区人民法院提起诉讼。

在本案审理过程中,双方均认可任某入职时提交了某境外院校毕业证书,同时,任某亦认可应聘时要求本科学历,某文化艺术公司曾要求其提供相应学历认证证明,但因该学校及我国教育部认证政策之原因未能办妥。某文化艺术公司申请法院至教育部留学服务中心调取该毕业证真伪的证据。教育部留学服务中心称,国(境)外学历学位认证是申请者的自愿行为,不具强制性,任某未提出认证申请,故无法核查该毕业证书的真伪。法院要求任某本人于十日内至教育部留学服务中心办理认证申请手续,但任某予以拒绝。

通州区法院经审理认为:用人单位有权了解劳动者与劳动合同直接相关的基本情况,劳动者应如实说明;以欺诈、胁迫的手段或乘人之危,使对方在违背真实意思的情况下订立劳动合同的,劳动合同无效。当事人对自己的主张,有责任提供证据予以证明,未提供证据或者所提供的证据不能证实自己主张的,应承担举证不能的法律后果。学历学位代表劳动者的真实学习经历,系用人单位初步判断劳动者工作能力、综合素质等基本情况的关键因素,直接影响用人单位是否招用劳动者之决定,劳动者应依照诚实信用原则履行如实说明义务。本案中,原告某文化艺术公司公开招聘策划人岗位,其中岗位要求明确规定应聘者需具备的最低学历为本科,被告任某提供某境外院校本科毕业证进行应聘。任某提供的毕业证是否真实,决定了其是否具备招聘要求的最低学历,是某文化艺术公司据以筛选应聘人员、安排面试的前提性、基础性条件,并最终影响到某文化艺术公司作出是否与任某建立劳动关系的真实意思表示。

对于任某毕业证之真伪一节,法院充分考量双方的举证责任、举证能力、举证成本等因素,由任某配合教育部留学服务中心进行认证,更符合举证的公平性、便捷性、经济性。但经法院多次告知、释明及要求某文化艺术公司垫付相关费用的情况下,任某仍拒绝至教育部留学服务中心申请认证,可以视为任某能够提供直接证据但无正当理由拒不提供,其应承担举证不能的责任。故法院对于该项不利于任某的主张,予以采信。综上所述,任某提供虚假毕业证应聘,直接致使原告作出建立劳动关系的错误意思表示,已构成欺诈,双方建立的劳动关系应为无效。故对原告某文化艺术公司的诉请,有事实与法律依据,法院予以支持。

一审判决后,任某不服提起上诉,二审期间又撤诉。现判决已生效。

二、相关法律问题分析

本案的争议焦点有二:一是毕业证真伪的举证责任分配;二是毕业证虚假是否构成欺诈及双方劳动关系是否有效。

(一)任某对自己提交的毕业证真伪负有举证责任

原告某文化艺术公司认为,任某入职时提交的毕业证书虚假,遵循民事诉讼"谁主张谁举证"的一般规则,原告某文化艺术公司应就其主张承担相应的举证责任。但本案任某提交的毕业证为境外某大学颁发,某文化艺术公司通过现有公开渠道不能直接证明和判定毕业证真伪,属于因客观原因不能自行收集的证据。某文化艺术公司申请法院至教育部留学服务中心调取该毕业证真伪的证据,法院与具有相应认证资质的教育部留学服务中心联系,该中心表示其可与境外院校核实毕业证真伪,但认证系申请者的自愿行为,不具强制性,现任某未提出认证申请,该中心无法辨别真伪。法院通知任某限期至教育部留学服务中心办理认证申请,并要求某文化艺术公司先行垫付相关费用,但任某予以拒绝。期间,任某解释称,毕业证需先经境外院校认证后再至国内认证,应聘时因院校之原因未能办妥,其后称因该院校不属于教育部在册学校,国内教育机关不对该院校认证。而某文化艺术公司提交的教育部教育涉外监管信息网页打印件记载,高等院校名单中包含该大学,任某的解释与教育部留学服务中心的答复不相符。根据《最高人民法院关于民事诉讼证据的若干规定》第 75 条的规定,有证据证明一方当事人持有证据无正当理由拒不提供,如果对方当事人主张该证据的内容不利于证据持有人,可以推定该主张成立。本案任某可非常便捷地通过认证申请证明其境外毕业证的真实,但其拒不办理,可以视为其能够提供证据无正当理由拒不提供,现某文化艺术公司主张毕业证为虚假,故法院可以推定该主张成立。

综合考虑双方的举证责任、举证能力、举证成本等因素,由任某向教育部留学服务中心申请认证从而辨别该境外毕业证的真伪，更符合举证的公平性、便捷性、经济性，现任某予以拒绝，故法院直接推定不利于被告的主张成立，该毕业证为虚假。

（二）任某提交虚假毕业证应聘构成求职欺诈

《最高人民法院关于贯彻执行〈中华人民共和国民法通则〉若干问题的意见（试行）》第 68 条规定，一方当事人故意告知对方虚假情况，或者故意隐瞒真实情况，诱使对方当事人作出错误意思表示的，可以认定为欺诈行为。此定义构建了我国民事法律对于欺诈的认定标准，同样该标准亦通用于劳动领域。如《劳动合同法》第 3 条、第 8 条就规定了用人单位、劳动者应遵循诚实信用原则和如实说明义务。劳动法意义上的欺诈应从以下三方面进行判定：一是用人单位应明确告知劳动者招聘条件。用人单位在招聘时，应明确列明与签订劳动合同直接相关的招聘要求和条件，引导规范劳动者求职。二是劳动者具有主观故意。劳动者应故意告知对方虚假情况或故意隐瞒真实情况，即具有使用人单位陷入招聘错误并因此作出录用劳动者的意思表示的目的。三是用人单位尽到基本审查义务。用人单位在招聘时应审慎审查劳动者提供的资料，要求劳动者如实说明；在试用期内要着重考察劳动者是否符合聘任条件，是否胜任岗位要求。如果在合理期限内，用人单位未尽到审查义务，可能会丧失相应权利。

本案中，学历学位代表劳动者的真实学习经历，系用人单位初步判断劳动者工作能力、综合素质等基本情况的关键因素，直接影响用人单位是否招用劳动者之决定，因此劳动者应依照诚实信用原则履行如实说明义务。某文化艺术公司招聘时明确列明应聘者需具备的最低学历为本科，已明确其招聘要求；任某提供某境外院校毕业证（本科）进行应聘，现该毕业证被推定为虚假，任某存在告知对方虚假事实的故意；任某入职后，某文化艺术公司要求任某提供认证证明，尽到审查义务。故任某的行为，诱使某文化艺术公司作出与其建立劳动关系的错误意思表示，已构成求职欺诈。

（三）欺诈的后果系该劳动关系无效

对于欺诈的后果。《劳动合同法》第 26 条规定，以欺诈、胁迫的手段或乘人之危,使对方在违背真实意思的情况下订立或者变更劳动合同的,劳动合同无效或者部分无效。通过以上分析可以看出,任某以欺诈手段与某文化艺术公司建立劳动关系,该劳动关系应为无效。此外,根据《劳动合同法》第39条、第86条规定,用人单位可以与劳动者解除劳动合同,不必支付经济补偿金;如果劳动者给用人单位造成损失,劳动者应承担赔偿责任。但劳动者基于其正常提供的劳动,可以要求用人单位支付相应的对价报酬。

综上,一审判决是正确的。

家政服务人员在工作中自身受伤的,应按过错责任原则确定雇主责任

孙之智

一、据以研究的案例

2013年6月17日,经北京某家政服务中心提供中介服务,原告路某(乙方)与被告李某(甲方)签订一份《试工协议(中介型)》。该协议约定:甲方要真实说明工作量及详细情况,如与实际不符,乙方有权解除协议或重新协商。乙方要尊重甲方的所有成员,和睦相处,服从甲方的合理安排,乙方不得接触甲方的贵重物品或财物。试工期间,甲乙双方不形成正式合同,调换不涉及违约,调换时乙方等下一位服务员到岗接替或得到甲方许可方可出户,但甲方必须把乙方送回公司,以免出现意外。试用期为一个月,自2013年6月17日起至2013年7月16日止。乙方月工资为每月2500元,无休息。协议还约定了其他内容。

2013年6月18日上午,原告路某到李某家开始对李某提供家政服务。2013年6月22日早晨6时许,原告路某在被告李某家踩在一张圆凳上时不慎

摔下受伤。经过勘察发现，圆凳面板已破裂，圆凳的三条金属支腿弯曲。对于事发经过细节，双方各执一词。原告称当时她踩在圆凳上收拾大衣柜，而被告称当时原告不听劝阻，踩在圆凳上拍蚊子，导致事故发生。原告称被告根本没有进行劝阻。事发后，原告被送往北京市通州区中西医结合骨伤医院，并于2013年6月26日至2013年7月2日住院治疗，经诊断为：右桡骨远端骨折，气滞血瘀。医嘱建议出院后休息3个月。原告系甘肃省农业户口，其伤情经鉴定为十级伤残。经核实，原告路某的合理损失为：医疗费（含挂号）23 004.73元、住院伙食补助费300元、营养费酌定500元、误工费12 916.67元、护理费9780元、交通费酌定300元、残疾赔偿金32 952元、精神损害抚慰金酌定5000元。

2013年9月，路某将李某诉至法院，要求李某赔偿其医疗费、伙食补助费、营养费、护理费、误工费残疾赔偿金、精神损害抚慰金等各项损失8万多元。

李某辩称，原告路某受伤是在试工期内，双方未形成正式的家政服务关系；且路某未经培训，是否有家政服务上岗证书存在疑问。如果路某无家政服务上岗证，双方家政服务关系更不能成立。路某受伤并不是照顾被告时造成的，而是路某站在凳子上拍蚊子，被告已尽到了劝阻责任，故不同意赔偿。

北京市通州区人民法院经审理后认为，侵害他人造成人身损害的，应当赔偿医疗费、护理费、交通费等为治疗和康复支出的合理费用，以及因误工减少的收入。造成残疾的，还应当赔偿残疾生活辅助具费和残疾赔偿金。造成死亡的，还应当赔偿丧葬费和死亡赔偿金。侵害他人人身权益，造成他人严重精神损害的，被侵权人可以请求精神损害赔偿。被侵权人对损害的发生也有过错的，可以减轻侵权人的责任。个人之间形成劳务关系，提供劳务一方因劳务造成他人损害的，由接受劳务一方承担侵权责任。提供劳务一方因劳务自己受到损害的，根据双方各自的过错承担相应的责任。原被告双方签订的《试工协议（中介型）》是双方的真实意思表示，双方均应认真遵守并履行。原告路某作为家政服务人员，理应具备职业素养和自我保护意识，其在照顾受伤的被告期间，不慎从圆凳摔下，导致自己受伤，原告具有明显过错；而被告李某作为接受家政服务一方，同时系圆凳的所有人，亦应承担相应责任。考虑到原告在事发时47岁，而被告在事发时不仅自己受伤卧床需要照顾，且年龄高达71岁，故法院酌定原告承担70%的责任，被告承担30%的责任。现原告要求被告赔偿其合理损失,理由正当,证据充分,法院予以支持;但对其过高要求,法院不予支持。原告要求后续治疗费待发生后主张,法院无异议。被告辩称原告受伤并非照顾被告造成的,而是原告站在凳子上拍蚊子,且被告已尽到了劝阻责任,依据不足,法院不予采信。综上所述,依据《侵权责任法》第 16 条、第 22 条、第 26 条、第 35 条之规定,判决:被告李某赔偿原告路某医疗费、住院伙食补助费、营养费、误工费、护理费、交通费、残疾赔偿金、精神损害抚慰金共计 25 426.02 元,于本判决生效之日起 30 日内执行清;驳回原告路某的其他诉讼请求。

一审宣判后,双方均未上诉,该判决现已发生法律效力。

二、相关法律问题分析

本案是一起家政服务人员在工作中自身受伤索赔导致的纠纷,其争议焦点是适用何种规则确立赔偿的责任主体和赔偿比例。

(一)劳务双方之间存在体质上的明显差别,应成为确定责任比例的首要考虑因素

随着经济社会的发展,家政服务行业也取得了快速发展,尤其在大城市,雇佣保姆已经司空见惯。保姆在工作中受伤后,如何确定赔偿责任主体和赔偿比例,则是一个新问题。

保姆与雇主之间形成的是家政服务合同关系。所谓服务合同,是指服务提供者与服务接受者之间约定有关权利义务关系的协议。

家政服务的内容非常广泛,比如打扫卫生、洗衣做饭、照顾病人或老人、接送儿童等。如果提供劳务的一方与接受劳务的一方在体质上存在明显差别,比如,身强体健的保姆照顾患病卧床的老人,而保姆工作时不慎受伤,那么,提供劳务的一方应自行承担更大的责任。因为提供劳务的一方不仅具有一定的家政工作经验,更应具有较强的职业素养,其在工作中,对于工具的选择、使用,应当并且可以先行试用。

具体到本案,路某作为家政服务人员,年龄为 47 岁,尚为中年人,其应当知道在使用圆凳前检查试验一下,以免自身受伤。而李某系 71 岁的老人,当时卧病在床,行动不便,既不可能亲自将圆凳交付给路某,也不可能亲自检查圆凳的安全性。因此,两相对比,路某自身应承担更大的责任。

（二）家政服务人员在工作中自身受伤的，应适用过错责任原则，不能适用无过错责任原则

过错责任原则、无过错责任原则和公平责任原则是《侵权责任法》规定的三大归责原则。在过错责任原则中，过错是确定行为人是否承担责任的核心要件。过错分为故意和过失。本案中，路某使用的圆凳实际是一个已经使用多年的圆凳，且面板亦不太结实。路某作为家政服务人员，在使用圆凳时，应当仔细检查后再使用，但她疏忽大意，导致自己摔下受伤。路某的行为表明其违反了一个合理注意义务，也就是多数人在特定情况下应当达到的注意程度。因此，让她承担过错责任是符合法律规定的。

根据《工伤保险条例》的规定，工作人员在工作过程中受到工伤损害的，用人单位原则上承担无过错责任。只要工作人员是因工作遭受事故损害或患职业病的，职工就可以依照相关规定获得医疗救治和经济补偿。但是，路某与李某之间是家政服务的劳务关系，而不是劳动关系，因此，不能要求李某承担无过错责任。而且，无过错责任原则是一种较重的责任，只适用于环境污染侵权、高度危险作业侵权等法定情形。如果将无过错责任原则适用于家政服务的劳务关系中，则责任过重，有失公允。

综上，法院的判决是正确的。

将期刊刊号提供给他人有偿使用的协议无效

张　博

一、据以研究的案例

原告苏某委托传媒公司为其提供《公关世界》杂志社的国内统一刊号 CN13－1178/C 作为自己画册的出版刊号，双方约定刊号管理费为 8000 元。传媒公司

收取原告苏某刊号管理费8000元后,指派公司职员张某按照原告苏某的要求将刊号以邮件的形式发送给印刷方,邮件的内容为"兹授权苏某出版画册规格:8开,内页68页,加上封面共72,共印数3000册。国内统一刊号:CN13-1178/C,国际标准刊号:ISSN1815-3631。《公关世界》杂志社",邮件上附有国际标准刊号的条形码。原告苏某委托印刷公司印刷画册并支付印刷费44 800元。原告苏某因无法将印制的期刊对外销售,将该传媒公司诉至法院,要求该传媒公司退还其支付的刊号管理费及支出的出版印刷费。北京市通州区人民法院依法开庭审理了此案,认为根据《出版管理条例》第22条的规定,出版单位不得向任何单位或者个人出售或者以其他形式转让本单位的名称、书号、刊号或者版号、版面,并不得出租本单位的名称、刊号。传媒公司向原告苏某提供《公关世界》杂志社国内统一刊号的行为已经违反《出版管理条例》的强制性规定,应属无效。故传媒公司应向原告苏某返还刊号管理费8000元。根据《合同法》的规定,合同无效后,因该合同取得的财产,应当予以返还。有过错的一方应当赔偿对方因此受到的损失,双方都有过错的,应当各自承担相应的责任。原告苏某称自己与他人签订印刷合同,并向他人支付印刷费的金额为44 800元,但原告苏某未向法院提供证据证明其损失的实际金额,原告苏某应明确损失后另行主张。

双方当事人均未上诉。

二、相关法律问题分析

(一)传媒公司无权为苏某提供《公关世界》杂志的期刊号

根据《出版管理条例》第22条的规定,出版单位不得向任何单位或者个人出售或者以其他形式转让本单位的名称、书号、刊号或者版号、版面,并不得出租本单位的名称、刊号。按照规定,《公关世界》杂志社也不得向他人出售或以其他形式转让单位的刊号。原告苏某要使自行绘制的画集印制成册对外销售,应视为一种出版活动。未经新闻出版行政部门批准,任何单位和个人不得从事出版物的出版、印刷和发行活动。故本案中,传媒公司未经《公关世界》杂志社的同意,擅自向原告苏某提供《公关世界》杂志社国内统一刊号的行为已经违反《出版管理条例》的强制性规定,应属无效。

(二)违反国家强制性规定的合同,应属于无效的合同,当事人因无效合同取得的财产应予返还

虽然合同一经被认定为无效合同即自始无效,但是这不意味着它不发生任何法律效果,只是不发生当事人所预期的民事权利义务关系。无效合同经主张或确认无效之后,在当事人之间会发生恢复原状的义务。我国《合同法》第 58 条规定:“合同无效或者被撤销后,因该合同取得的财产,应当予以返还;不能返还或者没有必要返还的,应当折价补偿。有过错的一方应当赔偿对方因此所受到的损失,双方都有过错的,应当各自承担相应的责任。”本案中,因期刊的出版活动实施严格的审批管理,传媒公司不得将《公关世界》杂志的刊号提供给原告苏某作为出版画册的刊号,传媒公司与原告苏某签订的合同,是以违反国家法律、强制性法规为基础,故双方签订的合同应属无效。依照《民法通则》及《合同法》的相关规定,当事人因无效合同取得的财产应予返还。在本案中,该传媒公司应当退还原告苏某期刊号管理费 8000 元。

(三)原告苏某支付的印刷费能否作为实际损失要求赔偿

根据《合同法》第 58 条的规定,合同被确认无效后,有过错的一方应当赔偿对方因此所受到的损失,双方都有过错的,应当各自承担相应的责任。

笔者认为:从损失的具体数额确定上看,赔偿损失的构成要件是:第一,必须具有损失事实的存在。赔偿是对损失的赔偿,一方当事人要求另一方当事人赔偿应当证明自己的损失的确存在。第二,当事人有过错。如果损失是由一方当事人的过错造成的,则应该由该当事人对对方当事人的损失承担赔偿责任,如果当事人双方对损失的发生都具有过错,则当事人双方应该根据过错的具体情况,采用过错相抵原则来进行赔偿损失的计算和操作。第三,过错与损失之间有因果关系。从案件情况分析,因原告苏某自行委托印刷单位负责画册的印刷,但苏某并未提交证据证明其实际的损失,故原告苏某明确其实际损失后可另行起诉。

从原告苏某与传媒公司的过错程度上看,因期刊的出版活动实施严格的审批管理,传媒公司不得将《公关世界》杂志的刊号提供给原告苏某作为出版画册的刊号,原告苏某亦不能擅自从事出版物的出版、印刷业务。传媒公司与原告

苏某知道或应当知道提供《公关世界》杂志社国内统一刊号的行为是无效的,故双方均具有过错。但是从原被告的身份比较,因传媒公司具有较普通人更专业的业务知识水平,故其较原告而言,过错比例明显高于原告苏某。故苏某明确其损失金额后,可依据法律规定,结合双方的过错程度,要求传媒公司承担其应承担的损失部分。

综上,本案一审判决是正确的。

"群租"合同在不违反法律、行政法规强制性规定的情形下应认定为有效

高　楠

一、据以研究的案例

2013 年 8 月 24 日,原告石某(乙方)与被告某房产经纪公司(甲方)签订《北京市房屋租赁合同》,该合同约定:乙方承租坐落于北京市通州区方恒东景的房屋。房屋租赁期自 2013 年 8 月 24 日至 2014 年 8 月 23 日。租金标准为每月 1000 元。房屋租金交付方式为押一付三。甲方交付该房屋时,乙方向甲方支付房屋租赁保证金,金额为 1000 元。乙方承担垃圾处理费每季度 180 元。该合同还约定了其他内容。合同签订后,原告于 2013 年 8 月 24 日入住上述房屋客厅隔断间中的一间。原告向被告交付定金 900 元、卫生费 180 元以及 6 个月的租金(包含空调押金 1000 元)6100 元。庭审中,原、被告均认可原告交纳的空调押金 1000 元转为承租房屋的租金。原告称其交纳的定金 900 元转化为房屋押金(房屋租赁保证金),被告认为该定金转为房屋租金。2014 年 1 月 5 日,原告应被告的通知从涉案房屋中搬离。

庭审中,被告举证《告知书》《关于进一步规范出租房屋管理的通告》,用以

证明涉案房屋内因为打隔断被政府有关部门清理整治。

2014 年 2 月,原告石某诉至法院要求被告退还原告租金、押金共计 2700 元。

被告辩称:不同意原告的诉讼请求。按照合同约定我方没有违约,是政府要求在 2014 年 1 月 28 日前必须拆除隔断间,我方不应承担责任。

北京市通州区人民法院经审理后认为,依法成立的合同对当事人有法律约束力,当事人应当按照约定履行自己的义务。法院对租赁合同效力的认定不影响行政主管机关对违反行政管理规定的违法行为予以处理。原告与被告签订的《北京市房屋租赁合同》系双方当事人真实意思表示,双方已建立房屋租赁关系。现涉案房屋因存在隔断,违反了国家相关规定,致使合同无法再继续履行,故原告与被告签订的《北京市房屋租赁合同》理应解除。合同解除后,没有履行的应终止履行;已经履行的,根据履行情况和合同性质,当事人可以要求恢复原状、采取其他补救措施,并有权要求赔偿损失。故原告要求被告退还租金以及押金(房屋租赁保证金),于法有据,法院对于合理部分予以支持,对于过高部分不予支持。据此,判决:被告某房产经纪公司退还原告石某房屋租金 1600 元、房屋押金 900 元,以上共计 2500 元,于本判决生效之日起七日内执行清;驳回原告石某的其他诉讼请求。

一审判决后,某房产经纪公司不服,提起上诉。后二审法院终审判决:驳回上诉,维持原判。

二、相关法律问题分析

该案件在审理过程中,涉及的争议焦点为某房产经纪公司违反《关于进一步规范出租房屋管理的通告》的相关规定,打隔断被政府有关部门清理整治,同时违反《北京市房屋租赁管理若干规定》中不得改变房屋主体结构对外出租的规定,其与原告石某签订的《北京市房屋租赁合同》是否有效?

(一)合同的成立并生效要符合国家法律规定

合同成立是指当事人的意思表示一致,是一个合意的过程。要约和承诺就是讨价还价、形成合意,合同成立;不成立是指意思表示不一致。合同生效、有效是指已经成立的合同符合法律规定的效力要件,在当事人之间产生了法律的拘束力。无效是指已经成立的合同不符合法律规定的效力要件,在当事人之间不产生法律的拘束力。无效合同并非没有任何法律效力,仅指不产生履行的效力。

成立的合同要取得法律上的拘束力,就要符合法律的要求,获得国家法律的肯定性评价。《合同法》的目的就是通过强制履行承诺帮助人们实现私人目标。合同成立和生效有联系,也有区别。合同生效以成立为基础,但成立主要体现的是当事人的意志和意思自治,生效体现的是国家对合同关系的评价,反映了国家对于合同关系的干预。所以在认定合同效力的要件中,既有体现当事人意思真实、意思自主的条件,也有体现国家法律干预的条件。

结合本案,某房产经纪公司与原告石某签订《北京市房屋租赁合同》系双方当事人真实意思表示,是否因违反《关于进一步规范出租房屋管理的通告》以及《北京市房屋租赁管理若干规定》而必然导致无效,以下详述之。

(二)认定合同无效应以违反法律、行政法规的强制性规定为依据

《合同法》第 52 条规定,违反法律、行政法规的强制性规定的合同无效,这明确表明只有违反了法律和行政法规强制性规定,才会导致合同无效。而对法律和行政法规任意性规定的违反则属于当事人意思自治的范畴,不会导致合同无效,这就大大缩小了无效合同的范围。《最高人民法院关于适用〈中华人民共和国合同法〉若干问题的解释(一)》第 4 条规定"合同法实施以后,人民法院确认合同无效,应当以全国人大及常委会制定的法律和国务院制定的行政法规为依据,不得以地方性法规、行政规章为依据。"鲜明地解释了立法意图,同时也表明了尽量使已依法成立的合同归于有效的立场。

综上分析,原被告之间签订的房屋租赁合同确实违反了《北京市房屋租赁管理若干规定》中不得改变房屋主体结构对外出租的规定,亦根据《关于进一步规范出租房屋管理的通告》上述涉案房屋因打隔断被政府有关部门清理整治,但因租赁合同没有违反法律和行政法规的强制性规定,该房屋租赁合同并非无效。故法院认定在该份房屋租赁合同有效的前提下,根据具体案情判决解除合同是正确的。

综上,法院的判决是正确的。

在校生代表学校参加体育竞技意外受伤的，学校应承担主要赔偿责任

雷小云

一、据以研究的案例

15 岁的靳某系通州某中学校篮球队队员。2015 年 7 月 14 日，靳某代表该中学与北京市通州区张家湾中学在北京育才学校通州分校进行篮球比赛，比赛过程中靳某与张家湾中学队员争抢篮板球时意外受伤。后靳某在场外等待直至整场比赛结束后方被安排与其他队员一起乘大巴车返回学校，靳某父亲接到靳某电话后赶到学校，并与学校老师一起将靳某送至北京市通州区中西结合医院进行治疗。根据住院病例记载，"患者(靳某)于 4 小时前在学校篮球比赛时不慎受伤至右肩部持续钝痛"，在医院住院 5 天，被诊断为右锁骨骨折等，后被鉴定为十级伤残。关于赔偿事宜协商未果，靳某将通州某中学诉至法院，要求赔偿各项损失共计 14 万余元。

北京市通州区人民法院经审理认为，本案的争议焦点为该中学是否应该为靳某的本次事故承担赔偿责任，因靳某系在代表该中学参加非学校内部的体育竞赛过程中受伤，而且庭审中该中学明确表示未就该次活动制定明确的应急机制且对靳某存在迟延救治的行为，因此该中学应对靳某的受伤承担赔偿责任；但与此同时，篮球体育竞赛作为一种肢体直接碰撞的激烈运动，具有一定的风险性，作为校篮球队队员的靳某自愿参加该项比赛意味着愿意自担风险，且如果过度苛责致害人或组织者的赔偿责任，将阻碍体育事业的发展等，综上，法院判令该中学赔偿靳某各项合理损失的 80%，共计 7 万余元。

一审判决后，双方当事人均未上诉，现该判决已经发生法律效力，该中学已

自动履行全部判决内容。

二、相关法律问题分析

本案的争议焦点在于,该中学是否应对靳某的伤害承担赔偿责任、应承担多少比例的赔偿责任。

(一)该中学应对靳某的伤害承担赔偿责任

本案中,靳某系在代表该中学参加非学校内部的体育竞赛过程中受伤,靳某受伤是为实现学校所期待的荣誉而导致,即使该中学对靳某受伤不存在过错,无须承担侵权赔偿责任,但作为靳某参赛的受益人,应承担受益人的补偿责任,对靳某损害作出一定补偿。与此同时,本案中该中学对靳某受伤后的救治存在严重迟延,存在一定过错,因此该中学应对靳某的伤害承担赔偿责任。

(二)该中学应对靳某的伤害承担主要赔偿责任

首先,应考虑该中学在原告受伤前后的过错程度。该中学组织靳某代表学校参加具有对抗性、风险性的篮球竞技比赛,应对参加比赛的学生尽到组织监管及救助等义务,赛前制定相关预案、在参赛者受伤时应及时关注伤者情况并及时救助,防止损害进一步扩大。但本案中该中学既未制定相关预案,更未及时安排靳某就医治疗,导致其在受伤四小时后才在医院接受治疗,该中学对此存在过失,应承担相应的赔偿责任。其次,应考虑该场篮球比赛的性质。本次比赛系靳某代表该中学参加非学校内部的体育竞赛,靳某受伤是为实现学校所期待的荣誉而导致。最后,应考虑篮球比赛作为一种高度身体对抗的竞技活动自身的风险性。篮球体育竞赛作为一种肢体直接碰撞的比赛,具有激烈的对抗性和风险性,比赛时不可避免地会发生人身损害的风险,如果对竞技规则允许范围内基于固有风险造成的损害,过度苛责致害人或组织者的赔偿责任,将阻碍体育事业的发展并抑制人们参与竞技体育的意愿及自由。故参赛人在已知或者应知竞技体育竞赛潜伏着此种固有的风险的情况下仍然参加此种竞赛,实际上是对此种活动中风险的接受,需自行承担因此造成的损害。本案中,靳某作为一名已满 15 周岁的限制民事行为能力人属于自愿参加该项比赛,作为学校篮球队队员应对比赛过程中存在的风险具有预见性,应对因此造成的损害自行承担部分责任。综上,该中学应对靳某所受伤害承担80%的赔偿责任,一审法院的判决是正确的。

双方约定的解约条件成就时不应一律判决解除合同

陈汉东　佘亚妮

一、据以研究的案例

2013年8月11日,陈某委托其母康某与杨某在第三人某中介公司的居间下签订了《北京市存量房屋买卖合同》(经纪成交版)。合同约定由杨某购买陈某所有的北京市通州区玉桥东里×号楼×单元×号房屋,总价款175.7万元。合同约定买受人支付定金5万元,房屋未设定抵押,拟贷款金额为79万元。

同日,杨某、陈某与第三人某中介公司签订了《补充协议》,其中第2条约定:杨某于2013年8月11日向陈某支付定金5万元,于2013年9月1日前支付首付款96.7万元。同时该《补充协议》第4条约定了违约责任,即任何一方逾期履行本补充协议约定义务的,每逾期一日,违约方应按日计算向守约方支付房屋总价款5‰的违约金。杨某逾期履行协议第2条约定的义务超过15日则构成根本违约,陈某有权以书面通知的方式解除房屋买卖合同。此外,双方还约定首付款中50万元走资金监管手续。2013年8月30日前陈某必须搬走,31日腾空房屋。

合同签订当日,杨某给付陈某定金5万元,后杨某又于2013年8月15日给付房款5万元,于2013年8月23日给付房款5万元,于2013年8月26日给付房款29.7万元。

2013年8月30日,陈某将涉案房屋交付杨某,杨某对房屋进行了装修。

2013 年 10 月 3 日,经协商,杨某又支付给陈某房款 16 万元,双方对补充协议进行了修改,资金监管还剩 34 万元。在订立房屋买卖合同时,杨某需出售自己的一套住房再购买涉案房屋,陈某对此知情。2013 年 10 月 16 日,杨某的购买房屋资质被审核通过,但双方在协商办理银行面签时间时发生纠纷。2013 年 10 月 20 日,陈某向杨某发出了解约通知。

2013 年 10 月 25 日,杨某将陈某及第三人某中介公司诉至法院,要求陈某继续履行房屋买卖合同,协助其办理过户手续,并要求陈某支付违约金 35.14 万元和房屋租金 3500 元。陈某当庭提起反诉,要求解除双方所签房屋买卖合同及补充协议,并要求杨某支付违约金 35.14 万元和房屋租金 4000 元。杨某当庭表示余款可随时给付陈某,无须再办理贷款支付。

北京市通州区人民法院经审理认为:依法成立的合同,受法律保护。当事人应当按照合同约定全面履行自己的义务。当事人一方不履行合同义务或者履行合同义务不符合约定的,应当承担继续履行、采取补救措施或者赔偿损失等违约责任。当事人对自己提出的事实和主张有义务提供证据加以证明,如果不能提供证据或是提供的证据不能证明自己的事实和主张的,应承担举证不能的法律后果。本案中,杨某与陈某所签订的房屋买卖合同及双方与第三人某中介公司所签订的补充协议系双方真实意思表示,且不违反法律规定,均为有效合同,杨某、陈某、某中介公司均应当按照合同及补充协议的约定全面履行各自的义务。

就本案查明的事实,首付款给付时间及给付方式都是双方协商的结果,并没有证据证明双方有根本违约行为,房屋买卖合同未履行的原因系双方对办理银行面签时间发生了争议。现杨某起诉要求继续履行合同,陈某协助其办理房屋过户的诉讼请求,理由正当,证据充分,法院予以支持;杨某当庭表示无须贷款,可以随时给付陈某剩余房款,法院对此不持异议;对杨某要求陈某支付违约金、赔偿房租的诉讼请求,理由不当,证据不足,法院不予支持;对陈某要求解除合同及补充协议,杨某支付违约金、赔偿房租的诉讼请求,理由不当,证据不足,法院不予支持。综上所述,判决杨某与陈某继续履行双方于 2013 年 8 月 11 日所签订的《北京市存量房屋买卖合同》,杨某于判决生效之日起 7 日内给付陈某剩余房款 115 万元,陈某于收到杨某给付剩余房款之日起 90 日内协助杨某办理涉案房屋的产权变更登记手续;驳回杨某的其他诉讼请求,驳回陈某的反诉请求。

一审判决后，杨某不服提起上诉，但随后申请撤回了上诉。现该判决已发生法律效力。

二、相关法律问题分析

本案的争议焦点为：一方当事人未能依约履行合同义务，以致合同约定的解约条件成就时，对方当事人要求解除合同的诉讼请求是否应当被支持。对此主要有两种观点：

第一种观点认为：根据意思自治原则和诚实信用原则，房屋买卖合同明确约定的解约条件一经成就，即应依法解除双方所签的房屋买卖合同和补充协议，并追究违约方责任。

第二种观点则认为：根据交易安全和稳定原则，合同一经订立一般不得随意解除，即便双方对解约条件有明确约定且已满足解约条件，但只要违约方的行为未构成根本违约，就应尽量促成合同目的的实现，故不应判决解除合同。

笔者同意第二种观点，理由如下：

（一）合同解除制度概述

《合同法》第 93 ~97 条规定了我国的合同解除制度，其中主要包括协议解除和法定解除。协议解除包括两种情形：一是当事人协商一致解除合同，二是当事人约定解除合同的条件，待条件成就时，解除权人可以解除合同。法定解除主要指因一方根本违约或不可抗力等原因，导致合同目的不能实现时解除合同的情形，如履行期限届满前，当事人一方明确表示或者以自己的行为表明不履行合同的主要义务，或一方迟延履行主要债务，经催告后在合理期限内仍未履行等。

（二）《合同法》规定的合同解除制度的立法原则

我国法律规定的合同解除制度主要遵循了民法中的意思自治原则，即有约定时从约定，无约定时适用法律的规定。立法原意在于当双方因为合同履行发生纠纷时，当事人首先得以自行协商方式解决问题，经此不能解决时则可依照法律规定行使法定解除权，维护守约方的合法权益。

(三)关于本案的分析

本案中,双方明确约定杨某应于2013年9月1日前支付首付款96.7万元,同时约定杨某逾期履行协议约定的义务超过15日则构成根本违约,陈某有权以书面通知的方式解除房屋买卖合同。表面看来,杨某确实仅在2013年8月15日、8月23日、8月26日支付了首付款共计39.7万元,未完全履行支付96.7万元的首付款义务,虽然杨某在2013年10月3日又支付了16万元,但相隔了一月有余,已构成合同约定的逾期付款15日以上的违约条件。

但是,从具体案情看,杨某的持续付款行为恰恰说明其一直在积极履行付款义务。此外,陈某对杨某10月3日支付的16万元也予以接受,双方并就此签订了协议,该协议对资金监管数额进行了变更,且陈某随后将涉案房屋交付于杨某、杨某对房屋进行了装修,上述行为可视为双方协商一致对于首付款的支付方式、支付时间进行了变更,杨某逾期付款的行为获得了陈某的默认,并不构成根本违约。现杨某同意一次性支付剩余购房款,此亦符合交易安全和稳定原则,符合双方买卖房屋的目的和初衷,有利于合同目的的实现。故一审法院判决继续履行合同是正确的。

非居民用房的采暖用户应按照房屋规划设计用途交纳采暖费

李宏印

一、据以研究的案例

被告某供暖公司系北京市通州区某小区的供热公司,林某系该小区×号房屋的业主。×号房屋规划用途为办公。2013年1月8日,林某(甲方、用热人)

与某供暖公司（乙方、供热方）就×号房屋供热问题签订了《供热协议（非居民）》。该协议第3条“采暖费缴费标准、期限及方式”部分第（1）项约定：“采暖费缴费标准以建筑面积为计费依据，乙方根据甲方的用热种类和用热性质，依据京价（商）字〔2001〕372号规定及北京市政府有关规定（〔2010〕1731号，北京市发展和改革委员会关于调整本市非居民供热价格的通知）收取热费，热费标准：38元/建筑平方米。采暖费总计：5302.14元/采暖季。如遇价格主管部门调整采暖费缴费标准的，应当自调整之日起按照调整后的标准计算采暖费。”此外，该协议还约定了其他相关内容。

林某认为，虽然其房产证上明确该房屋的规划用途为办公用房，但该房屋的实际用途却为居民用房。根据北京市市政市容管理委员会、北京市发展与改革委员会《关于规范供热单位收费服务行为有关问题的通知》（京政容发〔2010〕92号）中第1条第2款“……采暖用户房屋所有权证载明的房屋设计用途与实际用热情况不一致的，供热单位和采暖用户应当按实际用热性质收取、交纳采暖费”的规定，某供暖公司应当按照居民供暖的收费标准，即30元/建筑平方米收取费用。林某请求法院判令：（1）确认林某与某供暖公司的供热协议中第3条第（1）项中的缴费标准无效；（2）确认林某与某供暖公司的供热协议的缴费标准按30元/建筑平方米计算；（3）诉讼费由某供暖公司承担。

本案审理过程中，一审法院就本案所涉及的供热问题向北京市市政市容管理委员会（以下简称市容委）发函进行了询问，市容委回函表示：2011年，本市出台了限购政策。部分开发建设单位为了规避限购政策，将商业用地建成整体住宅楼出售。但是，此类房屋仍为办公楼等商业用途，按照政策不能享受燃料补贴，而且市政两级财政也不能针对此类房屋向供热单位发放燃料补贴。为了避免政策在执行中被误读，市容委在征求市发改委的意见后，按照正常程序于2013年废止了《关于规范供热单位收费服务行为有关问题的通知》（京政容发〔2010〕92号）。

北京市通州区人民法院认为：依法成立的合同，对当事人具有法律约束力。当事人应当按照约定履行自己的义务，不得擅自变更或者解除合同。首先，林某的×号房屋规划用途系办公，且其与某供暖公司所签订的《供热协议（非居民）》内容清楚，明确标明了“非居民”字样，林某作为完全民事行为能力人，其在签署该协议时应当能够知晓协议内容，清楚相应法律后果。其次，林某并未提供证据证明其与某供暖公司所签订的《供热协议(非居民)》第3条第(1)项中有关缴费标准的约定具有我国《合同法》规定的无效情形。最后,《关于规范供热单位收费服务行为有关问题的通知》(京政容发〔2010〕92号)的内容并不涉及法律、行政法规的强制性规定,且该文件已废止。故对于林某要求确认本案《供热协议(非居民)》第3条第(1)项中的缴费标准无效的诉讼请求一审法院不予支持,对于林某要求确认其与某供暖公司的供热协议的缴费标准按照居民供热标准即30元/建筑平方米计算的诉讼请求,一审法院不予支持。

判决作出后,原告林某不服提起上诉,二审法院判决驳回上诉,维持原判。

二、相关法律问题分析

本案中一个较大的争议焦点是:房屋所有权证载明的房屋设计用途为非居民用房,实际用热情况系居民采暖用热,采暖用户是否应当按实际用热性质交纳采暖费?

对此大致有两种观点:一是供热单位和采暖用户应当按照实际用热性质收取、交纳采暖费;二是规划设计用途为非居民用房的采暖用户应按照房屋规划设计用途交纳采暖费。

对此,笔者认为,规划设计用途为非居民用房的采暖用户应按照房屋规划设计用途交纳采暖费理由如下:

(一)非居民用房的房屋结构不同于普通居民用房

从最初的土地用途、房屋规划设计用途来讲,非居民用地、用房通常是用于商业、办公、科研等用途,本来就不应当作为住宅用地、用房使用的。非居民用房的房屋结构通常也不同于普通居民用房,耗热情况也是有别有普通居民用房的。

(二)非居民用房用于居住并非政府所倡导

由于北京限购政策的影响,部分开发商为了获取利益、规避购房政策而在商业用地上建设整体住宅楼出售。不少民众,明知自己按照北京市的有关限购政策,无法购得居民用房,所以不惜冒风险购买非居民用房用于居住。这些行为,都有悖于政府的政策方针,并非政府所倡导的行为。如果对于规划用途为非居民的房屋采暖用户按照居民用热标准收取采暖费，可能会使上述规避购房政策的行为被无视，无疑会“助纣为虐”。

(三)按实际用热性质收取采暖费的文件已废止

有关“采暖用户房屋所有权证载明的房屋设计用途与实际用热情况不一致的，供热单位和采暖用户应当按实际用热性质收取、交纳采暖费”的文件已经被废止。在2010年，北京市政市容委、北京市发展与改革委员会颁布了《关于规范供热单位收费服务行为有关问题的通知》(京政容发〔2010〕92号)，其中的确规定有“……采暖用户房屋所有权证载明的房屋设计用途与实际用热情况不一致的，供热单位和采暖用户应当按实际用热性质收取、交纳采暖费。”然而，在2013年，北京市政市容委在征求过市发展改革委的意见后，按照正常程序废止了上述文件。

综上可见，在北京市办公用房采暖用户不得以房屋实际用于居住为由拒绝按非居民用热性质交纳采暖费。一审、二审法院的判决是正确的。

国家政策变更造成合同不能履行的，应当解除合同且当事人无须承担违约责任

张若琳

一、据以研究的案例

原告岳某与被告闫某于2010年12月21日签订了《北京市存量房屋买卖合同》(以下简称《买卖合同》)，合同约定房屋总价款为99万元，购买闫某所有的北京市通州区某小区801号房屋。后岳某向闫某交付购房首付款和定金共计50万元。在岳某与闫某签订了《买卖合同》后，2011年2月15日，北京市人

民政府办公厅下发了《北京市人民政府办公厅关于贯彻落实国务院办公厅文件精神进一步加强本市房地产市场调控工作的通知》(以下简称《通知》)。按照《通知》的规定,岳某不具有购房条件,无法办理过户手续,无法继续履行合同。岳某遂起诉要求解除双方买卖合同,要求闫某返还购房首付款及定金50万元及利息。

通州区人民法院审理认为:合同成立以后客观情况发生了当事人在订立合同时无法预见的、非不可抗力造成的不属于商业风险的重大变化,继续履行合同对于一方当事人不能实现合同目的,当事人请求人民法院解除合同的,人民法院应当根据公平原则,并结合案件的实际情况确定是否解除。经本案查明的事实,原告岳某与被告闫某尚未就801号房屋办理网上签约手续。根据《通知》的规定,岳某已不具备购买北京市存量房屋的条件,即原告岳某无法实现购买本案诉争房屋的目的,此种情况系国家政策变更引起,不可归责于双方当事人。故岳某要求解除与闫某、链家公司所签订的《买卖合同》及《补充协议》的诉讼请求,理由正当,证据充分,法院予以支持。合同解除后,尚未履行的,终止履行;已经履行的,根据履行情况和合同性质,当事人可以要求恢复原状。原告岳某已经给付被告闫某的购房款共计人民币50万元,现因合同目的无法实现,岳某可以要求闫某退还其已经支付的购房款。但解除《北京市存量房屋买卖合同》系因岳某不具备购买北京市存量房屋的条件所致,其要求闫某支付购房款利息的诉讼请求,法院不予支持。法院最终判决解除原被告签订的《买卖合同》,被告闫某返还原告岳某购房定金及首付款,驳回岳某的其他诉讼请求。

一审判决后,被告闫某认为,岳某延期支付购房款属违约在前,且由于岳某未能及时告知其不具备购房资格,给其造成严重的经济损失,原审法院判决解除合同不当,判决退还全部首付款有误,上诉至第二中级人民法院要求撤销原判决,二审法院判决驳回上诉,维持原判。

二、相关法律问题分析

本案的争议焦点在于因国家政策调整导致不具有购房条件时,应否解除双方合同,且购房人应否承担违约责任。这涉及情势变更原则,笔者具体分析如下:

（一）情势变更原则概念及其产生的基础

情势变更原则，是指合同有效成立后，因不可归责于双方当事人的事由发生情势变更而使合同赖以成立的环境或基础动摇或者丧失，若继续维持合同会显失公平，因此允许当事人通过协商或者司法程序变更合同内容或解除合同的原则。亦即合同成立以后，因与双方当事人无关的原因，发生了社会环境的异常变动、重大变化，在这种情况下造成当事人一方遭受重大的损害，这个时候双方当事人应该重新协商，如果达不成协议，受损害的一方可以请求人民法院解除合同或变更合同。

情势变更原则适用的重要价值在于，当合同原有的利益平衡因经济的激烈动荡而导致不公正的结果时，施以法律的救济。在总结审判实践经验的基础上，《最高人民法院关于适用〈中华人民共和国合同法〉若干问题的解释（二）》规定了情势变更条款，主要解决合同订立后显失公平的问题。第 26 条规定："合同成立以后客观情况发生了当事人在订立合同时无法预见的、非不可抗力造成的不属于商业风险的重大变化，继续履行合同对于一方当事人明显不公平或者不能实现合同目的，当事人请求人民法院变更或者解除合同的，人民法院应当根据公平原则，并结合案件的实际情况确定是否变更或者解除。"合同订立的时候是公平的，在合同成立后由于社会环境发生重大变化，使一方当事人遭受重大的损害，造成双方当事人显失公平，按照实际情况履行不了的，在符合司法解释规定的情形下，应审慎、严格地适用情势变更原则。

（二）情势变更的适用

首先，法院不能依职权直接适用。情势变更原则的意义，在于通过司法权力的介入，强行改变合同已确定的条款或者撤销合同，在合同双方当事人订约意志之外，重新分配交易双方在交易中应当获得的利益和风险。这就赋予了法官一定的自由裁量权，可能造成法官对情势变更判断的恣意。《合同法》体现了意思自治的当事人主义，虽然对情势变更原则的规定是对合同自由的一种修正，其目的是实现合同正义，但如果允许法官依职权对合同的内容作变更，显然是对合同自治的干涉。因此，对于情势变更，法院应按照当事人的请求，根据公平和诚实信用原则并结合案件的实际情况进行确定，而不能依职权直接进行认定。

其次,人民法院在认定变更或解除合同方面应遵循一定的顺序,先协商,再调解。合同依法成立,即具有法律约束力,双方当事人应当按照合同履行自己的义务。由于外界的变化导致合同的基础发生重大变更后,当事人进行协商以期根据新的情况重新缔结合同,这种行为本身是一种体现诚实信用原则的行为,应该值得鼓励。因此,应当优先考虑在最大的范围内维持原有合同的效力。如果合同有通过变更而履行的可能,应当首先变更合同,是否能够重新缔结合同,完全依靠双方的充分协商和谈判。协商不成的,人民法院应当坚持调解优先的原则,积极拓展调解工作领域,不断创新调解方式,将调解工作贯穿到合同诉讼的全过程。如果变更合同还不能消除双方显失公平的结果,则考虑解除合同。

引用情势变更条款应当把握的条件是:(1)现实性上,应有情势变更的事实,也就是合同赖以存在的客观情况确实发生变化。(2)突发性上,情势变更,须为当事人所不能预见的。(3)原因上,情势变更的发生不可归责于双方当事人。也就是由不可抗力、正常商业风险以外的其他意外事故所引起的。(4)时间上,情势变更的事实发生在合同成立之后,履行完毕之前。(5)后果上,继续维持合同效力,则会对一方当事人显失公平。

(三)本案的具体实际

本案中,岳某与闫某签订《买卖合同》之后国务院发布《通知》,岳某因系外地户口且没有连续5年(含)以上在本市缴纳社会保险或个人所得税,确已不具备购买北京市存量房屋的条件,无法继续履行合同、办理房屋过户手续。故双方签订的《买卖合同》无法继续履行,系国家政策变更引起,属于不可归责于岳某的情势变更。故应当解除双方签订的《买卖合同》,被告应返还全部已付购房款,且不承担违约责任。

综上,法院的判决是正确的。

医院未尽告知义务致使产妇丧失优生选择权的，应对残疾儿的出生承担赔偿责任

钱　笑

一、据以研究的案例

原告王某某与原告侯某某系夫妻关系。2011 年 7 月 13 日起，原告王某某在被告北京市通州区妇幼保健院处建档进行产前检查。2011 年 8 月 2 日，被告为原告王某某进行唐氏综合症产前筛查，结果显示属低危人群，其他产前检查也显示胎儿正常。2012 年 1 月 20 日，原告王某某产一子，即原告侯小某。原告侯小某出院后，发育异常，经医院诊断为脑发育畸形，即通常所说“脑瘫儿”。

原告王某某、侯某某、侯小某认为，因被告在为原告王某某进行产前检查时，未能发现胎儿异常，导致原告王某某、侯某某丧失了优生选择权，导致原告侯小某作为残疾儿出生，给原告王某某、侯某某造成医药费损失及精神伤害，且原告侯小某需要长期康复治疗。故原告诉至法院，要求被告赔偿原告王某某医药费 7306.35 元、住院伙食费 900 元、营养费 8000 元、护理费 6084 元、误工费 25 272元、交通费 3000 元、精神损害抚慰金 100 000 元；赔偿原告侯小某医疗费 4122.9 元、康复费 8473 元、护理费 683 592 元、营养费 219 100 元、交通费 4795 元、后续治疗费 50 000 元、后续康复费用 100 000 元；鉴定费 10 650 元及本案诉讼费由被告负担。

被告辩称：医院对原告王某某的诊疗行为符合医疗常规，不存在过错。原告王某某和侯小某所主张的损害后果系其自身原因导致，和医院的诊疗行为不存在因果关系，故不同意原告的诉讼请求。

北京市通州区人民法院经审理认为：公民的人身健康权受法律保护，侵害

他人身体造成伤害的,应当赔偿医疗费等一切合理损失。当事人对自己提出的诉讼请求所依据的事实或者反驳对方诉讼请求所依据的事实有责任提供证据加以证明,没有证据或者证据不足以证明当事人的事实主张的,由负有举证责任的当事人承担不利后果。因医疗行为引起的侵权诉讼,由医疗机构就医疗行为与损害后果之间不存在因果关系及不存在医疗过错承担举证责任。原告王某某在被告处进行产前检查时,被告未尽充分的注意义务及告知义务,造成原告王某某、侯某某丧失了优生选择权,给原告王某某造成损失,现原告王某某要求被告赔偿其医疗费、住院伙食费、营养费、护理费、误工费、交通费损失,如原告王某某能及时得知胎儿可能为残疾儿,进行优生选择,则该部分支出均不会产生,故对其中合理部分,法院予以支持。对于原告王某某要求被告赔偿其开始产检后至分娩前的误工费,理由不当,证据不足,法院不予支持。现原告侯小某要求被告赔偿其医疗费、康复费、交通费,理由正当,证据充分,法院予以支持;要求被告赔偿其后续治疗费,但未能出示证据证明其在后续生活中需要何种治疗及治疗依据,故对其该部分诉讼请求,法院不予支持;要求被告赔偿其后续康复费用和营养费,因考虑到患儿身体状况,故该部分费用酌定至原告侯小某年满三岁时止,年满三岁后,可再行主张,具体数额由法院依据原告侯小某已发生的康复费用标准及原告侯小某的实际情况予以酌定;要求被告给付护理费的诉讼请求,应依据鉴定结论,至侯小某年满 6 岁后,再行主张。综上所述,一审判决如下:被告北京市通州区妇幼保健院赔偿原告王某某医药费、住院伙食费、营养费、护理费、误工费、交通费、精神损害抚慰金共计 106 694. 35 元,于本判决生效之日起七日内执行清;被告北京市通州区妇幼保健院赔偿原告侯小某医疗费、康复费、交通费,三岁前后续康复费、三岁前营养费共计 78 390. 9 元,于本判决生效之日起七日内执行清;驳回原告王某某、侯某某的其他诉讼请求;驳回原告侯小某的其他诉讼请求。

一审判决后,被告不服,提起上诉。二审法院经审理,驳回上诉,维持原判。

二、相关法律问题分析

本案在审理过程中,经过对医疗行为的鉴定,鉴定机构确认,原告侯小某的脑瘫病情,系由其自身先天发育原因所致,与医院的诊疗行为,并无因果关系。也就是说,被告对于原告王某某进行的产前检查、住院治疗、住院生产等一系列的诊疗行为，与原告侯小某的脑发育不全病症毫无关系。原告侯小某的病情，是由于其自己的染色体异常导致的。

基于此，被告认为，其诊疗行为本身没有过错，就不应该对原告王某某、侯某某和侯小某的医疗费用等损失承担赔偿责任。

而原告则认为，被告在对其进行产前检查时，未尽到高度谨慎的注意义务，产前筛查措施不足，忽略了原告王某某所怀胎儿存在脑发育不全高危因素的风险，没有对原告王某某、侯某某尽到充分的告知义务，因而存在过错，应对原告的损失承担赔偿责任。

笔者试对上述问题分析如下：

（一）被告的诊疗行为是否存在过错。在该案件的审理过程中，被告坚持认为医院应该依据诊疗行为的过错程度对患者承担赔偿责任。而鉴定单位的结论已经明确，被告对原告王某某所进行的产前检查、产前住院治疗、助产手术均没有过错，而且也与患儿侯小某的脑瘫病情不存在因果关系。从这一点可以看出，针对诊疗行为本身，被告是不存在过错的。

（二）原告王某某、侯某某对于患儿侯小某的出生是否存在过错。原告王某某在被告处就医时，如实向医生陈述了其本人所存在的各种身体情况，将其本人属高龄产妇，存在多次自然流产史的事实告知医院。同时，在其怀孕期间，原告王某某遵医嘱到被告处进行产前检查，并在被告发现其存在羊水减少的病情时，遵照医生的要求，在被告处进行了住院治疗。从这一方面看，原告王某某在怀孕期间，并无人为过错导致侯小某发生脑瘫病情。

（三）被告未尽告知义务，致使原告王某某、侯某某对胎儿的发育状况没有大致的判断，丧失了优生选择权，导致了残疾儿侯小某的出生。被告作为一家专门的妇产医院，比原告王某某、侯某某更加了解有关胎儿发育期间各种指征所可能指示的病情。被告在全面的了解原告王某某系高龄产妇、存在多次自然流产史、怀孕期间羊水减少等情况后，没有及时告知原告王某某，上述情况高度指示胎儿存在脑发育不全的情况。在被告自身没有产前诊断资质的情况下，也没有告知原告王某某，应该到有产前诊断资质的医院对胎儿的发育情况进行诊断，而是单纯地对原告王某某进行保胎治疗。该行为最终导致，原告王某某丧失了对孩子的优生选择权，导致侯小某作为残疾儿的降生。而脑瘫这一至今无法彻底治愈的脑部疾病，必然给原告王某某、侯某某及侯小某的未来生活造成巨大影响和损失。

综合上述观点,医院作为专业的诊疗机构,不但要对其进行的诊疗行为负责,还应该在其不具有诊疗能力和资质的情况下,对患者的情况尽到高度的注意义务和告知义务,告知患者到有资质有能力的医疗单位进行诊断和就医。本案中,被告对于因这种疏忽大意的过失而未尽告知义务导致的患者的损失,应当承担损害赔偿责任。

综上,一审、二审法院的判决是正确的。

居间服务瑕疵导致合同被合意解除的,不支持居间服务费

齐　松

一、据以研究的案例

2013 年 7 月 25 日,在原告我爱我家公司居间服务下,被告张某与案外人涂某签订了《北京市存量房屋买卖合同》(经纪成交版)(以下简称房屋买卖合同),并于 2013 年 7 月 30 日签订《补充协议》一份,房屋买卖合同中约定张某购买涂某名下位于北京市通州区新华西街 × 号 × 号楼 × 层 722 号房屋(以下简称 722 号房屋),房屋总价款为 232 万元。该房价款 232 万元系出卖方净得房价款,本次交易的个人所得税由张某另行负担。我爱我家公司告知张某 722 号房屋系成本价购买的公房,故个人所得税按照 1% 的税率计算。同日,原告我爱我家公司(丙方)与案外人涂某(甲方)及被告张某(乙方)签订了《居间服务合同》,合同第 1 条约定居间服务的内容为:“1. 甲乙双方同意,共同委托丙方作为交易居间人,丙方提供的居间服务包括:(1)提供房屋买卖市场行情咨询;(2)寻找、提供并发布房源、客源信息;(3)协助查看买受人身份情况、引领买受

人看房;(4)协助查看出卖人身份情况和房屋权属证书,实地查看房屋;(5)协助房屋出卖人、买受人协商、洽谈,确定成交意向;(6)协助房屋出卖人、买受人协商房屋买卖合同的相关条款。2. 甲乙双方签订《买卖合同》时,居间行为完成,甲乙双方应向丙方支付本合同约定的居间代理费。"《居间服务合同》第2条关于居间服务费约定:"乙方向丙方支付居间代理费人民币(大写)伍万壹仟零肆拾元整(51 040元),上述费用于本合同签订当日向丙方支付"。《居间服务合同》第3条第2项约定:"丙方不得在交易中提供虚假信息或故意隐瞒真实情况。"第4条违约责任第2项约定:"甲乙双方或一方延迟向丙方支付本协议第二条约定的居间代理费,该延迟方除应向丙方支付居间代理费外,还应就其未支付的部分,按照每日1%的标准支付违约金"。房屋买卖合同及居间服务合同签订后,买卖双方及我爱我家公司工作人员张某某于2013年8月8日一起前往北京市通州区房屋产权交易中心核实722号房屋本次交易所需交纳税费情况。在询问过程中,因纳税咨询窗口工作人员答复该房屋此次交易需要按照20%的税率交纳个人所得税,被告张某与我爱我家公司对本次房屋交易的个人所得税税率产生争议。张某表示我爱我家公司告知其本次交易的个人所得税税率为1%,如果税率为20%,那么其不会同意购买722号房屋,也就不会签订买卖合同。我爱我家公司则坚持认为722号房屋本次交易的个人所得税税率为1%。张某要求签订一份补充协议或三方免责协议,明确其只需要负担税率为1%的个人所得税,如果税率为20%则三方免责解除合同。2013年8月9日,我爱我家公司工作人员张某某通过电子邮箱给张某发送了一份补充协议草案,但最终三方未能成功签署该补充协议。同日,张某与房屋出卖方涂某某签订了《关于终止合同的协议》,协议内容为"鉴于买方不能承担继承房屋20%的个人所得税,卖方充分理解并不追究买方的违约责任,并如数退还贰万元整(20 000元)定金,并协商同时终止合同,特此通知我爱我家。从今日起终止合同编号:E09127735号合同。(居间服务合同和房屋交易保障服务合同)同时解除。"我爱我家公司未在该协议上签章。

另查,722号房屋系案外人涂某之父于2000年11月以成本价方式购买取得,涂某之父去世后,涂某于2010年6月通过继承方式取得该房屋所有权。

北京市通州区人民法院审理后认为:居间合同是居间人向委托人报告订立合同的机会或者提供订立合同的媒介服务,再由委托人支付报酬的合同。居间人应当就有关订立合同的事项向委托人如实报告。居间合同当事人应当遵循诚实信用原则,根据居间合同的性质、目的和居间服务习惯履行通知、协助等义务。从事房地产经纪活动应当遵循自愿、平等、公平和诚实信用的原则,遵守职业规范,恪守职业道德。根据本案查明的事实,在原告我爱我家公司居间服务下,被告张某与案外人涂某就722号房屋签订了房屋买卖合同及补充协议,约定由张某以232万元的价格购买722号房屋并负担此次交易所需交纳的个人所得税。在提供居间服务过程中,我爱我家公司告知张某722号房屋本次交易的个人所得税税率为1%,但在房屋买卖合同签订后三方一起前往房屋交易中心纳税咨询窗口咨询时,却被告知个人所得税税率为20%,与我爱我家公司向张某提供的税率信息不一致,因而导致张某对本次交易中其所需负担的个人所得税的数额产生担忧。法院认为我爱我爱公司告知张某722号房屋本次交易的个人所得税税率为1%是促成张某同意签订房屋买卖合同的关键因素之一,但该信息却与纳税咨询窗口的答复存在巨大差异,并且在张某对个人所得税数额产生合理担忧的情况下,我爱我家公司未能有效促成买卖双方达成解决个人所得税问题的任何补充协议,最终因为个人所得税税率问题导致张某与出卖方协商解除了房屋买卖合同。故法院认为我爱我家公司虽然促成张某与涂某签订了房屋买卖合同,但其在个人所得税税费方面提供的居间服务存在足以导致房屋买卖合同合意解除的重大瑕疵,因此张某有理由拒绝支付居间服务费,故法院对我爱我家公司要求张某支付居间服务费及违约金的诉讼请求均不予支持。一审法院判决:驳回原告北京我爱我家房地产经纪有限公司的诉讼请求。

一审判决后,我爱我家公司不服并提起上诉,在二审过程中,我爱我家公司自行撤回上诉,一审判决生效。

二、相关法律问题分析

本案的争议焦点在于房屋交易双方在居间人我爱我家公司的居间服务下已经签订了房屋买卖合同,后在合同履行过程中,因个人所得税的税率问题导致买卖双方合意解除了房屋买卖合同,在此情形下居间人是否可以要求居间服务合同的相对人支付报酬。

（一）居间报酬请求权

《合同法》第426条规定“居间人促成合同成立的，委托人应当按照约定支付报酬”，但在实践中，即使中介公司促成了合同的订立，委托人也会拒绝支付或要求减少支付报酬，主要是由于签订的合同无法实际履行或出现履行瑕疵，中介公司对此存有过失。对此，一种观点认为，中介公司促成买卖双方签订合同，其居间义务即履行完毕，可行使报酬请求权，被告应支付合同约定的报酬。另一种观点认为，房屋买卖合同的签订不代表交易一定能够完成，中介公司的义务范围已不局限于促成买卖合同的成立，还扩及买卖合同的履行。

笔者认为，居间人只要全面履行居间义务并促成双方订立了合法有效的合同，即有权向委托人或交易双方收取居间报酬。若合同成立后未能履行是由于居间人自身原因以外的因素导致的，居间人仍有权要求支付报酬，未能履行的责任由合同双方自行解决。若合同未能履行是由于居间人未能全面履行居间义务或在履行居间义务时存有过失所致，委托人即有权拒绝支付报酬或减少支付报酬。同样地，如果合同订立后出现了履行瑕疵，系由居间人履行居间义务时存有过错或有违诚信原则所致，委托人有权要求减少支付报酬。因此，在审判中不能仅审查交易合同是否成立，而应进一步调查中介机构的居间服务中是否有不规范之处，是否全面履行了居间义务。如果未能全面履行居间义务而致交易双方签订的合同无法履行的，应视为居间不成功，居间人无权要求支付报酬，委托人已经支付的报酬可以要求返还；若未能全面履行居间义务造成履行瑕疵，委托人有权要求减少支付报酬，但不可拒绝支付报酬，已经支付的报酬不得要求返还。当然，居间人未能促成委托人与第三人合同成立的，仍可要求支付必要的费用。

实践中，虽然中介公司与委托人签订的是房屋居间合同，但所提供的服务已不局限于促成合同成立这一纯粹的居间服务，还包括代办其他委托事项，甚至为双方履行合同提供服务。因此，在审理居间合同案件时应根据居间合同的内容，并结合案件的实际情形，审查中介公司的义务。一般情形下，中介公司的义务具体有：一是传统的居间服务，向委托人如实报告订约信息或提供媒介服务，促成委托人与第三人签订合法有效的合同；二是代理委托人办理其他委托事项，如代理办理产权过户手续、房屋交接手续、交纳相应税费等；三是协助交易双方履行合同,尽必要的通知、告知、保密等义务。在具体审查时,应区别对待。居间义务是基本义务,也是主要义务,应从严审查。代理办理其他委托事项时应结合居间合同、购房意向书、佣金确认书等具体内容予以确定。协助义务是依据诚实信用原则衍生出来的附随义务,应结合具体案情和交易习惯进行审查。

(二)中介公司提供的促成合同缔结的关键信息存在问题,并成为导致合同解除的唯一原因,应认定为居间服务不成功

(1)税率为1%是张某同意签订房屋买卖合同的关键因素之一。根据本案中房屋买卖合同缔结的过程来看,中介公司明确告知张某722号房屋本次交易的个人所得税税率为1%,在此基础上,张某同意签订了房屋买卖合同并同意承担个人所得税。因此税率低是张某同意签订房屋买卖合同的关键因素之一。(2)税率20%超出了买卖双方缔约时的预期。在房屋买卖合同签订后,买卖双方及中介公司一起前往房屋交易主管部门核实个人所得税税率,窗口工作人员答复的税率为20%,两种税率计算的税费相差非常大,而且通过三方反应,该税率超出了三方任何一方的意料,所以如果税率真是20%,则已经违背了双方当事人在缔结房屋买卖合同时的预期和真实意思表示。(3)中介公司提供税率信息存在过失。由于历史原因我国房屋类型复杂,并且每个房屋的具体情况也比较复杂,所以在现实的房屋交易中,即使同种类型的房屋的税率也有存在差异的情况,中介公司了解到的税率信息往往都是以往办理业务的经验总结。中介公司在向买卖双方提供税率信息时应该持谨慎的态度,恪守职业道德,全面的告知买卖双方关于税费的信息,而不应该仅仅为了促成双方订立合同而作出过度的承诺。本案中,中介公司直到本案开庭时仍坚持认为诉争房屋的税率为1%,并称其向双方提供的税率信息没有问题。(4)买受方张某对税率的担忧是合理的。当三方一起在房屋交易主管机关的咨询窗口得到税率为20%的答复后,张某有理由对其在实际交易中要承担的税费金额产生合理担忧,而且房屋出卖方涂某也对税费产生了疑虑。买受人张某要求就税费问题签订补充协议,明确其只承担1%的税费,如果税率为20%则三方免责解除房屋买卖合同或者由中介公司作出书面保证税率为1%。但是中介公司未能有效促成买卖双方达成解决个人所得税问题的任何补充协议,也不同意作出任何书面承诺。最终,买卖双方因税费的负担问题合意解除了房屋买卖合同。

实际上，中介公司促成买卖双方签订的合同并没有妥善解决税费承担问题，但在居间服务过程中，中介公司却以口头方式确切的向双方表示税费的税率为1%。中介公司在房屋个人所得税税费方面给买卖双方提供的居间服务信息存在的问题成为最终导致房屋买卖合同解除的唯一原因。因此，虽然形式上中介公司已经促成了买卖双方签订合同，但是实际上中介公司的居间服务并不成功，其无权要求张某支付居间服务的报酬。

综上，一审法院的判决是正确的。

保险近因原则在“多因致损”保险案件中的适用

刘　芳　石　菲　李　慧

一、据以研究的案例

2009年9月10日，王某在延庆某保险公司（以下简称延庆保险公司）为其所有的客车投保了机动车损失保险及不计免赔特约条款，其中机动车损失保险责任限额为3.8万元，保险期间自2009年9月10日起至2010年9月9日止。保险合同同时约定：保险期间内，被保险人或其允许的合法驾驶人在使用被保险机动车过程中，因下列原因造成被保险机动车损失的，保险人依照本保险合同的约定负责赔偿：……（3）外界物体坠落、倒塌；（4）暴风、龙卷风……

2010年3月20日，王某将投保车辆停放在延庆某商贸公司楼下，当日风雨大作，该公司房屋的屋顶被风掀翻，致使投保车辆损坏。王某通知延庆保险公司后，延庆保险公司的查勘人员赶到事故现场就现场和车辆损失情况拍摄了照片。后王某应延庆保险公司要求，申请气象部门对当天的风速进行了鉴定并支付气象服务费300元。经鉴定，当天风速为18米/秒。受损车辆交由延庆某车辆修理厂修理，王某支付修理费6136元。事故发生后，王某就投保车辆损失到延庆保险公司理赔，延庆保险公司以事故发生当天的风力未达到暴风标准且系王某自家经营商店房顶坠落导致投保车辆受损为由不予赔偿,故王某提起诉讼,要求延庆保险公司支付保险赔偿金 6436 元。

一审法院经审理认为,王某与延庆保险公司签订的保险合同,未违反国家法律法规的强制性规定,属有效合同。有效成立的合同对缔约双方均具有法律约束力,双方应当按照保险合同的约定履行合同义务。在保险合同的有效内,投保车辆被外界物体坠落砸坏,根据该保险合同第 4 条第(3)项的约定,延庆保险公司应在机动车损失保险限额内予以赔偿。气象服务费系为查明和确定保险事故性质和原因的合理费用,延庆保险公司亦应在机动车损失保险限额内予以赔偿。王某要求延庆保险公司赔偿保险金的理由正当,法院予以支持。延庆保险公司关于事故发生当天的风力未达到暴风标准且系王某自家房顶坠落导致投保车辆受损而不承担赔偿责任的抗辩意见,于法无据,法院不予采信。法院最终判决延庆保险公司支付王某保险赔偿金 6436 元。判决后,双方当事人均未上诉,判决发生法律效力。

二、相关法律问题分析

本案主要涉及保险近因原则在"多因致损"保险案件中的理解和适用问题,其具体争议焦点为:一是如何分析该起保险事故的因果关系;二是何为该起保险事故的近因;三是保险公司是否存在除外责任。

(一)保险近因原则的标准和概念

不同于侵权和合同上的因果关系,保险法的因果关系主要集中于"责任成立"的因果关系问题。由于保险事故往往是由多种原因造成的,因果关系的复杂性及抽象性使事故的因果关系链条可以无限延伸,这不利于确定保险责任,于是司法实践中就产生了保险近因原则。

保险近因原则在我国《保险法》中虽无明文规定,但在保险司法实务中,近因原则已经成为一种不言自明的法律逻辑思维,用以判断损失发生的因果关系。对于什么是近因,我国陈欣教授根据研究总结出:近因是指除非存在这种原因,否则,损失根本不可能或几乎不可能发生的原因。换句话说,正是由于存在这种原因,损失才会发生;损失是原因的必然的和自然的结果和延续,而原因则是损失的先决条件。若无此条件,则不会发生损失,这个条件就是近因。但是,如果这个条件或原因仅仅是增加了损失的程度或扩大了损失的范围,则此种条件或原因就不一定能构成近因。[1] 保险法中的近因包括承保风险、除外风险(保单责任免除风险)以及未承保风险(保单未明确的风险,既不是承保风险,又不是除外风险)。[2] 而保险人的责任也会因致损原因的类型不同而有所区别。由此,近因原则的适用必须考虑以下问题,即承保损失是否由承保风险造成,致损原因是单一原因还是多个原因,如果多个原因造成了承保风险,那么多个原因的发生方式如何等。因此,所谓保险近因原则,指只有在对损失的发生起决定性的、占支配地位的、最具影响力的原因属于承保风险时,保险人才应当承担赔偿责任。

虽然近因原则在保险领域中被广泛适用,但是,如何认定致损的近因目前还没有统一的标准。具体的论证方法多种多样。主要有以下三种:第一种是最近时间论。它将各种致损原因按发生的时间顺序进行排列,以最后一个作为近因。第二种是最后条件论。它区别于前一方法,是将致损所不可缺少的各个原因列出,以最后一个作为近因。第三种是直接作用论,即将对于致损起着最直接的决定性作用的原因作为近因。"如果保险事故是作为直接原因造成保险标的的损失,保险人承担保险责任。如果保险事故是个并非造成保险标的损失的直接原因,则保险人不承担责任。"[3] 这一方法在保险界得到普遍的认可。

目前在保险法实务中,近因主要采用"效力"标准,也即近因的内在特征来源于其对损害后果的决定性或有效性。此外,保险近因还受到保险合同的限制,[4] 只有保险合同项下规定的近因,才是引起《保险法》上责任的近因。因此,在认定保险近因时,应从以下几个角度加以考量:(1)必须具有支配性和有效性,保险近因不一定是时间上与损失最接近的原因,但必须是能有效引起损失结果发生的原因。"近因与最终损失之间必须存在直接的未经干预的顺序。如果在最初原因与最终结果之间产生新的干预因素,而这种新的干预因素又具有有效性和支配性,则新的干预因素就成为近因,而前因的考虑将被排除"。[5]

---

[1] 参见[德]克雷斯蒂安·冯·巴尔:《欧洲比较侵权行为法》,焦美华译,法律出版社 2001 年版。

[2] 齐瑞宗、肖志力编著:《美国保险法律与实务》,法律出版社 2005 年版,第 110 页。

[3] 贾林清著:《保险法》,中国人民大学出版社 2006 年版,第 101 页。

[4] E. R. Hardy Ivamy, *General Principles of Insurance Law*, 5th Edition, London Butterworths, 1986, p. 381.

[5] 陈欣:《保险法》,北京大学出版社 2000 年版,第 146 页。

（2）属于法律上的原因，可能会引起保险法上责任的承担。（3）由保险合同约定，必须符合保险合同当事人的意图。保险法属于合同法，而意思自治是合同法的基本原则，因此贯彻合同当事人的意图是法官最重要的任务。事实上，《保险法》很少在保险合同以外去查找原因，“调查应走多远取决于保险合同对事件的规定”。[1]

（二）多因致损情况下近因的认定

一般保险事故的发生，可能是单一原因造成的，也可能是多种原因造成的。按照保险近因原则，如果是单一原因导致保险损失的，只需判断该原因是否是保险合同所约定的保险责任，适用较为简单；但如果是多种原因同时致损或者是多种原因连续发生致损，则需要通过判断各原因所起的作用、各原因之间的相互关系等因素来确定保险事故的近因，理解和适用都相对较难且易引起争议。

通过对学界的理论通说和实践中判决实例的分析，目前对多因致损时的近因认定较为一致。具体而言，可以根据事件发展的时间顺序，从横向和纵向两个角度来分析多因致损情形下近因的认定及保险责任的承担问题。纵向分析（见表1）是指造成承保损失的数个原因在时间上先后发生时，根据该原因是属于承保风险、除外风险或者未承保风险而作出保险责任之判断。横向分析（见表2）是指多个原因在时间上不是先后发生，而是同时发生并导致承保损失时的近因分析。

表1　多因致损纵向分析

<table>
<tr><th>表现形态</th><th>近因</th><th>保险范围</th><th>保险人责任</th></tr>
<tr><td rowspan="3">多个原因连续发生，后因是前因的自然、合理延续，不具有独立性和支配性</td><td rowspan="3">前因</td><td>前因、后因</td><td>全部赔付</td></tr>
<tr><td>前因</td><td>全部赔付</td></tr>
<tr><td>后因</td><td>无须赔付</td></tr>
<tr><td rowspan="2">新的干预因素介入原先的因果关系链中，成为具有现实性、支配性和有效性的独立原因</td><td rowspan="2">新干预因素</td><td>新干预因素</td><td>全部赔付</td></tr>
<tr><td>不含新干预因素</td><td>无须赔付</td></tr>
</table>

[1]　［英］克拉克：《保险合同法》，何美欢、吴志攀译，北京大学出版社 2002 年版，第 684 页。

表 2　多因致损横向分析

表现形态	近因	保险范围	保险人责任
数个原因同时发生并相互依存，缺少任何一个，其他都不会单独造成损失	均是	均是/均不是	全部/无须赔付
	除外风险	既有承保风险又有除外风险	无须赔付
	承保风险	既有承保风险又有未承保风险	全部赔付
数个原因同时发生并相互独立，都可以单独引起损失	均是	均是/均不是	全部/无须赔付
	均是	既有承保风险，又有除外风险或者未承保风险	部分赔付

值得注意的是，在多种原因相继发生并互为因果关系而导致损失的情况下，对事故的发生起决定作用的原因为近因。通常情况下，根据事物发展的逻辑顺序，在时间或空间上最接近损失的后因为近因，但在下列情况下，前因为损失的近因：(1)后因是前因的直接必然结果；(2)后因是前因的合理延续；(3)后因是前因自然延长的结果。也就是说，在多种原因连续发生时，要根据多种原因之间联系的紧密度不同，而分别处理。如果后因是前因直接的、自然的结果，是前因的合理延续，那么最先发生并造成一连串事故的前因即为近因。依该近因的性质，确定保险责任承担与否。如果后因只是前因的一个可能性结果，则保险近因的确定，要比较前因和后因对结果的原因力。

(三)本案的保险近因及责任主体

本案中，王某的车辆损坏是由于风掀翻屋顶导致屋顶坠落所致。也就是说，王某的车辆损失是由风和屋顶坠落两个连续发生的原因导致的。风和屋顶坠落究竟何为近因，是本案争议的焦点。就法律逻辑学的角度而言，如果风是屋顶坠落的充分条件，屋顶坠落是车辆损失的充分条件，那么必然可以推导出风是车辆损失的充分条件，此时屋顶坠落不具有独立的支配力，它所起的只是桥梁和媒介的作用，因此近因必然是风；反之，如果风不是屋顶坠落的充分条件，那么就无法推导出风与车辆损失之间的必然因果关系。本案中，当天的风速为 18 米/秒，根据“蒲福风级”，18 米/秒的风属于八级大风，其陆地地面物象应为折毁树枝，只有在风力达到九级以上时，才会有房屋损毁等陆地地面物象，故事故当天的风不是屋顶坠落的充分条件,所以风与车辆损失之间不存在必然的因果关系,可称之为“诱因”;关于屋顶坠落,只要车辆停放在屋前,屋顶坠落就必然会导致车辆受损,所以屋顶坠落既是车辆损失的充分条件,又是车辆损失的直接性原因,具有独立的支配力,因此屋顶坠落构成本次保险事故的近因。保险公司关于当天风力未达到暴风标准不予理赔的抗辩,由于未考虑风、屋顶坠落与车辆损坏三者之间的因果关系,所以缺乏事实依据,不予采信。

王某与该保险公司签订的保险合同中,第 4 条约定:“保险期间内,被保险人或其允许的合法驾驶人在使用被保险机动车过程中,因下列原因造成被保险机动车的损失,保险人依照本保险合同的约定负责赔偿:……(三)外界物体坠落、倒塌……”屋顶坠落属于外界物体坠落,因此延庆保险公司应该承担赔偿责任。

另外,延庆保险公司抗辩投保车辆是由于王某自己家的屋顶坠落致损,延庆保险公司无法行使追偿权,所以不承担保险赔偿责任。经查,该房屋为延庆某商贸有限公司所有,其公司的法定代表人为王某之夫,由于公司法人财产独立,故该房屋并非王某自己家的财产;此外,《保险法》第 62 条规定,除被保险人的家庭成员或者其组成人员故意造成本法第 60 条第 1 款规定的保险事故外,保险人不得对被保险人的家庭成员或者其组成人员行使代位请求赔偿的权利,故延庆保险公司的上述抗辩没有事实和法律依据。综上,法院判决支持原告的诉讼请求是正确的。

子女在居住父母房屋期间对房屋的添附不构成无因管理

井　龙

一、据以研究的案例

高某与赵某系夫妻关系,赵某某系二人之子,赵某于 2009 年 8 月 20 日去世。赵某某于1999年左右结婚,结婚后赵某某一直居住在北京市通州区某镇422号院内。2012年,高某以遗嘱继承纠纷为由将赵某某、赵某兰、赵某苹起诉至通州区人民法院,要求继承位于北京市通州区某镇422号院内的北房五间。2012年2月27日,法院作出(2012)通民初字第02702号民事判决书,判决书认定位于北京市通州区某镇422号院内房屋系赵某与高某夫妻关系存续期间所建,应为赵某、高某共有,高某有一半份额。赵某生前立有一份经过公证的遗嘱,其称自己的份额都由高某继承,赵某某、赵某兰、赵某苹对该遗嘱及公证书均予认可,因此争议房屋的一半应由高某继承。庭审中,赵某某称其母亲从十多年前即不在422号院内居住,2011年其在422号院内修建了院墙、厕所、并在北房修建了散水及加固墩,其后又再次对北房进行了二次加固;其于2009年或2011年修建了渗水井、回水井各一个。对于居住房屋是否为无偿,赵某某称都是儿女没有给房租的说法,但是工资都给父母。

北京市通州区人民法院审理后认为:无因管理是债的一种发生依据,是指没有法定或约定义务,为避免他人利益受损失而进行管理或服务的法律事实。基于原、被告之间的亲属关系,原告自结婚后一直在422号院房屋无偿居住,在其居住期间原告对该房屋进行修缮并新建了一些附属设施是为了其居住,且该行为并不符合无因管理的法律规定,故原告要求被告支付修缮费、新建费的诉讼请求,无法律依据,法院不予支持。法律之外要指出的是,原告赵某某系被告高某的儿子,双方本应和睦相处,但双方因财产得失互不相让,致使亲情淡漠。希望双方今后能念及既往,不仅仅局限于财产得失,参考我国传统的家庭伦理道德标准规范自身行为,使母子亲情关系得以修缮并维系,妥善处理其他相关事宜,避免诉累的发生。因此,驳回原告的诉讼请求。

原告、被告双方均未上诉,现该判决已经发生法律效力。

二、相关法律问题分析

本案的争议焦点为赵某某在其居住父母房屋期间对于房屋的修缮和添附行为是否构成无因管理。

(一)赵某某的行为不构成无因管理

理由如下:无因管理作为债的一种形式,是指没有法定或者约定的义务,在考虑他人真实意思或可推知意思的基础上,有为他人管理、服务事务的意思,且客观上符合他人利益而在管理人与本人之间直接产生债权债务的适法事实行为。我国《民法通则》第93条一般被认为是对无因管理所作的立法定义,即“没有法定的或者约定的义务,为避免他人利益受损失进行管理或者服务的,有权要求受益人偿付由此支付的必要费用”。我国学者根据民法通则的规定,一般将无因管理的内涵概括为三个方面:第一,为他人管理事务;第二,有为他人谋利益的意思;第三,没有法定或约定的义务。为他人管理事务即为他人进行管理或者服务;有为他人谋利益的意思,简称为管理意思,是构成无因管理的主观要件;而没有法定或约定的义务,是成立无因管理的前提条件。

本案中,基于原、被告之间亲属关系,赵某某自结婚后一直在422号院房屋无偿居住,在其居住期间原告对该房屋进行修缮并新建了一些附属设施是为了其居住,且该行为并不符合无因管理的主观要件,并不构成无因管理。

(二)从家庭伦理角度分析,本案中赵某某的请求也无法得到支持

本案中,赵某某系高某的儿子,双方关系好的时候,赵某某居住在母亲的房屋内,期间修缮房屋并进行了添附,双方有了矛盾后,便诉诸法律。从家庭伦理的角度分析,即使赵某某并未居住在其母亲的房屋内,母亲的房屋面临坍塌无法居住且无力进行修缮时,其依然具有道德和法律上的义务帮助父母修缮房屋。本案中,如果原告的请求得到支持,那么法律超出了其应调整的范围,进入了道德调整的领域。

综上,一审法院的判决是正确的。

合同缔约过失责任的承担应以当事人是否违反诚信原则为判断依据

李福华

一、据以研究的案例

康某系某村村民。2012 年 10 月,该村委会主任同康某签订《林木承包合同》,约定村委会将该村内属于该村的 400 余棵树木交由康某看护管理,待成树后按五五分成。后村委会换届,村委会以该合同当时未经村民代表会议审议,严重违反法律和政策规定,侵害了集体权益为由诉至法院,请求判决《林木承包合同》无效。2014 年 6 月,通州区法院认定该村委会对集体财产进行处置和分配未通过村民代表大会形成决议,符合《合同法》对合同无效的规定,故判决双方签订的《林木承包合同》无效。判决后康某不服,上诉至北京市第三中级人民法院,后二审法院判决驳回上诉,维持原判。同时二审法院认为,康某称村委会存在缔约过失,可另行主张权利。2015 年,康某以该村委会为被告诉至法院,以该村委在与其签订合同时存在缔约过失,应对其损失承担赔偿责任为由,要求该村委会赔偿其各项损失 4 万余元。

北京市通州区人民法院经审理认为,从生效判决认定的事实来看,合同无效的过错在于该村委会在签订合同之前未履行法定的程序,其应承担缔约过失责任。但判决是认定当事人责任的主要依据,不是唯一依据。本案中的特殊情况在于,当事人一方为村委会,另一方为该村集体组织成员,从通州区人民法院近几年受理的以该村委会及其成员之间的各类诉讼来看,数量有几十件之多,案情多有该村换届之后的继任者不认可前任所签合同之客观情况存在,案件的起因多因前届所签合同的内容难以符合村民的一般期冀。康某作为该村集体的常住成员,若不知村集体在运转过程中存在的各种问题,显然与常理不符,其在明知村集体在决策等方面多年来一直存在问题的情况下仍与村委会签订内容难以符合村集体成员的一般期冀的《林木承包合同》,若其无责,与法、情、理皆不相符。故其作为该村集体的一员,其应与村委会对合同的无效共担责任。法院综合考虑,认定村委会承担70%的责任,康某承担30%的责任。2015年6月,法院判决村委会赔偿康某劳务费、工具费、农药费共计7000元。

判决后,双方均未上诉,现判决已经发生法律效力。

二、相关法律问题分析

本案的争议焦点是,因合同无效而产生的缔约过失责任应如何分配。对该争议有两种观点:

第一种观点认为,合同无效系因村委会未经村民代表大会形成决议而致,村委会未履行先合同义务,应对合同的无效承担缔约过失责任,故村委会应对康某的合理损失承担全部赔偿责任。

第二种观点认为,仅从合同无效的原因来看,村委会的确应对合同无效承担缔约过失责任。但本案的特殊情况在于,康某在明知村集体在决策等方面多年来一直存在问题的情况下,仍与村委会签订合同,违反了诚实信用原则,故亦应承担相应的责任。但考虑到康某的法律素养,法院应酌情考虑其对合同无效的责任。

笔者同意第二种观点。现具体分析如下。

(一)从法律上来说,违反先合同义务应当承担缔约过失责任

缔约过失责任是指在合同缔结过程中,一方当事人违反了以诚实信用原则为基础的先合同义务,造成了另一方当事人的损害,因此应承担的法律后果。缔约过失责任以合同当事人违反了先合同义务为前提,以诚实信用原则为理论基础和法律依据,以惩戒在民事法律关系中违反诚实信用原则的合同当事人的不当行为,并弥补遵守诚实信用原则一方当事人的直接损失和信赖利益损失。故缔约过失责任是对民法诚实信用原则的最好注释,违反了诚实信用原则,就应该承担相应的责任。

(二)从本案的事实来看,康某行为明显违反诚实信用原则

首先,从《林木承包合同》的内容来看,其是对村集体财产的处分,但该处分明显不符合村民的一般期冀,康某对此是明知的,但作为该村集体中的一员,康某仍与村委会签订该合同,故其行为不符合诚实信用原则。

其次,从该村委会与村民之间的诉争情况来看,法院近几年受理的以该村委会和该村集体成员之间的各类诉讼,数量有几十件之多,案情多有该村换届之后的继任者不认可前任所签合同之客观情况存在,案件的起因多有前届所签合同的内容难以符合村民的一般期冀。本案中的特殊情况亦在于此,康某作为该村集体的常住成员,对该村集体在运转过程中存在的各种问题是明知的,其在明知该村集体在决策等方面多年来一直存在问题的情况下,仍与村委会签订内容难以符合该村集体成员的一般期冀的《林木承包合同》,若其无责,与法、情、理皆不相符。

(三)从合同无效的原因来看,合同为康某明知村委会履约能力存在明显瑕疵的情况下签订的

从《林木承包合同》被前案两份判决书判决无效的主要理由和依据来看,村委会在对集体财产进行处置和分配时未经法定程序表决决定,其实际处置村集体财产的行为损害了村集体的利益,致使法院判决《林木承包合同》无效,村委会应对合同无效所引起的法律后果承担法律责任。但上述两份判决是认定当事人责任的主要依据,而不是唯一依据。故康某作为该村集体的一员,其应与村委会对不符合村民一般期冀的合同的无效共担责任。如此亦是对该村村民不当预期的负面评价,可能会收到较好的社会效果。

(四)责任比例和损失认定还应考虑到康某实际的专业法律素养

康某系该村农民,虽然对合同无效应承担相应责任,但考虑到康某对于合同等法律专业知识的熟悉程度等客观情况,综合评判,以该村委会对缔约的过失承担70%的责任、康某承担30%的责任为宜。判决后,双方均未上诉,亦证明法院的综合评判符合各方的合理预期。

综上,法院的判决是正确的。

离婚诉讼中的无过错方可在诉讼终结后，另行起诉主张损害赔偿

陈汉东　佘亚妮

一、据以研究的案例

侯某与高某原系夫妻关系，二人经人介绍认识，后于2002年7月9日登记结婚，双方均系再婚，婚后未生育子女。高某曾就离婚问题多次诉至法院，一审法院于2013年3月20日作出判决，准予双方离婚，侯某不服该判决，提出上诉，二审法院于2013年8月12日作出民事裁定书准予侯某撤回上诉，双方均按原审判决执行。2013年8月21日侯某以离婚后损害责任纠纷起诉高某，称在2013年5月12日，也就是双方离婚诉讼二审期间，其发现高某在位于北京市通州区玉桥东里某号房屋与一女子同居，次日，其带着自己的妹妹和女儿到上述地点抓住现行。侯某提供了现场照片证明其主张，高某对此次事件发生的时间、地点均无异议。

一审法院经审理认为：夫妻之间应当互相忠实，互相尊重，以维护平等、和睦、文明的婚姻家庭关系。无过错方作为被告的离婚诉讼案件，一审时被告未基于《婚姻法》第46条规定提出损害赔偿请求，二审期间提出的，人民法院应当进行调解，调解不成的，告知当事人在离婚后1年内另行起诉。就本案查明的事实，被告高某与他人存在不正当男女关系，伤害了原告侯某的个人感情，损害了双方之间的婚姻关系，高某的行为是不道德的，亦违反了我国婚姻法规定的夫妻之间的忠实义务，侯某作为无过错方，同时作为离婚诉讼中的被告，其在离婚诉讼二审期间发现高某的不当行为，在二审调解未果的情况下，在撤回上诉后另案主张要求高某赔偿其精神损害抚慰金，理由正当，证据充分，法院予以支

持，精神损害抚慰金的具体数额由法院结合本案具体情况予以酌定。综上所述，判决被告高某赔偿原告侯某精神损害抚慰金人民币 5 万元，于判决生效之日起七日内执行清。后高某不服，以原审认定事实不清，赔偿侯某精神损害抚慰金 5 万元不合理为由提起上诉，二审法院经审理后驳回上诉，维持了原判。

二、相关法律问题分析

本案的争议焦点在于离婚诉讼的当事人未在一审诉讼中主张对方对婚姻破裂存在过错并要求过错赔偿金的情况下，能否在诉讼终结后再行起诉主张该项赔偿款。对此存在两种观点：

一种观点认为，不应允许当事人在离婚诉讼后再提起损害赔偿之诉，原因在于，离婚诉讼不同于单纯的人身类、财产类或侵权类之诉，它往往是对双方感情状况、离婚原因、人身关系和财产关系等予以综合审理裁量的一类特殊类型的案件，该类型案件不仅可能涉及婚姻关系的解除，而且在处理财产时，对某一方是否存在婚姻过错及过错程度予以考量，据此对无过错方予以财产分割上的特殊照顾。故离婚诉讼终结后，当事人再以一方对婚姻破裂存在过错为由提起损害赔偿诉讼有重复主张、滥用诉权之嫌，不符合公平原则的立法精神。

另一种观点则认为，应允许当事人另诉主张损害赔偿。因为当事人在离婚诉讼中未一并提起损害赔偿原因各异，"一刀切"的处理方式显然不利于合理衡平当事人之间的利益关系。

笔者同意第二种观点，理由在于：

（一）基于离婚诉讼中无过错方举证困难的考量

我国《婚姻法》第 46 条赋予了离婚诉讼中的无过错方主张损害赔偿的权利，该条规定："有下列情形之一，导致离婚的，无过错方有权要求损害赔偿：（一）重婚的；（二）有配偶者与他人同居的；（三）实施家庭暴力的；（四）虐待、遗弃家庭成员的。"《婚姻法》颁布后，该条的实施曾一度成为司法界热议的话题，并引起了如何判断证据合法性的热议。尤其对于其中无过错方以何种方式证实对方存在"有配偶者与他人同居"的情形是合法有效的热议不断，争议颇多。法律施行若干年后，奉行证据合法性原则的信徒们也逐渐也屈服于现实，认同了以私拍录像方式证实"第三者"存在的证据的合法性，因为一旦私自拍摄的视听资料的证据合法性都被否认,则举证将成为空谈。

(二)出于案情复杂多样性的考量

正因为《婚姻法》规定的四类损害赔偿责任情形为世俗和公理所不容,因此当事人对这类事实的发生往往采取隐秘、谨慎的态度,此为无过错方的察觉并举证带来了现实的困难。实际生活中不乏当事人在解除婚姻关系后才得以发现或才得以举证证实对方存在婚内过错行为,故一律禁止当事人在离婚诉讼后另行主张损害赔偿并不科学。

正因如此,我国于 2001 年 12 月 24 日颁布了《最高人民法院关于适用〈中华人民共和国婚姻法〉若干问题的解释(一)》,明文规定了如何处理该类问题。该解释第 30 条规定,人民法院受理离婚案件时,应当将《婚姻法》第 46 条等规定中当事人的有关权利义务书面告知当事人。在适用《婚姻法》第 46 条时,应当区分以下不同情况:(1)符合《婚姻法》第 46 条规定的无过错方作为原告基于该条规定向人民法院提起损害赔偿请求的,必须在离婚诉讼的同时提出。(2)符合《婚姻法》第 46 条规定的无过错方作为被告的离婚诉讼案件,如果被告不同意离婚也不基于该条规定提起损害赔偿请求的,可以在离婚后一年内就此单独提起诉讼。(3)无过错方作为被告的离婚诉讼案件,一审时被告未基于《婚姻法》第 46 条规定提出损害赔偿请求的,二审期间提出的,人民法院应当进行调解,调解不成的,告知当事人在离婚后一年内另行起诉。

故立法对当事人在离婚诉讼后再行提起损害赔偿之诉采取了审慎同意的态度,只有符合以下条件,当事人才可另行诉讼:

1. 主体条件:需为离婚诉讼的被告,且需为无过错方;

2. 时效条件:需在离婚诉讼后一年内提出;

3. 事实条件:被告在离婚诉讼中不同意离婚也未基于《婚姻法》第 46 条的规定提起损害赔偿请求,或被告在离婚诉讼的一审中未提出损害赔偿请求,二审期间提出,经调解不成的。

本案符合上述条件,故一审、二审法院的判决是正确的。

对"婚生子"身份存疑申请亲子鉴定应设定必要限制条件

佘亚妮

一、据以研究的案例

原告申某与被告巩某2003年3月经人介绍相识,于2004年年底确定恋爱关系,并于2005年9月29日登记结婚,双方均系初婚,婚后于2013年8月22日生育一子申甲,申甲出生后随申某共同生活。双方婚前感情尚可,婚后因巩某坚持不生育子女导致夫妻间产生矛盾。2012年12月,申某第一次起诉离婚,因巩某不同意离婚,申某撤诉,双方均确认在撤诉当晚有过性行为,后双方感情未好转。自孩子出生后巩某拒绝与其见面,也未履行抚养教育义务,2013年1月,双方开始分居,申某为此第二次起诉离婚。庭审中,巩某陈述因其不愿生育子女,婚后一直采取避孕措施,且申某第一次起诉撤诉后双方虽有性行为,但仍采取了避孕措施,应不会导致申某怀孕,故怀疑婚生子申甲非其亲生,要求做亲子鉴定。申某对巩某陈述不予认可,称双方撤诉当晚有两次性行为均可能导致怀孕,坚决不同意做亲子鉴定。

法院经审理认为:原告申某与被告巩某结婚后因生育子女问题产生矛盾,后申某坚持怀孕并生育一子申甲,导致双方矛盾进一步激化,现巩某拒绝接受申甲婚生子身份,自孩子出生后即拒绝与其见面,未履行抚养教育义务,申某为此第二次起诉离婚,故法院认为双方感情确已破裂,经调解无效,准予离婚。离婚后,哺乳期内的子女,以随哺乳的母亲抚养为原则,申甲尚不足一岁,应由申某抚养为宜,巩某同意按照每月1500元标准支付抚养费,法院认为根据申甲实际需要、双方负担能力和本地实际生活水平,此抚养费数额并无不妥,法院予以确认;对申某过高部分的诉讼请求,依据不足,法院不予支持。法院认为,无论巩某是否愿意生育子女,在妻子怀孕后,其都应当承担起作为丈夫和父亲之责,然实际情况是其在得知申某怀孕后至婚生子出生近一年均避不见面和解决问题,令申某饱受独自分娩和独立抚育孩子之苦,其对婚姻破裂负有一定程度的过错和责任,法院考虑二人婚生子申甲由申某抚养,根据财产处理照顾子女和女方权益的原则,并一并考虑巩某对婚姻关系破裂所负有的过错和责任及巩某对首付款支付较多的事实,酌情确定房屋归申某所有、申某给付巩某房屋折价款100万元。对于巩某主张申某存在婚内与他人有不当行为导致怀孕的辩解意见,因其未能提供证据予以证实,法院不予采信。故判决:原告申某与被告巩某离婚;婚生子申甲由原告申某抚养,被告巩某每月给付申甲抚养费1500元,至申甲年满十八周岁止;坐落于北京市通州区长桥园一号楼某号房屋归原告申某所有,原告申某于本判决书生效之日起三十日内将该房屋所欠中国农业银行股份有限公司通州区支行剩余债务偿还清;被告巩某于申某偿还清就购买北京市通州区长桥园一号楼某号房屋所欠中国农业银行股份有限公司通州区支行剩余债务后七日内,协助原告申某办理该房屋的解除抵押登记手续等。

一审判决后,巩某不服上诉,并坚持主张进行亲子鉴定,因申某仍然不同意做该项鉴定,二审法院依法判决维持原判。

二、相关法律问题研究

本案的争议焦点在于一方当事人对婚生子身份存疑并申请进行亲子鉴定,且其怀疑具有一定事实基础时,对方当事人坚持不同意做亲子鉴定,婚生子身份应如何确定的问题。

对此,《最高人民法院关于适用〈中华人民共和国婚姻法〉若干问题的解释(三)》(以下简称《婚姻法解释(三)》)第2条明确规定,夫妻一方向人民法院起诉请求确认亲子关系不存在,并已提供必要证据予以证明,另一方没有相反证据又拒绝做亲子鉴定的,人民法院可以推定请求确认亲子关系不存在的一方的主张成立。该条赋予了法院在一定条件下否认双方"婚生子"与一方亲子关系存在的自由裁量权,但以主张否认一方"提供必要证据"为限制条件。具体到本案中,对于"必要证据"应如何理解和把握产生了分歧,主要有两种观点:

一种观点认为,“当事人的陈述”应当认定巩某否认亲子关系的主张成立。“必要证据”并非充分证据,我国《民事诉讼法》第 63 条明确规定“当事人的陈述”亦属证据的一种形式,本案中巩某和申某的陈述能够对申甲与巩某不存在亲子关系提供佐证,故在申某坚持拒绝做亲子鉴定的情况下,应当认定巩某否认亲子关系的主张成立。理由如下:一是采取避孕措施怀孕不合常理。本案中,巩某虽不能提供直接证据证实申某有婚内与第三者同居进而导致怀孕之行为,但双方均确认了以下事实:(1)双方系因巩某不愿生育子女产生矛盾并最终导致夫妻感情破裂;(2)自双方结婚至申某第一次起诉离婚间隔 7 年余,因巩某拒绝生育子女并采取避孕措施,女方一直未能生育子女;(3)申某系在第一次起诉离婚后怀孕生子,且双方均认可申某第一次起诉离婚后双方仅发生过一到两次性行为。综合以上事实,可以确认双方结婚多年因巩某避孕,申某一直未能如愿生育子女,至申某第一次起诉离婚后双方仅发生一到两次性行为即致申某怀孕,不合常理。二是推定巩某否认亲子关系的主张成立。申某因巩某拒绝生育子女而起诉离婚,其作为原告应已认为双方夫妻感情破裂,此后巩某仍不同意生育子女,申某此时再坚持怀孕并为巩某生育子女,显与常理不符。以上事实足以使法官产生申某所生子女非巩某亲生的自由心证,故应据此认定巩某已提供了必要证据,推定巩某否认亲子关系的主张成立。三是“提供必要证据”宜从松把握。亲子鉴定系属具有一定人身属性的鉴定,在一方当事人尤其是婚生子控制方不配合的情况下,法院无法强制进行该项鉴定,正是基于以上考虑,《婚姻法解释(三)》才赋予了法官在一定条件下对亲子关系认定的自由裁量权。而本案中,婚生子申甲系由申某抚养,申某是否配合决定了亲子鉴定能否顺利进行。此时,将婚生子身份的举证责任置于申某之身,将更有利于双方实体权利和诉讼权利的保障。退而言之,即便发生法院认定事实错误的情况,申某也得以在二审期间同意亲子鉴定或诉讼后另行委托鉴定的方式救济自身权利,纠正判决错误。综上,对于《婚姻法解释(三)》中规定的“提供必要证据”宜从松把握,本案中,应认定巩某与婚生子之间不存在亲子关系,并据此合理分割夫妻共同财产。

另一种观点则认为,“必要证据”虽非充分证据,但对于“必要证据”的掌握应严格,避免当事人滥用诉权,任意启动亲子鉴定。本案中,巩某虽怀疑婚生子非其亲生,但巩某不能提供任何证据证实申某存在与第三者同居的婚姻过错行为,此时,巩某强制启动亲子鉴定缺乏事实依据,应据此判决驳回其相关诉求。

笔者同意第二种意见,具体分析如下:

(一)赋予当事人强制亲子鉴定权有违婚姻法基本原则

妇女、儿童和老人是婚姻家庭关系中的弱势群体。为此,我国《婚姻法》第2条第2款明确规定,应保护妇女、儿童和老人的合法权益。司法实践中,在处理此类案件时,依法保护妇女儿童的合法权益,对妇女儿童的合法利益予以适当倾斜照顾,是法院衡平双方利益、妥善处理子女和财产问题的基本原则和一贯做法,此种做法使得法院在长期的司法审判实践中取得了良好的法律效果和社会效果。而在涉及亲子鉴定的案件中,因生育子女是女性独有之行为,亲子鉴定结论一般仅能由男性当事人用以否认婚生子女与其不存在亲子关系,因此,亲子鉴定申请方一般亦为男方,此时,若允许其任意启动亲子鉴定,不仅会损及妇女的合法权益,更会对婚生子的心理和健康成长产生重大不利影响,有悖于《婚姻法》保护妇女、儿童合法权益的基本原则和司法实践的一贯做法,故应审慎对待。

(二)对当事人启动亲子鉴定设定严格限制条件符合司法实践

婚姻关系是一种相对长期、稳定的家庭契约关系。良性婚姻关系的维系,离不开婚姻双方彼此信赖、互相忠诚与理解。正是因为此类当事人的关系如此密切和紧密,一方在对方发生了与第三者同居的婚姻过错行为后一般不可能毫无所觉,无过错方即便对此不能提供充分证据,但提供足以使人对对方当事人的婚姻忠诚度产生怀疑的"必要证据"并不困难。基于此,也因为"家丑不外扬"的传统思想束缚,在离婚案件的司法实践中,一方当事人一旦提出对方存在与第三者同居的婚姻过错行为的事实主张,一般均能在主张事实成立的同时提供诸如照片、短信、证人证言等相关证据加以佐证,而对此不能提供任何证据即怀疑婚生子身份,并进而申请进行亲子鉴定的情况并不多见。对此,法院如果不能严格把握,而放任当事人任意启动亲子鉴定,不仅不利于案件的公平处理,更是对传统伦理道德的践踏,不利于人们合法、健康婚姻家庭观念的规制与指引。同时,从已经启动了亲子鉴定的司法实践来看,亲子鉴定不仅需要婚姻案件双方当事人的配合,更需要已具备一定民事行为能力的婚生子女的配合。在不具备“必要条件”的情况下任意启动亲子鉴定，不仅不容易获得对方当事人的理解，亦难以获得婚生子女的认同，容易导致亲子鉴定因案外人（子女）不配合而无法继续进行的情况发生，此时，如何进一步确定亲子关系？法院无疑给自己出了难题。

（三）对申请方课以“必要证据”的举证责任不会损及其诉权

持“必要证据”从松把握观点的人往往以“举证困难”为由为主张亲子鉴定的一方“松绑”，他们一方面认为亲子鉴定需要对方配合，如对方不配合不仅会产生鉴定无法继续进行的事实困难，更表明不配合的一方心里有鬼，不敢面对鉴定正常进行可能产生的鉴定结论和法律后果；另一方面他们认为如果对申请方过于严苛，可能导致亲子鉴定在今后也再无进行的实际可能，从而可能导致亲子鉴定方因无法举证而丧失诉权，法院也失去了纠正错误判决的可能。笔者认为，持此种观点的人忽略了一个基本前提，即亲子关系的认定并非亲子鉴定一途。主张亲子鉴定的一方完全可以通过补全其他证据的方式证实其主张，在有新的证据证实其事实主张的前提下，亦可据此主张已有判决错误，从而重新启动亲子鉴定程序。

综上，对于否认婚生子亲子关系存在的一方当事人，法律对其课以提供必要证据的举证责任，法院对此项条件的把握应严谨，而不宜“手松”。本案中，巩某对于申某存在与第三者同居的婚姻过错行为不能提供任何证据，仅凭其对于双方夫妻生活的行为陈述即判断申某存在婚姻过错行为过于主观。巩某未能就其与申甲亲子关系不存在提供必要证据，应承担举证不能的法律后果。

综上，法院的判决是正确的。

为取证而采取的录音、录像、拍摄行为不构成侵犯名誉权

梁 涛

一、据以研究的案例

2013 年 10 月 5 日、6 日夜里家住北京市通州区漷县镇某村的原告孙某连续两日被他人打砸自家大门甚至翻墙入院砸坏其院内房屋玻璃、停放在院内的车辆,事发后原告孙某均拨打了 110 报警电话,警方出警后勘验了现场,走访了包括本案被告冯某在内的街坊四邻。事发后,原告孙某在自家大门及门前的两处电线杆上张贴告示三份,要求肇事者向其认错、赔礼道歉,该告示任何第三方及不特定人群均可以见到、阅读。原告孙某还于 2013 年 10 月 6 日早上在自家房顶大声叫喊说"谁砸我玻璃,我要打 110 了,你们来给我认错,你们太欺负人了,认错我就不追究了,或者是自己去自首,这个事就算了"等。其间被告冯某对原告的叫喊过程予以录像,且原告的叫喊声周围邻居都能听到。但是因为事发地点没有安装视频监控,事发时间系晚上缺少人证,公安机关未就该案作出任何处理,原告孙某以财产损害赔偿纠纷为由将被告冯某起诉到法院,经审理后原告孙某的诉求被依法驳回。在该财产损害赔偿纠纷案件的庭审过程中,原告孙某第一次见到了被告冯某对原告张贴于自家大门上的告示所拍摄的一张照片。财产损害赔偿纠纷一案判决生效后,原告孙某认为被告冯某未经其许可私自给原告拍照录像宣传、并拍摄其张贴于自家大门上的告示,对原告名誉权造成损害,原告是当地几十年的有名医生,被告行为使原告丢人现眼,影响病人来诊,还致使年逾七十的原告卧床不起、吃药打针,无法上班,诊所停业,影响急诊病人的治疗和原告的收入。为维护原告的合法权益,故以名誉权纠纷案由再

次将被告冯某诉至法院。

北京市通州区人民法院经审理认为,公民、法人的合法的民事权益受法律保护,任何组织和个人不得侵犯。当事人对自己提出的主张,有责任提供证据。根据本案已查明的事实,孙某因自家大门、房玻璃、车被砸而张贴告示并于自家屋顶大声叫喊,被告冯某对原告张贴的告示予以拍照,并就原告的叫喊过程予以录像,但原告孙某并未能提供充足的证据证明冯某存在向社会不特定第三人传播、散布录像、照片并侮辱、诽谤原告及其他损害原告名誉权的行为,亦未能提供充足证据证明其社会评价因此而降低,同时未能提供证据证明其所受损害与被告的行为之间存在因果关系。据此,法院判决驳回了原告孙某的全部诉讼请求。

一审判决生效后,原告孙某提起上诉后自行撤诉,现一审判决已经发生法律效力。

二、相关法律问题分析

本案中的争议焦点有二:一是未经他人许可私自对他人的言行进行拍摄的行为是否构成侵权,构成何种形式的侵权。二是对于为了保存证据而拍摄视频资料、照片并在庭审中当庭出示的行为是否构成侵权。

(一)被告冯某未经他人许可私自拍摄他人言行的行为认定

公民、法人的合法的民事权益受法律保护,任何组织和个人不得侵犯。公民的合法权益当然包括名誉权、肖像权、隐私权等各项权利。本案中被告冯某未经原告同意私自对原告的言行予以拍摄,但是并没有证据证明被告将所拍摄的视频资料、照片向社会不特定第三人予以公开的扩散,且周边四邻均可以听到原告孙某的叫喊声,任何路过原告告示张贴位置的第三人均可以清楚看见其张贴的告示。因此,根据查明的事实,并不能证明被告的拍摄行为侵犯了原告孙某的名誉权。

(二)未确定是否在起诉情况下的拍摄取证作为抗辩理由是否成立

在该案庭审过程中,被告对自己私自拍摄行为的抗辩理由是其作为准备向法院提起诉讼,起诉原告楼顶叫喊行为侵犯了被告“休息权”等权利的证据使用。对于自己拍摄告示行为的抗辩理由,则是作为起诉的辅助证据使用,或根据原被告以往两家的过节,担心原告肆意起诉而留证所为。原告则称被告未经许可私自拍摄在先,就已经侵犯了原告的名誉权。法院认为,被告的拍摄行为的确未经许可,但是被告的抗辩理由成立。首先,原告的行为是公开进行,任何满足时空条件的不特定的第三人均可以清楚的知悉;其次,根据我国当前的司法环境,公民的举证意识、法律认知,尤其是举证难的客观现实,被告的行为是考虑到了当前特定条件下民事诉讼举证困难的现实。因此被告的拍摄行为,在没有侵犯其他公民权利的情况下,应该予以肯定。

综上,一审法院的判决是正确的。

农村房屋的山墙部分应为按份共有

燕若瑜

一、据以研究的案例

毕某江与毕某水系亲兄弟关系。1975 年,二人共建北房六间,并约定其中西侧三间归毕某水所有,东侧三间归毕某江所有,双方共用一堵山墙,但对山墙并未作出约定。1994 年,毕某水与毕某江在双方院落相邻处建院墙,双方共同使用。后双方因共有院墙的分割发生争议,毕某水起诉至法院,要求确认:毕某水与毕某江共有的北房山墙双方各占 50% 的份额,并按照份额分割山墙。

北京市通州区人民法院经审理认为,本案中房屋与山墙原系毕某水与毕某江共建,双方在对房屋进行分割时并未对该山墙的所有权作出约定,故该山墙仍由毕某水与毕某江二人共有。关于共有的形式,毕某水与毕某江虽系亲兄弟关系,但二人早已分家另过,不属于家庭成员共有,也不存在其他共同关系基础,故对山墙的共有应属于按份共有。按份共有人对共有的不动产或动产享有的份额,不能确定出资的,视为等额享有。毕某水与毕某江对共有份额没有约定,出资又无法确定,应视为二人按照等额享有所有权。转让和分割共有物的份额,应从维护共有物的安全的角度出发,本案中的山墙涉及整个房屋的安全,因其性质共有人不得单独分割和转让山墙的共有份额。因此毕某水如需翻建房屋,涉及共有山墙需与对方协商处理,不得因其翻建自家房屋给对方造成不必要的损失。故判决如下:原告毕某水与被告毕某江对双方共有山墙各享有50%的份额;驳回毕某水其他诉讼请求。

判决作出后,双方均未上诉,该判决已经发生法律效力。

二、相关法律问题分析

本案的争议焦点在于对山墙共有性质的认定上,是共同共有还是按份共有。本案看似简单,但相关法律问题还需进一步研究,其中涉及共有性质的认定,共同共有与按份共有之区别及对共有物分割应受到的限制等问题。

沿建筑物短轴方向布置的墙叫横墙,建筑物两端的横向外墙一般称为山墙也叫外横墙,一般指与邻居住宅隔开的外墙。本案中,原被告双方对共有的山墙共同享有所有权当无争议。但共有的性质存在共同共有和按份共有两种观点。持共同共有的观点认为:共同共有人的权利及于全部,不分份额的共同享有权利承担义务;山墙系两个毗连建筑物之间的共同部分,且属于不可分割物。按其性质,共有的双方是共同地对该山墙享有所有权,及于物的全部;共同共有人不得请求分割,除非共有基础丧失或有重大理由需要分割。因山墙对整个建筑物的安全有重大影响,若一方有权处分必然会对另一方的权利构成损害。因此共有山墙的性质属于共同共有。持按份共有的观点认为:原、被告双方虽系兄弟但已分家,已不属于家庭成员之间的共有,也并不存在其他产生共同共有的共有基础。按照按份共有确定山墙性质明确双方各自单独所有权,使双方权利义务关系更加清晰和明确,不易滋生纷争,也有利于共有财产山墙获得最大限度的利用或增值。

笔者同意第二个观点,本案的山墙共有性质应为按份共有,理由如下:

(一)双方不存在共同共有基础的应为按份共有

共同共有的成立以共有关系为前提,共同共有人之间存在人的结合关系。如家庭成员之间对家庭共同财产的共同共有、遗产未分割前继承人对遗产的共同共有。共同共有均需存在一定的共有基础。本案中,原被告虽系兄弟关系,但二人已经分家,已不属于家庭成员之间的共有,也不存在其他产生共同共有的共有基础。

(二)山墙是不可分割物但不妨碍按份共有的成立

享有权利和义务承担方面的不同:按份共有人按其份额享有权利承担义务。共同共有人的权利及于全部,不分份额的共同享有权利承担义务。按份共有实际上是单独所有权的一种,各按份共有人对自己的应有部分享有相当于单独所有权的权利,各权利人义务关系清晰、明确,不易滋生纷争,从而使共有财产获得最大限度的利用或增值。所谓份额,应有部分是抽象的存在,并不是具体的划分共有物的使用部分。按照比例对整个共有财产享有权利,承担义务。应有部分是量的分割而不是权能的分割。因此,虽然山墙是不可分割物,无法分割使用,但不妨碍成立按份共有。《物权法》第 103 条规定,共有人对共有的不动产或者动产没有约定为按份共有或者共同共有,或者约定不明确的,除共有人具有家庭关系等外,视为按份共有。从法律条文看,亦可得出山墙的共有为按份共有。

(三)共有物所有权的行使应受到一定限制

虽然一般情况下,按份共有人可以自由处分其应享有份额,并不需要经过其他共有人的同意,且按份共有人,可以随时请求分割,共有人有其他约定除外。但同时,转让和分割共有物的份额,应从维护共有物的安全的角度出发。从本案的案情来看,山墙的特殊性,涉及整个房屋的安全,因其性质共有人不得单独分割和转让山墙的共有份额。故按份共有中,共有人按照份额享有所有权,应受到一定的限制,即转让和分割其份额应维护共有物的安全。

身份关系纠纷中涉财产分割的，应审慎对待其利息约定

兰雅丽

一、据以研究的案例

原告王某（女）与被告张某（男）原系夫妻关系，二人婚后共同居住于北京市通州区某村甲院和乙院，此外张某还有一处院落位于同村的丙院。婚后上述房屋遇拆迁征地，而王某与张某因感情不和双方协商离婚。2012 年 7 月 3 日，双方签署离婚协议，该协议内容为：双方于 2008 年 9 月 26 日在通州登记结婚，婚后未生育子女。现夫妻分居近一年且感情已经完全破裂，没有和好可能。男方提出离婚，女方同意，且双方协商达成一致意见，订立离婚协议如下："一、男女双方自愿离婚。二、双方债务及财产处理以及相关问题的约定。1. 男方在某村所拥有的三处房屋面临拆迁，因女方在婚姻存续期间，在该三处房屋内有投资建房，且属于安置对象。因此，在该房屋拆迁款到账后，男方一次性支付女方 280 万元作为补偿，此款男方需将全款一次性转至女方指定账号并由女方出具收条为准。……6. 男方在第一笔拆迁款项到账后，应于 7 日内支付女方 280 万元补偿款，不得延期，否则每日按全款的 0.5% 支付利息。……三、双方签字之日起，即日生效，无不可抗力。"2012 年 7 月 10 日，双方前往北京市通州区民政局办理协议离婚。

2013 年 6 月，张某与北京市土地整理储备中心通州区分中心、北京市通州区某镇人民政府分别签订了某村甲院和丙院的集体土地住宅房屋拆迁补助协议、安置协议和补偿协议，其中甲院扣除安置房屋购房款及公共维修基金外，张某所得 604 万余元，丙院所得 81 万余元。上述款项到账后，张某并未在离婚协

议约定的期间内给付王某280万元补偿款,王某多次索要无果,遂诉至法院,要求张某给付其280万元拆迁款,并依据离婚协议约定每日按全款的0.5%支付迟延履行利息。审理中,被告张某辩称给付迟延利息没有法律依据,不同意给付利息。

北京市通州区人民法院经审理认为,张某与王某在离婚前签订的离婚协议是双方对于协议离婚后分割财产的真实意思表示,内容不违反法律规定,该协议对双方具有法律约束力,故双方均应按约定的内容履行。张某应按协议约定给付王某拆迁款项中的280万元。另关于迟延给付的利息,因双方履行的是有关身份关系的财产分割协议,不同于一般的合同纠纷,故无论依据双方协议约定还是按照银行同期贷款利率的4倍给付延期利息,均显过高,故调整为按中国人民银行同期存款利率标准为宜。综上,法院判决被告张某给付原告王某拆迁款项280万元,同时以银行同期存款利率标准给付王某迟延利息。

二、相关法律问题分析

本案双方的争议焦点之一为:在涉及身份关系的财产协议中,如双方对利息有约定的,是否完全尊重其意思自治?如利息约定过高,能否按照民间借贷的处理原则,按照银行同期贷款利率的4倍给付利息。此问题表面上看似无多大深意,但事实上却涉及身份关系和财产关系的定位与区分,同时也为我们审理身份关系纠纷中涉及财产分割时应当把握的原则指明了一定方向。

(一)身份关系与财产关系的定位与区分

从法理学的角度来划分,民事法律关系以其行为发生的法律效果性质为标准,可分为财产关系和身份关系。财产关系一般是指旨在发生财产权利义务变动的民事法律关系,比如说物权与债权的关系;身份关系则是指旨在发生身份权利义务变动的民事法律关系,如婚姻、家庭、继承、抚养等。那么,本案当中,双方基于夫妻关系这一身份关系所订立的离婚财产分割协议到底应属身份法律关系调整还是财产关系调整?笔者认为,离婚财产分割协议是基于婚姻关系而成立的,应以婚姻关系为基础关系,应属于附随于婚姻关系的财产性身份行为。其与纯粹财产关系或者说财产行为有以下区别:

第一,主体范围的有限性。由上文身份关系的定义可知,一般所讲的身份关系是基于亲属之间的身份地位而发生的,是以一定的身份为标准来界定的,显然身份关系的民事主体并非任何自然人均可参与,如本案中王某向张某索要拆迁款及利息的权利是基于夫妻关系这一身份关系而存在,脱离该关系,王某则不享有相应权利。

第二,客体的特定性。身份关系的客体是特定的身份利益。以身份为基础关系的财产协议,其必然要包含两个方面的内涵或内容:首先要承认双方之间存在特定的身份关系,在此基础上再对财产进行分割、继承或补偿。此种对财产的处理显然不同于单纯财产法上的合同关系,其次是基于特定身份所衍生的利益,与身份关系不可分割、剥离。

第三,财产关系对身份关系的服从性。在市场交易领域中,对财产关系的调整遵循交易导向,坚持等价有偿原则。但在财产性的身份关系中,因人身关系的静态性、非市场性、伦理性,上述市场交易原则显然不能适用。财产性的身份关系中,身份关系应为主导并塑造财产关系,财产关系则应适应并满足身份关系的要求。例如,夫妻财产关系,其本质在于夫妻财产服从于夫妻关系,财产规则应服从于身份规则,财产秩序应服从于身份秩序。

综上,婚姻关系是产生离婚后财产分割的基础关系,研究财产分割协议决不能将两者割裂开来。如果将两者分开,我们看到的离婚财产分割协议往往与合同法上的合同(特别是赠与合同)无异,就难以正确判断其性质,在适用法律上产生错误就在所难免。

(二)涉财产的身份关系纠纷审理中应把握的两个原则

一是功能导向原则,即财产关系应服从于身份关系,以调整身份利益为目的。特定的身份关系决定了相应财产关系的法律属性,以婚姻家庭关系为例,婚姻存续期间,其财产关系是为了维系身份体的存在、运转,满足身份体的特定需要;而在离婚时,其财产分割则是基于曾存续的这一身份对双方的补偿。脱离身份关系的调整,财产行为将会失去依据,无法自立。

二是伦理优先原则。纯粹的财产关系奉行效率优先,遵循等价有偿、意思高度自治,而身份关系则必须要将伦理置于优先地位。涉财产的身份关系就是要通过身份秩序调整财产秩序,财产处于不同的身份关系中,是为了满足不同的生活需求,不同的财产性身份利益则依据伦理规则获得不同的保护力度。回归到本案中，如果以当事人之间的约定或者以民间借贷纠纷的处理方式，支持当事人较高的迟延履行利息，表面上看遵循了当事人的意思自治，或者说符合财产法的处理规定，但其忽略了财产置于身份关系这一特定领域中的特殊性，突破了身份关系的伦理性、非市场性，因此是不恰当的。

综上，本案法院依据银行同期贷款利率标准调整原告所主张的迟延利息是正确的，也是妥当的。

赠与人有权撤销因重大误解订立的赠与合同

孙之智

一、据以研究的案例

1999年洪某与胡乙之父胡甲结婚，双方均系再婚，婚后无子女。结婚后，洪某与胡甲居住在焦王庄村的平房里。该平房的宅基地登记在胡乙名下。2005年焦王庄村拆迁。2005年10月28日，北京东安恒新房地产开发有限公司与胡乙签订房屋拆迁货币补偿协议，约定该公司给付胡乙拆迁补偿款、补助费共计286 726元。胡乙应当在2005年11月13日前完成搬迁。协议还约定了其他内容。同日，焦王庄村委会与胡乙签订周转楼协议，约定村委会给胡乙提供一套周转楼房，胡乙负担周转楼房的相关费用（水电费、暖气费）。村委会将所欠胡乙的楼房交付给胡乙后的一个月内，胡乙必须无条件将周转楼房归还给村委会。协议签订后，洪某与胡甲在该周转楼内居住，胡乙未在该楼房内居住。

2009年12月15日，胡甲与洪某在一份《承诺书》上签字。该《承诺书》的内容为：2004年，焦王庄村委会给每人补助57平方米的房子，洪某、胡甲每人得到57平方米的房子补助。洪某、胡甲自愿将各自的57平方米补助无偿转让给胡乙。根据村委会的证明，这57平方米包括平价40平方米和优惠价17平方米。

2009 年 12 月 24 日，村委会（甲方）与胡乙（乙方）签订拆迁购房合同书，约定胡乙在册人口 5 人，按村委会拆迁安置方案可购买楼房 285 平方米。乙方现购二居室一套，面积 92.33 平方米，应交房款 143 111 元。乙方余下二居室两套，平价面积 107.67 平方米，优惠价面积 85 平方米，期房款 352 760 元。胡乙已经交纳了上述房款共计 495 871 元。2010 年 5 月，胡甲去世。2010 年 6 月 30 日，洪某因病被送往医院，经诊断为：脑梗塞、高血压病、糖尿病。此后，洪某被其子刘某接回朝阳区居住。洪某有三个儿子，均已成年。2010 年 10 月，洪某起诉胡乙，要求依法撤销对被告胡乙 57 平方米房屋补助的赠与。

在本案诉讼之前，胡乙曾经起诉洪某及其儿子刘某，要求二被告将村委会给胡乙提供的一套周转楼房腾退。一审法院判决支持了胡乙要求洪某腾退房屋的请求，但驳回了胡乙要求刘某腾退的请求。此案判决后，双方均未上诉。

一审法院经审理后认为，撤销权人撤销赠与的，可以要求受赠人返还赠与的财产。赠与人的经济状况显著恶化，严重影响其生产经营或者家庭生活的，可以不再履行赠与义务。洪某将其 57 平方米的购房指标赠与胡乙并在承诺书上签字，赠与合同成立。现胡甲已经去世，而洪某又身患重病，年事已高，已无劳动能力，在其子刘某处居住生活。洪某的经济状况显著恶化，因此，洪某要求撤销对胡乙 57 平方米购房指标的赠与，理由正当，证据充分，法院予以支持。被告的辩解意见，法院不予采信。综上所述，依据《合同法》第 194 条、第 195 条之规定，判决：撤销原告洪某赠与被告胡乙 57 平方米购房指标的行为。

一审判决后，胡乙不服提起上诉。二审法院经审理后认为，本案的争议焦点是洪某要求撤销赠与胡乙 57 平方米购房指标是否有法律依据的问题。洪某在胡乙出具的《承诺书》上签字时，是基于二位老人可以在胡乙购买的住房及享有的周转房内居住的实际情况而作出的。胡甲去世后，胡乙对洪某提出了要求腾退周转房的诉讼，致使洪某无法在周转房居住。现胡乙在其一审答辩状及上诉状中均表示洪某由其亲子赡养，洪某有其他房产可供居住等意见，该意见与洪某在签订承诺书时的理解有较大分歧，属于重大误解。为此，洪某要求撤销赠与的请求于法有据，原审法院予以支持并无不当。但原审法院援引法条不当，二审法院予以纠正。故二审法院判决：驳回上诉，维持原判。

二、相关法律问题分析

本案一审、二审判决均支持了洪某撤销赠与的诉讼请求,但适用法律明显不同。本案的主要争议问题是如何理解《合同法》第 54 条、第 194 条、第 195 条的规定及如何适用上述法律。

(一)本案应适用《合同法》总则关于重大误解的规定

我国《合同法》第 54 条是关于可撤销合同的规定。该条规定了三种可撤销的合同:(1)因重大误解订立的;(2)在订立合同时显失公平的;(3)一方以欺诈、胁迫的手段或者乘人之危,使对方在违背真实意思的情况下订立的合同。《合同法》总则的这一规定对于《合同法》分则规定的各种有名合同和其他无名合同均具有法律约束力。

所谓可撤销合同,指因意思表示不真实,通过有撤销权的当事人行使撤销权,使已经生效的意思表示归于无效的合同。可撤销合同具有三个特点:(1)可撤销合同在未被撤销前是有效的合同;(2)可撤销合同一般是意思表示不真实的合同;(3)可撤销合同的撤销要由撤销权人通过行使撤销权来实现。

本案中,洪某在签订《承诺书》时不存在欺诈、胁迫或者乘人之危的情形,也不存在显失公平的情形,那么,洪某是否存在重大误解的情形呢?

所谓重大误解,是指误解者作出意思表示时,对涉及合同法律效果的重要事项存在认识上的显著缺陷,其后果是使误解者的利益受到较大的损失,或者达不到误解者订立合同的目的。

因重大误解而可撤销合同一般具有以下四个要件:(1)误解一般是因受害方当事人自己的过失产生的,原因多是当事人缺乏必要的知识、经验、技能或者信息。(2)必须是对合同内容构成"重大"误解。根据司法实践,"重大"一般包括以下四种情形:①对合同性质发生误解;②对对方当事人的身份发生误解;③对标的物的误解;④对合同的标的物数量、质量或者履行期限、履行方式等发生误解,足以对当事人的利益造成重大损害的,也可以认为符合"重大"的情形。(3)此类合同的签订直接影响到当事人所应享有的权利和承担的义务,合同一旦履行就会使误解方的利益受到损害。(4)因为误解导致了合同的订立。也就是说,重大误解与合同的订立或者合同条件存在因果关系。

结合本案，胡乙在签订拆迁协议后，村委会提供给胡乙一套周转楼房。胡乙并未在此房中居住，而是将该房交付胡甲和洪某居住多年。由此可见，洪某在确信胡乙能够保证洪某自身居住的前提下，在《承诺书》上签字，将其57平方米购房指标赠与胡乙。但胡乙在其父胡甲去世不足半年就起诉要求洪某将周转房腾退。这一事实出乎洪某的意料，也违背了洪某赠与购房指标的初衷和目的，使洪某利益受损巨大，属于重大误解。因此，二审法院以重大误解为由支持洪某撤销赠与是正确的。

（二）本案的赠与撤销不适用赠与人撤销权及不再履行赠与义务的规定

《合同法》第186条、第192条与第194条是前后对应的关系。第186条规定了赠与人的任意撤销权，第192条规定了赠与人的法定撤销权。而第194条则是对撤销权的行使效力的规定。应当说这三个法条之间的联系非常密切，不仅规定了赠与人的撤销权，而且规定了权利的行使方式。

赠与人的任意撤销权是指赠与人在合同成立后，赠与财产的权利转移之前，赠与人可以根据自己的意思表示不再为赠与行为。洪某赠与房产指标的行为早已经转化为胡乙的购房合同行为。赠与财产的权利已经转移。因此，洪某无法行使任意撤销权。

赠与人的法定撤销权是指赠与合同成立后，在具备法律规定的情形时，撤销权人可以撤销赠与。《合同法》规定的三种情形，在本案中均不存在。因此，洪某无法行使法定撤销权。

《合同法》第195条规定："赠与人的经济状况显著恶化，严重影响其生产经营或者家庭生活的，可以不再履行赠与义务。"这一条规定了赠与人可以不再履行赠与义务的法定情形。

赠与人不再履行赠与义务，应当符合本条规定的法定条件：一是经济状况显著恶化，其发生在赠与合同成立之后而不是成立之前。如果自身的经济状况本已十分不好，仍向他人表示赠与意思，实际上其赠与的意思表示多无诚意，赠与合同也无履行基础。二是经济状况显著恶化，致使严重影响企业的生产经营，或者使个人的家庭生活发生困难，不能维持自己的正常生计，不能履行扶养义务等。符合上述条件的，不论赠与合同以何种方式订立，不论赠与的目的性质如何，赠与人可以不再履行尚未履行的赠与义务。也就是说，一旦发生符合本条规定的情形，赠与人无权请求受赠人返还已经赠与的财产，但有权不再继续履行尚未履行的义务。

本案中，洪某在赠与购房指标的《承诺书》上签字。后村委会与胡乙签订拆迁购房合同书，胡乙使用了洪某赠与他的全部购房指标。此时，洪某已经全部履行了赠与义务，不存在“不再继续履行”的问题。故《合同法》第195条不适用本案案情。

个体工商户注销后，其经营者应向劳动者支付基于劳动关系而产生的各项赔偿

钱　笑

一、据以研究的案例

原告袁某系原个体工商户贝乐迪中心的经营者。贝乐迪中心于2013年3月16日经北京市工商行政管理局通州分局核准注销。

被告于2012年2月13日入职贝乐迪中心，从事幼师工作，双方未签订劳动合同。被告的月平均工资为1700元。被告与贝乐迪中心于2013年3月8日解除劳动关系。

其后，被告向仲裁委提起劳动仲裁，要求贝乐迪中心给付被告“2012年3月13日至2013年2月12日期间未签订劳动合同双倍工资差额21 600元，解除劳动合同经济补偿金2700元”。2013年5月21日，仲裁委出具京通劳仲字〔2013〕第1188号裁决书，裁决贝乐迪中心给付被告“2012年3月13日至2013年2月12日期间未签订劳动合同双倍工资差额18 700元，解除劳动合同经济补偿金2550元”。

贝乐迪中心不服该裁决向法院提起诉讼。被告未在法定期限内向法院起

诉,认可仲裁裁决结果。

庭审过程中,经核实,贝乐迪中心已经在仲裁委进行仲裁前注销,贝乐迪中心不具备诉讼主体资格,故依法变更贝乐迪中心的经营者袁某为本案原告。

原告起诉认为:被告没有向贝乐迪中心提供幼师资格证,故贝乐迪中心与被告解除了劳动关系。且贝乐迪中心现在已经注销,仲裁裁决贝乐迪中心向被告给付未签劳动合同双倍工资差额和解除劳动合同经济补偿金,缺乏法律依据。请求撤销仲裁裁决,不向被告支付上述补偿金。

被告辩称:贝乐迪中心未曾要求被告出示幼师资格证。原告将贝乐迪中心注销,应当由原告向被告承担未签劳动合同双倍工资差额和解除劳动合同经济补偿金的给付责任。

北京市通州区人民法院经审理认为:劳动者的合法权益受法律保护。用人单位自用工之日起超过一个月不满一年未与劳动者订立书面劳动合同的,应当向劳动者每月支付二倍的工资。贝乐迪中心与被告建立劳动关系后,没有及时与被告签订劳动合同,应当依法向被告支付未签订劳动合同双倍工资差额。用人单位向劳动者提出解除劳动合同并与劳动者协商一致解除劳动合同的,用人单位应当向劳动者支付经济补偿。贝乐迪中心与被告经协商解除劳动关系,应依法向被告支付解除劳动合同经济补偿金。个体工商户的债务,个人经营的,以个人财产承担。贝乐迪中心作为个体工商户经营期间的债务,在其注销后,应由其经营者,即原告承担。综上,依据《民法通则》第 29 条、《劳动合同法》第 46 条、第 82 条、《民事诉讼法》第 64 条第 1 款之规定,判决如下:原告袁某于本判决生效之日起七日内给付被告 2012 年 3 月 13 日至 2013 年 2 月 12 日期间的未签订劳动合同双倍工资差额 18 700 元;原告袁某于本判决生效之日起七日内给付被告解除劳动合同经济补偿金 2550 元;驳回原告袁某的诉讼请求。

一审判决后,原告不服,提起上诉。二审法院经审理,驳回上诉,维持原判。

二、相关法律问题分析

本案的争议焦点为:贝乐迪中心系个体工商户,其雇佣劳动者,是否与劳动者建立了劳动关系;个体工商户注销后,其经营期间产生债务,由谁负责;其与劳动者之间的关系,如何变化,如何解决。

笔者试对上述问题分析如下:

(一)个体工商户为其经营雇佣劳动者,双方之间建立劳动关系

《劳动法》第 2 条中规定,在中华人民共和国境内的企业、个体经济组织和与之形成劳动关系的劳动者,适用本法。长期以来,在法学界,对于个体工商户身份的认定,一直存在两种不同的观点:一种观点是从责任承担角度着眼,认为个体工商户的身份更加偏重于人身属性,由此在司法实践中,涉及商业合同时,如果合同一方为个体工商户的,依照《最高人民法院关于适用〈中华人民共和国民事诉讼法〉若干问题的意见》第 46 条的规定,“在诉讼中,个体工商户以营业执照上登记的业主为当事人。有字号的,应在法律文书中注明登记的字号。”而另一种观点是从个体工商户的行为角度着眼,认为个体工商户的身份更加偏重于进行经营的单位属性,由此《最高人民法院关于审理劳动争议案件适用法律若干问题的解释(二)》第 9 条规定,劳动者与起有字号的个体工商户产生的劳动争议诉讼,人民法院应当以营业执照上登记的字号为当事人,但应当同时注明该字号业主的自然情况。

可见,个体工商户是能够与劳动者形成劳动关系的。本案中,贝乐迪中心与被告之间,形成了劳动关系,而不是自然人与自然人之间的雇佣关系。因此,贝乐迪中心应当依照《劳动法》的规定,向被告支付未签订劳动合同双倍工资差额和解除劳动合同经济补偿金。

(二)个体工商户注销后,其经营期间产生的债务,由经营者承担

《民法通则》第 29 条规定,个体工商户的债务,个人经营的,以个人财产承担;家庭经营的,以家庭财产承担。上述法条规定的十分明确,个体工商户的经营是以经营者的全部个人资产进行担保的,经营者对个体工商户的债务承担无限责任。这个无限责任,既有债务金额上的无限性,又有时间上的无限性。因此,即使个体工商户的字号已经注销,经营者仍然要对经营期间产生的债务承担给付责任。

在本案中,贝乐迪公司在经营期间与劳动者,因产生劳动关系而应依照《劳动法》给付的未签订劳动合同双倍工资差额和解除劳动合同经济补偿金,也是债务的一种,这种债务在贝乐迪中心注销后,应由其经营者即原告负担。

（三）个体工商户注销后，其与劳动者之间的关系如何变化，如何解决

从上述两个问题拓展开来，还有一个需要解决的问题，就是在个体工商户注销后，其与劳动者之间的关系，是否也要发生改变，答案是肯定的。个体工商户在其存续期间，即经营期间，具有用人单位的身份性质，因此其与劳动者之间存在的是劳动关系，双方受劳动法律法规的调整。而一旦个体工商户注销，就只有经营者这一个人的身份单独存在，而个人不能成为用人单位，其与劳动者之间的关系，也就不再是劳动关系，而是雇佣关系，双方也不再受到专门的劳动法律法规的调整，而是作为平等的自然人之间的关系受民事法律法规的调整。劳动者因这种关系的变更，可能取得的补偿金额是有很大差别的，对于劳动者来说，劳动关系显然比雇佣关系保障更强，补偿更多。对此，劳动者应当提起特别的注意。

综上，一审、二审法院的判决是正确的。

彩票合同未成立，发行机构和零售商无须承担责任

奉一兵

一、据以研究的案例

2014 年 1 月 1 日，北京市通州区福利彩票发行中心（授权方，非法人单位）与被告钱某（被授权方）签订《北京市福利彩票销售站授权协议书》，授权钱某设置北京市福利彩票销售站，销售中国福利彩票。2014 年 8 月 12 日，财政部办公厅下发《关于同意上市销售中国福利彩票北京市快 3 游戏的通知》（财办综〔2014〕58 号），同意中国福利彩票发行管理中心在北京市上市销售中国福利彩票北京市“快 3”游戏。

2014 年 12 月 11 日 19 时许,原告王某到钱某的彩票销售点购买彩票,并提前向钱某支付 1 万元,用作购买彩票的预付资金。其后,王某先后购买了第 595 期、第 596 期、第 597 期"快 3"福利彩票。在购买第 598 期"快 3"福利彩票时,因彩票销售终端机显示"超出限额"无法继续销售彩票,双方遂发生纠纷,后王某报警。在相关人员的见证下,王某、赵某与钱某对纠纷的发生情况进行了书面确认,内容为:2014 年 12 月 11 日晚上 19 点 36 分,赵某、王某在通州区于家务村张彩路 4 号彩票专卖店买快三,投注站编号(15101200 – S)。在准备 0000598 期进行投注和值 9 点,彩票机(快三)出现不出票现象,此时开奖号码(144)和值 9 点。和值 9 点 2000 倍,单点 144,1000 倍,造成我(二人)损失惨烈。

后王某、赵某以北京市福利彩票发行中心(以下简称福彩中心)、钱某为被告,起诉至法院,主张二原告在购买第 598 期快 3 彩票时,已预付了购彩资金,明确要求购买和值 9 点共计 2000 倍,单点 144 共计 1000 倍,合同已经成立。因该期开奖号码为 144,原告所购彩票共计中奖 10 万元。由于没有出票的责任不在原告,且被告未事先告知存在销售限额,故被告应承担违约责任和缔约过失责任,按"快 3"游戏规则向原告兑付中奖奖金 10 万元。被告福彩中心、钱某均辩称不同意承担责任。

北京市通州区人民法院经审理后认为,承诺生效时合同成立。承诺通知到达要约人时生效。承诺不需要通知的,根据交易习惯或者要约的要求于作出承诺的行为时生效。本案的关键在于合同是否成立。根据彩票交易习惯,顾客向彩票代售点提出购买彩票的种类和数量应为要约,代售点根据顾客的要求打印彩票后,其将彩票交付给顾客的行为应为承诺。本案中,王某向钱某发出要约后,钱某因彩票销售限额未能出具彩票,故承诺并未发出,双方之间并未成立合同关系。现王某、赵某主张被告应承担违约责任和缔约过失责任,无事实依据和法律依据,法院不予支持。具体理由如下:首先,违约责任的前提是存在有效的合同关系,而缔约过失责任的前提是合同未成立或无效等,二者是互为排斥的关系,不能同时主张。其次,就违约责任而言,因本案合同并未成立,故原告主张违约责任无事实依据。就缔约过失责任而言,因该责任的构成要件之一是存在过错。而本案中,福彩中心根据相关规定为"快 3"福利彩票设置销售限额,以及钱某在销售限额届满时未能向王某、赵某出售彩票,均不属于过错行为。因此,原告王某、赵某主张缔约过失责任,并无法律依据。故对原告王某、赵某要求被告福彩中心、钱某兑付彩票中奖奖金10万元的诉讼请求,无事实与法律依据,法院不予支持。法院据此判决驳回原告王某、赵某的诉讼请求。

判决后,双方均未上诉,该判决现已发生法律效力。

二、相关法律问题分析

本案审理的焦点为,在彩民预付了购彩费用,并确定了投注号码后,彩票代售点因彩票销售限额已满无法出票,而彩民所要求购买的彩票正好中奖的情况下,福彩中心及彩票代销点是否应当承担违约责任或缔约过失责任。笔者认为,彩票合同自交付彩票时成立,且福彩中心及彩票销售点在订立彩票合同过程中并无过错,故不应当承担责任。具体分析如下:

(一)彩票合同自彩票交付时成立

彩票合同是彩票发行人与彩票购买人之间的合同,这类合同通常涉及三方,即彩票发行机构、彩票零售商和彩票购买人(俗称彩民)。实际操作中,彩票零售商以彩票发行机构的名义对外销售彩票,是彩票发行机构的代理人,行为后果由彩票发行机构承受。因此,彩票发行机构是彩票合同的当事人,彩票零售商为代理人;彩票购买人是彩票合同的另一方当事人。本案中,福彩中心作为彩票发行机构,与彩民王某、赵某之间的彩票合同是否成立,是王某、赵某的诉讼请求能否得到支持的关键。

关于彩票合同的成立时间,审理过程中有两种观点:一种观点认为,彩票销售点对外公布了彩票的种类、价格以及具体兑奖规则,内容具体明确,且有受该内容约束的意思表示,应视为要约;彩民向彩票销售点提出购买彩票的具体种类和数额后,应属于承诺。彩票合同自彩民提出具体的购买意愿时即告成立,彩票销售机构没有拒绝的权利。另一种观点认为,彩票合同自彩票交付时成立。笔者同意第二种观点。理由是:(1)从彩票合同的性质看,彩票合同是实践合同。实践合同的成立,不仅要求双方当事人就合同的主要条款达成一致意见,而且还要有交付标的物的行为。具体到彩票合同中,彩民提出了购买意愿后,双方不仅需要就彩票合同的主要条款如彩票种类、数量等达成一致,而且还需要有交付标的物即彩票的行为,才能成立合同。(2)从彩票合同的交易习惯看,交付彩票是当事人履行彩票合同的前提。《中国福利彩票北京市快3游戏规则》第22条规定,中奖彩票为中奖唯一凭证,中奖彩票因玷污、损坏等原因不能正确识别的,不能兑奖。如果彩票合同自彩民提出购买意愿时成立,彩民便可以不必持有彩票,而主张其与彩票销售点之间达成了彩票协议,从而要求彩票发行机构兑付奖金。这显然与交易习惯不符。(3)从国家对彩票发行销售的管理看,发行彩票是国家筹集公益资金的重要手段,政府部门对彩票的发行、销售都有严格的管理规定,具有强烈的行政色彩。如果彩票合同可以由彩民与销售网点的代销人员通过口头方式成立合同,彩票合同成立的随意性将增加,国家将难以对彩票发行销售形成有效管理,彩票发行机构也将无法防范彩民与彩票销售网点的恶意串通行为。

因此,本案原告王某、赵某虽预付了购彩费用,并确定了要求购买的彩票号码,但因彩票销售点的销售限额已满,销售点并没有向王某、赵某交付彩票,因此彩票合同并未成立。在彩票合同没有成立的情况下,王某、赵某要求彩票发行中心及钱某承担违约责任,没有法律依据。

(二)福彩中心与钱某不应承担缔约过失责任

缔约过失责任是指在合同订立过程中,一方因违背其依据诚实信用原则所应负的义务,而致另一方的信赖利益损失时所应承担的损害赔偿责任。根据《合同法》第42条之规定,当事人在订立合同过程中有下列情形之一,给对方造成损失的,应当承担损害赔偿责任:假借订立合同,恶意进行磋商;故意隐瞒与订立合同有关的重要事实或者提供虚假情况;有其他违背诚实信用原则的行为。因此,被告是否应当承担缔约过失责任,取决于被告是否存在违背诚实信用原则的行为。

具体到本案中,被告方是否存在违背诚实信用的行为,主要涉及两个方面:一是福彩中心设置"销售限额"是否恰当;二是销售点是否有违背诚实信用原则的行为。就前者而言,根据《中国福利彩票北京市快3游戏规则》第12条之规定,快3每期全部投注号码的可投注数量实行限额销售,若投注号码受限,则不能投注。若因销售终端故障、通讯线路故障和投注站信用额度受限等原因造成投注不成功,应退还购买者投注金额。案件审理过程中,福彩中心辩称对销售网点实行周累计销售限额是为了落实社会责任,引导理性购彩,是避免赌博行为的合法措施。因此,福彩中心设置销售限额,是合法合理的。就后者而言,原告主张钱某存在违背诚实信用原则的行为,称钱某并未事先告知其销售限额。对此,笔者认为:(1)"快3"彩票实行限额销售是由《中国福利彩票北京市快3游戏规则》明文规定的,该游戏规则系公开文件,原告在购买之前完全可以获知。实践中,各销售网点也不可能对每一位彩民都宣讲一遍游戏规则。(2)设置销售限额依法有据,对彩民亦是一种保护,而不是一种侵害。实践中存在这样一种现象,即部分彩民在某段时间内,固定购买某注彩票,并不断增加投注金额,以期该号码中奖后能将之前的投入全部收回。但有销售限额时,彩民欲通过不断增加投注金额收回成本的希望就会落空。本案正是这种情况。前几期,原告一直在购买合值9,均未中奖。在购买第598期时,由于存在销售限额未能购买成功,而正好该期的中奖号码为合值9,导致原告收回成本的希望落空。但需要指出的是,原告这种购买彩票的做法,是不受法律保护的。不少人正是采取这种方式,最后因资金链断裂而导致倾家荡产。国家也正是考虑到购买彩票中存在的投机行为,才出台"限额销售"的政策对购彩行为予以限制。

综上所述,原告、被告之间并未成立彩票合同,故原告要求被告福彩中心、钱某履行合同义务,没有法律依据。同时,被告福彩中心、钱某在本案中亦不存在违背诚实信用的行为,故亦不应承担缔约过失责任。

所以法院的判决是正确的。

已经获得残疾赔偿金的受害人还可以继续主张误工费

姚玮东

一、据以研究的案例

2010年8月14日20时40分,王某驾驶的小型汽车(车主为被告孙某,该车在某保险公司处投保有交强险)在北京市通州区台湖镇比亚迪路口处,与张某驾驶的三轮车发生相撞,张某受伤。该事故经交管部门认定,被告王某负全部责任,张某无责任。张某于2011年1月曾诉至北京市通州区人民法院,要求王某、孙某和某保险公司赔偿其医疗费、误工费等损失,张某的伤情经鉴定机构鉴定为十级伤残。2011年5月10日,北京市通州区人民法院判决某保险公司赔偿张某各项损失59 056.26元,由被告孙某、王某承担鉴定费及案件受理费。判决后,张某伤情未愈,继续治疗,花费了后续治疗费和误工费。张某认为其后续治疗费用也应当由孙某、王某和某保险公司承担,故诉至法院,请求法院依法判令孙某、王某和某保险公司赔偿其医疗费12 032.05元、交通费320元、护理费450元、住院伙食补助费400元、营养费500元、误工费24 000元,以上共计37 702.05元。

经查明,2011年9月22日,张某因需要进行二次手术而再次入院治疗,张某自2011年9月22日至2011年9月30日入院手术,遵医嘱,出院后张某需休息2个月。同时,张某向法院提交了其自2011年5月20日至2011年9月22日需要休息的病休证明。

在本案审理过程中,某保险公司对张某主张的医疗费、护理费、交通费、营养费等均不持异议,但主张其交强险医疗费项下的赔付限额已经赔满,应由王某和孙某承担责任,王某和孙某对此无异议。双方争议的焦点为张某主张的误工费,某保险公司认可张某在做二次手术时发生的误工,即2011年9月22日至11月30日的误工费。但对于张某主张的自2011年5月20日至9月22日的误工费损失,某保险公司不予认可。某保险公司认为2011年5月10日,北京市通州区人民法院的判决已经生效,该判决包含了误工费和残疾赔偿金,其已经支付给张某,残疾赔偿金应包含了张某自2011年5月20日后的误工损失,张某不应再主张该笔损失。

北京市通州区人民法院经审理认为,残疾赔偿金仅是对张某因伤残导致的劳动能力的丧失程度进行的补偿,并不是对张某误工损失的补偿,确定张某误工损失的依据应该是医疗机构出具的证明。最终判决:某保险公司赔偿张某包含误工费等各项损失共计8000余元。

判决后,某保险公司不服,提出上诉,后北京市第二中级人民法院作出终审判决:驳回上诉,维持原判。

二、相关法律问题分析

本案中，某保险公司的答辩意见可以划分为两个层次：一是认为张某的误工期限截止到定残前一日，其已经获得了相应的赔偿；二是认为张某已经获得了残疾赔偿金，而残疾赔偿金已经包含了对张某因伤致残后的误工损失，张某不应再主张误工费。

（一）机动车交通事故责任纠纷案件中误工费的认定标准

目前在审理机动车交通事故责任纠纷案件中，误工费的计算方法主要依据《最高人民法院关于审理人身损害赔偿案件适用法律若干问题的解释》第 20 条规定："误工费根据受害人的误工时间和收入状况确定。误工时间根据受害人接受治疗的医疗机构出具的证明确定。受害人因伤致残持续误工的，误工时间可以计算至定残日前一天。"

从上述司法解释第 20 条的文本看，在计算受害人的误工期限时，应该根据医疗机构出具的证明予以确定，如果医疗机构的期限不明确，受害人又因伤持续未参加工作的，其误工期期可以计算到其伤情确定伤残之日的前一天。也就是说，在确定受害人误工期时，医院出具的病休证明具有极高的证明力。

本案中，张某向一审法院提交了其自 2011 年 5 月 20 日至 9 月 22 日的病休证明，一审法院据此认定 2011 年 5 月 20 日至 9 月 22 日属于原告的误工期且符合《最高人民法院关于审理人身损害赔偿案件适用法律若干问题的解释》第 20 条的规定。

（二）残疾赔偿金的性质

对于残疾赔偿金的性质，学理上也存在争议，根据《最高人民法院关于审理人身损害赔偿案件适用法律若干问题的解释》第 17 条的规定，可以看出残疾赔偿金是指对受害人因人身遭受损害致残而丧失全部或者部分劳动能力的财产赔偿。

由于人身损害造成残疾受害人劳动能力部分丧失或者全部丧失，因而，受害人遭受人身损害以后，会减少或者丧失自己的收入。这种损失，是人身损害的直接后果，是一种财产损失。对于这种财产损失，应当由赔偿义务人进行赔偿。从这个定义可以看出,残疾赔偿金是对受害人丧失部分劳动能力的一种补偿。

这样残疾赔偿金就和误工费具有了明显的区别。误工费赔偿的是受害人因不能工作减少的收入,残疾赔偿金是根据受害人的伤残等级,计算得出的对于受害人已经丧失的部分劳动能力的补偿。也就是说,残疾赔偿金和受害人的误工损失不会有交集。

本案中,原告张某因伤致残,但其并未完全丧失劳动能力,在伤愈后,其可以继续参加工作,获取收入,那么自然他因伤休息期间就存在误工损失。而残疾赔偿金只是对他因伤致残导致收入减少、劳动能力减弱给予的赔偿。所以对于被告保险公司认为张某所获得的残疾赔偿金已经包含误工损失的答辩意见,不应予以采纳。

综上,法院的判决是正确的。

交通事故责任认定不等于民事赔偿责任认定

杜　鹏

一、据以研究的案例

2011 年 10 月 5 日 3 时 35 分,被告何某驾驶解放小客车由北向南行驶至京珠高速公路某处时,与因发生交通事故停在超车道内的被告谷某驾驶的宝马轿车发生刮碰,并与从宝马车上下来的乘车人王某和从吉××××车上下来的驾驶员被告吕某发生刮碰,造成王某及吕某受伤。事故造成王某左肱骨近端粉碎性骨折伴肩关节脱位、左肩胛骨粉碎性骨折、左第 1 和第 2 胸椎横突骨折、脑挫裂伤、蛛网膜下腔出血、枕骨、颞骨骨折、右眼眶壁骨折、左多发肋骨骨折。该起事故经河北省公安厅高速公路交通警察总队一支队涿州大队出警处理,认定何某因驾驶机动车在低能见度气象条件下,在高速公路上不按规定行驶和未按操作规范安全驾驶,负事故的主要责任;认定谷某因驾驶机动车在高速公路发生交通事故后未将车上人员迅速转移至右侧路肩或应急车道内,负事故的次要责任;认定吕某因驾驶机动车在高速公路发生交通事故后未将车上人员迅速转移至右侧路肩或应急车道内,负事故的次要责任。

解放小客车登记所有人为何某,交通事故责任强制险的投保单位为被告太平洋财产保险股份有限公司北京分公司;吉××××车的登记所有人为吕某,交通事故责任强制险的投保单位为被告中国人民财产保险股份有限公司吉林省长春市九台支公司;宝马车的登记所有人为谷某,交通事故责任强制险的投保单位为被告中国人民财产保险股份有限公司北京市分公司重点客户营业部。该起交通事故发生时上述车辆均在保险期限之内。保险的责任限额均为:死亡伤残赔偿限额 110 000 元、医疗费用赔偿限额 10 000 元、财产损失赔偿限额 2000 元。

原告王某认为交管本门认定本案被告何某、谷某、吕某在该其交通事故中均承担相应责任,故三被告均应当承担事故的民事赔偿责任,故诉至法院,要求各被告赔偿医疗费、住院伙食补助费、营养费、护理费、残疾赔偿金、误工费、精神损害抚慰金、交通费、鉴定费共计 420 158.56 元。

被告吕某认为,其并未与原告王某发生碰撞,不存在侵权行为,故而不同意承担赔偿责任。其自己也被撞伤,交管部门之所以认定其承担次要责任,是针对自己被撞存在过错。

北京市通州区人民法院经审理认为:何某驾车与谷某驾驶车辆发生交通事故,致王某与吕某受伤,交管部门认定何某负事故的主要责任,谷某、吕某分别负事故的次要责任,王某无责任。根据本案查明的情况,王某受伤系由于何某驾驶机动车在低能见度气象条件下、在高速公路上不按规定行驶和未按操作规范安全驾驶,以及由于谷某驾驶机动车在高速公路发生交通事故后未将车上人员迅速转移至右侧路肩或应急车道内导致,吕某驾驶的车辆并未与何某、谷某驾驶车辆发生任何碰撞,吕某亦并未对王某有任何侵权行为,吕某仅对其自身受伤的损害结果在该起交通事故中承担次要责任,故法院认为王某要求吕某对其所受伤害承担赔偿责任的意见,缺乏事实法律依据,法院不予支持。谷某、何某应当对王某的各项合理损失承担赔偿责任。对于王某的各项合理损失,应当由何某承担主要赔偿责任,谷某承担次要赔偿责任。关于何某与谷某的具体责任比例，法院考虑事故发生时的具体情形、双方的过失程度等因素认为，何某应当承担60%的赔偿责任，谷某应当承担40%的责任。综上法院判决：被告太平洋财产保险股份有限公司北京分公司、中国人民财产保险股份有限公司北京市分公司重点客户营业部分别给付原告王某12万元；被告何某赔偿原告王某医疗费、营养费、住院伙食补助费、护理费、交通费、精神损害抚慰金、残疾赔偿金共计人民币191 159.54元的60%，即人民币114 695.72元；被告谷某赔偿原告王某医疗费、营养费、住院伙食补助费、护理费、交通费、精神损害抚慰金、残疾赔偿金共计人民币191 159.54元的40%，即人民币76 463.82元；驳回原告王某的其他诉讼请求。

法院判决后，双方均未提起上诉。

二、相关法律问题分析

本案的争议焦点在于交管部门出具的交通事故责任认定是否能够作为确定民事赔偿责任的唯一依据。

道路交通事故责任纠纷属于一般侵权责任纠纷，在民事司法实践中，一般认为一般侵权责任的构成要件为“三要件说”，即行为人主观上的过错、具有损害事实以及行为人过错与损害事实之间的因果关系。由此可见，一般民事侵权责任适用过错责任，即行为人应当对因为自己的过错造成相对方的各项合理损失承担相应责任比例的赔偿责任。也就是说，有过错承担赔偿责任，没有过错不承担赔偿责任，过错大承担主要赔偿责任，过错小承担次要赔偿责任。

本案中王某的受伤系由于何某驾驶机动车在低能见度气象条件下，在高速公路上不按规定行驶和未按操作规范安全驾驶，以及由于谷某驾驶机动车在高速公路发生交通事故后未将车上人员迅速转移至右侧路肩或应急车道内导致。被告吕某驾驶的车辆并未与何某、谷某驾驶的车辆发生任何碰撞，吕某亦并未对王某有任何侵权行为，吕某仅对其自身受伤的损害结果在该起交通事故中承担次要责任，也就是说，吕某对于王某的损害事实并不存在过错，交管部门认定的责任仅仅是吕某对于自身损失存在过错，与王某之间的损害也并不存在因果关系，故吕某不应当对王某的损害承担赔偿责任。

在确定道路交通事故责任纠纷案件中的赔偿责任时，交管部门出具的交通事故责任认定书仅仅是确定双方在交通事故过程中过错的证据之一，并非是唯一证据，最终应当依据一般侵权责任的构成要件判断双方的过错和赔偿责任。

综上，法院的判决是正确的。

债务人未依还款计划偿还第一笔欠款的，债权人可要求一次性清偿

余亚妮

一、据以研究的案例

原告李某与被告袁某、董某系朋友关系。2009 年 5 月起，袁某陆续从李某处借款。2010 年 5 月 14 日，袁某以董某为担保人向李某出具了一张借条，写明："袁某自 2009 年 5 月 1 日起，从李某处借款壹佰零陆万元正。现做出以下还款计划。在今年 12 月 31 日前还款人民币贰拾陆万元正。2011 年元月到 2011 年 12 月 31 日前还款肆拾元正。2012 年元月到 2012 年 12 月 31 日前还款肆拾万元正。如到期未还款可到通州区人民法院起诉。"落款为："借款人：袁某 2010 年 5 月 14 日；担保人：董某 2010 年 5 月 14 日。"后袁某、董某均未还款。李某将袁某、董某诉至法院。

在本案审理过程中，双方均认可借条中"肆拾元"系"肆拾万元"的误写。董某表示愿意就债务向李某承担连带责任。李某称袁某、董某从未履行还款义务并有拒听电话等逃避债务的行为，故要求袁某、董某立即偿还全部借款。

通州区人民法院经审理认为：当事人一方明确表示或者以自己的行为表明不履行合同义务的，对方可以在履行期限届满之前要求其承担违约责任。被告袁某、董某与原告李某签订的借条系双方真实意思的表示，关于借款及还款时间、数额等内容的约定不违反法律、行政法规的强制性规定，应属合法有效。借条中明确约定了分期还款的时间及数额，袁某本应依约履行，但借条签订后，袁某至今未对任何一笔欠款进行过偿还，其以行为表明不按合同约定履行义务，

应承担相应的违约责任。现李某要求其提前偿还所有欠款,理由正当,法院予以支持。被告董某作为担保人同意就债务承担连带保证责任,法院不持异议。故判决:被告袁某给付原告李某全部借款 106 万元,被告董某对上述债务承担连带责任。

一审判决后,袁某、董某上诉,但未依法交纳上诉费,二审法院裁定按撤诉处理。

二、相关法律问题分析

本案的争议焦点在于债务人未依照还款计划的约定偿还第一笔到期债务,而后期债务履行期限均未届满时,债权人可否要求债务人一并履行全部还款义务。对此主要存在以下两种观点:

一种观点认为,袁某、董某出具的借条实际上是还款计划,还款计划的内容可视为对原有借款合同的变更,将原有还款期限做出分期处理,此约定系双方真实意思的表示,合法有效,双方均应严格依约履行。目前后两期债务履行期限未届满,二被告仅构成了部分违约,故李某仅可向董某、袁某主张第一笔已到期债务,其他债务应待履行期限届满后再行主张。

另一种观点则认为,被告袁某、董某以自己的行为明确表示不予还款,此时再严格依照还款计划的约定限制李某行使求偿权对李某明显不公,也不利于保护守约方的合法权益,故应支持李某要求二被告一并偿还债务的请求。

笔者同意第二种意见,具体分析如下:

(一)预期违约的概念和构成要件

预期违约是相对于实际违约而言的一个概念,根据我国《合同法》第 108 条的规定,预期违约是指在履行期限届满之前,当事人一方明确表示或者以自己的行为表明不履行合同义务的违约行为。可见预期违约包括明确表示不履行合同义务的明示预期违约和以自己的行为表明不履行合同义务的默示预期违约两种情形。

一方预期违约时,违约的损害结果尚未实际发生,以此要求当事人为将来可能发生的行为"买单",似乎不妥,故有必要严格把握预期违约的成立要件,限制预期违约的成立范围。对于明示的预期违约,这种把握似乎不难,但对默示的预期违约的把握可能存在困难,因为预见违约方在履行期限到来时将会违约是一种主观判断,而无论是《合同法》第 94 条抑或第 108 条均未能将这种主观判断客观化为一把容易把握的标尺。

默示逾期违约可以区分为两种情况:一是债务人没有能力履约,如出现资金困难等;二是债务人不履行合同,如对方信用不佳等。这些情况类似于《合同法》第 68 条对当事人可以行使不安抗辩权的情形进行的规定,故笔者建议将第 68 条作为衡量预期违约成立的标准,即当债务人出现:(1)经营状况严重恶化;(2)转移财产、抽逃资金,以逃避债务;(3)丧失商业信誉;(4)有丧失或可能丧失履行债务能力的其他情形时,可以认定债务人构成预期违约,允许债权人开始行使权利。

(二)预期违约的法律后果

《合同法》第 94 条和第 108 条均对预期违约的法律后果作出了明确规定。《合同法》第 94 条将预期违约(严格说应该是预期的根本违约)明确列举为法定解除的情形之一,赋予债权人以解除合同的权利,而《合同法》第 108 条则规定一方构成预期违约时,对方可以在履行期限届满之前要求其承担违约责任。可见,预期违约作为违约的一种情形,可产生与实际违约相同的法律后果。

(三)本案中袁某的行为已构成预期违约

本案中,袁某在向李某借款后向李某出具了借条,就还款时间、方式作出了明确约定,双方将 106 万元借款分割为三部分,由袁某分期偿还。当第一笔借款到期后,袁某未履行还款义务,并拖延至期满近半年之后,直至李某将其诉至法院,此时,袁某仍表示资金困难,无能力偿还。根据《合同法》第 64 条的规定,可以认定袁某发生了丧失或可能丧失履行债务能力的情形,袁某已构成预期违约,故债权人李某既可以依照《合同法》第 94 条的规定行使法定的解除权,解除双方之间签订的还款计划,要求袁某立即偿还全部借款,亦可以依照《合同法》第七章规定的违约责任,要求袁某承担赔偿损失等违约责任。

综上,法院的判决是正确的。

仅凭转账记录要求对方还款,因无法认定给付原因不能获得法院支持

霍　云

一、据以研究的案例

被告张某与原告马某的男友李某系朋友关系,李某自2012年1月起陆续向被告张某借款。2013年3月2日,李某向张某出具欠条载明:“本人李某于2012年1月起,因朋友仲某用钱,特向张某分三次借得人民币160 000元整。特此借条,李某,2013年3月2日。”2013年3月14日,李某向张某还款25 000元。2013年,被告张某以民间借贷纠纷为由向北京市海淀区人民法院提起诉讼,要求李某偿还借款16万元并承担案件的诉讼费用。2013年7月19日,北京市海淀区人民法院作出判决:一、李某于判决生效后十日内偿还被告张某借款本金十135 000元;二、驳回被告张某的其他诉讼请求。该判决现发生法律效力。

另查,原告马某分别于2012年5月14日、2012年12月13日通过转账方式向被告张某的账户中共汇款11 000元。庭审中,原告马某称,该11 000元系其替男友李某偿还被告张某关于16万元中的部分欠款。故马某起诉至通州区人民法院要求:被告张某偿还原告11 000元;诉讼费由被告张某承担。

被告张某未答辩,亦未参加本案庭审。

北京市通州区人民法院经审理认为,公民、法人的合法的民事权利受法律保护,任何组织和个人不得侵犯。当事人对自己提出的主张,有责任提供证据。当事人对自己提出的诉讼请求所依据的事实或者反驳对方诉讼请求所依据的事实有责任提供证据加以证明。没有证据或者证据不足以证明当事人的事实主张的,由负有举证责任的当事人承担不利后果。本案中,原告马某称其汇入

被告张某账户的 11 000 元系替男友李某还款，但在李某和被告张某民间借贷纠纷案件庭审中，李某并未提及关于该 11 000 元的还款情况，且在原告马某向被告张某两次打款共计 11 000 元的时间之后，李某为张某出具欠条的金额仍为 16 万元，故对原告马某称该 11 000 元系其替男友李某偿还被告张某欠款 16 万元中的一部分的意见，法院未予采信。原告马某要求被告张某偿还 11 000 元的诉讼请求，证据不足，法院不予支持，故判决驳回了原告马某的诉讼请求。

一审判决后，原告马某不服，提出上诉。北京市第三中级人民法院经审理后，驳回了原告马某的上诉，维持原判。该判决现已发生法律效力。

二、相关法律问题分析

由本案延伸出的争议问题在于仅凭转账记录要求对方还款，是否能够得到法院支持。

本案中原告马某仅提供了 11 000 元的转账记录作为证据，以此要求被告张某偿还该 11 000 元款项是难以得到法院支持的。原因有三：

其一，本案中原告马某仅举证两份转账记录作为其主张还款的依据，单纯的转账记录仅能证明有一方给付、一方受领，双方存在经济往来的事实存在，但是给付的原因是多种多样的，或为借款，或为赠与，抑或是货款结算、给付报酬，往往仅凭转账记录是无法认定实际给付原因的。

其二，借贷双方通过签订书面借贷协议或口头协议形成特定的债权债务关系，从而产生相应的权利和义务。根据民间借贷的惯例，借款时应当由债权人保留债务人书写的借条，待债务人归还借款时双方当场销毁借条或由债务人收回借条。如果是双方当事人当场销毁了借条，在借款归还的同时，相应的证据即已归于消灭，那么借贷的事实就会难以认定，那么对于原告马某的转账行为，是否属还款的性质我们亦不能排除合理怀疑。

其三，当事人对自己提出的主张，有责任提供证据。当事人对自己提出的诉讼请求所依据的事实或者反驳对方诉讼请求所依据的事实有责任提供证据加以证明。没有证据或者证据不足以证明当事人的事实主张的，由负有举证责任的当事人承担不利后果。对于原告马某的转账，其并不能证明被告张某没有法律上合理获得该款项的原因。本案中，李某在其与被告张某民间借贷案件中提出了已经偿还 25 000 元而未提及该 11 000 元款项，以及原告马某向被告张某打款 11 000 元时间在前,而李某给被告张某打 16 万元欠条的时间在后等情况,亦无法作为因原告马某转账而使被告张某不当得利的合理解释,故法院无法支持原告的诉讼请求。

综上,一审、二审法院的判决正确的。

协议中关于造成对方人身伤害免责的条款无效

杜　鹏

一、据以研究的案例

原告王某等四人系王某某之兄,五兄弟的父母分别于 2002 年和 2009 年去世。王某某属三级智力残疾,从小与其父母共同生活,至 2009 年王某某父亲去世后,王某某被四原告送至被告敬老院生活,但未签订书面的服务合同。四原告每月向被告敬老院交纳王某某的生活费 600 元,该费用已缴纳至 2011 年 12 月底。2011 年 3 月 15 日,原告王某与被告敬老院签订《于家务回族乡敬老院离院协议》,约定:凡入住乡敬老院老人,擅自离开敬老院,没有与值班人员请假,无论是走失或者出现交通事故,与敬老院无关,后果自负。2011 年 10 月 29 日清晨,被告敬老院发现王某某走失,随后与四原告联系并告知王某某走失,同日原告王某向北京市公安局通州分局于家务派出所报案,后原告王某四人多方寻找王某某未果。王某四人认为王某某入院期间,敬老院对其人身安全应当负有保护义务,敬老院非但没有尽到义务,致使王某某失踪一年,并且在失踪后未及时采取处理措施,敬老院的违约行为及不作为行为致使王某某家人承受了巨大的精神折磨,故将敬老院诉至法院,请求判令被告赔偿原告违约赔偿金 450 000 元,精神损害抚慰金 160 000 元,预先交付的各项生活费用 1200 元,交通费 3000 元,诉讼费由被告承担。

被告敬老院辩称:不同意原告的诉讼请求,根据《通州区于家务回族乡敬老院社会老人入院协议书》及《于家务敬老院离院协议》的规定，王某某擅自外出的责任应当由原告承担。原告主张的违约金概念不清，不应被支持。

北京市通州区人民法院审理认为：因王某某患有智力残疾，生活不能自理，四原告将王某某送至敬老院生活，且按照敬老院的收费标准交纳了相应的费用，双方虽未签订书面的服务合同，但是敬老院已经收取了四原告交纳的服务费用，且王某某已经长期在敬老院生活，故四原告与敬老院之间形成了事实上的服务合同关系，双方均应当全面履行自己的义务。四原告作为王某某的监护人，虽然将王某某送至敬老院生活，但仍应当履行其相应的监护责任。被告敬老院作为养老服务的提供者，应当在合理注意义务范围内保证王某某的人身安全。现王某某走失，作为监护人的四原告和作为养老服务提供者的被告敬老院均负有相应的过错。四原告在与被告敬老院履行服务合同中，造成王某某走失，四原告据此要求被告敬老院赔偿违约赔偿金，但四原告主张的损失数额系由王某某每年的各项补助收入总额乘以二十年得出，该项计算方法缺乏相应的法律依据，同时四原告亦未能够证明王某某走失后造成四原告的其他损失，故法院对四原告要求被告敬老院赔偿违约损失的诉讼请求不予支持；关于四原告主张的精神损害赔偿金，本案中王某某现属走失状态，没有相关证据显示王某某已经死亡，且四原告未通过宣告死亡程序确认王某某死亡，即四原告没有证明王某某走失对其精神造成明显的重大伤害，故法院对此亦不予支持；关于四原告主张的要求退还服务费 1200 元的请求，被告敬老院表示同意退还，法院不持异议；关于四原告主张的交通费，该费用系王某某走失后，四原告进行寻找时发生的费用，但四原告未能提供相应的交通费票据，故法院结合原被告双方在履行合同过程中的过错和四原告寻找王某某的距离等因素，予以酌定，对四原告主张的过高部分，法院不予支持。据此法院判决：被告北京市通州区于家务回族乡敬老院于本判决书生效之日起七日内返还四原告服务费共计 1200 元、交通费 1500 元；驳回四原告的其他诉讼请求。

判决后，双方均未上诉。

二、相关法律问题分析

本案的争议焦点为四原告与被告敬老院签订的《于家务回族乡敬老院离院协议》是否有效。该协议约定：凡入住乡敬老院老人，擅自离开敬老院，没有与值班人员请假,无论是走失或者出现交通事故,与敬老院无关,后果自负。

笔者认为,该项约定应属无效。理由如下:被告敬老院作为养老服务的提供者,负有提供正常的符合约定的养老服务、保障被服务者人身安全的重要义务。《消费者权益保护法》第18条也规定,经营者应当保证其提供的商品或者服务符合保障人身、财产安全的要求。养老服务合同中,养老服务提供者负有保证其提供的养老服务符合保障人身安全的义务。

《合同法》第53条规定,造成对方人身伤害的、因故意或者重大过失造成对方财产损失的免责条款无效。法律之所以规定上述两种情况的免责条款无效,理由有二:一是这两种行为具有一定的社会危害性和法律谴责性;二是这两种行为都构成侵权行为,即使当事人之间没有合同关系,但是人也可以追究对方当事人的侵权行为责任,如果当事人约定这种侵权行为免责的话,等于以合同方式剥夺了当事人合同以外的权利。

本案中敬老院关于凡入住乡敬老院老人,擅自离开敬老院,没有与值班人员请假,无论是走失或者出现交通事故,与敬老院无关的约定,免除了己方的主要义务,排除了对方的主要权利,具有社会危害性和法律谴责性,应属无效约定。

综上,法院的判决是正确的。

户籍变更不影响土地承包经营权的行使

杜　鹏

一、据以研究的案例

原告苏某与被告高某原系夫妻关系。二人均系北京市通州区于家务乡北辛店村村民。2009年经法院判决,原告苏某与被告高某离婚,承包地7.8亩,由被告高某承包5.8亩,由原告苏某承包2亩。后原告苏某的户口从北京市通州区于家务回族乡北辛店村迁出。2013年8月25日,北京市通州区于家务回族乡北辛店村民委员会(以下简称村委会)与被告高某签订《通州区农村土地承包经营权流转委托书》,约定被告高某委托村委会将位于东上地南的7.8亩承包地进行流转,流转方式为出租,流转期限从2013年9月30日起至2027年12月31日止,流转价格为每亩每年1500元,并按照每五年5%的幅度递增。委托书签订后,村委会按照7.8亩、每亩1500元的标准向被告高某支付了2013年度的补偿费共计11 700元。现原告苏某诉至法院要求被告高某支付2亩承包地的流转补偿款3000元,被告高某则以原告苏某的户口已从本村迁出为由,拒绝返还该款项。

北京市通州区人民法院审理后认为:没有合法根据,取得不当利益,造成他人损失的,应当将取得的不当利益返还受损失的人。根据庭审查明的事实,法院生效判决载明原告苏某享有7.8亩承包地中2亩承包地的承包权,村委会将该2亩承包地流转后支付的相应补偿费应属原告苏某所有,现该款项已由被告高某占有,原告苏某要求返还的请求于法有据,法院予以支持。被告高某辩称原告苏某的户口已从本村迁出,已不是本村村民,故而不同意返还。法院认为,原告苏某对2亩承包地的承包权系经由法院生效判决确认,尽管后来原告苏某的户籍迁出该集体经济组织,但并不影响原告苏某对承包地行使承包权,故被告高某的辩解意见,缺乏法律依据,法院不予采信。据此,判决被告高某于本判决书生效之日起七日内返还原告苏某2013年度承包地流转补偿费人民币3000元。

判决后,双方均未提起上诉,现判决已生效。

二、相关法律问题分析

本案的争议焦点为女方在离婚后,将户口迁出本集体经济组织,能否继续享有该村的土地承包经营权。

第一种观点认为,户籍从本集体经济组织迁出后,相应的土地承包经营权也就丧失。理由在于,土地承包经营是村集体将其所有的集体土地发包给本村村民用于生产、生活,土地承包经营权的取得具有强烈的人身属性,即只有是本村村民才能够有资格取得土地承包经营权,如果户籍迁出,也就不再是本村村民,丧失了取得土地承包权的主体资格,其之前取得的土地承包经营权也应当返还。

第二种观点认为,离婚户籍迁出,不影响土地承包经营权的行使。笔者同意该种观点。

根据《农村土地承包法》第6条规定,农村土地承包,妇女与男子享有平等的权利。承包中应当保护妇女的合法权益,任何组织和个人不得剥夺、侵害妇女应当享有的土地承包经营权。承包期内,妇女结婚,在新居住地未取得承包地的,发包方不得收回其原承包地;妇女离婚或者丧偶,仍在原居住地生活或者不在原居住地生活但在新居住地未取得承包地的,发包方不得收回其原承包地。

从《农村土地承包法》规定的字面含义解读,第一,妇女的土地承包经营权受同等保护。第二,判断是否收回承包地的标准之一为是否仍在该地居住。也就是说,只有一种情况下可以收回承包地:离婚后,不再原居住地居住,且新的居住地已经取得承包地的情况下,才可以收回承包地。本案中原告户籍的变动并不构成收回承包地的条件,户籍变动也不是判断是否收回承包地的因素。

综上,法院的判决是正确的。

当事人约定或裁或审而后未达成仲裁协议的,协议管辖有效

王晓艳

一、据以研究的案例

王某与李某签订了买卖合同,约定由王某向李某供应燃煤,双方约定争议解决方式为到合同签订地法院诉讼或按另行达成的仲裁协议进行仲裁,合同签订地为北京市通州区,李某的住所地和合同履行地均不在北京市通州区。后王某如约供货,李某未按约定及时付款,现尚欠部分货款,故王某起诉至通州区人

民法院要求被告给付货款。通州法院受理了此案。

二、相关法律问题分析

本案的争议焦点在于通州法院是否有管辖权，即当事人约定诉讼或另行达成仲裁协议仲裁后未达成仲裁协议的，关于法院诉讼的协议管辖是否有效。

一种意见认为，“或裁或审”即当事人既约定法院诉讼又约定仲裁裁决的约定无效，因为仲裁和诉讼是两种互相排斥的争议解决方式，当事人只能选择其一，否则无效，故通州法院无管辖权，王某只能到李某的住所地或合同履行地法院起诉。

另一种意见认为，当事人未另行达成仲裁协议，实际上当事人的争议解决方式是确定的即法院诉讼方式，且当事人协议选择合同签订地法院管辖未违反级别管辖和专属管辖的约定，故此协议管辖有效，通州法院有管辖权。

笔者赞同第二种意见，具体分析如下：

（一）协议管辖的法理依据

协议管辖又称合意管辖或者约定管辖，是指双方当事人在合同纠纷发生之前或发生之后，以协议的方式选择解决他们之间纠纷的管辖法院。

协议管辖的法理依据在于民事活动中应充分尊重当事人的意思，是意思自治原则的体现。意思自治原则是合同法的基本原则，合同双方当事人在民事活动中地位平等，有权决定从事或不从事某种民事活动、有权选择相对人、有权决定民事活动的内容等，自然，当事人也有权决定争议解决的方式，只要其不违反法律规定。故民事纠纷解决中应充分尊重当事人的意思自治，在能确定当事人的意思的情况下，应作出符合其意愿的判断。故在判定当事人协议管辖是否有效的问题上，应重在探究当事人的本意，而不能简单地凭字面意思认定。

（二）协议管辖的效力问题

《民事诉讼法》第34条规定：“合同或者其他财产权益纠纷的当事人可以书面协议选择被告住所地、合同履行地、合同签订地、原告住所地、标的物所在地等与争议有实际联系的地点的人民法院管辖，但不得违反本法对级别管辖和专属管辖的规定。”依据此规定，协议管辖效力的判断基于以下几点因素：一是纠纷的性质应为合同或者其他财产权益类纠纷，其他类型的纠纷不适用协议管辖；二是形式上应采用书面形式，而不能是口头形式；三是可选择的法院范围限定于被告住所地、合同履行地、合同签订地、原告住所地、标的物所在地等与争议有实际联系地点的人民法院，在当事人双方产生纠纷一方起诉时必须是确定的唯一的法院；四是不得违反民诉法对级别管辖和专属管辖的规定。满足以上条件的为有效的协议管辖，否则无效。

本案中，当事人约定的争议解决方式为到合同签订地法院诉讼或按另行达成的仲裁协议进行仲裁，虽然表面上看，既约定了诉讼又约定了仲裁解决方式，但因其未另行达成仲裁协议，当事人实际上只选择了诉讼方式，且合同签订地法院是法律允许选择的法院，同时亦未违反级别管辖和专属管辖的约定，综合判断，究其本意，双方确定了到合同签订地法院即通州法院诉讼为争议解决方式。

综上，双方的协议管辖有效，通州法院对本案有管辖权。

继承人能否依据错误的生效裁判取得家庭联产承包地的继承权

刘　芳　石　菲　李　慧

一、据以研究的案例

耿某甲与时某系夫妻。耿父与刘母系夫妻，二人共生育四个子女，长子耿A（自幼由他人收养）、次子耿某丙、三子耿某甲、长女耿某乙。1998年1月1日，耿父作为家庭成员的代表，承包了东白庙村经济合作社的后土塘西头地4.5亩、西三条树地2亩，承包期限自1998年1月1日至2028年1月1日。2007年，刘母去世。后耿某甲诉至法院，法院作出的民事判决书判令以耿父名义承包的5.6亩耕地由耿某甲经营管理0.7亩，2亩林地由耿某甲经营管理0.25

亩。2011 年,耿父去世。后耿某甲、时某诉至法院,要求依法按三分之一的标准继承耕地 1.16 亩,林地 0.42 亩。审理中,法院通知耿父的长女耿某乙参加诉讼,耿某乙不同意参加诉讼,同时表示不放弃继承土地承包经营权的相应份额,故法院依法将其追加为原告。耿某丙未出庭,亦未提交书面答辩意见。

一审法院经审理认为:按照法律规定,家庭承包方式的承包方是以家庭为单位承包本集体经济组织土地的农户,农户中的一人或几人死亡,承包地仍由其他家庭成员继续承包经营,农户中全部成员死亡的,该土地承包经营权消灭。耿父单独作为一户享有后土塘西头 4.5 亩土地承包经营权,因耿父和刘母的死亡归于消灭,不应发生继承。按照规定,以其他方式承包的土地,在承包期内,其继承人可以继续承包,耿父去世后,耿某甲作为耿父的合法继承人,有权在承包期内继续承包该林地,其要求按 1/3 的标准继承耕地和林地的诉讼请求,法院应予以支持。时某并非耿父的合法继承人,其要求继承耿父家庭承包合同项下耕地和林地的诉讼请求,法院不予支持。耿某丙经法院传票传唤无正当理由拒不到庭,应视为其自动放弃了对本案的抗辩权。

判决作出后,原被告均未上诉,一审判决发生效力。

二、相关法律问题分析

本案的争议焦点主要集中在对以下两个问题的理解和认识:一是如何理解农村土地承包经营权的继承规则;二是如何理解生效裁判所确认的事实存在错误时的证明力问题。

(一)农村土地承包经营权继承规则的理解

《农村土地承包法》第 15 条规定:“家庭承包的承包方是本集体经济组织的农户。”《最高人民法院关于审理涉及农村土地承包纠纷案件适用法律问题的解释》第 3 条第 2 款规定:“前款所称承包方是指以家庭承包方式承包本集体经济组织农村土地的农户,以及以其他方式承包农村土地的单位或者个人。”根据上述法律、司法解释的规定可知,农村土地承包的承包方包括农户、单位、个人。“户”在人口范围的划定上与中国传统的家庭基本一致。[1] 家庭是指“同居的

---

〔1〕 袁震:《论“户”的主体构造及相关土地承包经营权益冲突》,载《河北法学》第 31 卷第 9 期。

共同生活的亲属团体,范围较小,通常只包括两个或三个世代的人口,一般人家,尤其是耕作的人家,因农地亩数的限制,大概一个家庭只包括祖父母及其已婚的儿子和未婚的孙儿女"。[1] 当家庭作为承包经营权的权利主体时,家庭成员的一人或几人的死亡并不影响家庭承包经营权的占有、使用和收益,因为权利主体"户"未"死亡",自然不存在对"户"所享有的土地承包经营权的继承问题,对于单位和个人而言,其做为主体所享有的土地承包经营权自然会因为单位的消亡而发生权利义务承继、会因个人的死亡而发生权利义务的继承。

因此,关于农村土地承包经营权的继承问题,不同的土地承包经营方式取得的土地承包经营权,适用的继承规则是不同的。根据《农村土地承包法》第31条的规定:"承包人应得的承包收益,依照继承法的规定继承。林地承包的承包人死亡,其继承人可以在承包期内继续承包。"根据《最高人民法院关于审理涉及农村土地承包纠纷案件适用法律问题的解释》第25条的规定:"林地家庭承包中,承包方的继承人请求在承包期内继续承包的,应予支持。其他方式承包中,承包方的继承人或者权利义务承受者请求在承包期内继续承包的,应予支持。"由此可见,农村土地承包经营权的承包方式由于承包人的不同,即农户和单位、个人两种,而被分为家庭承包和其他方式承包两种承包方式。农村土地承包经营权的具体的继承规则应当如下:第一,以户为单位的家庭承包地,遵循"增人不增地、减人不减地"的政策规则,农户中的一人或几人死亡,承包地仍由其他家庭成员继续承包经营,农户中全部成员死亡的,该土地承包经营权消灭。但承包人应得的承包收益以及林地的土地承包经营权除外,这两者可以依法继承。第二,林地以及以其他方式取得的土地承包经营权,继承人或者权利义务继受人要求在承包期内继续承包的,可以按照继承法的规定,支持其继承主张。

(二)生效裁判所确认的事实存在错误时的证明力问题

根据《最高人民法院关于适用〈中华人民共和国民事诉讼法〉的解释》(以下简称民诉法解释)第93条的规定:"下列事实,当事人无须举证证明:……(五)已为人民法院发生法律效力的裁判所确认的事实……第五项至第七项规

---

[1] 瞿同祖:《中国法律与中国社会》,中华书局1981年版,第5~6页。

定的事实,当事人有相反证据足以推翻的除外。”该条规定通过分配举证义务的方式确认了一般情况下生效裁判所确认的事实的证明力问题。但是对于“有相反证据足以推翻”如何解释,对于当事人就生效裁判确认的事实未提出异议时,法院应否依职权审查尚无明确规定,导致实践中对生效裁判所确认的事实存在错误时的证明力问题存在认识争议。一种观点认为,生效判决只要未经法定程序予以撤销,就是有效且不能被排除适用的,应当由当事人申请再审或者由法院依职权启动再审撤销该裁判;另一种观点认为,作为证据的生效裁判如果存在错误,法院可以根据相关法律规定,对该裁判的证明力不予认定,排除适用。笔者认为,如何认定生效裁判作为证据时的证明力问题,应当视生效裁判所确认的事实种类以及认定事实错误的种类的不同,而采用不同的认定方式。

1. 裁判文书确认的事实种类

有学者认为,裁判文书确认的事实分为当事人之间自认的事实、法院推定的事实、当事人证明的事实以及法院自己调查认定的事实四种。[1] 因此,基于事实确认的形式不同,是否所有生效裁判所确认的事实都具有免除当事人证明的效果不能一概而论,是否所有的生效裁判都能够被法院依法采信也应当具体情况具体分析。

当事人之间自认的事实是指一方当事人所主张的,而为对方当事人所承认的事实。[2] “自认”受当事人的心理状态、法律认知水平、庭审中的对抗和妥协等因素的影响,可能会存在背离客观真实的情况。因此,裁判文书中所确认的当事人自认的事实,不应当然的在后案中被认定为事实,[3] 而应再次核实。对于法院推定的事实,首先应从界定“推定”的内涵入手。所谓推定,是指根据某一事实的存在而作出的与之相关的另一事实存在(或不存在)的假定,这种推定与证据问题息息相关,它可以免除主张推定事实的一方当事人的举证责任,并把证明不存在推定事实的证明责任转移于对方当事人。在理解推定时,应当区分法律推定和事实推定。所谓法律推定,是法律明确规定的推定,如失踪一定

---

〔1〕 张卫平:《民事诉讼法》,法律出版社 2013 年版,第 400 页。

〔2〕 江伟、常廷彬:《论已确认事实的预决力》,载《中国法学》2008 年第 3 期。

〔3〕 《美国联邦民事诉讼规则》不仅禁止诉讼中的自认在后案审理中有“排出争点”的效力,甚至于禁止在其他案件的审理中,将当事人在以前的诉讼中的自认作为不利于他的证据。转引自江伟、常廷彬:《论已确认事实的预决力》,载《中国法学》2008 年第 3 期。

期限的人被推定为死亡;继承案件中,同一事故中死亡时间无法确定的,推定无继承人的死亡在先、长辈死亡在先;刑事诉讼中的无罪推定等。对于法律推定,如果当事人有相反证据予以推翻或者法官依法掌握的事实可以推翻上述推定的,则在后案裁判中可以否定前案裁判中的法律推定所确认的事实。所谓事实推定,与法律推定相反,是指没有法律明文规定,只是依据经验法则,从已知事实推定事实存在的假定。如消费者在商场购买了过期的食品进行索赔,其只要持有购买凭证和过期食品,且该商场确实销售该品类食品,就推定该商品为商场所销售,无须消费者进一步举证。因此,对于事实推定而言,如果不能够证明事实推定的基础事实是错误的或者推定逻辑存在错误,则不能否认法官事实推定的效力。对于当事人证明的事实和法院自己调查认定的事实而言,其真实程度受法官的法学知识、裁判理念、审判经验、逻辑推理能力、司法认知等因素的影响,不同的法官作出的认定可能是不同的。

2. 裁判文书确认事实错误时的证明力

根据《民事诉讼法》的规定,裁判文书应当写明裁判结果和作出该裁判的理由。以判决书为例,判决书的内容应当包括案由、诉讼请求、争议的事实和理由;判决认定的事实和理由、适用的法律和理由;判决结果和诉讼费用的负担;上诉期间和上诉的法院等部分。从裁判文书的内容构成角度,裁判文书确认事实错误的证明力问题,可以从两方面来讨论:一是裁判结果错误时的证明力问题,即判决主文错误时该裁判文书的证明力;二是裁判认定的事实和理由、适用的法律和理由错误时的证明力问题,即审理查明和法院认为部分存在错误时该裁判文书的证明力。

(1)裁判结果错误时的证明力问题

从既判力的理论角度来看,一旦判决确定后,判决即脱离诉讼并给予其内容而产生实质上的效力,成为解决纠纷的最终判断。它不但约束双方当事人服从该判断的内容,使其不得重复提出同一争执,同时作为国家司法机关的法院,当然也必须尊重国家自己所作出的判断,即使是把同一事项再次作为问题在诉讼中提出,也应以该判断为基础判断当事人之间的关系。对于既判力的客观范围,按照大陆法系通说,既判力原则上以判决主文中的判断事项为限,判决理由没有既判力。[1] 不过作为例外,判决理由中有关债的抵销抗辩的判决具有既判力。因此,当裁判主文出现错误,法官不能直接否认其证据效力,而应当中止案件的审理,通过法定程序纠正后再恢复诉讼。即通过再审前置的方式解决裁判主文的证明力问题。之所以要通过再审前置的方式解决这一问题:一是因为裁判主文是一份判决的精髓,主文最直接的影响着当事人的权利义务,同时也代表着国家法律的公信力,其既判力决定了其非经法定程序,不能被推翻和否定;二是因为如果不经过再审程序而直接由法官依法审查判断是否确认其证明力,将会导致前后两份生效判决存在矛盾。

(2)裁判认定的事实和理由、适用的法律和理由错误时的证明力问题

受当事人举证、辩论的局限性和时效性以及法官对事实和证据认定、采信的主客观因素的影响,法官在判决中所认定的事实仅是法律层面的真实,法律真实可能与客观真实重合,也可能背离客观真实。当法官对事实的认定不符合客观真实时,可能会影响裁判结果,也可能对裁判结果无任何影响。对于未影响裁判结果的事实,如果在后案中当事人有证据予以推翻,那么法院可以根据新的证据直接对相关事实予以认定。这样既未导致同案不同判,亦符合诉讼经济原则。

在适用法律方面,法官亦可能存在比如因为事实认定错误而导致选择法律错误或者因未区分特别法与一般法之间的不同规定,而直接适用一般法,导致法律适用错误等情形,进而导致裁判结果的错误。由于当事人的不上诉,一份错误的判决也可能会依法生效。笔者认为对于因事实认定错误而导致法律选择错误的裁判,若法律适用错误的原因在于事实认定错误,应中止当前诉讼,待该裁判被重新审理、作出纠正后再恢复审理;而对于单纯因法律适用错误导致的裁判结果错误,则无须中止当前诉讼,直接适用正确法律作出裁判即可。

就本案而言,笔者认为,当在先裁判所确认的事实真实但法律适用错误并且该裁判未被依法撤销的情况下,法院既不能以既判力理论为由将错就错,亦无须将案件的审理止步,等待前案被依法撤销、改判,而应当直接对该份判决证据不予采信、排除适用。因此,法院未采信耿某甲提交的继承判决,直接根据《农村土地承包法》的规定对争议土地承包经营权进行裁判是正确的。

---

[1] 参见翁晓斌:《论已决事实的预决效力》,载《中国法学》2006 年第 4 期。

商事篇

被保险机动车驾驶人过失致人死亡，保险公司应按驾驶人全责标准赔付保险金

许多清

一、据以研究的案例

2010年10月18日，客运公司就其名下的京G453××客车在保险公司投保了机动车交通事故责任强制保险(以下简称交强险)、第三者责任保险(以下简称三者险)、不计免赔率覆盖(三者险)及其他险种。其中，交强险责任限额为死亡伤残赔偿限额110 000元、医疗费用赔偿限额10 000元、财产损失赔偿限额2000元，三者险责任限额为300 000元。保险期间自2010年11月18日0时起至2011年11月17日24时止。2011年10月13日6时许，客运公司司机李某驾驶投保车辆行至通州区漷县镇军屯西口车站时，在未观察车前状况的情况下，驾车前行，将案外人刘某撞倒，致其创伤失血性休克死亡，后李某主动报警，并在现场等候民警处理。后北京市通州区人民检察院以李某涉嫌过失致人死亡罪向法院提起公诉，死者刘某亲属向法院提起刑事附带民事诉讼，要求李某及客运公司赔偿相关损失。法院审理后判决李某犯过失致人死亡罪，判处有期徒刑一年八个月，缓刑二年；判决李某和客运公司共同连带赔偿刘某亲属医疗费、交通费、死亡赔偿金、丧葬费、误工费等各项经济损失共计人民币328 098元。2012年6月19日，客运公司向法院交纳了上述民事赔偿款。后客运公司向保险公司就上述损失申请理赔未果，故诉至法院。庭审过程中，保险公司称客运公司驾驶员李某被认定为过失致人死亡罪，并非交通肇事罪，故该事故不属于交通事故，因其造成的损失不属于保险公司理赔范围，且如果是交通事故，也应该有事故责任比例，赔付也应按照一定比例进行。

北京市通州区人民法院审理后认为,客运公司与保险公司之间形成的保险合同关系,系双方真实意思表示,不违反法律法规的强制性规定,合法有效。本案诉争的焦点是李某驾驶机动车过失致人死亡这一事故是否属于交通事故。根据《道路交通安全法》第119条第5款规定,“交通事故”,是指车辆在道路上因过错或者意外造成的人身伤亡或者财产损失的事件。就本案而言,虽然投保车辆驾驶员李某被认定为过失致人死亡罪,但事故的发生系李某疏忽大意未能仔细查看车辆前方情况所致,其驾车过失致人死亡这一事故本身应属于交通事故。保险公司理应对投保车辆在保险期间内发生的事故所造成的损失依约进行赔付。根据刑事附带民事判决认定,李某应在确保安全的情况下启动车辆,但因疏忽大意而未能仔细查看车辆前方情况,驾驶车辆致人死亡,导致事故发生。(2012)通刑初字第306号刑事附带民事判决认定的民事部分赔偿数额,系法院根据案件具体情形,综合考虑后判令客运公司等承担的赔偿数额。故对于保险公司的抗辩意见,不予支持。依据《保险法》第2条、第23条,《道路交通安全法》第119条第5款之规定,判决保险公司赔付客运公司保险金人民币328 098元。

一审法院判决后,保险公司提起上诉,二审法院审理后维持原判。

二、相关法律问题分析

本案中,双方争议的焦点是:第一,涉案事故是否属于交通事故;第二,如涉案事故属于交通事故,保险公司在责任限额内全额赔付保险金还是按照一定比例赔付保险金。

(一)关于交通事故

根据《道路交通安全法》第119条第5款的规定,“交通事故”是指车辆在道路上因过错或者意外造成的人身伤亡或者财产损失的事件。本案中,虽然驾驶人李某被认定为过失致人死亡罪,但该罪名的认定,并不影响其驾驶机动车因过失造成刘某死亡这一事件本身的性质,过失致人死亡的情形有很多种,本案中驾驶机动车致人死亡是过失致人死亡的犯罪方式之一。李某在未观察车前状况的情况下,驾车前行,将案外人刘某撞倒,这一过失行为本身是一种过错,涉案事故符合《道路交通安全法》第119条第5款关于交通事故的规定。

（二）关于赔付比例

1. 交强险赔付问题

交强险，即机动车交通事故责任强制保险。保险公司并非对机动车因事故产生的所有损失进行赔付，是否赔付、具体赔付多少，均依据保险合同的约定。保险条款作为保险合同的组成部分，通常对责任限额、赔付条件等进行了详细的规定。就目前保险实务而言，在交强险下，保险公司的赔付分为责任限额和无责任限额，如投保车辆有责任，则保险公司在下列责任限额内就三者损失予以赔付：死亡伤残赔偿限额 110 000 元、医疗费用赔偿限额 10 000 元、财产损失赔偿限额 2000 元。如投保车辆无责任，则保险公司在下列限额内就三者损失予以赔付：无责任死亡伤残赔偿限额 11 000 元、无责任医疗费用赔偿限额 1000 元、无责任财产损失赔偿限额 100 元。本案中，对于交通事故的发生，李某显然是有责任的，交强险部分应按照责任限额进行赔付。此外，从国家设立交强险的实质目的分析，国家设立交强险的目的是要求保险公司对受害人（第三者）承担社会责任，肇事人的行为并不作为主要考虑因素。只要这种事故对于受害人而言是偶然的，不可预料的，就应视为保险事故。受害人因驾驶人一般过失行为尚且可以请求保险公司赔付，那么驾驶人过失致人死亡的行为，保险公司更应对受害人人身伤亡损失予以赔付，此符合交强险对社会公众利益的保险原则及交强险的公益性质。

2. 三者险赔付问题

三者险，其赔付责任是对于保险期间内，被保险人或其允许的合法驾驶人在使用被保险机动车过程中发生意外事故，致使第三者遭受人身伤亡或者财产直接毁损，依法应当由被保险人承担的损害赔偿金额。保险人依照合同约定，对于超过交强险各分项赔偿限额以上的部分负责赔偿。三者险不同于交强险，通常在保险条款中均有如下约定：保险人依据被保险机动车驾驶人在事故中所附的责任比例承担相应的赔偿责任，被保险人或被保险机动车驾驶人根据有关法律法规规定选择自行协商或由公安机关交通管理部门处理事故来确定事故责任比例的，按照下列规定确定事故责任比例：被保险机动车方负主要事故责任的，事故责任比例为 70%；被保险机动车方负同等事故责任的，事故责任比例为 50%；被保险机动车方负次要事故责任的，事故责任比例为 30%。可以看出,保险公司三者险的赔付是根据投保车辆在事故中的责任所确定的,如责任无法确定,则赔付数额不确定。

但就本案而言,虽然本案中的交通事故未经过公安交管部门处理认定事故责任,但法院判决认定李某过失致人死亡罪。过失致人死亡罪,是指行为人因疏忽大意没有预见到或者已经预见到而轻信能够避免造成的他人死亡,剥夺他人生命权的行为。对于事故的发生,被害人刘某处于被动地位,虽然这场交通事故是李某过失所致,但李某要对这场事故负全部责任。所以对于超出交强险责任限额的部分,由保险公司在三者险责任限额以内全部赔付。在判决认定驾驶人过失致人死亡罪的同时,事故责任其实已经很明确。

综上,一审、二审的判决是正确的。

夫妻之间代签借条效力的认定

梁联林　许多清

一、据以研究的案例

原告李甲、原告朱某系夫妻关系。被告李乙系原告李甲、原告朱某之女。被告李乙、被告张某原系夫妻关系。2010 年 3 月 6 日,被告李乙向原告李甲、朱某出具借条一张载明:“张某、李乙借李甲、朱某人民币壹万元(10 000 元),借款人:李乙　张某,2010 年 3 月 6 日”。

庭审过程中,被告李乙认可借条的真实性,其称 10 000 元现金系原告朱某 2010 年 3 月 6 日当天向其和被告张某当面交付的,借条中“借款人”处“张某”字样的签名是其所签,被告张某知道借款事实,亦知道其向原告李甲、朱某出具借条的事实。被告张某对上述借条不认可,其称不存在借款事实,其并不知晓出具借条的事情,借条中“借款人”处“张某”字样的签名亦不是其所签。原告李甲、朱某提交北京农村商业银行的取款凭证一份,金额为 10 000 元,交易日期为2010年3月6日，用以证明其于2010年3月6日在银行取款10 000元并向被告李乙、张某交付。被告李乙认可取款凭证的真实性及关联性。被告张某对此不予认可。

另查，被告李乙与被告张某于2007年自由恋爱，2007年5月11日登记结婚。婚后，双方因家庭琐事发生矛盾，于2013年2月6日经法院判决离婚，案件审理过程中对于被告李某诉称的夫妻共同债务10 000元，法院认为其未能提供证据，故未予确认。

北京市通州区法院审理认为：根据《最高人民法院关于适用〈中华人民共和国婚姻法〉若干问题的解释（二）》第24条的规定，债权人就婚姻关系存续期间夫妻一方以个人名义所负债务主张权利的，应当按夫妻共同债务处理。但夫妻一方能够证明债权人与债务人明确约定为个人债务，或者能够证明属于《婚姻法》第19条第3款规定情形的除外。《婚姻法》第19条第3款规定，夫妻对婚姻关系存续期间所得的财产约定归各自所有的，夫或妻一方对外所负的债务，第三人知道该约定的，以夫或妻一方所有的财产清偿。本案中，被告李乙和张某通过诉讼离婚的时间为2013年2月，根据原告朱某、李甲提交的借条及取款凭证，借款时间为2010年3月6日，在被告李乙和张某离婚之前，即该笔债务系婚姻存续期间的债务。现被告张某无证据证明其与被告李乙对婚姻关系存续期间所得的财产约定归各自所有，亦无证据证明其与被告李乙没有共同举债的合意或该债务没有用于夫妻共同生活，故被告张某应承担举证不能的法律后果，就本案诉争的10 000元债务，与被告李乙共同承担偿还责任。鉴于被告李乙、被告张某已经离婚且对共同财产进行了分割，本案诉争的10 000元借款由被告李乙、张某各偿还5000元。

一审判决后，被告张某不服提出上诉。上诉理由为：(1)原被告之间系父母子女关系，一审提及的10 000元借款系子虚乌有，证据系伪造，且伪造时张某本人并不在场更不知情；(2)借条签字并非其本人所属，且无手印，系伪造。综上，请求二审撤销一审判决，依法改判或将本案发回重审。

二审法院审理认为，本案争议的焦点是张某是否应当承担还款责任。《最高人民法院关于适用〈中华人民共和国婚姻法〉若干问题的解释（二）》第24条规定以及《婚姻法》第19条第3款规定，夫妻对婚姻关系存续期间所得的财产约定归各自所有的，夫或妻一方对外所负的债务，第三人知道该约定的，以夫或妻一方所有的财产清偿。本案中,张某与李乙原系夫妻关系,李乙向李甲、朱某借款时,处于与张某的夫妻关系存续期间,而对于李甲、朱某、李乙所述的借款用途是为张某父母家盖房,张某承认有盖房一事,但未提供证据证明与李乙就此没有共同举债的合意,故张某应当与李乙共同承担偿还责任。鉴于李乙、张某已经离婚且对共同财产进行了分割,一审法院判决本案诉争的10 000元借款由李乙、张某各偿还5000元,处理并无不当。综上,驳回上诉,维持原判。

二、相关法律问题分析

本案的争议焦点是被告李乙代替张某签订借条的效力如何认定。对此,笔者认为根据我国《婚姻法》以及相关司法解释,判定夫妻之间代签借条的效力关键在于明确两个区分:

(一)区分有效债务和无效债务

债权债务合同有效与否是承担还款责任的前提。根据我国《合同法》的有关规定,合同的有效要件一般包括四个方面;行为人具有相应的民事行为能力、双方意思表示真实、不违反法律或社会公众利益、合同标的须确定和可能。除另有规定或约定,一般认为,凡不符合法律规定的要件的合同,不能产生合同的法律效力,属于无效合同。另外,针对民间借贷合同还存在两种无效情形,在审判实践中应引起重视:一种是违反法律和行政法规的强制性规定的民间借贷合同,应当认定为无效。这主要表现在出借一方或者借款方当事人变相经营金融业务,从而违反有关金融的法律、法规的强制性规定而无效。另一种是损害社会公共利益的民间借贷合同,应当认定为无效。其主要情形是违反社会公共道德,如因偿还赌债、吸毒贩毒等非法行为签订的借贷合同,因不正当两性关系等行为产生的“青春损失费”“分手费”等有损社会公序良俗的情感债务转化的借贷,具有抚养、赡养义务关系的父母子女等直系亲属之间发生的有违家庭伦理道德和社会公序良俗的借贷,即使采用“借条”等形式出现,对此类“借贷关系”也不予保护,应当认定为无效合同。

(二)区分夫妻共同债务和夫妻个人债务

所谓夫妻共同债务,是指夫妻为共同生活或为履行抚养、赡养义务以及夫妻一方或双方治疗疾病等需要所负的债务。个体工商户、农村承包经营户所负的债务,属于夫妻经营的,以夫妻共同财产承担的,除另有约定外,也属于夫妻共同债务。所谓夫妻个人债务,是指夫妻一方非为共同生活所需而负担的债务。

区分夫妻共同债务与夫妻个人债务主要取决以下几个因素:第一,该债务是否发生在婚姻存续期间。若该债务发生在婚前、离婚后或者夫妻长期分居期间,一般不认定为夫妻共同债务。第二,该债务是否为共同生活或履行抚养、赡养义务所负的债务。若该债务并未为双方共同生活或履行法定义务所负债务一般也不认定为夫妻共同债务,例如,一方未经对方同意,擅自资助与其没有抚养义务的亲朋所负的债务;一方未经对方同意,独自筹资从事经营活动,其收入却未用于共同生活所负的债务;一方为满足私欲而挥霍所欠的债务等。第三,夫妻双方是否有共同举债的合意。这是从夫妻双方的意思表示来认定夫妻共同债务。夫妻关系存续期间,只要夫妻双方有共同举债的意思表示,不论该债务的用途如何,也不论该债务所带来的利益是否为夫妻共享,均应认定为夫妻共同债务。第四,夫妻双方是否就婚姻关系存续期间所得的财产进行例外约定,且债权人是否知晓该约定。根据《婚姻法》第 19 条第 3 款的规定,若夫妻双方对婚姻关系存续期间所得的财产约定归各自所有的,夫或妻一方对外所负的债务,第三人知道该约定的,以夫或妻一方所有的财产清偿。

结合本案,虽然被告张某并未在借条上签字,但是由于借贷关系发生在双方在婚姻存续期间,借款用途系为张某父母盖房子并非为满足李乙个人使用、挥霍,且双方并未对婚姻存续期间财产关系另行约定,故该债务应认定为夫妻共同债务。根据《最高人民法院关于适用〈中华人民共和国婚姻法〉若干问题的解释(二)》第 24 条的规定,债权人就婚姻关系存续期间夫妻一方以个人名义所负债务主张权利的,应当按夫妻共同债务处理。但夫妻一方能够证明债权人与债务人明确约定为个人债务,或者能够证明属于《婚姻法》第 19 条第 3 款规定情形的除外。本案中,虽张某并未在借条上签字亦未授权李乙签字,但由于司法解释对此进行了明确规定,除非张某能证明该债务为个人债务或者能够证明属于《婚姻法》第 19 条第 3 款规定情形外,张某应当与李乙共同承担该笔债务。

综上,一审、二审法院的判决是正确的。

案外人执行异议之诉中以登记方式管理的车辆所有权人为登记人

张 博

一、据以研究的案例

陈某因故向王某借款20万元,逾期未还。后王某将陈某诉至法院。法院判决,陈某偿还王某拖欠的借款20万元及利息。因陈某未履行还款义务,王某依据生效判决申请强制执行,启动执行程序后,法院于2014年11月26日,依法查封了登记在陈某名下牌号为京QN2C××的奔驰牌小汽车。原告天嘉利成公司以王某为被告、陈某为第三人提起案外人执行异议之诉,认为该车的车牌号虽然登记在陈某名下,但实际为天嘉利成公司出资购买。陈某曾因急需用钱,将其所有的车牌为京QZ62××的长安悦翔牌小汽车连车带牌共计8万元出售给天嘉利成公司,其中车牌的永久使用权为人民币3.2万元,双方签订车牌永久使用协议。后天嘉利成公司将从陈某处收购的汽车卖出,通过两次二手车交易将京QZ62××指标置换成京QN2C××,并最终将公司另外购买的奔驰牌小汽车登记在京QN2C××车牌下。现天嘉利成公司以自己系该车的实际所有权人为由提起案外人执行异议之诉,要求确认天嘉利成公司对车牌号为京QN2C××的奔驰牌小汽车拥有所有权,并解除查封措施,停止对该车的强制执行。王某对此不予认可,其辩称车牌号是不允许买卖的,车辆属于陈某所有,法院采取查封的执行措施正确。

北京市通州区人民法院经审查认为,争议车辆登记所有人为陈某,在天嘉利成公司对其诉请不能提供充分证据证明的情况下,该车辆应为其登记的所有权人所有。天嘉利成公司主张其与陈某签订了北京市购车指标权限永久转让合同,获得购车指标,涉诉车辆是其从案外人处购买并登记在京 QN2C××车牌下的。机动车号牌是经公安机关交通管理部门对机动车上道路行驶许可的标志,与特定车辆相联系。天嘉利成公司作为专业的二手车经纪公司,其应该知晓相关的政策规定,其通过转让的方式获得他人的购车指标于法无据。故天嘉利成公司提出对车牌号为京 QN2C××车辆享有所有权,并要求解除查封措施、停止对车辆的强制执行的主张,缺乏事实与法律依据,法院不予支持。

二、相关法律问题分析

(一)案外人执行异议之诉与执行标的物的实体权利紧密相关

案外人执行异议之诉,是案外人对于执行依据所确定的执行标的主张自己享有实体上的权利,而请求法院对该实体法律关系进行裁判,以阻止法院对执行标的进行强制执行的救济方法。一般是案外人认为法院的执行侵害了其所有权或其他实体权利,是基于对执行标的物的实体权利提出的异议。案外人执行异议案件判断标准是,案外人是否拥有对执行标的物的所有权、用益物权、担保物权、消费者优先权或其他足以阻止法院强制执行的其他实体权利,故案外人执行异议之诉的审理要旨在于:案外人是否具有执行标的的所有权以及其他阻断人民法院强制执行的优先权利。

(二)购车指标转让合同扰乱、破坏了车辆调控政策和购车机会的均等性,应归于无效

购车指标转让行为一般发生在取得指标的 6 个月内完成机动车注册登记手续。购车指标转让合同的效力如何,此类案件在司法实践中存在两种截然不同的观点。一种观点认为,合同双方签订的购车指标转让协议系当事人真实意思表示,其内容未违反国家法律、行政法规的效力性强制性规定,应属合法有效,双方应按约定履行各自的义务;另一种观点认为,根据《北京市小客车数量调控暂行规定》的规定,小客车配置指标按照公开、公平、公正的原则,以摇号的方式无偿分配,在指标 6 个月有效期内,不得转让买卖,因此购车指标转让合同应确认为无效。

笔者同意后一种意见,因为购车指标转让协议违反民法中的公序良俗原则。公序良俗原则包括公共秩序和善良风俗两个方面。公共秩序是国家及社

会存在所需的一般秩序,善良风俗是社会中占主导地位的道德观念。社会公序主要是指日常生活秩序,这些秩序同公民的生活息息相关,其功能是保证社会的相对平衡和稳定。转让购车指标合同的存在将会危害公安机关交通管理部门对机动车的管理秩序,亦会导致社会资源分配的不公平。自 2011 年起,北京市购车指标的分配通过摇号的方式进行,这是为了充分保证北京市公民公平、平等地获得机动车上路的资格。购车指标持有人转让指标,侵犯了其他摇号公民获得指标的公平性。尽管指标转让合同是双方当事人真实的意思表示,但是其扰乱了调控机动车数量的政策,破坏了获得购车指标机会的均等性。故其因违反了公序良俗原则而归于无效。

(三)以登记方式管理的车辆所有权人为车辆的登记人

机动车作为特殊动产,其转让要遵循动产转让的一般规则,即机动车所有权的设立和转移,自交付时发生法律效力。机动车的交付,而非登记,是机动车所有权变动的法定公示方法。也就是说,机动车登记并非设权登记,机动车的登记所有人并非一定是机动车的实际所有人。机动车所有权转移的一般规则与机动车登记制度的特点必然会在特定的情形下产生"车户分离"的现象。对于机动车等以登记方式管理的动产所有权的确定,核心在于判断机动车登记的性质。机动车应当登记。根据《道路交通安全法》第 8 条的规定:"国家对机动车实行登记制度。机动车经公安机关交通管理部门登记后,方可上道路行驶。尚未登记的机动车,需要临时上道路行驶的,应当取得临时通行牌证。""即公安机关办理的机动车登记,是准予或者不准予机动车上道路行驶的登记,不是机动车所有权登记。现行的车辆登记只是一种行政管理手段。"因此,在车辆登记名义人不主张所有权,案外人能证明其为实际出资人的情况下,应当依据公平、等价有偿的原则,确定实际出资人为登记车辆所有人。而要证明案外人为实际出资人,应当严格审查车辆实际占有人提供的证据,包括车辆转让合同、付款情况、车辆保险办理情况、车辆年检情况等,且车辆实际占有人应当在法院针对执行标的物的强制执行程序开始前已经支付全部价款并实际占有该车辆,以防止车辆名义所有人以此方式逃避执行。

结合本案来看,天嘉利成公司未举证证明本案争议车辆的购车款已付清。综上,法院认为依据现有证据不足以证明天嘉利成公司支付了全部购车款,故天嘉利成公司提出对车牌号为京QN2C××车辆享有所有权,并要求解除查封措施、停止对车辆的强制执行的主张,缺乏事实与法律依据,法院不应予以支持。

同一公司的两个分公司之间的财产纠纷不属于法院受案范围

许多清

一、据以研究的案例

某公司十一工程处和十二工程处均系某公司的下属分支机构,在某公司授权的范围内从事建筑活动。十二工程处在承建某小区住宅楼时,甲方工程施工款未按照合同支付到位,于是甲方用一部分房屋折抵了工程款。2011年6月27日,某公司十二工程处将其中的5套房作价3 329 458元借给十一工程处。2012年7月30日,十二工程处与十一工程处签订协议书约定,经双方核实,扣除十二工程处应付十一工程处的各种费用后,十一工程处尚欠十二工程处2 020 000元。现十二工程处诉至法院,要求十一工程处及某公司偿还借款2 020 000元,并承担本案的诉讼费用。

北京市通州区人民法院审理后认为:民法调整平等主体的公民之间、法人之间、公民和法人之间的财产关系和人身关系。根据查明的事实,十二工程处、十一工程处均是依法经工商登记领取了营业执照的某公司的分支机构,其经营范围均系在隶属企业授权范围内从事建筑活动。现十二工程处作为某公司的分支机构,起诉某公司要求其承担民事责任,具体到本案而言,诉讼主体不对等。同时十二工程处和十一工程处共同隶属于某公司,作为某公司的分支机构,其之间的纠纷属于某公司内部的财产纠纷,是公司治理问题,不属于人民法院受理民事诉讼的范围。故依据《公司法》第14条,《民法通则》第2条,《民事诉讼法》第119条之规定,裁定驳回了十二工程处的起诉。

一审裁定后,双方均未上诉。

二、相关法律问题分析

审理中对于该案应如何处理出现了以下两种不同的意见:

第一种意见认为,应判令十一工程处及某公司承担偿还责任。理由是:按照《最高人民法院关于适用〈民事诉讼法〉若干问题的意见》第40条规定,分公司系有独立诉讼主体地位的其他组织,其既可以处于原告地位,亦可以处于被告地位。所以从法理上说,同一公司的两个分公司之间的财产纠纷诉讼并不违背法律的规定。十二工程处、十一工程处系依法经工商登记领取了营业执照的某公司的分支机构,诉讼地位等同于分公司。现十二工程处与十一工程处之间借款合同法律关系存在,应受法律保护。十一工程处所欠十二工程处借款应当予以偿还。鉴于分公司不具有法人资格,其民事责任由公司承担。故某公司应该承担偿还责任。

第二种意见认为,十一工程处与十二工程处均属于某公司的分支机构,其均不享有独立的财产,而仅享有某公司授予其经营管理的有一定支配权力的财产,而该财产最终归属于某公司。当十一工程处的财产不足以清偿时,还牵涉到十一工程处的所属法人,即某公司,同时也是十二工程处所属法人的责任承担问题。这里就出现了这样一种情况:十二工程处作为原告,其所属某公司成为被告。这种情形相当于主体混同。十二工程处和十一工程处之间的纠纷,属于某公司内部的财产纠纷,是公司治理问题,不属于法院的受案范围,故应驳回起诉。

综合上述观点,该案的焦点为同一公司的两个分公司之间的财产纠纷是否属于法院受理范围。首先需要明确公司、分公司等相关概念的内涵、外延及其在现实生活中的形态。

(一)公司是典型的法人组织,应独立承担民事责任

法人是具有独立法律人格的社会组织。《民法通则》第36条第1款规定:"法人是具有民事权利能力和民事行为能力,依法独立享有民事权利和承担民事义务的组织"。《公司法》第3条规定:"公司是企业法人,有独立的法人财产,

享有法人财产权。公司以其全部财产对公司的债务承担责任。有限责任公司的股东以其认缴的出资额为限对公司承担责任;股份有限公司的股东以其认购的股份为限对公司承担责任。”该条规定确认了公司的法人主体地位,揭示了法人是社会组织的人格化,也明确规定了只有那些被法律赋予法人主体资格的社会组织才能成为法人,公司是最为典型的法人组织。

(二)分公司系非法人组织的一种形态,不能独立承担民事责任,对分支机构的行为,最终由所属法人承担责任

分公司是根据法人的意志在法人总部之外依法设立的法人分部,其活动范围限于法人的活动范围内。在通常情况下,分支机构以自己的名义进行民事活动,享有民事权利,承担民事义务。分公司是相对于总公司而言的,是总公司的下属机构。分公司具有自己的事务场所和办事机构,具有总公司拨付的营运资金和授予管理的财产。按照《公司法》第 14 条第 1 款的规定,公司设立的分公司不具有法人资格,不具有独立的公司法人的权力机关和意思决定机构,各项重大事项要服从总公司权力机构或经营决策机构的决议或决定,其民事责任由该总公司承担。分支机构不能清偿债务时,由所属法人的财产清偿。

(三)关于本案的具体处理问题

根据十二工程处的营业执照显示,经济性质为全民所有制,经营范围为在隶属企业授权范围内从事建筑活动。根据某公司的企业法人营业执照显示,经济性质为全民所有制。显然十二工程处是某公司设立的公司法意义上的分支机构,且十一工程处也是如此。现十二工程处和十一工程处均是依法经过工商登记领取了营业执照的某公司分支机构,他们均不能独立承担民事责任,他们之间的纠纷应属于某公司内部纠纷,属于公司内部治理问题,不属于人民法院受理民事诉讼的范围。故应驳回十二工程处的起诉。

综上,法院的裁定是正确的。

村民转为非农业户口后村集体有权收回承包地

梁睿诗

一、据以研究的案例

1998年9月15日,原告郑某与被告某村民委员会(以下简称某村委会)签订《某村粮田承包经营合同书》,约定原告郑某承包某村粮田1.6亩,承包期限共30年,从1998年9月15日起至2028年9月15日止,1999年至2003年土地承包费等共计120元。此外,合同还对双方当事人的其他权利及义务进行了约定。原告郑某签订承包合同时,家庭人口为两人,包括原告郑某、王某(郑某之子)。原告郑某、王某在2002年转为非农业户口。

2004年6月30日,某村进行土地确权,通过了《某村关于实行集体土地确权流转及收益分配的执行办法》,载明:对全村有收益的土地按人均面积确权到户,经过实地丈量,全村有收益的可耕地为1762.8亩。截至2004年6月30日,全村在土地确权人员范围内的人口有1356人,本村人均确权面积为1.3亩。确权时间暂定为3年,以2004年6月30日为基准日。根据本村实际情况,土地确权后,本村有收益土地实行以下分配办法:……对目前持有30年不变土地承包合同的确权人,本着尊重合同的法律效益和内容的各项权利和义务,按人均0.5亩口粮田的标准和0.8亩公益设施用地计算,每人按1.3亩计算确权面积;全村确权人享有0.5亩口粮田免征费,其余部分按原合同价格收取公益设施占用费每亩80元,并享受国家一切优惠政策;确权后持有土地的确权人(含承包合同未到期者),其人均超过0.5亩部分与村集体签订土地承包合同(原承包合同的土地,承包价格,原则上按原合同执行)。

2004年9月20日,原告郑某与某村委会签订《农村土地经营权流转合同书》,约定流转方为某村委会、受让方为原告郑某,流转方式为承包,流转土地面积为1.6亩,流转期限为2004年6月30日至2007年6月30日,流转费为每年每亩80元。此外,协议还对双方当事人的其他权利及义务进行了约定。2013年年底,某村委会将土地收回。原告郑某认为,承包期内,发包方不得收回承包地,承包期内,承包方全家迁入小城镇落户的,应当按照承包方的意愿,保留其土地承包经营权或者允许其依法进行土地承包经营权流转,故诉至法院要求判令:(1)某村委会继续履行1998年《某村粮田承包经营合同书》,返还承包土地1.6亩;(2)诉讼费由某村委会承担。某村委会答辩称,原告郑某已转为非农业户口,2004年签订的承包合同现已到期,因此不同意其诉讼请求。

北京市通州区人民法院经审理认为:原告郑某与某村委会于1998年9月15日签订的《某村粮田承包经营合同书》,系原告郑某代表其所在户两口人(郑某、王某)与某村委会签订。2004年6月30日,某村进行土地确权,原告郑某、王某均已转为非农业户,该二人均非某村确权人口。后原告郑某另行与某村委会签订《农村土地经营权流转合同书》,据该合同约定,原告郑某承包土地的期限为3年,即自2004年6月30日至2007年6月30日,原告郑某与某村委会于1998年9月15日签订的《某村粮田承包经营合同书》亦因此而终止不再履行。故原告郑某以其与某村委会于1998年9月15日签订的《某村粮田承包经营合同书》为依据,主张其享有相应土地承包经营权,要求某村委会返还土地1.6亩的诉讼请求,依据不足,法院不予支持。因此,法院依法判决驳回原告郑某的诉讼请求。

一审宣判后,原告郑某未提起上诉。现该判决已发生法律效力。

二、相关法律问题分析

本案的争议焦点为村民转为非农业户口后,是否有权要求继续履行1998年签订的土地承包合同,村集体是否有权收回承包土地。笔者予以具体分析。

(一)2004年确权后所签订的土地承包合同对1998年承包合同效力的影响

本案中,原告郑某与某村委会于1998年签订了《某村粮田承包经营合同书》,约定承包期限从1998年9月15日至2028年9月15日止,此后又于2004年签订《农村土地经营权流转合同书》,约定承包期限自2004年6月30日至2007年6月30日。那么,原告郑某于2004年签订的《农村土地经营权流转合同书》,对1998年签订的《某村粮田承包经营合同书》的效力会产生什么影响呢?

一种观点认为,根据《物权法》第131条规定,承包期内发包人不得收回承包地,又根据《合同法》的相关规定,合同具有相对性,1998年签订的《某村粮田承包经营合同书》系当事人的真实意思表示,合法有效,因此合同双方均应恪守履行,其效力不受后签订合同的影响。另一种观点则认为,由于2004年签订的《农村土地经营权流转合同书》系在1998年《某村粮田承包经营合同书》的基础上重新签订,其流转的土地亩数也与之前确权土地亩数相同,因此,2004年合同的签订将导致1998年的合同不再履行。

笔者赞成第二种观点,因为根据合同内容,上述两个合同不是可以并行的关系,也就是说,原告郑某在2004年签订合同将1.6亩土地流转后,不再另外拥有1998年合同书上约定的1.6亩确权土地的承包经营权。所以,后合同的实施必将导致前合同不再履行。原告郑某无权根据1998年的合同主张权利。

(二)小城镇户口与非农业户口的区别

原告郑某称,其与儿子王某在2002年将户口迁入丈夫所在的通州城区居住,通州区属于北京市郊区,应该属于小城镇户口。按照法律规定,某村委会应按照原告郑某的意愿,保留其土地承包经营权或者允许其依法进行土地承包经营权流转。

根据《农村土地承包法》第26条的规定:承包期内,承包方全家迁入小城镇落户的,应当按照承包方的意愿,保留其土地承包经营权或者允许其依法进行土地承包经营权流转。承包期内,承包方全家迁入设区的市,转为非农业户口的,应当将承包的耕地和草地交回发包方。承包方不交回的,发包方可以收回承包的耕地和草地。可见,我国法律对于承包方转为小城镇户口和非农业户口,有不一样的规定,承包方全家迁入小城镇落户的,村集体无权收回承包地。

但是在本案中,原告郑某落户至北京市通州区属于迁入"设区的市",其户口本也明确载明为"非农业户口"而非"小城镇户口",因此,原告郑某不属于《农村土地承包法》规定的在"小城镇落户"的情形。

(三)村民转为非农业户口,村集体有权收回承包地

按照上述规定,原告郑某已经属于"非农业户口"。2004年6月30日,某村

召开村民代表大会，通过了《某村关于实行集体土地确权流转及收益分配的执行办法》，某村已针对现有的确权人口重新进行了土地确权，而原告郑某及儿子王某已不属于某村的确权人口。后原告郑某虽与某村委会签订了《农村土地经营权流转合同书》，但该合同书约定的承包期限已于2007年6月30日到期，原告郑某已不是本村村民，某村委会有权不再续约，并收回土地。

综上，一审法院的判决是正确的。

合同履行期限内债权人主张给付承包费未过诉讼时效的应予支持

田雪姣

一、据以研究的案例

1998年7月16日，北京市某环保公司（以下简称环保公司）与北京市通州区某村村委会（以下简称村委会）签订《土地承包合同》，约定村委会将470亩土地发包给环保公司使用；合同期限为50年，自1998年9月20日起至2048年9月19日止；合同约定了承包费的交付方式为每年度分两次交付，即每年10月1日前付50%，次年6月1日前付50%；另外合同约定，若环保公司未按时交付承包费，每迟交一天，环保公司须按应交付租金的5‰支付村委会违约金，直至两个月，本合同自行终止。后双方实际履行了该合同。合同履行过程中，双方就承包土地的面积及承包费的计算方法另行签订《补充协议》进行变更，但对承包费的支付方式未进行书面变更。因被告拖欠承包费，原告诉至法院。经核算被告拖欠的承包费存在三笔，系2007年9月20日至2007年10月11日承包费4500元；2008年9月20日至2008年10月11日承包费4500元；2008年4月2日至2008年4月11日承包费3813元。另2007年3月20日至2014年3月19

日期间,被告有多笔承包费虽然已经交纳,但并非按照合同约定的付款时间按时交纳,而是构成迟延。原告村委会起诉要求被告环保公司支付拖欠的承包费本金及违约金并要求被告支付 2007 年 3 月 20 日至 2014 年 3 月 19 日期间,被告迟延支付承包费的违约金。庭审中被告辩称,原告主张的承包费本金和违约金均超过了诉讼时效。

北京市通州区人民法院经审理认为,原告与被告签订有《土地承包合同》,被告应当依照合同约定的时间和数额及时交纳承包费。被告辩称,原告主张的承包费本金和违约金均超过了诉讼时效。法院认为,因被告每年均向原告交纳承包费,双方签订的合同一直在持续履行过程中,故原告的诉讼请求未超过诉讼时效。被告未按照合同约定的时间和数额给付承包费,应当向原告支付相应的承包费及违约金。综上,法院依法判决:一、被告给付原告 2007 年 9 月 20 日至 2007 年 10 月 11 日承包费 4500 元,并按照日 5‰的标准偿付原告自 2007 年 10 月 1 日起至实际给付之日止的违约金;二、被告给付原告 2008 年 9 月 20 日至 2008 年 10 月 11 日承包费 4500 元,并按照日 5‰的标准偿付原告自 2008 年 10 月 1 日起至实际给付之日止的违约金;三、被告给付原告 2008 年 4 月 2 日至 2008 年 4 月 11 日承包费 3813 元,并按照日 5‰的标准偿付原告自 2008 年 6 月 1 日起至实际给付之日止的违约金;四、被告给付原告违约金 62 067 元。

二、相关法律问题分析

本案的争议焦点有二:一是合同履行过程中,被告未支付的三笔承包费是否已过诉讼失效;二是 2007 年 3 月 20 日至 2014 年 3 月 19 日期间,被告虽交纳每期承包费,但存在迟延交付而构成违约,在双方仅约定违约金的计算方法未约定支付期间的情况下,村委会主张每期迟延交付承包费的违约金的诉讼请求是否已过诉讼时效。

(一)合同履行期限要求给付拖欠承包费的诉讼时效尚未启动,故未过诉讼时效

审理中,一种观点认为,按照《民法通则》的规定,延付或者拒付租金的诉讼时效期间为一年,诉讼时效期间从知道或者应当知道权利被侵害时起计算。被告拖欠的承包费存在三笔,系 2007 年 9 月 20 日至 2007 年 10 月 11 日承包费

4500 元;2008 年 9 月 20 日至 2008 年 10 月 11 日承包费 4500 元;2008 年 4 月 2 日至 2008 年 4 月 11 日承包费 3813 元。另一种观点认为,原告起诉要求被告支付租金的时间系 2014 年,且双方在合同中明确约定了每笔租金给付的时间,故被告若不按期交纳租金,原告应当自被告应交纳却未交纳租金之日起便知道自己的权利受到了侵害,故应依法主张自己的权利,原告起诉要求支付租金的诉讼请求已经超过诉讼时效。

笔者认为,本案双方当事人签订了一份《土地承包合同》,合同中虽约定每年租金数额及支付租金的时间,但本案的债权请求权实为一个,均是基于双方《土地承包合同所》所产生。且原告起诉的时间系双方合同履行期间,合同尚未终止。因此,依据《最高人民法院关于审理民事案件适用诉讼时效制度若干问题的规定》第 5 条的规定,当事人约定同一债务分期履行的,诉讼时效期间从最后一期履行期限届满之日起计算。本案中,原告要求被告给付拖欠的某期承包费的诉讼时效尚未启动,因此本案未过诉讼时效。

同时,笔者认为,时效经过是指实体权利消灭。在我国的时效立法中,诉讼时效期间较短,两年甚或一年。债权人可以使诉讼时效延长的方法往往是通过诉讼时效的中断来实现的,而使诉讼时效中断的方式中除诉讼、仲裁外,其他方式大多都必须有债务人的签字等积极配合行为才能实现。而债务人往往故意拖延时间逃避债务,不予配合,使债权人因无法证明自己曾主张过权利而使自己的诉讼时效得不到延长。本案中,因双方合同正在履行过程中,债务人因财务紧张,拖延支付承包费的情况时有发生,此时,若要求债权人针对每一笔承包费均采取起诉等方式才能实现诉讼时效的中断,不利于债权人保护自己的权利。

(二)村委会主张违约金的诉讼请求未过诉讼时效,被告应按照合同约定的违约金承担违约责任

审理中存在两种不同观点:第一种观点认为,被告仅对最后一年逾期付款的行为承担违约责任,之前的违约金因村委会未提起诉讼而过诉讼时效。第二种观点认为,被告自 2007 年起,每年均未按合同约定期限支付承包费,应承担逾期付款的违约责任,因此,应根据每年的实际情况,按照合同约定的违约金计算方法,逐年计算违约金数额。笔者同意第二种观点,理由如下:一是主债权未过诉讼时效则从债权诉讼时效亦未经过。本案中,债权人依据《土地承包合同》

要求债务人支付承包费系其主权利,要求债务人支付因逾期交纳承包费产生的违约金系其主债权的从债权。如前所述,被告拖欠的三期承包费因合同尚在履行期而未超过诉讼时效,原告依据该合同主张违约金的债权请求权系依据合同主张承包费之债权请求权的从权利,主权利在诉讼时效期间,故从权利的诉讼时效亦未经过。二是未约定履行期限的,诉讼时效自债权人第一次主张权利时起算。《最高人民法院关于审理买卖合同纠纷案件适用法律问题的解释》第24条规定,"买卖合同对付款期限作出变更,不影响当事人关于逾期付款违约金的约定,但该违约金的起算点应当随之变更。买卖合同约定逾期付款违约金,买受人以出卖人接受价款时未主张逾期付款违约金为由拒绝支付该违约金的,人民法院不予支持。"显然,诉讼时效及其中断制度存在一个前提,即债务具有一定的履行期限。如果债务未明确履行期限或呈持续状态,则应不存在一般的诉讼时效问题。本案中,双方在合同中仅约定了违约金的计算方法,未约定违约金的给付时间。对于没有支付期限的债务,债权人任何时候都可以主张,只有当债务人明确表示不履行时,才能认定债权人"知道或者应当知道权利受到侵害",诉讼时效才可依法起算。

综上,本案债权未过诉讼时效,法院判决是正确的。

因控股股东原因导致公司不能清算,小股东可向控股股东主张损害赔偿

翟新忠

一、据以研究的案例

1997年12月17日,原告陈某与被告吴某共同出资设立京成公司,原告陈某出资15万元,占注册资本的30%,被告吴某出资35万元,占注册资本的

70%。京成公司设立后,被告吴某担任法定代表人、执行董事、经理职务,原告陈某任监事。2002 年 8 月 16 日,京成公司被吊销营业执照。2011 年 5 月 12 日,原告陈某申请对京成公司进行强制清算,2012 年 6 月 19 日,通州区人民法院作出(2011)通法特清算初字第 9158 号民事裁定书,认定京成公司的两名股东不能向清算组提供京成公司的清算资料,不能提供京成公司任何财产、账册、重要文件等,致使清算组无法对京成公司的经营及财产情况进行有效清查。而且,京成公司财产不足以支付清算费用,法院裁定终结京成公司清算程序,京成公司股东可以向控股股东等实际控制京成公司的主体主张相关权利。

(2001)通经初字第 260 号民事调解书载明:2001 年 3 月 7 日,某进出口公司与京成公司达成调解协议,京成公司给付某进出口公司货款及利息共计 617 458.41元。2001 年 8 月 1 日,某进出口公司向通州区人民法院申请强制执行,要求执行调解书确认的未履行货款本金及利息 467 458.41 元。2001 年 11 月 29 日,北京市通州区人民法院向北京市拍卖行发函称:我院委托你行变卖通州区张家湾镇货场内京成公司的地上建筑物,买受人已将案款 67 万元交至我院,特此告知。2001 年 5 月 25 日,北京市通州区人民法院出具的查封(扣押)清单载明:木工集成材设备一套,价值 200 万元左右,被告吴某在被执行人处签字。

法院经审理认为,被告吴某系京成公司的控股股东,其担任京成公司法定代表人及执行董事,实际控制京成公司,故被告吴某应当对京成公司未能正常清算承担相应责任。根据现有证据,京成公司曾在 2001 年 5 月 25 日被通州区人民法院查封木工集成材设备一套,该套设备系京成公司资产,原告陈某理应在京成公司清算程序中就该套设备享有相应的财产权益。故原告陈某有权就该套设备向被告吴某主张相应权利。关于该套设备的价值,查封财产清单载明的价值为 200 万元左右,此系被告吴某与执行人员自行评估的价格,并不能真实反映该套设备的真实价值,而该套设备的型号、成新、原始采购价格均无从得知,故亦不能通过评估程序确定该套设备的市场价格,法院将根据本案的实际情况对该套设备的价值进行酌定,同时对原告陈某的损失进行酌定。最终法院判决被告吴某赔偿原告陈某损失 45 万元,驳回原告陈某的其他诉讼请求。

本案宣判后,双方均未提出上诉。

二、相关法律问题分析

本案涉及两个焦点问题,控股股东因公司不能清算是否应当就小股东的损失承担责任,以及控股股东赔偿责任的范围如何确定。

笔者具体分析如下:

(一)控股股东赔偿责任的源起

在有限责任公司中,控股股东通常兼任董事直接参与公司的经营管理,或通过操纵主要董事间接控制着公司的运作,掌管着公司的主要资产、账册、重要文件等,实际上处于董事地位,其拥有的表决权已经异化成为与公司以及少数股东利益有密切关系的公司管理权了。而如果控股股东滥用其掌握的股东权利,就有可能对其他股东造成损害。我国《公司法》第 20 条第 2 款规定:公司股东滥用股东权利给公司或者其他股东造成损失的,应当依法承担赔偿责任。该规定在一定程度上承认了股东之间损害赔偿请求权之合理性。具体到公司清算程序中,控股股东与其他股东均是公司在法定条件下的清算义务人,在公司出现应当进行清算的情形时,清算义务人负有对公司进行清算的义务。但实践中,往往会出现因清算义务人之一的控股股东的原因而导致公司不能清算或不能全面清算的情形。控股股东影响清算程序的行为多表现为转移公司财产、隐匿财务账簿等。公司如不能进行清算或不能进行全面清算,那么公司的资产状况就无法厘清,势必影响其他股东特别是小股东对公司剩余财产的分配权。

(二)控股股东赔偿责任的性质

我国《侵权责任法》第 2 条明文规定股权为调整对象。股权是一种集合性权利,不属于物权,也不属于债权,涵盖了剩余财产索取权在内的多种财产权利。控股股东的赔偿责任正是以股权为侵害对象产生的,它是一种新型的侵权责任。控股股东作为清算义务人,滥用其控制公司的优势地位,导致公司主要财产、账册、重要文件的灭失,使公司无法进行清算,应视为控股股东违反了对少数股东的信义义务而导致少数股东的剩余财产索取权无法实现。因此,公司无法清算时,控股股东应对受损失的小股东承担赔偿责任,处于受害人地位的少数股东有权向控股股东主张损害赔偿。

（三）控股股东赔偿责任范围的确定

按照上文分析，控股股东赔偿责任是一种侵权责任，那么也应遵循损害填补原则。小股东的损失应当是剩余财产分配权的损失，即在正常清算的情况下，小股东应当分得的剩余财产数额。因此，控股股东赔偿责任的范围应以小股东应当分得的剩余财产的数额为限。但由于无法清算，想要对剩余财产数额进行评估和认定已经不可能，在此情况下若按照正常的举证规则要求原告举证，可能使得小股东的损害赔偿请求权因为得不到相应的证据支持而形同虚设。因此，在确定控股股东赔偿责任范围时，应当适用“损失推定原则”，即首先推定非控股股东的出资额为其损失，此外非控股股东还可主张两类推定损失，一是有证据证明公司有营业收入的，可以根据市场平均利润率或酌定利润率确定利润比例，然后再按出资比例或约定分配比例确定股东应分得数额；二是有证据证明公司有财产的，可推定该财产为最终可供分配的财产，然后再按出资比例或约定的分配比例确定股东应分得的数额。本案中，原告陈某提供证据证明京成公司有一套机器设备，因此可将该机器设备推定为最终可供分配的财产，对于设备的价值按照查封清单所载的估值进行酌定，同时结合原告陈某的出资损失，最终确定原告陈某的损失金额。

综上，法院的判决是正确的。

仅有借据不足以认定双方存在借贷关系

张　燕

一、据以研究的案例

2014 年 6 月 21 日，侯某向龚某出具欠条一张，内容为：2014 年 7 月底把 3

万元整还给龚某。借条内容系龚某之子胡某所写,侯某在欠条下方签名确认。侯某对签名的真实性认可,但对借款事实予以否认,其陈述借条形成的过程如答辩意见所述。侯某为证明其与龚某及胡某互不相欠,向法院提交胡某向其出具的欠条一张,欠条内容为:我欠侯某 30 000 元于 7 月 15 日还清。胡某在欠条下方签字确认。侯某陈述,其向龚某出具欠条后,为证明其实际上不欠龚某及胡某借款 3 万元,胡某又向其出具了上述欠条一张,其并未将 3 万元借给胡某,欠条仅用以证明双方互不相欠。当时随意写了落款日期,但欠条的实际出具日期并非 2014 年 5 月 18 日,而是在本案诉争欠条之后。龚某表示对侯某提交的欠条的真实性无法确认。龚某对本案诉争借款一事陈述如下:其花费 3.4 万元给胡某买了一辆车,胡某后来把车卖了,说卖车的钱借给了侯某,当时询问侯某,胡某是否将 3 万元借给了他,侯某认可借款的事实,所以才要求侯某出具欠条。龚某表示其本人并未将 3 万元借给侯某,出借人为其子胡某,但侯某向其出具了欠条。法院要求龚某及侯某联系胡某到庭核实借款一事,但双方均表示现已联系不上胡某。龚某称其与胡某住在同一地方,但其回家见不到胡某,打电话也联系不上胡某。

侯某辩称:对借款事实不认可,侯某不欠龚某 3 万元借款。侯某与龚某的儿子胡某认识,二人系同学关系。胡某把车卖了,之后因他与别人打架,赔了挨打的人一些钱,应该是用卖车的钱赔的。龚某向胡某要卖车的钱,胡某不想让龚某知道把卖车的钱赔给了别人,但又得向家人有个交代,因此找到侯某让其帮忙,就说把卖车的钱借给了侯某,基于此,侯某才在欠条下方签了字。实际上侯某没有从龚某及胡某处借款。因此,侯某不同意龚某的诉讼请求。

北京市通州区人民法院经审理认为:龚某为证明侯某借款的事实,提交侯某签名的欠条予以证明。侯某虽对签名的真实性无异议,但对借款事实予以否认。龚某自述其本人并未出借 3 万元给侯某,本案借款一事系其子胡某向其称将 3 万元借给了侯某,龚某并未经手。且侯某亦向法院提交胡某向其出具的欠条一张,载明的欠款数额亦为 3 万元。从欠条形式看,双方互欠钱款,且数额相同。就相互出具欠条的必要性及合理性而言,法院认为如侯某与胡某之间互欠钱款,且数额相同,双方没有互相出具欠条的必要。因为债务人向债权人出具欠条后,债务人承担的是偿还欠款的义务,如在此之后债务人支付给了债权人相同的钱款,一般发生的是债务消灭的法律后果,债务人将欠条收回或债权人出具收条,债权人没有必要再向债务人出具欠条,此做法既无必要,也与一般常理不符。此外,本案审理过程中,法院要求龚某及侯某联系胡某到庭核实借款一事,双方均表示现已联系不上胡某。龚某为胡某之母,与胡某住在同一地方,但其称回家见不到胡某,打电话也联系不上胡某。综合双方提交的证据、陈述及案件审理情况,法院认为龚某主张侯某向胡某借款 3 万元的事实不具有客观真实性,故对其要求侯某偿还借款的诉讼请求法院不予支持。最终判决驳回龚某的诉讼请求。

一审判决后,双方均未上诉,现已生效。

二、相关法律问题分析

本案的争议焦点:侯某是否从胡某处借款 3 万元。对此,存在以下两种观点:

第一种观点认为,侯某向龚某出具了欠条,且数额不大,欠条足以证明胡某将 3 万元借给侯某的事实,侯某向龚某出具了欠条,应向其承担还款责任。至于胡某向侯某出具的欠条,侯某可另行主张。

第二种观点认为,侯某虽向龚某出具了欠条,但龚某认可款项是胡某出借,其本人并未将 3 万元支付给侯某。侯某对其抗辩提交了胡某向其出具的欠条,数额亦为 3 万元。胡某虽然不是本案的当事人,但所涉及的两笔款项均与其有重要联系。法院多次要求联系胡某出庭陈述,但龚某作为胡某之母且双方居住同一地方却称联系不上胡某,较侯某而言,龚某更有能力和条件通知胡某。尤其是如果侯某与胡某相互借钱,互相出具 3 万元欠条既无必要,也不符合常理。因此,侯某的抗辩意见应被采信,驳回龚某的诉讼请求。

笔者同意第二种观点。现对相关法律问题分析如下:

(一)自然人之间的借款合同是实践性合同

我国《合同法》第 210 条规定,自然人之间的借款合同,自贷款人提供借款时生效。自然人之间的借贷关系属于实践性法律关系,既需要借贷双方的合意,同时需要款项的实际交付。因此,就举证责任而言,原则上债权人应当对借贷合同的订立和款项交付两项事实承担举证责任。实践中,对债权人主张借款为现金交付而仅有借据为证时,法院一般会根据借款数额的大小分别处理:小额借贷中借据既是借贷合同亦可证明款项的交付;大额借贷中债权人除提交证明双方存在借贷关系的借据外,还应对款项的实际交付作进一步说明或举证。法院应当结合借贷金额、款项交付、当事人的经济能力、当地或者当事人之间的交易方式、交易习惯等事实和因素,综合判断、查证借贷事实是否发生。

(二)本案侯某提供的证据更具有说服力

《民事诉讼法》第 64 条第 1 款规定,当事人对自己提出的主张,有责任提供证据。不能提供证据或提供的证据不足以证明其主张的,承担举证不能的法律后果。法院根据双方提交的证据,最终还原的是法律事实而非客观事实。

在民事诉讼中,对各方提交的证据的采信规则为优势证据规则,这是对双方所举证据的证明力进行判断时所确立的原则。即当证明某一事实存在或不存在的证据的分量与证明力比反对的证据更具有说服力,或者比反对的证据可靠性更高时,法官采用具有优势的一方当事人所列举的证据认定案件事实。

就本案而言,龚某为证明其子胡某借款给侯某,提交侯某签字确认的借条予以证明。就小额借款而言,债权人作出合理的陈述,一般而言,借条就足以证明借贷关系成立且生效。侯某反驳没有借款,需提供充分证据推翻自己签字确认的借条。侯某提供了胡某向其出具的借条,数额亦为 3 万元,且法院要求胡某出庭陈述,但龚某作为胡某之母称无法联系胡某。法院从双方有无相互出具借条的必要性、合理性及通知胡某到庭能力而言,认为侯某的证据更具有说服力,最终采信了侯某的抗辩意见,驳回龚某的诉讼请求。

综上,法院的判决是正确的。

户口迁出的农村妇女的土地承包经营权如何保护

钱　笑　智耀军

一、据以研究的案例

原告李某与王甲、王乙系母女关系，原为北京市通州区甲村村民。1999 年，甲村进行土地承包，原告三人各取得承包地 1.5 亩，但未与甲村村委会签订土地承包合同。后原告李某丈夫去世，李某再婚嫁入乙村。2000 年，原告王甲、王乙的户口迁出甲村，迁入通州区乙村。2002 年，原告李某的户口迁出甲村，也迁入乙村。原告李某、王甲、王乙未在乙村取得承包地。2004 年国家实行农村土地确权政策，甲村村委会将原告名下的 4.5 亩承包地确权给案外人王某某（原告李某已故前夫的弟弟）。原告李某、王甲、王乙起诉要求甲村村委会确认其土地经营权。

法院经审理认为，原告李某、王甲、王乙于 1999 年在甲村取得承包地 4.5 亩，该土地的承包期限应为 30 年，即截至 2029 年。现该承包土地尚在承包经营期限内，且原告在迁出甲村后，未在乙村取得承包地。甲村将该 4.5 亩土地收回并确权于案外人名下，于法无据。故依据《农村土地承包法》第 20 条、第 26 条、第 30 条之规定，判决确认原告李某、王甲、王乙在北京市通州区甲村享有 4.5亩土地的承包经营权。

一审判决后，双方当事人未提出异议，现判决已生效。

二、相关法律问题分析

本案的争议焦点是户口迁出原居住地的原告三人是否仍有权获得该村的土地承包经营权。

案件审理中，对于该问题有两种不同意见：

一种意见认为,依据《民法通则》第 27 条和《农村土地承包法》第 3 条的规定可知,农村承包经营户在承包土地获得土地经营权时必须以“家庭”的名义出现,法律赋予农村承包经营户(而不是个人)民事主体资格。原告三人户口迁出后,便不再是家庭成员,因此,甲村村委会确认承包经营的土地由李某已故丈夫之弟(家庭成员)继续承包的做法并无不妥。

另一种意见认为,依据《农村土地承包法》第 6 条和第 30 条之规定,农村土地承包经营中应当保护妇女的合法权益。妇女结婚后,在新居住地未取得承包地,发包方不得收回其原承包地。原告李某、王甲、王乙在户口迁入乙村后并未重新获得承包地,因此,甲村无权收回原告三人的原承包地,应当支持原告的诉讼请求。

笔者同意第二种意见,理由如下:

(一)农村土地承包中的家庭承包虽然以户为单位,但每户承包的份额却以人数为标准,因此妇女也是承包人之一

《民法通则》确定土地承包经营户的民事主体资格,是相对于农村集体中的其他经营户而言承担相应的民事权利义务,并不影响承包经营户内部家庭成员之间的权利义务关系。现实生活中,每户承包土地的份额仍然以家庭成员人数计算。具体到本案中,原告三人在甲村取得的 4.5 亩承包地,仍然是按各自 1.5 亩的标准确定的。1999 年,原告三人获得甲村土地承包经营权后,依据《土地管理法》关于农村土地承包经营期限 30 年的规定,其土地承包期限应至 2029 年。也就是说,原告李某、王甲、王乙三人户口迁出甲村后,其土地经营权依然受到法律的保护。甲村未经原告三人同意,将其名下的 4.5 亩土地确权给案外人的做法,剥夺了原告李某、王甲、王乙的农村土地承包经营权,违反法律规定。

(二)妇女因结婚或户口迁出等原因离开原居住地时,仍应保护其原土地承包经营权

为充分保护妇女土地承包经营权,现行《农村土地承包法》第 6 条和第 30 条专门对因婚姻等原因离开原居住地的情况下如何保护妇女经营权进行了规定。该法第 30 条明确规定,承包期内,妇女结婚,在新居住地未取得承包地的,发包方不得收回其原承包地。由此可知,原居住地发包方收回土地的前提之一

是妇女婚后在新居住地获得承包地，且此项条件是原发包方收回承包地的必要而非充分条件。即使妇女婚后在新居住地获得承包地，也并不意味着原承包地发包方必须收回原承包地。该条法律规定的立法目的是充分保护妇女无论是在婚前或者婚后都能够有效实现其土地承包经营权。本案中，原告李某因丈夫病故而改嫁，后户口迁出，但并未在乙村获得承包地，因此，其在甲村的承包地理应得到法律确认和保护。原告李某的女儿王甲、王乙，根据该条规定的立法目的可知，其承包土地经营权也应当获得法律保护，尤其是在她们尚未在户口迁入地获得承包地之时。

（三）农村土地经营权纠纷中应坚持保护妇女合法权益原则

历史上，我国社会中长期存在歧视妇女和男尊女卑的陋习；现实中的广大农村地区，仍沿袭“男娶女嫁”的婚嫁方式，女子出嫁后“从夫”“从夫家”的观念仍有存在的土壤。因此，出嫁后的妇女权益在农村地区得不到充分完全的保护。妇女出嫁后特别是户口迁出原居住地时，其在该村的土地承包经营权往往容易在人们观念中受到质疑，在实际生活中受到侵害。在审理涉及妇女权益的农村土地承包经营权纠纷案件中，必须坚持依法充分保护妇女权益原则，在个案中对侵犯妇女合法土地经营权的行为予以纠正。具体到本案中，原告李某丈夫去世后，其携带两名女儿改嫁并先后将户口从甲村迁出，其在甲村的土地承包经营权特别容易受到传统观念和甲村集体社员的质疑，此种情况下，法院在审理过程中更应该注重保护妇女的合法权益。依据《土地管理法》第 14 条关于土地承包经营期限的规定和《农村土地承包法》第 30 条关于保护结婚后妇女土地承包经营权的规定，原告李某、王甲、王乙的诉讼请求应当获得支持。

因此，法院的判决是正确的。

保证人为实际用款人时,其对债务人不再享有追偿权

张　燕

一、据以研究的案例

2014 年 3 月 12 日,京宝盛公司与包商银行签订《借款合同》,约定贷款金额 300 万元,期限 12 个月。郑甲与包商银行签订《保证合同》,约定郑甲为上述贷款提供连带责任保证,保证范围包括借款本金、利息、违约金等。包商银行于 2014 年 3 月 13 日发放贷款 300 万元。同日,300 万元由京宝盛公司的账户转入北京盛世京海商贸中心的账户。当日,又由北京盛世京海商贸中心分别转入郑乙、北京利达天宏商贸中心、北京阳光星城商贸中心各 100 万元。借款后,2014 年 4 月至 9 月京宝盛公司每月按时还款,每月所还款项均由秦某(京宝盛公司法定代表人)尾号为 6361 的账户汇入京宝盛公司的还款账户。2014 年 10 月 20 日至 2015 年 3 月 12 日,由保证人郑甲还款 257.2035 万元,所有贷款本息还清。现郑甲向京宝盛公司追偿。

京宝盛公司认为,京宝盛公司仅为名义借款人,300 万元实际由保证人郑甲支配和使用,贷款按照郑甲的指示汇入上述指定账户,后由郑甲套取现金,款项用到了保证人郑甲担任法定代表人的京宝盛威公司。所有还款实际都是由郑甲所还,秦某尾号为 6361 的账户实际由京宝盛威公司使用,2014 年 4 月至 9 月的还款虽然显示由秦某个人账户汇入京宝盛公司的还款账户,但款项均是京宝盛威公司提供,并不是秦某个人的钱款。京宝盛公司还提交了一份由京宝盛威公司原财务经理李某华向秦某提供的一份包商银行贷款明细表及京宝盛威公司 2014 年 2 ~ 3 月公司收入支出情况表。李某华到庭接受了询问,并对京宝盛威公司以京宝盛公司的名义贷款等事实予以认可。

北京市通州区人民法院经审理认为,保证人追偿权是指保证人在履行保证责任后,得请求主债务人偿还的权利。《担保法》第 31 条规定:“保证人承担保证责任后,有权向债务人追偿。”债务人未依约履行债务,保证人依法承担保证责任后,致使债务人对债权人应负的债务部分或全部消灭,但保证人的利益却受到了损失,因而法律规定保证人有权向债务人追偿,以此实现债务人与保证人权利义务的平衡,此为法律规定追偿权之本意。在借贷法律关系中,如借款人与出借人签订借款合同并取得借款后,所借钱款实际由保证人支配使用,就债务人与保证人而言,保证人向债权人清偿借款则为应尽义务,根据权利义务相对等原则,保证人不应再向债务人追偿,否则违背法律赋予保证人追偿权之本意。本案中,300 万元借款是否由郑甲支配和使用系双方的争议焦点。对此,法院阐述如下:就与包商银行签订的流动资金借款合同和保证合同而言,京宝盛公司为 300 万元借款的借款人,郑甲为保证人。京宝盛公司抗辩称,虽然在与包商银行的合同关系中,郑甲为保证人,但 300 万元实际由原告支配和使用,为此向法院提交郑甲就 300 万元亲笔书写的一份“收入、费用、剩余明细”及京宝盛威公司原财务经理李某华制作的包商银行贷款明细表、京宝盛威公司 2014 年 2 ~ 3 月的收入支出情况表等证据予以证明。郑甲亲笔书写的明细明确列明 300 万元系收入、列出了多笔费用支出的具体项目、数额及最后余额,该明细所有内容均为郑甲本人书写,郑甲称此明细仅是计划并未实施,但法院询问郑甲在列出上述明细之前是如何与秦某协商的,其表示已记不清,无法陈述具体协商事宜;费用支出中列明“还凌某本金 90 万元、利息 188 532 元”及“中融诚担保退费 48 万元”等大额费用支出项目,郑甲以记不清为由拒绝陈述;庭审中,法院询问凌某是否为京宝盛威公司的员工,其表示不是,但京宝盛威公司 2014 年 3 月工资表中却有向凌某发放工资的记载;法院要求郑甲联系凌某到庭接受询问,其表示凌某已不是该公司员工,联系不上,其本人却又对给付凌某的 100 多万元以记不清为由拒绝陈述;法院要求郑甲本人出庭,但多次开庭郑甲本人均未出庭应诉。该明细系郑甲本人亲笔书写,其有义务向法院陈述清楚明细的具体内容,但对于该份对其不利的关键证据,郑甲以记不清为由拒绝陈述。因此,郑甲应对该份关键证据承担陈述不清的不利后果。且李某华原系京宝盛威公司财务经理,经法院传唤,其到庭接受询问。其确认根据原告郑甲书写的“收入、费用、剩余明细”制作了包商银行贷款明细表及京宝盛威公司 2014 年 2 ~ 3

月的收入支出情况表。李某华对郑甲所列明细及京宝盛威公司2014年2~3月的收入支出情况表中与此相关的项目向法院逐一进行了详细的解释,且其解释与京宝盛公司的陈述基本一致。此外,再结合双方提交的其他证据综合考虑,法院认为京宝盛公司提交的证据足以证明其抗辩主张,故对其提出的300万元实际由郑甲支配和使用的抗辩意见,法院予以采信。鉴于300万元借款由郑甲支配和使用,故对其向包商银行的还款,郑甲无权再向京宝盛公司追偿。郑甲就案外人李某贷款的还款问题,由于与本案不属于同一法律关系,故其应另行主张。最终,法院驳回了郑甲的诉讼请求。

判决作出后,双方均未上诉,现已生效。

二、相关法律问题分析

本案的争议焦点问题为300万元是否由郑甲支配和使用,如成立,郑甲是否还享有追偿权。对此存在以下两种观点:

第一种观点认为,郑甲与包商银行签订了保证合同,明确约定其对300万元借款提供连带责任保证,郑甲为该笔借款的保证人。借款到期后,郑甲确已代偿257.2035万元,根据《担保法》第31条之规定,其承担保证责任后,有权向借款人京宝盛公司追偿,故对其代偿部分享有追偿权。

第二种观点认为,就300万元贷款而言,京宝盛公司为借款人,郑甲为连带责任保证人,且借款后,郑甲公司确实偿还250余万元,根据《担保法》之规定,保证人承担保证责任后,有权向主债务人追偿。但本案却有特殊之处,其与一般情况下的追偿权的不同之处在于保证人实际支配和使用了该笔借款,虽然以京宝盛公司的名义贷款,但300万元却由保证人郑甲使用,如郑甲对其还款仍有权向京宝盛公司追偿,则郑甲将额外获利,京宝盛公司所受损失无法弥补。追偿权之立法本意在于使保证人所受损失得以救济和弥补,如果在保证人为借款的实际使用人情况下,仍支持其追偿权,则与追偿权之初衷相悖。故本案不应支持郑甲的诉讼请求。

笔者同意第二种观点,对相关法律问题做如下论述。

(一)保证人追偿权之概述

保证人的追偿权,是指保证人代主债务人履行债务或承担保证责任后,以债权人的身份在其承担担保责任的限度内请求债务人偿还的权利。《担保法》第 31 条规定:“保证人承担保证责任后有权向债务人追偿。”《民法通则》第 89 条规定,“保证人履行债务后,有权向债务人追偿”。

保证人追偿权的成立须具备以下三个条件:

1. 保证人向债权人履行了保证债务。无论保证人依何种方式履行债务,也不论保证人是履行了全部还是部分债务,只要保证人承担了保证责任,就可以对代偿部分享有追偿权。

2. 因保证人的履行而使主债务人免责。所谓使主债务人免责,是指主债务人对债权人的债务因保证人的履行而消灭。债务人非因保证人的保证债务的履行而免责的,保证人不享有追偿权。

3. 保证人履行保证债务无过错。保证人在承担保证责任上有过错的,保证人丧失求偿权。例如,保证人在债权人请求其承担保证责任时,应行使主债务人的抗辩权而未行使的,致使自身承担了不应承担的责任的,在此范围内,保证人丧失向主债务人追偿的权利。

保证人追偿的范围,一般应当包括两部分:一部分是保证人为主债务人向债权人清偿的债务额,但以主债务人因其清偿受免责的数额为限。另一部分是保证人履行保证债务所支出的必要费用,但因保证人的过错而多付出的费用不在此列。

(二)保证人丧失追偿权之情形

1. 保证人丧失追偿权之一般情形

(1)保证人承担保证责任的范围超过主债务的范围的,超过部分不得向债务人追偿。

《最高人民法院关于适用〈中华人民共和国担保法〉若干问题的解释》第 43 条规定:“保证人自行履行保证责任时,其实际清偿额大于主债权范围的,保证人只能在主债权范围内对债务人行使追偿权。”保证人的追偿权具有代位性,保证人承担保证责任后,债务人与债权人之间债的关系归于消灭,此时保证人取代债权人的地位而向债务人请求实现债权,其追偿的范围不得大于主债权,否则将侵害债务人的合法权益。

(2)保证人明知主债务超过诉讼时效,却依然向债权人承担保证责任,则保证人不享有追偿权。

《担保法》第20条规定,一般保证人和连带责任保证人享有债务人的抗辩权。主债务超过诉讼时效,主债务人有权提出抗辩,保证人亦享有该抗辩权。如果保证人明知主债务超过诉讼时效,而怠于行使时效抗辩权,仍然承担保证责任,属于保证人承担保证责任存在过错,因保证人过错导致损失的范围不得向债务人追偿。《最高人民法院关于保证合同约定的保证期间超过两年诉讼时效是否有效的答复》[(2001)民二他字第27号]指出:"……主债务诉讼时效完成后,债权人在保证合同约定的保证期间内向连带责任保证的保证人主张权利的,保证人可以行使主债务诉讼时效完成的抗辩权。保证人没有行使主债务诉讼时效完成的抗辩权而履行了保证责任后,向债务人行使追偿权的,人民法院不予支持。"

(3)债务人破产重整或破产和解后,清偿剩余债务的保证人无权再追偿。

《企业破产法》第94条规定:"按照重整计划减免的债务,自重整计划执行完毕时起,债务人不再承担清偿责任。"该法第106条规定:"按照和解协议减免的债务,自和解协议执行完毕时起,债务人不再承担清偿责任。"在破产重整程序中,主债务的消灭是基于破产重整计划已经执行完毕,而非基于保证人已经履行了保证责任。故保证人在承担剩余债务的清偿义务后,不能再向破产重整的债务人追偿。《最高人民法院关于代为清偿的连带债务人是否有权向破产和解的债务人继续追偿问题请示的复函》[(2010)民二他字第15号]明确认为:债权人如果已在主债务人的破产和解或者重整程序中全额申报了债权,其未得清偿的部分可以向保证人或者连带债务人主张。但保证人或连带债务人履行完剩余的清偿义务后,由于对于任何实质上源于同一债务的普通债权,在破产程序中只能得到与其他普通债权相同的受偿比率,而不能得到二次清偿,并因此得到高于其他普通债权人的清偿比率;因此,保证人或连带债务人承担清偿责任后不得向破产和解、破产重整的债务人追偿。

2. 保证人丧失追偿权之特殊情形

本文所指追偿权丧失之特殊情形,是指在借贷法律关系中,保证人与债务人的名义身份与实际身份不符,所借款项实际由保证人使用,保证人向债权人偿还借款后,不得向借款人行使追偿权的情况。该情形也是本案双方的争议焦点之所在。

法律规定追偿权之本意，在于实现债务人与保证人之间利益的平衡，因为在主债务人未依约履行债务时，保证人承担保证责任，代为履行债务，则债务人对债权人应负的债务部分或全部消灭，此时保证人的利益却受到了损失，法律赋予保证人追偿权，以此使保证人所受损失得到救济。但现实生活中，尤其在借贷法律关系中，经常出现保证人与债务人的名义身份与实际身份不符的情况，例如，A 公司因经营需要，需向银行贷款，但由于自己资信不够无法以自己名义贷款，于是以 B 公司名义贷款，A 公司提供保证担保，所贷款项最终由 A 公司使用，此种情况下，A 公司对于贷款人而言为保证人身份，但却是借款的最终实际使用人。保证人实际使用了借款，其向债权人清偿借款则为应尽义务，根据权利义务对等原则，保证人不应再向债务人追偿，否则违背法律赋予保证人追偿权之初衷。

本案中，京宝盛公司与包商银行签订借款合同，其为借款人，郑甲与包商银行签订保证合同，其为保证人，借款后，郑甲针对该笔借款共计向包商银行偿还 257.2035 万元，如该笔借款由京宝盛公司支配和使用，郑某仅是提供保证担保，在郑甲代偿之后其当然有权向京宝盛公司追偿。但本案的特殊情况在于，经审理查明，借款 300 万元由保证人郑甲支配和使用，京宝盛公司仅是名义借款人，对于京宝盛公司而言，郑甲使用 300 万元，理应由其履行还款义务。如郑甲向包商银行清偿借款后，再向名义借款人京宝盛公司追偿，郑甲将会额外获益，京宝盛公司的损失无法弥补，这就会导致权利义务失衡，对京宝盛公司不公，与追偿权立法之本意相悖。

综上，法院作出的判决是正确的。

储蓄卡被盗刷,应认定银行没有尽到相应义务,银行应承担赔偿责任

张 燕

一、据以研究的案例

2011 年 4 月 8 日,常某在某银行办理银联储蓄卡一张。同时开通了网上银行、手机银行和电话银行业务。2013 年 5 月 3 日,常某的该储蓄卡在中国工商银行河北省廊坊市分行香河嘉亿龙支行通过 ATM 机连续发生四笔取现交易,取现金额分别为 5000 元、5000 元、5000 元、4000 元,手续费分别为 52 元、52 元、52 元、42 元,取现金额及手续费共计 19 198 元。交易发生后,常某收到某银行客服发送的四条短信提示。常某收到短信后立即拨打某银行客服电话,并向公安机关报案。公安机关已立案侦查,但刑事案件尚未结案。公安机关从中国工商银行处调取了当时的取款监控录像,监控录像显示常某的银行卡确系被他人通过模拟卡的形式在中国工商银行河北省廊坊市分行香河嘉亿龙支行的 ATM 机上连续四次提取现金,取现金额加手续费共计 19 198 元。常某诉至法院,要求某银行赔偿损失。

某银行辩称:第一,常某已向公安机关报案,公安机关已经对该案立案侦查。因此,案件的一些关键事实通过民事案件不易查清,根据《最高人民法院关于在审理经济纠纷案件中涉及经济犯罪嫌疑若干问题的规定》的相关规定,常某应当通过刑事诉讼程序追缴,如未能追缴再通过民事诉讼程序向相关当事人主张。第二,在现有技术条件下,只要磁条信息符合预留信息,银行没有理由拒绝客户的业务申请。此外,银行对于银行卡风险防范方面,要求客户设置私人密码,磁条信息和密码二者缺一不可。常某应当有保证个人密码和银行卡信息

不泄露的义务。从现有情况看,不排除常某存在泄露个人信息的情况。第三,常某未提供任何能够证明自己无过错或某银行在该笔交易中存在过错的情形,因此某银行不应该承担责任。模拟卡是在工商银行的 ATM 机使用,未能识别取款的卡为模拟卡的责任应在工商银行而非某银行,故常某应向工商银行主张权利。第四,现有证据在民事审理中恰恰不能说明模拟卡是如何被模拟的,以及犯罪分子是如何知道常某密码的,因此,需要公安机关进一步侦查。综上,某银行不同意常某的诉讼请求。

北京市通州区人民法院经审理认为:常某与某银行所形成的储蓄存款合同关系,系双方当事人的真实意思表示,合法有效。根据《商业银行法》第 6 条的规定,"商业银行应当保障存款人的合法权益不受任何单位和个人的侵犯。"某银行作为发卡行,应当保障常某的合法权益不受任何单位和个人的侵犯。保障储户的存款安全、提供安全的交易设备和技术平台、为储户的信息保密等均为银行的重要义务。某银行作为专业金融机构及相关技术、设备、操作平台的提供者,在其与储户的关系中明显占据优势地位,其应当承担识别伪卡或模拟卡的义务。鉴于常某作为普通储户以及其相关金融、技术信息的不对称等因素,某银行应对其已尽交易安全保障义务而不存在过错并且常某存在过错的法律事实承担举证责任。某银行提出不排除常某泄露个人信息的可能,此种说法仅为推测,缺乏事实依据,其没有提供证据证明常某存在违约、过错的行为,故某银行不能依此对抗其应当对储户尽到的保障资金安全的义务。此外,某银行提出加密的磁条信息符合预留信息,银行没有理由拒绝客户的业务申请。法院认为,此前提应当是持卡人使用真实银行卡进行交易,但持伪卡或模拟卡进行交易不能免除银行的责任。

某银行提出常某的损失应通过刑事诉讼程序进行追缴,如未能追缴再通过民事程序向相关当事人进行主张。法院认为,需要移送公安机关的案件必须是经济纠纷案件与经济犯罪案件属于同一法律关系的情形。本案系常某与某银行基于储蓄存款合同而产生的经济纠纷,与案外人涉嫌的信用卡诈骗案不属于同一法律关系。同时,根据《最高人民法院关于银行储蓄卡密码被泄露导致存款被他人骗取引起的储蓄合同纠纷应否作为民事案件受理问题的批复》关于"因银行储蓄卡密码被泄露,他人伪造银行储蓄卡骗取存款人银行存款,存款人依其与银行订立的储蓄合同提起民事诉讼的,人民法院应当依法受理。"的规定,本案所涉纠纷作为民事案件审理具有相关参照依据。因此,本案的处理不以相关刑事案件的处理结果为前提。虽然公安机关在受理了常某的报案后至今尚未结案,但这并不能排除某银行应当依据双方的储蓄存款合同对储户尽到保障其银行卡内资金安全的合同义务。

常某款项系被他人在中国工商银行盗取,法院认为,中国工商银行系代某银行接收取款指令,并代为支付相应现金,双方形成的是委托付款法律关系,故法律后果应由某银行承担。且常某是基于与某银行的储蓄存款合同法律关系要求其承担责任,符合法律规定。综上,判决某银行赔偿常某共计 19 198 元。

一审判决后,双方均未提出上诉,现判决已经生效。某银行已自动履行了全部赔偿责任。

二、相关法律问题分析

本案的争议焦点:一是程序上是否先刑后民;二是举证责任如何分配与双方过错认定。对此,有如下观点:

第一种观点认为,本案已涉及刑事犯罪,公安机关已立案侦查,为了查清案件事实,该案应移送公安机关,由公安机关继续侦查。待刑事案件审结后,再依据具体情况,追究民事责任。

第二种观点认为,储蓄卡由常某个人持有,该卡被他人盗刷,对于卡片信息及密码泄露问题常某作为卡的持有人应举证证明自己没有过错且银行在此方面存在过错,在常某无证据证明银行存在过错的情况下,损失应由常某自行承担。

第三种观点认为,卡片信息的保密是银行应尽义务,银行应举证证明自己在卡片信息被盗取方面不存在过错,现银行无证据证明自己无过错,故银行应对卡片信息的泄露承担责任;密码属于常某个人设置并持有,且只有本人知晓,除非本人泄密,否则他人无从知道,现款项被他人盗取,常某在密码信息泄露方面应承担责任。因此,银行及常某应对损失各承担 50% 的责任。

第四种观点认为,银行作为专业金融机构及相关技术、设备、操作平台的提供者,在其与储户的关系中明显占据优势地位,其应承担识别伪卡或模拟卡的义务。鉴于常某作为普通储户以及相关金融、技术信息的不对称等因素,银行应对其已尽到交易安全保障义务而不存在过错且常某存在过错承担举证责任。密码虽由常某个人设置并保密,但取款的前提是持卡人使用真实银行卡进行交易,故持伪卡或模拟卡进行交易不能免除银行的责任,银行应对全部损失承担责任。

笔者同意第四种观点。现对相关法律问题分析如下:

(一)此类案件中刑事案件与民事案件关系问题的分析

有人认为此类案件应“先刑后民”,待刑事案件处理完毕之后再处理民事纠纷,或者民事纠纷不应单独处理,而应将全案移送公安机关或检察机关。

“先刑后民”全称“先刑事诉讼程序而后民事诉讼程序”,是指在民事诉讼活动中,发现涉嫌刑事犯罪时,应当在侦查机关对涉嫌刑事犯罪的事实查清后,由法院先对刑事犯罪进行审理,再就涉及的民事责任问题进行审理,或者由法院在审理刑事犯罪的同时,附带审理民事责任问题,在此之前,法院不应单独就其中的民事责任予以审理判决。《最高人民法院关于在审理经济纠纷案件中涉及经济犯罪嫌疑若干问题的规定》确认了这一原则,其中第 11 条规定:“人民法院作为经济纠纷受理的案件,经审理认为不属经济纠纷案件而有经济犯罪嫌疑的,应当裁定驳回起诉,将有关材料移送公安机关或检察机关。”本案是否适用该条规定呢?笔者认为不适用。该规定第 10 条规定:“人民法院在审理经济纠纷案件中,发现与本案有牵连,但与本案不是同一法律关系的经济犯罪嫌疑线索、材料,应将犯罪嫌疑线索、材料移送有关公安机关或检察机关查处,经济纠纷案件继续审理。”《最高人民法院关于银行储蓄卡密码被泄露导致存款被他人骗取引起的储蓄合同纠纷应否作为民事案件受理问题的批复》规定,“因银行储蓄卡密码被泄漏,他人伪造银行储蓄卡骗取存款人银行存款,存款人依其与银行订立的储蓄合同提起民事诉讼的,人民法院应当依法受理”。可见,需要移送公安机关的案件必须是经济纠纷案件与经济纠纷案件属于同一法律关系的情形,即看“先刑后民”中的“民事”纠纷本身是涉嫌犯罪行为还是由犯罪行为派生出来的行为。如果“民事”纠纷本身是涉嫌犯罪行为则应当适用“先刑后民”原则;如果“民事”纠纷是由犯罪行为派生出来的行为,则可不适用“先刑后民”原则。

具体到本案中,常某与某银行形成的是储蓄存款合同法律关系,本案亦是基于此经济法律关系而产生的经济纠纷,与案外人涉嫌的信用卡诈骗案不属于同一法律关系。因此,本案的审理结果不以相关刑事案件的处理结果为前提,本案应继续审理。如果常某以侵权为请求权基础,向犯罪嫌疑人主张权利,同时公安机关又对犯罪嫌疑人进行了立案侦查,此种情况属于同一法律关系,则侵权纠纷不应继续审理,法院应裁定驳回起诉。

(二)举证责任分配问题

1. 举证责任分配原则

民事举证责任是指当事人对自己提出的诉讼请求所依据的事实或者反驳对方诉讼请求所依据的事实有责任提供证据加以证明。没有证据或者证据不足以证明当事人的事实主张的,由负有举证责任的当事人承担不利后果。"谁主张,谁举证"是举证责任分配一般原则。举证责任倒置是举证责任分配原则的例外,即将原来由原告承担的证明责任免除,而就该待证事实的反面事实,由被告负举证责任。

此外,我国法律也将诚实信用和公平原则作为举证责任的指导原则。《最高人民法院关于民事诉讼证据的若干规定》第 7 条规定:"在法律没有具体规定,依本规定及其他司法解释无法确定举证责任承担主体时,人民法院可以根据公平原则和诚实信用原则,综合当事人举证能力等因素确定举证责任的承担。"针对在特殊情况下存在的不属于法律和司法解释规定的举证责任倒置,依据其他法律和举证责任分配的一般规则又无法确定举证责任承担的情形,人民法院可以根据公平和诚实信用原则,综合当事人举证能力等因素确定举证责任的承担,这项规定在举证责任分配上赋予法官一定的裁量权,真正体现了公平和诚实信用原则,使证据在诉讼中发挥其应有作用。

2. 银行卡盗刷案件举证责任的分配问题

持卡人与发卡行是储蓄合同关系,除履行基本合同义务外,双方对保证合同的履行还附有附随义务。根据《合同法》第 60 条第 2 款的规定:"当事人应当遵循诚实信用原则,根据合同的性质、目的和交易习惯履行通知、协助、保密等义务。"持卡人负有妥善保管及正确使用个人银行卡及密码的义务,银行负有保障银行卡系统交易安全的义务。对于银行卡盗刷案件的举证责任分配,笔者认为应当以一般举证责任与《最高人民法院关于民事诉讼证据的若干规定》第 7 条的规定相结合的方式来进行分配。因为储蓄合同为一般合同纠纷,不属于法律和司法解释规定的举证责任倒置,但是由于银行与持卡人在技术与信息的掌握上悬殊,依据其他法律和举证责任分配的一般规则又无法确定此类案件举证责任的承担,法院应根据公平和诚实信用原则,综合当事人举证能力等因素确定举证责任的承担。

保障储户的存款安全、提供安全的交易设备和技术平台、为储户的信息保密等均为银行的重要义务。且银行作为专业金融机构及相关技术、设备、操作平台的提供者,在其与储户的关系中明显占据优势地位,其应当承担识别伪卡或模拟卡的义务。因此,银行应对其已尽交易安全保障义务及持卡人存在过错承担举证责任。如银行提供持卡人用卡过程中存在不规范使用银行卡和密码的证据,在持卡人没有充分证据予以反驳的情况下,可以认定持卡人没有尽到妥善保管密码的义务,对其损失应承担责任。

本案中,公安机关调取的监控录像证明了款项是被他人在异地通过模拟卡的形式取走,而常某在第一时间报警,尽到了基本注意义务,且银行未提供证据证明常某存在未妥善保管银行卡及密码的过错,因此,银行应赔偿常某的全部损失。对于银行提到的款项需银行卡和密码一致才能被支取,密码属于常某个人设置并保管,不排除常某泄露密码的可能。但笔者认为,前提应当是持卡人使用真实的银行卡进行交易,持伪卡或模拟卡交易不能排除银行的责任。

综上,法院的判决是正确的。

发起人对外签订合同,公司享有合同权利的,相对人可要求公司承担合同责任

梁睿诗

一、据以研究的案例

原告张某起诉称:2012 年 9 月,北京利世兴达健身服务有限公司(以下简称

利世兴达公司)为装修董村浴池及为办公楼购买洁具,利世兴达公司股东之一胡某让原告张某供应洁具。原告张某依约供货,价值28 282元,利世兴达公司未付款。后经多次催要未果,故诉至法院要求:(1)利世兴达公司给付洁具款28 282元;(2)利世兴达公司承担本案诉讼费。

利世兴达公司辩称:不同意原告张某的诉讼请求。胡某于2012年3月租赁了办公楼、公寓和浴池并对它们进行装修。胡某向原告张某购买洁具,系其个人行为,与利世兴达公司无关。

经审理查明:2012年9月20日,胡某出具欠条1张,载明欠张某洁具款28 282元。胡某称,其以利世兴达公司名义经营浴池,在对浴池装修的过程中,购买原告张某的洁具用于浴池装修,此系其个人行为,与利世兴达公司无关。

原告张某与利世兴达公司均确认,浴池装修时间为2012年3月至2012年9月。

利世兴达公司原为"北京利世兴达健身服务中心",系个体工商户,业主为陈某桐。2012年7月4日,"北京利世兴达健身服务中心"升级转型为有限责任公司即利世兴达公司,注册资本100万元,股东为王某(30万元)、陈某(30万元)、陈某桐(20万元)、胡某(20万元)。

利世兴达公司向法院提交王某与通州区台湖镇董村村委会签订的《租地协议》,证明涉案浴池占用的土地系其向董村村委会租赁;利世兴达公司提交王某、董某、王某江与胡某、陈某龙签订的《租赁协议》约定,王某等将涉案浴池租赁承包给胡某等经营,租赁期限自2012年3月12日至拆迁,租金支付方式约定为:自2012年9月1日至2014年3月1日为胡某的投资返还期,以此期间的经营利润作为胡某等的投资返还,无须支付租金,2014年3月1日后,胡某等须拿出经营利润的50%用于支付租金。

北京市通州区人民法院于2014年3月19日作出(2014)通民初字第5241号民事判决:被告北京利世兴达健身服务有限公司于本判决生效之日起七日内给付原告张某货款28 282元。

二、相关法律问题分析

本案诉辩双方的争议焦点集中在两个问题上:一是公司股东在何种情况下会被认定为公司发起人;二是发起人签订合同,是否能由公司承担责任。

（一）胡某应认定为公司发起人。根据《最高人民法院关于适用〈中华人民共和国公司法〉若干问题的规定（三）》第 1 条的规定：“为设立公司而签署公司章程、向公司认购出资或者股份并履行公司设立职责的人，应当认定为公司的发起人，包括有限责任公司设立时的股东。”本案中，利世兴达公司成立于 2012 年 7 月，公司注册资本 100 万元，在公司设立时，胡某向公司认购出资 20 万元，因此，根据上述规定，胡某可以认定为公司发起人之一。

（二）发起人胡某对外签订合同由公司承担责任。《最高人民法院关于适用〈中华人民共和国公司法〉若干问题的规定（三）》第 2 条规定：“发起人为设立公司以自己名义对外签订合同，合同相对人请求该发起人承担合同责任的，人民法院应予支持。公司成立后对前款规定的合同予以确认，或者已经实际享有合同权利或者履行合同义务，合同相对人请求公司承担合同责任的，人民法院应予支持。”

由上述规定可见，发起人对外签订合同，公司承担合同责任的条件有两个：一是以“设立公司”为目的对外签订合同；二是存在“公司成立后对合同予以确认”或者“公司实际享有合同权利或履行合同义务”两个行为之一，方可由公司承担合同责任。

本案中，利世兴达公司于 2012 年 7 月成立，2012 年 9 月，发起人之一的胡某向原告张某购买洁具，用于装修利世兴达公司的办公楼、公寓和浴池。因此，其订立的洁具买卖合同可以认定是为公司设立而对外签订的合同。同时，胡某虽然与利世兴达公司签订了《租赁合同》，但实际仍以利世兴达公司名义对外经营浴池，因此在客观上，就表现为是利世兴达公司在经营浴池，胡某购买的洁具也是用于利世兴达浴池的装修，因此，利世兴达公司在客观上已经享有了合同权利，故原告张某有权要求利世兴达公司承担给付货款的合同责任。

集体经济组织成员未取得土地承包经营权时要求确权的,不属于民事诉讼受案范围

晋 怡

一、据以研究的案例

原告闫某系通州区于家务回族乡某村的农民,其称 2004 年村里土地确权时,村委会在其不知情的情况下,错将其享有土地承包经营权的 8 亩土地确权到案外人闫甲名下,致使原告闫某至今在村中无地可种。原告闫某找到村委会要地,村委会以地在闫甲处为由,要求原告闫某找闫甲要地。原告闫某找到闫甲要求归还土地,闫甲却以 8 亩土地是直接从村委会承包,与原告闫某无关为由,拒绝归还土地。故原告闫某将村委会诉至法院,要求确认其享有 8 亩土地的承包经营权。

村委会辩称,不同意原告闫某的诉讼请求,村委会不清楚闫甲承包的土地是否包含了原告闫某的土地,就算包含,原告闫某也应该去找闫甲解决,跟村委会无关。而且分地时,原告闫某不在家,是其自行放弃了土地。

北京市通州区人民法院经审理认为:《最高人民法院关于审理涉及农村土地承包纠纷案件适用法律问题的解释》第 1 条规定,"集体经济组织成员因未实际取得土地承包经营权提起民事诉讼的,人民法院应当告知其向有关行政主管部门申请解决"。《民事诉讼法》第 119 条第 1 款第 4 项规定:"起诉必须符合下列条件:……(四)属于人民法院受理民事诉讼的范围和受诉人民法院管辖。"根据现有证据,本案原告闫某未与其所在的集体经济组织村委会,就本案所争议的土地承包经营权签订土地承包合同或颁发土地承包经营权证书或形成其他可以载明原告闫某享有土地承包经营权的有效文件,故法院不能认定原告闫

某已经实际取得本案争议的土地承包经营权，故原告闫某应当向有关行政主管机关申请解决，该争议不属于人民法院受理范围，对于原告闫某的起诉，法院予以驳回。

一审裁定后，原告闫某未上诉。该裁定现已生效。

二、相关法律问题分析

（一）土地承包合同签订和生效是土地承包经营权取得的标志

根据《农村土地承包法》第21条、第22条的规定，发包方应当与承包方签订书面承包合同，承包合同自成立之日起生效，承包方自承包合同生效时取得土地承包经营权。立法对于土地承包经营权的保障是以土地承包合同为基础，故承包合同的生效是土地承包经营权取得的根本标志。

（二）司法权不介入村民自治范畴干预承包地的分配

根据《农村土地承包法》第12条的规定，农民集体所有的土地，由所属集体对应的集体经济组织或者村民委员会、村民小组发包。根据《村民委员会组织法》规定，我国农村基层实行村民自治，村民委员会是村民自我管理、自我教育、自我服务的基层群众性自治组织。村民会议是村民集体讨论决定涉及全村村民利益问题的一种组织形式，是村民行使自治权利的根本途径和形式。涉及村民利益的重大事项必须通过村民会议或村民代表会议的民主议定程序进行决定。土地承包经营方案就属于须经村民会议讨论决定方可办理的事项。故农民集体所有的土地，是否分配、如何分配的决定权在村民集体，司法权不能超越此权力更不能代替，故人民法院没有分配土地的权力和职能。

综上，根据《最高人民法院关于审理涉及农村土地承包纠纷案件适用法律问题的解释》第1条的规定，集体经济组织成员因未实际取得土地承包经营权提起民事诉讼的，人民法院应当告知其向有关行政主管部门申请解决。人民法院只受理权利人依法取得土地承包经营权之后产生的纠纷，在没有取得之前，不具备民事纠纷的可诉性。要求取得土地承包经营权，只能向集体经济组织或者指导该集体经济组织的相关行政机关提出，不能提起民事诉讼。

综上，一审法院的裁定是正确的。

禁止反言原则在民间借贷纠纷中的适用

于素娟

一、据以研究的案例

2014年1月8日,刘某与曹某签订了两份借款合同,其中一份借款合同约定:曹某向刘某借款2万元,借款期限自2014年1月8日至1月17日。若曹某未能按照本协议约定期限偿还全部借款,则曹某除应当按照中国人民银行公布的同期商业贷款利率的四倍向刘某支付利息外,还应当按照每日5‰的利率标准向刘某支付逾期还款违约金。合同同时还约定了其他内容。另一份借款合同除借款期限外,对借款金额、利息、违约金等内容的约定与本案诉争合同一致,借款期限为2014年1月8日起至2014年1月12日止。同日曹某向刘某出具两张收条,内容均为:"今收到刘某现金人民币贰万元整。"

曹某认可上述借款合同及收条系本人所签,但否认借款事实,其表示借款合同及其收条均为受胁迫所签,且实际出具日期为2014年1月15日。曹某陈述:曹某于2013年10月24日向正聚源公司借款11.4万元,但与其签订借款合同的当事人为该公司员工蔡某,公司为保证人。借款合同在公证处进行了公证,具有强制执行效力。蔡某向曹某汇款11.4万元后,当天曹某又取出1.74万元交给蔡某,实际借款数额为9.66万元。针对此笔借款曹某每月应还1.472万元。由于曹某未按时还款,2014年1月15日正聚源公司催债人员包括刘某将曹某带到正聚源公司,强迫蔡某出具两份2万元的借款合同,曹某出于恐惧签订了借款合同及收条。事后曹某未报警。蔡某依据公证债权文书向北京市昌平区人民法院申请强制执行,最终曹某向蔡某支付9万元,案件执行完毕。

刘某对曹某的陈述均不认可,经询问,刘某通过朋友蔡某认识曹某,刘某本人并非正聚源公司正式员工,但曾在该公司兼职,2014年年初离开公司,本案诉争借款系经蔡某介绍给曹某,刘某并不清楚曹某的借款用途。至于款项的交付方式,刘某多次表示通过自己的建设银行卡取款 4 万元交付给曹某,时间为 2014 年1 月 8 日。法院要求刘某提交上述银行卡的交易记录,其未提交。2014 年 9 月 16 日法院依职权调取了该银行卡自 2014 年 1 月 6 日至 2014 年 1 月 10 日期间的交易记录,结果显示 2014 年 1 月 8 日无交易记录,此期间亦未发生金额为 4 万元的取款业务。法庭向刘某出示后,刘某又以时间长记不清为由无法陈述 4 万元借款的交付情况。

北京市通州区人民法院经审理认为:自然人之间的借款合同,自贷款人提供借款时生效。民间借贷系实践性的法律关系,除了双方当事人有借贷的合意外,还要有款项交付的事实。本案的争议焦点在于原告刘某是否交付诉争借款。原告刘某表示其是通过自己的建设银行卡取款 4 万元交付给被告曹某,时间为 2014 年 1 月 8 日。法院依职权调取该银行卡的交易记录,结果显示在此日期并未发生 4 万元的取款业务。在法院向其出示调取的交易记录后,原告刘某又以时间长记不清为由无法陈述借款的交付情况。《最高人民法院关于民事诉讼证据的若干规定》第 2 条规定,当事人对自己提出的诉讼请求所依据的事实或者反驳对方诉讼请求所依据的事实有责任提供证据加以证明。没有证据或者证据不足以证明当事人的事实主张的,由负有举证责任的当事人承担不利后果。现原告刘某提供的证据不足以证明其与被告曹某之间就借款合同已经实际交付资金的事实。故法院判决驳回原告刘某的诉讼请求。

一审判决后,双方均未提出上诉,现判决已经生效。

二、相关法律问题分析

本案的争议焦点在于原告刘某是否实际向被告曹某交付诉争借款,刘某对之前陈述的借款方式的否定是否适用禁止反言原则。对此主要存在以下两种观点:

第一种观点认为,被告曹某与原告刘某之间签订了借款合同,同时被告曹某又向刘某出具收条,说明曹某对借款的事实已经认可。刘某先表示款项的交付是通过银行取款后交付给被告曹某,后又说时间长记不清了。这种情况不应适用禁止反言原则,应当以最后一次陈述为准,曹某出具收条证明其收到借款,所以刘某先说通过银行取款交付款项,后又说记不清了,这并不能证明刘某未向曹某交付借款。因此,即使刘某对自己之前关于借款交付方式进行了否定,法院也不能就此认定借款未实际交付。

第二种观点认为,刘某先多次表示借款是通过银行取款交付曹某,后又为了自己的利益,以时间长记不清否定了之前的言论,这违反了禁止反言的原则。根据举证规则,原告刘某无法证明自己把款项实际交付给曹某,应当承担对自己不利的后果。因此,本案中应当认定借款未实际交付。

笔者赞同第二种观点。具体分析如下:

(一)民间借贷为实践性合同,自借款款项实际交付后生效

我国《合同法》第210条规定:"自然人之间的借款合同,自贷款人提供借款时生效。"民间借贷与普通的借款合同最重要的一个区别在于,普通的借款合同为诺成性合同,双方就借款达成合意时合同便成立并生效(法律另有规定或者当事人另有约定的除外),而民间借贷为实践性合同,合同的双方当事人除了具备借款的合意之外,还需要借款款项实际交付的事实。

在民间借贷法律关系中,款项的实际交付与否是合同生效的要件,而贷款人对借款款项的实际交付负有举证责任。就本案而言,虽然被告曹某在借款合同上签字并且向原告刘某出具了收条,但是鉴于被告曹某表示其未实际收到款项,故刘某仍然对借款款项是否实际交付给曹某负有举证责任。

(二)禁止反言原则的含义及相关法律对该原则的相关规定

禁止反言原则,又称禁止反供原则,从字面上来理解就是禁止违反之前的言论,具体而言,是指人们在从事民事活动、进行民事诉讼时,在表述一定的言词后,不得为了自己的利益而作出否定先前陈述的言论。禁止反言原则在英美法系的司法实践中经常被采用。

在我国的法律及其司法解释中并没有明确提出禁止反言的原则,但是在民商事实体法、程序法及司法解释的一些条文中的内容体现了这一原则的内涵。如民商法的一个基本原则即诚实信用原则中体现了禁止反言的原则。

《最高人民法院关于民事诉讼证据的若干规定》第8条第4款规定:"当事人在法庭辩论终结前撤回承认并经对方当事人同意,或者有充分证据证明其承认行为是在受胁迫或者重大误解情况下作出且与事实不符的,不能免除对方当

事人的举证责任。”根据该条规定,民事诉讼的当事人在法庭辩论终结前撤回承认但是没有经过对方当事人的同意,或者没有充分证据证明其行为是在受胁迫或者重大误解情况下作出的且与事实不符的,应当承认其行为的有效性,免除对方当事人的举证责任。也就是说,当事人要对自己的言论负责,不得擅自推翻自己承认的事实。这是诚信原则和程序安定原则的基本要求。

(三)禁止反言原则在民间借贷纠纷案件中的适用

禁止反言原则主要体现的是当事人应当对自己的言行进行负责,不得为了自己的利益出尔反尔,否定已经作出的言论或者承认的事实,这也是民商法中诚实信用原则的要求。同时也可以避免当事人不断推翻自己之前的言论而导致审理中产生混乱,明确司法程序的重要地位,同时能够提高司法效率,避免司法资源的浪费。

禁止反言原则主要包括两个方面的内容:一方面,当事人应当对自己主张的事实所进行的陈述负责,不得为了自己的利益随意推翻已经作出的陈述;另一方面,当事人应当对自己作出的对对方陈述或事实的承认负责,不得为了自己的利益随意进行否定。

在民间借贷案件中,因为涉及金钱的支出和交付,双方当事人经常为了自己的利益而对之前的言论和承认对方所陈述的事实进行推翻,因此为了稳定司法程序、提高司法效率,禁止反言原则的适用是很有必要的。在本案中,原告刘某多次表示其借给曹某的钱是通过自己建设银行的银行卡取款后交付给曹某,并且提供了银行卡的卡号。然而法院要求其提交银行卡的交易明细,原告刘某却一直未能提供,也不申请法院调取。后法院依职权调取交易明细后,发现在刘某所陈述的期间并未发生交易,刘某此时表示时间太长,对款项的交付方式记不清楚了,对自己之前的言论进行了推翻。在对自己不利的证据面前,刘某为了自己的利益,对自己之前的言论进行推翻,违反了禁止反言原则。因此,刘某未能提供充分的证据证明款项已经交付给曹某,故法院依法驳回了原告刘某的诉讼请求。

综上,法院的判决是正确的。

未经双方当事人约定的案外人给付行为不宜直接认定为代为履行

智耀军　王虹茜

一、据以研究的案例

原告某润滑油公司的经营范围为销售润滑油、防冻液、化工原料等。自2008年以来,被告张某与原告发生业务往来,向原告购买润滑油及其附属产品。双方未签订书面合同。原告诉称,2011年3月26日双方对账确认被告欠原告货款617 142元,此后双方再无买卖关系。后被告于2011年4月13日支付货款126 627元,于2011年4月16日支付货款39 325元,剩余货款451 190元一直未给付。

审理中,原告称2011年4月16日的39 325元是案外人张小某向原告支付的货款,并非被告的付款,故变更诉讼请求为要求被告给付货款490 515元。被告提交了2011年3月30日至4月16日使用其妹妹张小某的银行卡分8次向原告法定代表人葛某及原告法定代表人妻子齐某的个人银行卡账户中汇款的银行记录,金额共计495 762元,证明其已全部结清原告主张的款项。原告承认已收到被告提供的张小某银行卡转账单上记载的所有货款,但称张小某是原告法定代表人葛某经营的另一公司的客户,该款为张小某向另一公司的付款,且除被告张某提供的转账单,原告法定代表人葛某还收到张小某给付的其他款项。原告与张小某之间没有业务关系,被告与原告法定代表人葛某经营的另一公司之间没有业务关系。

北京市通州区人民法院经审理认为:原告与被告之间一直存在买卖法律关系。现原告主张被告欠付货款490 515元,被告承认双方之间业务往来及支付货款的事实。被告以其个人名义与原告发生业务往来,并称其使用他人账户将本案所涉货款转入原告法定代表人葛某账户,对此原告不予认可,银行转账的事实无法表明他人代付货款的情况。原告称被告的妹妹张小某与原告法定代表人经营的另一公司存在独立的业务往来,而被告无其他证据可以佐证张小某个人账户转账行为系代其付款,亦无其他证据显示原告知晓被告所欠货款由其妹张小某代付的事实。故法院判决被告给付原告货款 490 515 元。

一审判决后,被告不服提起上诉,后北京市第二中级人民法院依法驳回上诉,维持原判。

二、相关法律问题分析

本案的争议焦点为:案外人张小某银行账户转账行为能否认定为代被告履行付款义务。审理过程中,存在两种不同的意见,一种意见认为,张小某的付款行为,属于第三人代为履行,应当适用第三人代为履行的相关规定,因此被告不承担相关责任;另一种意见认为,因债权人与债务人缺少合意,第三人给付时亦未向债权人明示其行为的性质,案外人张小某银行卡转账行为不构成第三人代为履行,被告仍应承担法律责任。笔者同意第二种观点,理由如下:

第三人代为履行一般是指债务人告知债权人,由第三人自愿代替其履行债务的行为。《合同法》第 65 条规定:"当事人约定由第三人向债权人履行债务的,第三人不履行或者履行债务不符合约定,债务人应当向债权人承担违约责任。"根据该条规定,在第三人代为履行中,第三人是自愿代债务人履行债务,并不是替代债务人的合同义务或与债务人一起成为原合同的当事人,其与债权人之间不发生任何法律关系,债权人不得基于与债务人的合同关系向第三人主张权利。即使第三人部分履行了义务,未履行部分仍应由债务人承担责任。

从《合同法》的规定来看,第三人履行具有以下法律特征:第一,须有当事人之间的约定,对此一般理解为合同当事人之间的约定,即债权人和债务人之间的约定,不包括债权人与第三人以及债务人与第三人之间的约定。第二,合同在债权人与债务人之间签订。债权人与债务人是合同当事人,第三人并非是合同当事人,第三人不因为该合同的存在而变成债务人。第三,债务人须有负责的意思表示。该意思表示包含债务人对第三人不履行给付时由自己负责的意思表示。第四,约定由第三人给付的内容必须合法。

本案中,被告称案外人张小某银行账户转账的行为,是代其付款,但未能提供证据证明就此与原告达成合意。无论在案外人张小某转账之前还是付款之时,均未向原告明确表示其付款行为指向的对象,亦未明确其支付款项系代付款行为。同时,原告提供证据显示其法定代表人经营的另一公司与案外人张小某存在独立的业务往来,故原告对被告张某的陈述意见不予认可,即案外人张小某的付款亦未得到原告事后的确认。原告与被告之间的业务关系及付款关系,案外人张小某与原告法定代表人经营的另一公司之间的业务关系及付款关系,应属各自独立的法律关系。因此,不应仅仅依据银行转账行为直接认定案外人张小某的行为是代履行行为。

综上,一审、二审法院的判决是正确的。

对借名持股可能性持合理怀疑的当事人不能仅凭工商登记非本人签字否认其股东资格

翟新忠

一、据以研究的案例

2002 年 8 月 29 日,袁某寅出资 17 万元,黄某辉出资 16.5 万元,胡某成出资 16.5 万元,注册成立源佳诚公司。2004 年 5 月 18 日,源佳诚公司名称变更为世纪公司。2008 年 7 月 16 日,胡某成与袁某寅、黄某辉、王某瑞签订《股权转让协议》,约定胡某成将其在世纪公司所拥有的全部股权 16.5 万元分别转让给受让人袁某寅、黄某辉、王某瑞所有,其中袁某寅受让 5.5 万元,黄某辉受让 1 万元,王某瑞受让 10 万元。同日袁某寅、黄某辉,胡某成达成股东会决议,载明同意吸收王某瑞为公司新股东,并同意股权转让协议内容。同日,新一届股东会即袁某寅、黄某辉、王某瑞达成决议,对股权进行了重新确认。

2012 年 5 月 15 日，北京天平司法鉴定中心出具《鉴定文书》，载明：检材 1 至 11 上的“黄某辉”签名笔迹不是黄某辉书写的；检材 6 至 11 上的“王某瑞”签名笔迹不是王某瑞书写的。检材 1 至 11 为工商档案材料中的指定（委托）书、公司章程、股东会决议、股权转让协议清算报告、注销登记申请书等。

黄某辉称，其是黄某甦的妹妹，而黄某甦与袁某寅、胡某成一起合作创业。王某瑞称其是世纪公司的员工，其母亲认识黄某辉的哥哥黄某甦。黄某辉、王某瑞均称其未出过资，亦未享有过股东权利。

黄某甦出庭作证称：袁某寅之所以有黄某辉的身份证明，系当时袁某寅要买房子到处找身份证，黄某甦就把黄某辉的身份证给袁某寅用了，袁某寅复印后把原件还给了黄某甦；黄某甦系通过胡某成与袁某寅相识，黄某甦在 2008 年奥运会后离开世纪公司，在世纪公司期间，黄某甦负责技术工作，不用天天上班，但有技术问题需要解决的话其要住在公司长达几个月，解决完了就走了，世纪公司曾承诺向黄某甦支付报酬，但是最后什么都没给，黄某甦事后也没有向世纪公司主张报酬；王某瑞的母亲与黄某甦系朋友关系，黄某甦在世纪公司负责技术工作时，于 2002 年、2003 年将王某瑞介绍到世纪公司工作，王某瑞直到 2008 年奥运会结束后离开公司。

二、相关法律问题分析

本案的争议焦点是：黄某辉、王某瑞能否以工商登记非本人签字否认其股东资格。北京市通州区人民法院经审理认为，世纪公司是经工商机关登记注册，依法成立的有限责任公司。根据工商登记所载，袁某寅、胡某成、黄某辉为创始股东，后变更为袁某寅、黄某辉、王某瑞，该工商登记对外具有公示效力，且考虑到黄某辉称其系与袁某寅、胡某成一起经营世纪公司的黄某甦的妹妹，而王某瑞称其为世纪公司的员工，其母亲认识黄某甦，二人均与黄某甦有一定关系，同时考虑到，在实践中股份代持关系的普遍存在，为维护市场交易秩序的稳定，故不能仅以工商备案材料非黄某辉、王某瑞的亲笔签字，确认黄某辉、王某瑞不是世纪公司的股东，对于黄某辉、王某瑞要求确认其不是世纪公司股东的诉讼请求，法院不予支持。综上，依照《民事诉讼法》第 64 条、第 144 条之规定，判决如下：驳回原告黄某辉、原告王某瑞的诉讼请求。

判决作出后，原告黄某辉、原告王某瑞提起上诉，北京市第三中级人民法院经审理作出判决：驳回上诉，维持原判。

本案处理的关键是，在坚持商事外观主义、公示主义的原则下，对黄某辉、王某瑞借名持股可能性具有一定内心确认的前提下，通过对黄某辉、王某瑞可能的个体权益受损与不特定第三人基于工商登记产生的信赖利益受损间的价值进行权衡，最终法院对本案的价值取向作出相应判断。

关于股东资格的确认，在实践中分为积极确认之诉与消极确认之诉。积极确认之诉，是指当事人要求确认其为公司股东，享有公司一定比例的股权。消极确认之诉，则与之相反，是指当事人要求确认其不是公司股东，不享有公司股权。本案即属消极确认之诉，即确认非股东资格。公司作为典型的商事主体，其注册成立、运转经营均应遵循商事行为的相应原则，包括商事外观主义、公示主义。商事外观主义要求将当事人的外观行为推定为当事人的真实意思表示；公示主义要求商事主体应将与交易相对人关系密切的事项通过公告、登记、公示的方式予以公开。

非股东资格确认之诉，通常是指作为工商登记股东的当事人要求否定其股东资格。鉴于工商登记的功能主要是政府对进入市场的市场主体资格进行审查以减少市场交易风险，其内容因其公示性而对第三人具有公信力，因此，确认登记股东的非股东资格必然会有损不特定第三人的信赖利益，应当谨慎为之。实践中，提起此类诉讼的公司登记股东，往往是被认为存在违法行为，如不依法履行清算义务，需由其对公司债务承担连带责任的登记股东。因此，股东资格的否定与否可能会影响不特定债权人权益的实现，也会影响相关交易的安全、稳定。在此背景下，实践中应当严格限制非股东资格确认的条件。笔者认为，只有确属于被冒名成为登记股东的当事人，才能被准许否定其股东资格。而对于“借名持股”“代持股”情形的名义股东，都不能简单地否定其股东资格。

本案中，黄某甦系与袁某寅、胡某成一起合作创业，因此，世纪公司的经营与黄某甦有直接利害关系。而黄某辉、王某瑞与黄某甦均存在一定关系。黄某辉是黄某甦的妹妹，是世纪公司的创始股东，王某瑞的母亲认识黄某甦，其亦是由黄某甦介绍进入世纪公司。综合本案情况，黄某甦可能是世纪公司的实际股东之一，黄某辉、王某瑞均有代黄某甦持股或被借名持股的相当可能性，在此内心确认的基础上，为维护交易安全，保障不特定第三人基于工商登记的信赖利益，法院对黄某辉、王某瑞要求确认其非股东资格的诉讼请求不予支持。

股份合作集体所有制企业股东知情权可以参照适用《公司法》

于素娟

一、据以研究的案例

某标牌厂于 1997 年 12 月 17 日注册成立，性质为集体所有制（股份合作），法定代表人为王某甲。王某乙于 2003 年成为标牌厂股东。2015 年 7 月 10 日标牌厂章程第 13 条规定：股东有权参加股东和职工（代表）大会并享有表决权，享有查阅股东和职工（代表）大会会议记录，了解企业经营状况和财务状况等权利。2016 年 9 月 2 日，王某乙通过快递方式向标牌厂邮寄查询申请书，要求查询标牌厂成立至今的公司章程、股东会会议记录、董事会会议决议、监事会会议决议和财务会计报告，并申请查阅标牌厂成立至今的会计凭证（包括原始凭证、记账凭证）、会计账簿（总账、明细账、日记账和其他辅助性账册）。标牌厂于 2016 年 9 月 4 日签收快递，但并未向王某乙作出答复。王某乙依据《公司法》第 33 条的规定提起本案诉讼。

面对王某乙的起诉，标牌厂辩称，标牌厂为集体所有制企业，并非有限公司，二者存在本质区别。王某乙不仅是标牌厂股东，还担任销售经理，并非对标牌厂经营状况一无所知。标牌厂同意王某乙行使股东知情权，但其须在一定范围内行使：王某乙可以查阅、复制标牌厂章程，可以查阅股东会会议记录，但不能复制；可以查阅财务会计报告，但不能复制，也不能委托他人查阅和复制；不能查阅、复制会计账簿和会计凭证；因王某乙在 2003 年成为标牌厂股东，故其只能查阅 2003 年以后的相关材料。

通州区人民法院认为，本案的争议焦点主要有以下两点：一是王某乙能否直接依据《公司法》第 33 条的规定行使知情权;二是王某乙行使股东知情权的内容、范围和方式。《公司法》明确规定其适用范围为在中国境内设立的有限责任公司与股份有限公司,并不包括股份合作集体所有制企业,故王某乙不能直接依据《公司法》第 33 条的规定行使知情权。但是股东知情权属于出资人应有的权利,与《公司法》规定的股东权利具有同质性,所以股份合作集体所有制企业股东行使股东知情权应当参照《公司法》相关规定。最终法院依据《合同法》第 8 条、第 60 条的规定,判决标牌厂在其住所地将其自 1997 年 12 月 17 日至 2016 年 12 月 16 日的章程交由王某乙查阅、复制,并将股东会会议记录、股东会决议交由王某乙查阅;将 1997 年 12 月 17 日至 2016 年 12 月 16 日的财务会计报告、会计账簿和会计凭证交由王某乙及其委托的注册会计师查阅。

判决作出后,王某乙与标牌厂均未上诉,该判决已经生效。

二、相关法律问题分析

本案的争议焦点在于王某乙作为股份合作集体所有制企业的股东行使股东知情权能否直接适用《公司法》第 33 条的规定。对此主要有以下两种观点:一种观点认为,可以直接适用《公司法》第 33 条的规定作出判决,理由是虽然集体所有制(股份合作)企业在《公司法》中并未作出规定,但该性质的企业与有限责任公司的性质是一样的,都是以其全部财产对外承担责任,股东以其出资为限对外承担有限责任。司法实践中也有直接援引《公司法》第 33 条作出判决的案例。另一种观点认为,《公司法》明确规定了调整对象仅限于在中国境内设立的有限责任公司和股份有限公司,并不包括股份合作集体所有制企业,既然该类型企业不受《公司法》的调整,那么在作出判决时就不能直接援引《公司法》的规定。但是知情权作为股份合作集体所有制企业出资人的固有权利,与《公司法》规定的股东权利具有同质性,故可以参照适用《公司法》的规定。

笔者同意第二种观点,理由如下:

(一)股份合作集体所有制企业的性质

股份合作制企业是一种特殊类型的企业,大多由国有企业或集体企业改制而来。1997 年 8 月,我国发布《关于发展城市股份合作制企业的指导意见》,明确指出要在城市的各个行业企业中发展股份合作制,并对股份合作制的定义、性质、特点、作用做了准确的界定和评议，为全国城市国有小型企业、集体企业和私营企业指明了方向，加快了集体企业和国有企业实行股份合作制改革的速度。

1999 年 10 月 20 日，北京市人民政府发布《北京市城镇企业实行股份合作制办法》（以下简称办法），后该办法进行了修正并于 2001 年 8 月 27 日施行。办法第 3 条规定，本办法所称股份合作制，是指以合作制为基础，实行以企业职工的劳动联合与资本联合为主的企业组织形式。城镇企业依照本办法实行股份合作制而成立的企业，称为城镇股份合作企业。第 5 条规定，城镇股份合作企业依法取得法人资格，享有由股东出资形成的全部法人财产权，依法享有民事权利，独立承担民事责任。城镇股份合作企业实行独立核算，自主经营，自负盈亏，并以其全部法人财产对企业的债务承担责任；股东以其出资额为限对企业承担责任。

因我国并未出台股份合作制企业法，所以股份合作集体所有制企业的设立和运转主要依照《企业登记管理条例》和各地方政府出台的城镇企业实行股份合作制办法的相关规定。

（二）股份合作集体所有制企业股东行使知情权可以参照《公司法》的相关规定

1. 股份合作集体所有制企业股东不能直接依据《公司法》第 33 条行使知情权

《公司法》第 33 条规定，股东有权查阅、复制公司章程、股东会会议记录、董事会会议决议、监事会会议决议和财务会计报告。股东可以要求查阅公司会计账簿。股东要求查阅公司会计账簿的，应当向公司提出书面请求，说明目的。公司有合理根据认为股东查阅会计账簿有不正当目的，可能损害公司合法利益的，可以拒绝提供查阅，并应当自股东提出书面请求之日起十五日内书面答复股东并说明理由。公司拒绝提供查阅的，股东可以请求人民法院要求公司提供查阅。这是公司法关于股东行使知情权的规定。

《公司法》第 2 条规定，本法所称公司是指依照本法在中国境内设立的有限责任公司和股份有限公司。该条明确规定了公司法调整的范围仅限于有限责任公司和股份有限公司，并不包括股份合作集体所有制企业，股份合作集体所有制企业直接适用《公司法》并无明确的法律依据,故该类型企业的股东不能直接依据《公司法》行使知情权。

2. 股份合作集体所有制企业股东行使股东知情权的合同依据——企业章程规定

章程,是指公司或企业依法制定的,规定公司或企业名称、住所、经营范围、股东及其权利、经营管理制度等重大事项的基本文件,也是公司或企业必备的规定公司、企业组织的基本活动规则的书面文件。章程是公司或企业组织行为的基本准则,其对公司或企业的成立及运营具有十分重要的意义,它既是公司或企业成立的基础,也是公司或企业赖以生存的灵魂。章程是全体股东意思表示一致的产物,是公司或企业的宪章。

章程作为公司或者企业必备的书面文件,必然要规定股东的权利和义务。2015 年 7 月 10 日标牌厂章程第 13 条规定:股东有权参加股东和职工(代表)大会并享有表决权,享有查阅股东和职工(代表)大会会议记录,了解企业经营状况和财务状况等权利。章程作为全体股东意思表示一致的产物,已经赋予了股东查阅股东和职工(代表)大会会议记录,了解企业经营状况和财务状况的权利,故股东可以依照章程的规定行使知情权。这是股份合作集体所有制企业股东行使股东知情权的合同依据。

3. 股份合作集体所有制企业股东行使股东知情权的合同依据——参照适用《公司法》规定

就公司而言,股东履行了向公司出资的义务,且有限责任公司的股东应以其认缴的出资额为限对公司承担责任,股份有限公司以其认购的股份为限对公司承担责任,股东履行对公司的出资义务并对公司承担责任,根据权利义务相一致的原则,股东应享有参与公司管理、知悉公司经营状况以及了解公司财务状况的权利。这便是公司法规定股东知情权的立法目的之所在。同样,股份合作集体所有制企业的股东履行了出资义务,并以其出资为限对企业承担责任,故股份合作集体所有制企业的股东同样应享有参与企业管理、了解企业经营状况和财务状况的权利。股份合作集体所有制企业股东的知情权属于出资人固有的权利,系随着其股东身份而产生的权利,与《公司法》规定的股东权利具有同质性。故股份合作集体所有制企业股东行使知情权可以参照《公司法》的相关规定,这是股份合作集体所有制企业股东行使股东知情权的法律依据。

（三）股东知情权法律规定和章程规定的关系

如上文所述，笔者认为章程规定系股份合作集体所有制企业股东行使知情权的合同依据，而《公司法》第33条规定系该企业股东行使知情权所参照的法律依据，二者之间并不存在本质上的矛盾和冲突。但在企业运行过程中和司法实践中，往往会出现章程规定的知情权范围与《公司法》规定的知情权范围不完全一致的现象，一般情况下是章程对《公司法》规定的知情权的内容、范围和方式作出限缩性规定。在这种情况下，是应当依据章程规定的内容、范围和方式行使权利，还是参照《公司法》的规定行使权利？

对此笔者认为应当区分情况进行分析。法律和章程规定股东知情权的目的是使股东能够了解企业经营状况和财务状况，以达到股东参与企业管理并正确行使其表决权的目的。如果章程对于股东知情权的内容和范围的限缩性规定已经无法达到立法规定知情权的根本目的，在股东无法了解企业经营状况和财务状况的情况下，章程关于知情权的规定已经违法了《公司法》的规定，应参照适用《公司法》的规定行使股东知情权。

如果企业章程并未对知情权的内容和范围作出限缩性规定，仅仅是对于行使方式（查阅或者复制）进行了限缩性规定，或者对知情权内容和范围的限缩性规定可以满足股东知情权目的的实现，能够使股东了解企业经营状况和财务状况，能够正确行使其经营管理权和表决权，这种情况下，股东之间的特别约定应优先于法律规定适用。企业章程是全体股东意思表示一致的结果，是企业成立的基础，对于全体股东具有约束力，在章程的限缩性规定足以保障股东了解企业运行状况和进行管理决策，且没有完全剥夺股东知情权的情况下，司法应当尊重当事人的意思自治，不应过多干预当事人之间的事先约定。

在本案中，标牌厂章程规定股东可以查阅股东和职工（代表）大会会议记录，了解企业经营状况和财务状况。章程关于知情权的行使方式进行了限缩性规定，即仅允许查阅，不允许复制。查阅足以保障王某乙行使知情权，故法院对于王某乙要求复制股东会会议记录的诉讼请求不予支持。标牌厂不同意王某乙查阅企业账簿和会计凭证，法院认为标牌厂章程规定股东有权了解企业经营状况和财务状况，权利实现应有具体的方式，企业的经营状况可以通过财务账簿和会计凭证体现出来，故王某乙有权查阅企业财务账簿和会计凭证。

总之，股份合作集体所有制企业作为我国市场经济发展过程中出现的一种特殊企业类型，随着市场经济体制的发展与完善，最终的发展趋势是向公司治理模式转变。股份合作集体所有制企业的股东行使知情权可以参照《公司法》的规定，结合企业章程的规定行使，是符合市场经济发展规律的。

综上，一审法院的判决是正确的。

农村土地以出租的方式流转符合法律规定

刘紫微

一、据以研究的案例

2003年7月1日，原告王某与北京市通州区某村签订《土地承包合同》，合同约定某村将某村的5亩土地即涉案土地承包给王某，承包期限为30年（只限搞养殖），合同自2003年7月1日起至2033年7月1日止，在承包期内，王某不得将使用权转让，如果发现某村将地收回。

王某称，2010年9月10日，王某与王某某在某村不知情的情况下签订《土地租赁合同》，约定王某将涉案土地出租给王某某，期限为2010年10月15日起至2030年10月15日止。王某某承租该土地后，除了在该土地上盖11间房屋外，一直闲置，并未对涉案土地进行任何合理使用。王某认为双方之间的合同违反了王某和某村合同的要求，且违反有关法律规定，应属无效合同。该合同以及合同签订后王某某对合同履行的情况无法实现先合同的本来目的，期限超过王某与某村之间合同的法律保护期限，且王某某改变了土地使用用途。故王某起诉要求：请求确认原告王某与被告王某某于2010年9月10日签订的《土地租赁合同》无效；本案诉讼费用由被告王某某承担。

王某某辩称，双方于2010年9月10日签订的土地租赁合同，系双方平等自愿签订，符合法律规定，且王某某已履行了合同，故不同意王某的诉讼请求。

北京市通州区人民法院经审理认为：王某与王某某签订的《土地租赁合同》在平等自愿条件下签订，系双方真实意思表示，未违反法律和行政法规的强制性规定，合法有效。依据《合同法》第 44 条、第 52 条、《土地承包法》第 3 条第 2 款、第 37 条第 1 款、第 49 条、《最高人民法院关于审理涉及农村土地承包纠纷案件适用法律问题的解释》第 13 条、第 14 条、第 21 条及《民事诉讼法》第 64 条第 1 款之规定：驳回原告王某的诉讼请求。

一审判决作出后，原告王某和被告王某某均未提起上诉，本案现已生效。

二、相关法律问题分析

本案的争议焦点是《土地租赁合同》的效力问题。

（一）需要对涉案土地的承包及流转方式加以界定

根据《农村土地承包法》第 3 条第 2 款的规定，农村土地承包分为两种：一是农村集体经济组织内部的家庭承包；二是对不宜采取家庭承包方式的荒山、荒沟、荒丘、荒滩等农村土地，采取招标、拍卖、公开协商等方式承包，即其他方式的承包。根据查明的事实，涉案土地的承包系王某与某村村委会以协商方式对荒地的承包，属于其他方式的承包。《农村土地承包法》第 49 条规定，通过其他方式承包农村土地，经依法登记取得土地经营权证书的，其土地承包经营权可以依法采取出租等方式流转。涉案土地虽未取得土地经营权证书，但并非因承包方王某的原因所致。在此情况下，涉案土地以出租的方式流转，是否符合法律规定？《最高人民法院关于审理涉及农村土地承包纠纷案件适用法律问题的解释》（以下简称《解释》）第 21 条第 1 款规定，非因承包方原因未登记取得土地承包经营权证书的，承包方即以出租等方式流转土地承包经营权，发包方请求确认该流转无效的，不予支持。同理，非因承包方原因未登记取得土地承包经营权证书的，即使承包方自己要求确认流转无效，亦不应得到支持。因此，涉案土地以出租的方式流转符合法律规定。

（二）王某提出的未经某村村委会同意将承包经营权出租，是否能够构成《土地租赁合同》无效的理由

《解释》第三部分对其他方式的承包纠纷的处理进行了规定，第 21 条第 2

款规定,承包方流转土地承包经营权,除法律或者本解释有特殊规定外,按照有关家庭承包土地承包经营权流转的规定处理。关于土地承包经营权流转是否必须经发包方同意的问题,《农村土地承包法》第2章家庭承包第5节土地承包经营权的流转第37条规定,采取转让方式流转的,应当经发包方同意;采取转包、出租、互换或者其他方式流转的,应当报发包方备案。《解释》第二部分家庭承包纠纷案件的处理第13条规定,承包方未经发包方同意,采取转让方式流转其土地承包经营权的,转让合同无效。但发包方无法定理由不同意或者拖延表态的除外。综合以上规定,土地承包经营权只有在以转让方式流转的情况下,未经发包方同意时,才导致流转合同无效,以出租等其他方式流转的情形并不适用,以其他方式流转的只要求备案。因此,王某提出的未经某村村委会同意将承包经营权出租,导致《土地租赁合同》无效的理由,法院不予采信。

那么,备案与否是否系导致流转合同无效的理由呢?《解释》第14条规定,承包方依法采取转包、出租、互换或者其他方式流转土地承包经营权,发包方仅以该土地承包经营权流转合同未报其备案为由,请求确认合同无效的,不予支持。根据该规定,作为土地所有人的发包方以承包方未报其备案为由要求确认合同无效,尚得到不支持,作为承包人如提出相同的理由要求确认与承租人之间的合同无效,更不应予以支持。

(三)王某提出的王某某改变土地用途,是否构成《土地租赁合同》无效的理由

首先,要看双方在《土地租赁合同》中是否约定要改变土地用途。根据查明的事实,《土地租赁合同》对土地用途无专门约定,只是在第6条约定甲方确保乙方能在该地面上建筑房屋和库房。但《土地租赁合同》后所附平面图显示,涉案土地绝大部分面积为养殖用途,只有较少部分面积用作配套建筑。根据常理,养殖用地可以适当建设配套用房,故从《土地租赁合同》的内容来看,不足以证明改变土地用地用途。其次,从《土地租赁合同》的实际履行来看,王某某所建房屋面积200平方米左右,占全部土地面积的比例为6%,在合理范围之内。至于涉案土地上另外1000平方米左右的房屋,双方均认可系案外人所为,并非王某某所建。况且,即使在合同履行过程中超范围建设导致违反土地规划用途,也属于合同解除事由,而非合同无效事由。因此,王某提出的王某某改变土

地用途导致《土地租赁合同》无效的意见,证据不足,法院不予采信。

（四）王某提出的《土地租赁合同》条款不具有合法性,是为了拆迁利益,是否导致《土地租赁合同》无效

首先,王某未提交证据证明《土地租赁合同》的条款违法在何处。其次,王某亦未提交证据证明对方系为了拆迁利益而签订合同,况且,即使对方为了拆迁利益而签订合同,法律也未规定签订合同的动机系确认合同有效与否的条件。因此,王某要求确认《土地租赁合同》无效的第三条理由,法院亦不予采信。

综上所述,法院判决是正确的。

合同相对人有权要求公司发起人承担合同责任

晋 怡

一、据以研究的案例

北京毛世恒源厨房设备有限公司（以下简称毛世恒源公司）起诉称:毛世恒源公司为厨房设备加工和销售企业。2014 年 9 月 26 日,毛世恒源公司与被告戴某签订《厨房设备工程购销合同》,合同约定由毛世恒源公司为被告戴某加工制作厨房设备,货运至被告戴某指定地点即通州宋庄、中关村五道口,合同总价为 167 970 元。签订合同后付 50 000 元整,余款三个月内（2014 年 12 月 30 日）一次付清。上述合同签订后,毛世恒源公司按约定加工制作相应厨房设备并交付被告戴某。此外,应被告戴某要求,又为其新街口店和机场十七城小面店加工制作厨房设备,总计金额为 252 402 元。至今,被告戴某仅支付设备款 150 000元,尚欠 102 402 元。经毛世恒源公司与被告戴某多次交涉,均未得到解决。现毛世恒源公司诉至法院,请求依法判令被告戴某支付设备款 102 402 元,本案诉讼费用由被告戴某承担。

被告戴某答辩称:不同意毛世恒源公司的诉讼请求。首先,双方签订合同的总金额为167 970元,交货地点为宋庄、五道口,戴某将设备用于2014年10月20日成立的北京十七城餐饮管理有限公司(以下简称十七城公司);其次,2015年4月16日,十七城公司员工王某与毛世恒源公司就新街口店和机场十七城店在报价清单上核对并签字的货款金额为99 032元,两份报价清单中没有戴某的签字,根据合同相对性原则,毛世恒源公司只能要求王某承担合同责任,十七城公司自愿承担公司员工在报价清单上签字的法律责任,王某也是在履行工作职责。综上,毛世恒源公司应当向十七城公司主张而非戴某。

经审理查明,十七城公司于2014年10月20日成立,戴某系十七城公司的法定代表人。

2014年9月26日,毛世恒源公司与戴某签订《厨房设备工程购销合同》,约定合同总价为167 970元。交货地点为通州宋庄、中关村五道口。合同签订后,毛世恒源公司实际向戴某指示的十七城公司的4个门店交付了货物。2015年4月16日,毛世恒源公司与十七城公司职员王某签订对账清单,确认:五道口实际发生金额为38 270元,宋庄基地实际发生金额为115 100元,新街口实际发生金额为46 532元,机场十七城小面实际发生金额为52 500元。以上实际发生金额合计为252 402元。戴某共给付毛世恒源公司15万元。

北京市通州区人民法院经审理判决如下:戴某于本判决生效之日起七日内给付北京毛世恒源厨房设备有限公司设备价款102 402元。判决作出后,双方当事人均未上诉,判决已生效。

法院生效判决认为,关于毛世恒源公司要求戴某给付设备款102 402元的诉讼请求,虽然双方签订的《厨房设备工程购销合同》中只明确约定交货地点为宋庄、五道口,交货地点为新街口和机场十七城小面的设备未体现在合同内,但戴某在庭审中称上述四个地点的设备是合同签订后陆续安装并于2015年年初安装完毕,且戴某已给付的15万元价款并未有明确的付款指向,因毛世恒源公司交付的货物与报价清单上不一致,故双方于2015年4月16日进行对账确认,十七城公司职员王某代表戴某在其上签字,综合上述情况,法院认为,新街口和机场十七城小面的设备应视为《厨房设备工程购销合同》的增项部分。双方在签订上述合同时,戴某任法定代表人的十七城公司尚未成立,毛世恒源公司并不知晓戴某系为设立中的十七城公司利益而与其签约,毛世恒源公司作为合同相对人,有权选择戴某承担合同责任。

二、相关法律问题分析

发起人为设立公司以自己的名义对外订立的合同,原则上应该遵循合同相对性原则,即合同只在合同签订者之间发生法律效力,而不能向合同关系以外的人主张合同权利。但是,公司成立后,如果公司确认了该合同,或者公司通过实际行为已经成为合同的权利享有者或者义务承受者,而且合同相对人也起诉要求公司承担责任,这表明公司愿意成为合同主体,且相对人也接受公司作为合同主体,此时,由公司承担合同责任,则符合合同法中隐名代理的原理,可以由公司承担合同责任。如果合同相对人不愿意接受公司作为合同主体,其有权利要求发起人承担合同责任。具体分析如下:

(一)发起人可以对外代表设立中的公司进行民事活动

公司设立是指按照法律规定的条件和程序,发起人为组建公司,使其取得法律人格,采取和完成一系列法律行为的总称。发起人是设立中公司的代表机关和执行机关,对外代表设立中公司进行民事活动。在设立公司的过程中,因设立中的公司并不具备完全的民事主体资格,还不便以自己的名义对外享有权利、承担义务,而且有些情况下,也不能作为法律责任的承担主体,所以,在设立过程中,发起人常常以自己的名义对外订立合同。

(二)根据合同相对性原则发起人对外订立合同,相对人有权要求发起人承担合同责任

发起人对外订立合同,相对人不知道发起人是为设立中公司的利益时,相对人有权依据合同相对性原则,要求发起人承担合同责任。合同相对性原则,是指合同主要在特定的当事人之间发生法律约束力,合同当事人一方只能基于合同向对方提出请求或者提起诉讼,而不能向与其无合同关系的第三人提出合同上的请求,也不能擅自为第三人设定合同上的义务。合同相对性原则之所以是合同法的一项基本原则,是因为其对包含当事人的合法权益,维护商品经济下的交易自由具有重要意义:首先,合同相对性原则是意思自治原则的体现,在合同范围内,一切权利义务关系的建立,均以当事人的个人意志为核心,只有当

事人意思表示一致的情况下，才能经过要约和承诺两个阶段，最终使合同成立。其次，合同相对性原则充分保护第三人利益。合同是当事人内部关于权利义务的约定，不具有公示性，第三人一般并不知晓当事人的约定，因此，合同的权利义务也不应漫无边际的涉及第三人。最后，合同相对性原则有利于保护交易的安全稳定。把合同的权利义务限定在特定的当事人之间，使交易处于明确状态，增加了交易的透明度和稳定性，可以有效地排除第三人的干扰和影响。

（三）以自己名义为民事行为，该行为的后果由被代理人直接承担

公司成立后，如果公司确认了该合同，或者公司通过实际行为已经成为合同的权利享有者或者义务承受者，而且合同相对人也起诉要求公司承担责任，此时，由公司承担合同责任，符合《合同法》中的隐名代理的原理。隐名代理是指代理人有代理权，但不向相对人公开自己的代理人身份，而以自己的名义为民事行为，该行为的后果仍由被代理人直接承担。根据相对人是否事先知晓代理人和被代理人的代理关系，隐名代理分为事先知道的隐名代理和事先不知道的隐名代理。在事先不知道的隐名代理中，如果相对人违约，代理人应当向被代理人披露相对人，被代理人因此可以行使代理人对相对人的权利，即被代理人享有直接介入权，但如果相对人能够举证证明其知道被代理人就不会订立合同的除外。如果代理人违约，代理人向相对人披露被代理人，相对人可以选择代理人或者被代理人作为自己的合同相对方，即相对人具有选择权。且按照《合同法》的规定，相对人一旦选择代理人或者被代理人作为权利行使的对象后，不得再变更选定的合同相对人。

综上，无论是依据合同相对性原则，还是隐名代理的原理，毛氏恒源公司均有权要求被告戴某承担合同责任，被告戴某系本案适格被告。

刑事篇

盗窃停在院外车辆的行为不能认定为入户盗窃

赵程宇

一、据以研究的案例

2013 年 9 月 12 日凌晨，被告人白某采取溜门入户的手段进入李某家中，盗窃李某屋内钱包 1 个，内有居民身份证、驾驶证、机动车行驶证、人民币 400 余元、“夏利”牌轿车车钥匙 1 把，后被告人白某将停放在门外的“夏利”牌轿车盗走，并从该车副驾驶遮阳板处窃走车辆完税发票及车辆保险单等物，从车辆后排座位窃走“现代”牌音箱 1 台。经鉴定，该车价值人民币 44 430 元。后被告人白某将上述除夏利轿车及车钥匙以外的物品存放于其暂住地，2013 年 10 月 18 日，公安机关在被告人白某的暂住地将涉案的身份证、驾驶证、机动车行驶证、音箱及发票、保险单等物起获，并扣押发还给被害人李某。2014 年 9 月 11 日，公安机关在某村将涉案的“夏利”牌轿车起获，后发还给太平财产保险有限公司北京分公司。被告人白某于 2013 年 10 月 18 日被公安机关抓获。

公诉机关提供了相应的证据，认为被告人白某以非法占有为目的，入户盗窃他人财物数额巨大的行为触犯了《刑法》第 264 条之规定，构成盗窃罪，同时认定被告人白某系累犯。

法院审理后认为：被告人白某以非法占有为目的，秘密窃取他人财物，数额较大，其行为已构成盗窃罪，依法应予惩处。对于公诉机关认定“被告人白某盗窃数额巨大”的意见，经查，被告人白某所盗窃的车辆停放在户外，其所盗窃的财物价值未达到 6 万元，不应认定为数额巨大或情节严重，故上述意见法院不予支持。被告人白某曾因犯盗窃罪被判处有期徒刑，在刑满释放后五年内再故意犯应当判处有期徒刑之罪，系累犯，依法应当从重处罚。被告人白某曾经多次因为盗窃罪被判处刑罚，依法可以酌情从重处罚。本案中部分赃物已经起获并发还,依法可以对被告人白某酌情从轻处罚。被告人白某入户盗窃车钥匙的情节,法院在量刑时酌情予以考虑。据此判决,认定被告人白某犯盗窃罪,判处有期徒刑二年十个月,并处罚金人民币 3000 元。宣判后,被告人白某提出上诉,北京市第三中级人民法院作出裁定,驳回白某的上诉,维持原判。现判决已生效。

二、相关法律问题分析

本案的争议焦点为被告人白某盗窃车钥匙,并用该车钥匙盗窃院外车辆的行为能否认定为入户盗窃即盗窃具有“其他严重情节”,并处以三年以上的有期徒刑。

《刑法》第 264 条规定,盗窃公私财物,数额较大的,或者多次盗窃、入户盗窃、携带凶器盗窃、扒窃的,处三年以下有期徒刑、拘役或者管制,并处或者单处罚金;数额巨大或者有其他严重情节的,处三年以上十年以下有期徒刑,并处罚金……

《最高人民法院、最高人民检察院关于办理盗窃刑事案件适用法律若干问题的解释》第 6 条规定,盗窃公私财物……入户盗窃、携带凶器盗窃,数额额达到本解释第 1 条规定的“数额巨大”“数额特别巨大”50% 的,可以分别认定为《刑法》第 264 条规定的“其他严重情节”或者“其他特别严重情节”。此外按照该司法解释的规定,北京市高级人民法院将北京市盗窃罪数额较大的标准认定为 2000 元、数额巨大的标准认定为 6 万元,数额特别巨大的标准认定为 40 万元。

就本案来讲,如果认为被告人白某入户盗窃数额达到 3 万元,就可以认定为具有其他严重情节,依法应处三年以上有期徒刑,显然公诉机关认为被告人白某入户盗窃的数额为 44 000 余元,达到数额巨大,或具有其他严重情节,应判处三年以上有期徒刑,亦即认定被告人白某属于入户盗窃车辆。

结合本案案情,这样推断不符合常理,因为没有人会认为入户偷钥匙,然后用钥匙将院外车辆偷走的行为能被认为是入户盗窃车辆。换句话说,不会有人将这种情形认为是入户盗窃的物品价值 4 万余元,那么在法律上该对此作如何解释呢?

(一)本案盗窃车辆停放地点是在院外不能概括认定为入户盗窃

在院外盗窃车辆的行为未侵犯居住权。从法益保护的角度来讲,入户盗窃规定为犯罪,是指刑法既保护居住权,也保护财产权,在被告人白某入户盗窃车钥匙的行为已经结束的情况下,实际上居住权的保护就已不存在,被告人在院外实施的盗窃车辆的行为,并没有侵犯到居住权,而只侵犯了事主的财产权,不能笼统的概括认定为入户盗窃车辆。

根据上述司法解释第 3 条第 2 款的规定,非法进入与外界相对隔离的住所盗窃的,应当认定为入户盗窃,即户应具有场所特征和功能特征,从场所来看,户具有私密性、封闭性,本案中车辆的停放地点是在院外,属于公共区域,不具有私密性、封闭性,也就不具有户的场所特征,更何况本案被害人所住房屋属于多人租住的院落,即使车辆停在院内,能否认定为户都须要进行探讨;从户的功能特征看,入户盗窃必须发生在户内,如果发生在户外,在户外盗窃的行为不能认定为入户盗窃,这样的解释不仅符合刑法解释学的原理,也符合刑法的立法原意。因此,本案中盗窃车辆的行为不能认定为入户盗窃。

(二)被告人的罪行不应承担相对较重的刑罚

按照罪刑相适应的原则,以被告人的罪行不应承担相对较重的刑罚。实际上,本案中被告人白某实施两个相对连续而又相对独立的犯罪行为,也就是入户盗窃车钥匙、钱包和在院外盗窃车辆,这两个行为都符合盗窃罪的构成要件,都分别构成犯罪并应该被判处刑罚,就第一个行为来讲,入户盗窃数额并不大,按照刑法规定应处三年以下有期徒刑,且实际上考虑到累犯等情节,量刑幅度应在一年左右;就第二个行为,也并未达到北京市数额巨大的标准,也应在三年以下量刑,而实际考虑到累犯等情节,量刑幅度应在二年至三年;但如果按照公诉机关认定的将两个行为作为整体来考量,因为已达到有其他严重情节的标准,应处三年以上有期徒刑,具体的量刑幅度应在五年至六年;很显然,对两个行为作为整体考量的量刑幅度高于单独考量的情形。当然,公诉机关会提出疑问,先入户盗窃车钥匙,紧接着用车钥匙将院外车辆盗走的行为不是一个整体行为吗?不应该被整体考量吗?笔者认为,可以整体考量,但不能认为被告人入户盗窃的物品价值 4 万余元,这有悖于一般常理,且有了前面罪刑不相适应的分析，即刑罚的量不能超过责任的程度，因此当然不能以此对被告人科以相对较重的刑罚。况且笔者认为，将两个行为分开来考量，并不会使被告人逃脱法律的处罚。

综上，法院以被告人盗窃车辆等物品价值4万余元的行为构成盗窃罪来处罚，将入户盗窃车钥匙及钱包的行为在量刑时予以考虑，是正确的。

立功情节无法证实的不认定为立功

梁联林　王欢欢

一、据以研究的案例

2013年5月22日17时许，被告人邢某、王某到北京市通州区永顺镇乔庄西区××号楼×单元×楼楼道口，窃取石某停放的“本田”牌两轮燃油助力摩托车1辆，经北京市国宏信价格评估有限公司鉴定，该摩托车价值人民币2400元。被告人邢某在被抓获前已赔偿被害人石某人民币9000元，后于2013年5月23日被查获，赃物摩托车1辆、作案工具螺丝刀1把均已被扣押。被告人王某于2013年5月23日到通州分局焦王庄派出所投案。赃物摩托车1辆已发还。

在北京市通州区人民法院审理的过程中，检察机关认为被告人邢某到案后如实供述，协助司法机关抓捕其他犯罪嫌疑人，依据《刑法》第68条，系立功，可以从轻处罚。后经北京市公安局通州分局焦王庄派出所证实，根据被告人邢某的供述公安局将另一名涉嫌盗窃的犯罪嫌疑人王甲抓获。经王甲供述，其于2013年5月22日1时许，在次渠镇某小区盗窃摩托车一辆。后公安局调查发现王甲所供述的盗窃案并没有失主，因此无法对王甲的违法行为进行裁定。故一审法院审理认为，被告人邢某、王某以非法占有为目的，秘密窃取他人财物，数额较大，其行为均构成盗窃罪，依法均应予惩处。人民检察院指控被告人邢某、王某犯盗窃罪事实清楚,证据确实、充分,指控的罪名成立。被告人邢某到案后如实供述自己的罪行,积极赔偿被害人;被告人王某自动投案,到案后如实供述自己罪行,有自首情节,且赃物已起获发还,依法可对二被告人从轻处罚。关于公诉机关认为被告人邢某有立功情节的公诉意见,经查,公诉机关提供的证明邢某具有立功情节的证据不足,故法院对该意见不予采纳。综上判决:被告人邢某犯盗窃罪,判处管制八个月,罚金人民币 1000 元;被告人王某犯盗窃罪,判处管制六个月,罚金人民币 1000 元;作案工具螺丝刀一把,予以没收。

一审判决作出后,被告人没有提起上诉,现判决已经生效。

二、相关法律问题分析

本案的争议焦点是被告人邢某协助司法机关抓捕其他犯罪嫌疑人但该犯罪事实无法证实的,能否认定为立功。

所谓立功,是指犯罪分子揭发他人犯罪行为,查证属实,或者提供重要线索,从而得以侦破其他案件等情况的行为。其构成应符合以下几个条件:第一,时间。立功的时间是指立功表现发生的时间。立功发生在刑事诉讼过程中,犯罪人揭发检举他人的犯罪行为是在其归案以后判决宣告以前。第二,表现及行为。根据《刑法》规定以及最高人民法院 1998 年 4 月 6 日发布的《关于处理自首和立功具体应用法律若干问题的解释》,具体包括以下三种情形:一是犯罪分子到案后检举、揭发他人犯罪行为,包括共同犯罪案件中的犯罪分子揭发同案犯共同犯罪以外的其他犯罪,经查证属实的;二是提供其他案件的重要线索,查证属实并使司法机关得以侦破;三是阻止他人的犯罪活动、协助司法机关抓捕其他犯罪嫌疑人(包括同案犯)以及具有其他有利于国家和社会的突出表现等。第三,效果。立功不仅是一种表现,而且必须要有某种实际效果。立功表现形式不同,其立功效果亦有所不同。揭发他人犯罪行为的立功表现,须经查证属实才能成立。查证属实,是指经过司法机关查证以后,证明犯罪人揭发的情况不是犯罪事实或者无法证明,则不属于立功。提供重要线索的立功表现,须使犯罪案件得以侦破。使犯罪案件得以侦破是指司法机关根据犯罪人提供的重要线索,查清了犯罪事实,破获了犯罪案件。其他立功表现,同样也要具有这种立功效果。

结合本案,被告人邢某提供了案件线索,协助公安机关抓获另一名涉嫌盗窃的犯罪嫌疑人王甲,且王甲本人对盗窃摩托车的事实供认不讳。但经公安机关核实后发现该案并没有失主,因此无法对王甲的盗窃行为进行认定。另由于王甲盗窃案未找到失主,对于失窃的摩托车价值亦无法认定,而盗窃财物数额的多少直接关系到盗窃罪与非罪的认定,故无法认定被告人邢某协助司法机关抓捕其他犯罪嫌疑人。另外,《最高人民法院关于处理自首和立功具体应用法律若干问题的意见》的第六部分"关于立功线索的查证程序和具体认定"明确规定:"被告人在一审、二审审理期间检举揭发他人犯罪行为或者提供侦破其他案件的重要线索,人民法院经审查认为该线索内容具体、指向明确的,应及时移交有关人民检察院或者公安机关依法处理。侦查机关出具材料,表明在三个月内还不能查证并抓获被检举揭发的人,或者不能查实的,人民法院审理案件可不再等待查证结果……"本案中,王甲的盗窃行为经公安机关核实无法查实,故一审法院审理认为邢某具有立功情节的证据不足,不认定为立功是正确的。

综上,一审法院的判决是正确的。

提供司法机关尚未掌握的其他案件的犯罪嫌疑人的藏匿地址的,无论是否有带领抓捕行为,均应认定为立功

王欢欢

一、据以研究的案例

2012年12月19日18时许,被告人郝某某驾驶灰色宝来汽车行驶到北京市通州区玉桥东里小区时,明知民警执行公务,仍拒绝民警工作,并在乘车人田某某(另案处理)的要求下,驾驶车辆冲撞民警所驾驶的警车,造成车辆损失达9300元。2012年12月20日17时许,被告人郝某某到通州分局禁毒中队投案。

公诉机关以妨害公务罪将郝某某诉至法院。

案件审理过程中，被告人郝某某对起诉书指控的内容无异议，并表示其提供了其他犯罪嫌疑人任某的藏匿地点并协助民警抓获了任某。辩护人的辩护意见为：被告人郝某某主动投案，如实交代自己的犯罪事实，系自首；揭发并协助公安机关抓捕其他犯罪嫌疑人任某，并且任某已因犯容留他人吸毒罪被判处刑罚，系立功，建议法院对其从轻处罚。

北京市通州区人民法院经审理认为，被告人郝某某无视国法，以暴力方法阻碍国家机关工作人员依法执行职务，其行为已构成妨害公务罪，依法应予惩处。通州区人民检察院指控被告人郝某某犯妨害公务罪，事实清楚，证据确实、充分，指控的罪名成立。被告人郝某某自动投案并如实供述自己的罪行，到案后揭发并协助公安机关抓捕其他犯罪嫌疑人，具有自首和立功情节，且积极赔偿车辆损失，依法可对其从轻处罚。辩护人的相应辩护意见，予以采纳。依照《刑法》第 277 条第 1 款、第 67 条第 1 款、第 68 条等规定，对被告人郝某某以妨害公务罪判处有期徒刑八个月。

后被告人郝某某不服一审判决，以量刑过重为由上诉至二审法院。二审法院判决驳回上诉，维持原判。

二、相关法律问题分析

本案的争议焦点是被告人郝某某是否具有立功情节。

控方认为，根据通州公安分局刑侦支队民警出具的工作说明，证实被告人郝某某在供述其违法犯罪行为时，交代其曾于 2012 年 12 月 19 日在任某的居住地吸食毒品，据此侦查员认为任某涉嫌容留他人吸毒，故让郝某某交代任某的藏匿地点，郝某某交代任某藏匿于通州区梨园镇格林豪泰酒店内，后侦查员据此线索于 2012 年 12 月 21 日将藏匿于通州区梨园镇格林豪泰酒店内的任某抓获。根据此份工作说明，控方认为不能证明被告人郝某某系带领侦查人员抓获其他犯罪嫌疑人，故依法不构成立功。

被告人郝某某当庭辩称，其系带领民警到通州区梨园镇格林豪泰酒店内抓捕任某，当时其在车内告知民警从后门进入酒店，后民警抓获任某。

一审法院向通州区公安分局禁毒中队民警核实，民警另出具一份工作说明，证实被告人郝某某随民警前往通州区梨园镇格林豪泰酒店内将任某抓获。

笔者认为,本案中,无论被告人郝某某是否跟随民警前往酒店抓捕任某,根据检方提供的第一份工作说明,已足以证实被告人郝某某具有法定立功情节,具体理由分析如下:

首先,从本案已认定事实上来看:控辩双方均无异议的事实是,被告人郝某某交代其曾在任某居住地吸食毒品,并交代任某藏匿地点为通州区梨园镇格林豪泰酒店,后任某在该酒店内被民警抓获并被法院以容留他人吸毒罪依法判处刑罚。

其次,从有关认定立功的法律规定及司法解释来看:根据我国《刑法》第68条之规定,犯罪分子有揭发他人犯罪行为,查证属实的,或者提供重要线索,从而得以侦破其他案件等立功表现的,可以从轻或者减轻处罚。

对因揭发他人犯罪行为构成立功的,最高人民法院通过司法解释予以了细化,根据1998年《最高人民法院关于处理自首和立功具体应用法律若干问题的解释》(以下简称《解释》)第5条之规定,犯罪分子到案后有检举、揭发他人犯罪行为,包括共同犯罪案件中的犯罪分子揭发同案犯共同犯罪以外的其他犯罪,经查证属实;提供侦破其他案件的重要线索,经查证属实;阻止他人犯罪活动;协助司法机关抓捕其他犯罪嫌疑人(包括同案犯);具有其他有利于国家和社会的突出表现的,应当认定为有立功表现。

对于协助司法机关抓捕其他犯罪嫌疑人构成立功的情形,2010年最高人民法院再次予以了细化,即根据2010年《最高人民法院关于处理自首和立功若干具体问题的意见》(以下简称《意见》)第五部分第1款之规定,犯罪分子具有下列行为之一,使司法机关抓获其他犯罪嫌疑人的,属于《解释》第5条规定的"协助司法机关抓捕其他犯罪嫌疑人":(1)按照司法机关的安排,以打电话、发信息等方式将其他犯罪嫌疑人(包括同案犯)约至指定地点的;(2)按照司法机关的安排,当场指认、辨认其他犯罪嫌疑人(包括同案犯)的;(3)带领侦查人员抓获其他犯罪嫌疑人(包括同案犯)的;(4)提供司法机关尚未掌握的其他案件犯罪嫌疑人的联络方式、藏匿地址的,等等。同时《意见》第五部分第2款还作出了排除性规定,即犯罪分子提供同案犯姓名、住址、体貌特征等基本情况,或者提供犯罪前、犯罪中掌握、使用的同案犯联络方式、藏匿地址,司法机关据此抓捕同案犯的,不能认定为协助司法机关抓捕同案犯。

根据上述法律及司法解释的规定,认定协助司法机关抓捕其他犯罪嫌疑人型立功,基本精神有两点:其一,是否存在足以被评价为“协助”的行为。某种行为是否能够被评价为“协助”的行为,需要考虑如果没有该协助行为,公安机关难以抓获犯罪嫌疑人;正是有了被告人的协助,公安机关才能顺利抓获犯罪嫌疑人。以此为出发点,没有带领司法机关抓捕其他犯罪嫌疑人,也没有借助于通信工具与其他犯罪嫌疑人进行直接联系,单纯提供线索的,也可能成立立功。其二,是否比坦白做得更多。要考察行为人所供述的事实,是否超越了坦白的范围和要求,或者做得比坦白更多。如果关于其他犯罪嫌疑人的某种事实,即便不交代,也不影响坦白成立,但司法机关根据这一交代抓捕其他犯罪嫌疑人的,行为人的这一交代就可能成立立功。

综合上述事实及法律规定,本案中,被告人郝某某因涉嫌妨害公务罪被追究刑事责任,而任某因犯容留他人吸毒罪被判处刑罚。本案被告人郝某某的同案犯系田某某(另案处理),而不是任某。因而,2010 年最高人民法院《意见》第五部分第 2 款的排除性规定不适用于本案,任某应属于“其他案件犯罪嫌疑人”。郝某某提供了司法机关尚未掌握的其他案件犯罪嫌疑人任某的藏匿地点,故根据《意见》第五部分第 1 款第 4 项的规定,依法构成立功。

综上,一审、二审法院的判决均是正确的。

自动投案,在司法机关掌握其主要犯罪事实之后如实供述的,不构成自首

王欢欢

一、据以研究的案例

2012 年 4 月至 2013 年 2 月,被告人赵某某化名“肖某”,冒充中国人民解放军 86213 部队少校参谋身份,通过“微信”结识高某某、段某某、李某某、魏某

某等人,并以伪造的军官证、军装等骗取高某某等人信任,与其发生性关系或与其确立男女朋友关系。在此期间,被告人赵某某以出国培训用钱等名义,骗取高某某人民币 19 200 元;以战友父亲患病急需用钱等名义,骗取段某某人民币 16 550 元;以去军校进修名义,骗取李某某 400 元。2013 年 2 月 22 日,段某某报案,被告人赵某某于同日投案。在公安侦查阶段,被告人赵某某仅供述其冒充军人骗取段某某钱财的犯罪事实,对其他犯罪事实未予供述。在审查起诉阶段,在公诉机关掌握了被告人赵某某冒充军人骗取其他被害人钱财的犯罪事实后,被告人赵某某方在公诉机关提讯时如实供述其余犯罪事实。

公诉机关以冒充军人招摇撞骗罪将赵某某诉至法院,同时认为被告人赵某某系自动投案,到案后仅如实供述其冒充军人骗取段某某钱财的犯罪事实,而未交待其他犯罪事实,在审查起诉阶段公诉人已掌握其他犯罪事实后,经讯问才交代其余犯罪事实,故不构成自首,但构成如实供述,依法可从轻处罚。法院审理过程中,被告人赵某某通过家属与被害人段某某、高某某、李某某达成赔偿谅解协议。被告人赵某某对公诉机关指控的事实无异议。

北京市通州区人民法院经审理认为,被告人赵某某冒充军人招摇撞骗,其行为构成冒充军人招摇撞骗罪,依法应予惩处。被告人赵某某自动投案,被提起公诉前能够如实供述自己罪行,依法可从轻处罚。但其在侦查阶段仅如实供述欺骗段某某的事实,否认欺骗其他被害人的事实,在审查起诉阶段才如实供述自己的全部罪行,故依法不构成自首。鉴于其在法院审理过程中积极赔偿三名被害人的经济损失并取得谅解,依法可酌予从轻处罚。故依法对被告人赵某某判处有期徒刑一年零四个月,已扣押作案工具并予以没收。

一审判决后,被告人赵某某未上诉,判决已生效。

二、相关法律问题分析

本案的争议焦点在于被告人赵某某的行为是否构成自首。

根据《刑法》的规定,自首分为一般自首和特别自首两大类。一般自首的成立需要具备自动投案和如实供述自己罪行两个要件。实践中,由于犯罪嫌疑人自首行为的多样性和侦查工作的复杂性,对于如何认定自动投案和如实供述素有争议。本案中,对于被告人赵某某系自动投案没有争议。关键在于被告人赵某某的行为是否符合自首中如实供述自己罪行的要求。

（一）如实供述自己罪行的内容要件

根据1998年《最高人民法院关于处理自首和立功具体应用法律若干问题的解释》第1条第(2)项的规定，如实供述自己的罪行，是指犯罪嫌疑人自动投案后，如实交代自己的主要犯罪事实。

有观点认为，对于犯罪人如实供述的“犯罪事实”的范围应当以犯罪构成要件为判断标准。笔者同意该观点，因为一切符合犯罪构成的行为都是成立犯罪的行为。既然犯罪嫌疑人供述的是犯罪事实，就应当供述成立犯罪所需要的所有主客观要件，不仅要符合刑法分则规定的具体的犯罪构成要件，还要符合刑法总则中有关犯罪构成的一般性规定。

对于“主要犯罪事实”的界定，有观点认为，交代主要犯罪事实，但对影响量刑的情节有所隐瞒的，仍成立自首。笔者认为，首先应当区分罪名是单个还是多个。如果犯罪嫌疑人的行为构成数罪，则只要供述其中一个犯罪的主要事实，应就该罪名的犯罪成立自首。例如，犯罪嫌疑人同时实施了盗窃和故意伤害二个犯罪行为，仅供述了盗窃的犯罪事实，未供述故意伤害的犯罪事实，则不能以行为人未供述主要犯罪事实而不认定为自首，而应该就该盗窃犯罪认定为自首。其次，“主要犯罪事实”应当既包括对犯罪嫌疑人行为的性质认定有决定意义的事实、情节，也包括对量刑有重大影响的事实、情节，即定罪事实和重大量刑事实。重大量刑事实则是决定着对行为人应适用的法定刑档次是否升格的情节。

2010年《最高人民法院关于处理自首和立功若干具体问题的意见》（以下简称《意见》）在第二部分对于“如实供述自己罪行”的具体认定问题规定，犯罪嫌疑人多次实施同种罪行的，应当综合考虑已交代的犯罪事实与未交待的犯罪事实的危害程度，决定是否认定为如实供述主要犯罪事实；虽然投案后没有交代全部犯罪事实，但如实交代的犯罪情节重于未交代的犯罪情节，或者如实交代的犯罪数额多于未交代的犯罪数额，一般应认定为如实供述自己的主要犯罪事实。无法区分已交代的与未交代的犯罪情节的严重程度，或者已交代的犯罪数额与未交代的犯罪数额相当，一般不认定为如实供述自己的主要犯罪事实。根据该规定，犯罪数额的多少一般有比较明确的界限，用百分比表示，应超过50%；而犯罪情节的轻重，则要根据情节的危害程度、对量刑的影响加以判断。

本案中，被告人赵某某在得知被害人段某某报案后，为获得从轻处罚的机会自动投案，到案后仅如实供述了其冒充军人骗取段某某人民币 16 550 元的犯罪事实，对其他犯罪事实隐瞒未交代。从已查明的犯罪数额上看，被告人赵某某共骗取三名被害人共计人民币 36 150 元，其供述的骗取段某某的犯罪数额仅占总犯罪数额的 45.8%，未超过 50%。故不能认定被告人赵某某如实供述了自己的主要犯罪事实。

（二）如实供述自己罪行的时间要件

基于自首制度设立的价值基础，还要考虑如实供述的时间节点问题。有观点认为，如实供述的时间节点可以在一审判决前，只要被告人自动投案，在一审判决前如实供述自己罪行的，就可以认定为自首。笔者不同意该种观点。因为自首制度设立的目的，不仅在于鼓励犯罪嫌疑人改过自新，还要考虑到降低办案成本，提高诉讼效率。如果供述时间过晚，则会增加司法机关办案成本，影响司法效益，故不应当对其从轻处罚。

根据《意见》第二部分第 3 款的规定，犯罪嫌疑人自动投案时虽然没有交代自己的主要犯罪事实，但在司法机关掌握其主要犯罪事实之前主动交代的，应认定为如实供述自己的罪行。故而，《意见》将如实供述的时间节点明确在司法机关掌握犯罪嫌疑人主要犯罪事实之前。犯罪嫌疑人自动投案时没有交代自己的主要犯罪事实，在司法机关掌握其主要犯罪事实之后再主动交代的，不能认定为自首。

结合以上分析，本案中，被告人赵某某自动投案后，在公安侦查阶段一直没有如实供述其主要犯罪事实；在公诉阶段，公诉人通过被害人段某某联系到其他被害人并掌握了被告人其他犯罪事实后，在公诉人提讯时被告人方如实供述了其余犯罪事实。从自首制度中如实供述的时间节点看，已经超过了其达到自首标准的时间节点，故依法不应当认定为自首，但考虑到被告人赵某某在公诉阶段如实交代了全部犯罪事实，当庭亦表示认罪，依法可对其酌予从轻处罚。

综上，一审法院的判决是正确的。

公安机关掌握的单起行为不构成犯罪时又如实供述同种罪行的应当认定为自首

郭玉洁

一、据以研究的案例

2013 年 9 月 6 日凌晨，被告人郑某某采取使用自制开锁工具将店门 U 形锁打开进入店内的方式，先后到通州区翠屏北里底商 7 号万芳卿美容美发店盗窃人民币 200 余元、螺丝刀 1 把，通州区新华联南区 1 号楼底商新疆塔里木餐厅盗窃人民币 100 余元，通州区新华联南区四美理发店盗窃未果，通州区通朝大街新华联小区 4 号楼底商安和美甲店盗窃人民币 100 余元及苹果平板电脑收据 1 张。

2013 年 9 月 7 日凌晨，被告人郑某某到房山区拱辰街道珍爱婚纱摄影店，采用自制开锁工具将该店 U 形锁打开进入该店，盗窃该店人民币 8500 余元、3G 充值卡 63 张（每张面值 500 元，购入价格每张 150 元）；随后，被告人郑某某又到房山区拱辰街道西潞北大街 361°专卖店，采用自制开锁工具将该店 U 形锁打开进入该店，盗窃人民币 5000 余元。

2013 年 9 月 13 日 0 时许，被告人郑某某到北京市通州区南关茶城 A－10 号赛源茗品茶庄门前，使用自制开锁工具将该店 U 形锁打开，撬该茶庄玻璃门地锁未果。随后，被告人郑某某又到通州区西上园底商 227 号匠艺无间理发店，采用自制开锁工具将该店 U 形锁打开进入店内，实施盗窃时被通州分局民警当场抓获。

郑某某被民警抓获后，主动如实供述了其之前的盗窃行为。

北京市通州区法院经审理认为：被告人郑某某以非法占有为目的，多次秘密窃取他人财物，数额较大，其行为已构成盗窃罪，依法应予惩处。北京市通州区人民检察院指控被告人郑某某犯盗窃罪的事实清楚,证据确实、充分,指控的罪名成立。被告人郑某某到案后主动如实供述公安机关尚未掌握的盗窃犯罪事实,系自首,依法可以从轻处罚。被告人郑某某当庭认罪、悔罪,且部分赃款赃物已冻结、扣押,依法可酌情从轻处罚。被告人郑某某使用自制开锁工具撬锁实施盗窃,流窜作案,依法可酌情从重处罚。综上,法院根据被告人郑某某犯罪的事实、性质、情节及对于社会的危害程度等,依法判决被告人郑某某犯盗窃罪,判处有期徒刑一年六个月,并处罚金人民币 2000 元。

判决作出后,公诉机关未抗诉、被告人郑某某亦表示服判息诉,该判决已生效。

二、相关法律问题分析

本案的争议焦点是,被告人郑某某在实施最后一起盗窃行为被抓获后,主动如实供述了前七次盗窃行为,而从最后一起盗窃行为单独来看并不构成盗窃犯罪,这种情况下,是否能认定被告人郑某某具有自首情节。

目前对此主要有两种观点:一种观点认为,被告人郑某某应当被认定为有自首情节,因为被抓获时的行为既不是入室或扒窃,又没有达到盗窃犯罪的起刑金额,单独不构成犯罪,这种情况下被告人主动交代其他犯罪行为,应当适用《刑法》第 67 条第 2 款,认定为自首;另一种观点认为,被告人郑某某不具有自首情节,因为其被抓获时的行为与其他如实供述的行为属于同种性质,且盗窃犯罪属于数额犯,不能单纯把最后一次的行为割裂来看,应当与前几次盗窃行为看作整体来评价,仅能适用《刑法》第 67 条第 3 款,认定为坦白。

笔者同意上述第一种观点。理由如下:

首先,从对准自首的相关法律规定来看,《刑法》第 67 条第 2 款规定,“被采取强制措施的犯罪嫌疑人、被告人和正在服刑的罪犯,如实供述司法机关还未掌握的本人其他罪行的,以自首论”。同时,1998 年《最高人民法院关于处理自首和立功具体应用法律若干问题的解释》第 2 条规定:“根据刑法第六十七条第二款的规定,被采取强制措施的犯罪嫌疑人、被告人和已宣判的罪犯,如实供述司法机关尚未掌握的罪行,与司法机关已掌握的或者判决确定的罪行属不同种罪行的,以自首论。”可见,判断是否构成准自首的主要考量标准即如实供述的行为与之前被掌握的行为是否属于同种罪行的关键点就是对“罪行”的理解。

如果将“罪行”单纯而宽泛的理解为一种带有犯罪性质的行为，而不苛求其本身符合犯罪构成要件，那么，例如，本案中的情况，就很难认定为准自首；如果将“罪行”从“个罪”的角度理解，要求其符合特定个罪的犯罪构成要件并附有具体法定刑规范，则本案中被告人郑某某的行为就可以理解为准自首。

笔者认为，应当从“个罪”的角度对“罪行”加以界定。“所谓罪行，是指依照我国刑法规定，具有特定构成要件或符合特定构成要件要求，并且配置有一定法定刑的行为模式或者适用一定法定刑的现实行为”。[1]

其次，从我国刑法设立准自首的立法本意来看，准自首是对自首认定范围的拓展，是实现惩处与宽大相结合的途径，更是分化犯罪势力、鼓励罪犯改过自新、节约国家刑事侦查、审判资源的重要方式。从这个角度出发，对准自首的认定应当从罪犯的认识、司法机关资源节约和宽严相济三个层面来考虑。

最后，从法理上的公平正义理念来看，倘若本案中郑某某没有主动供述前面的盗窃行为，则最多受到的是行政处罚，郑某某的主动交代是决定其构成刑事犯罪的关键因素。假设另一名罪犯A的盗窃行为与郑某某相当，且均被公安机关侦查后掌握证据，A在被抓捕前主动投案的，毫无疑问可以认定为自首。郑某某与A相比，认罪、悔罪时间点靠前，且节约了大量司法资源，主观恶性上郑某某比A要小，对A认定自首而不对郑某某认定自首显然有失公允。

笔者认为，公安机关掌握的单起行为不构成犯罪时被告人又如实供述同种罪行的应当认定为准自首。

综上，法院的判决是正确的。

---

〔1〕 赵廷光：《论罪行》，载《中国法学》2003年第3期。

为洗清犯罪嫌疑虚构事实而报警不应认定为自首

赵智一

一、据以研究的案例

2014 年 1 月 23 日 4 时许,被告人王某推门进入工友张某等人位于通州区台湖镇垛子村爱依瑞斯家居用品有限公司的宿舍内,将张某放在裤兜钱包内的人民币 2100 元盗走;后被告人王某在推门离开现场时不慎将工友张某惊醒,张某遂查看钱包,发现钱款丢失,于是怀疑王某。王某为摆脱盗窃嫌疑,谎称自己也被盗 6000 元,为了让张某相信,遂报警。经公安部门侦查发现,王某有重大作案嫌疑,于是依法对王某展开刑事调查,后被告人王某如实供述自己的盗窃事实。

北京市通州区法院经审理认为,被告人王某以非法占有为目的,秘密窃取他人财物,数额较大,其行为已构成盗窃罪,依法应予惩处。北京市通州区人民检察院指控被告人王某犯盗窃罪事实清楚,证据确实、充分,指控的罪名成立。被告人王某到案后如实供述自己的罪行,依法可以从轻处罚。鉴于被告人王某无犯罪记录,具有坦白情节,当庭认罪、悔罪,且赃款已起获发还,法院依法决定对其从轻处罚并适用缓刑。综上,通州法院根据被告人王某犯罪的事实、性质、情节及对于社会的危害程度等,依法判决被告人王某犯盗窃罪,判处拘役四个月,缓刑五个月,并处罚金人民币 1000 元。

判决作出后,被告人未上诉,公诉机关亦未提出抗诉。现判决已生效。

二、相关法律问题分析

本案的争议焦点之一为被告人王某是否构成自首。

一种观点认为,被告人王某主动报警,后又如实供述自己的罪行,符合自首的规定,应当认定为自首。另一种观点认为,被告人王某不应认定为自首。

笔者同意后一种观点。理由如下：

（一）自首的认定应体现立法原意，不宜流于形式

根据我国《刑法》的规定，犯罪以后自动投案，如实供述自己的罪行的，是自首。故成立典型自首需要具备自动投案和如实供述罪行两个条件。本案中被告人王某主动报警，到案后如实供述自己的罪行，有人当然地认为符合自首的条件。此种意见扩大了自首的认定范围，必然导致将一些不符合自首本质属性、无助于节约司法资源的行为泛化为自首。

从自首的立法原意考察，自首要旨在于体现刑法谦抑和宽容精神，鼓励被告人在犯罪后自动归案，促使案件尽早告破，节约有限的司法资源。本案中被告人王某虽主动报警，但在警察到来之后，经过现场盘问，被告人王某仍否认自己盗窃的行为，隐瞒实情，而且虚构自己被盗窃的事实，意图让被害人及出警民警陷入找寻其他窃贼的误区，借机蒙混过关。直至出警民警在现场及周边勘查后发现，院子是相对隔绝、密闭的空间，宿舍大门一直有人值守，外人进入作案可能不大，而且犯罪嫌疑人在回答民警提问时表情慌张，语无伦次，发现王某有重大作案嫌疑下将其刑事传唤至派出所，被告人王某才如实供述，此种情况并未反映被告人投案的自愿性，未达到有效节约司法资源的目的，与自首的立法精神相悖。

（二）不考量主动投案的真实动机但应注重投案的行为效果

实践中，犯罪嫌疑人主动投案的真实动机可能有很多种，比如慑于法律的威严、也可能是亲友的规劝等，但是不管出于何种动机，其行为的效果应是同一指向，即自愿、主动地将自己置于有关机关或个人的控制之下，行为本身排斥了逃脱法律追究的可能，体现了犯罪嫌疑人投案的主动性和自愿性，这是自首的本质属性。相反，若投案的行为效果没有这一指向，则自首就无从体现。本案中犯罪嫌疑人王某虽主动报警，但其虚构自己被盗窃的事实，且指引民警离开现场找寻并不存在的其他盗贼，其行为并没有体现自愿、主动将自己置于公安机关的控制之下，交付法律制裁的效果，恰恰反映了自己妄想逃脱法律追究的意图。因此，从根本上违背了自首的应有之义。

综上，被告人王某不应认定为自首。一审法院的判决是正确的。

相当性原则在刑事涉案财物没收中的运用

蒋为杰

一、据以研究的案例

2013 年 9 月 6 日 10 时许,被告人王某某与刘某驾驶红色轿车到北京市通州区梨园镇通景园小区,将 1 号楼 1 单元、2 单元楼道消防栓箱内的“琼花”牌 8 - 65 - 25 型消防水带(配接口、水枪)50 套盗走。当日 21 时许,二人再次驾车来到该小区,将 1 号楼 2 单元楼道消防栓箱内的同种消防水带 32 套卸下装袋,尚未运走时被民警抓获。经北京市通州区价格认证中心鉴定,被盗 82 套消防水带价值人民币 6228 元。赃物已全部起获并发还被害人。

被告人王某某、刘某对起诉书指控内容均无异议,表示认罪悔罪。

辩护人的辩护意见为:(1)被告人刘某当庭自愿认罪,有悔罪表现。(2)本案系被告人王某某起意盗窃并选择盗窃地点、对象,刘某只是跟随王某某,在犯罪中起帮助作用,应认定为从犯。(3)本案盗窃消防水带分两次,第二次的 30 余套尚未拿走,处于未遂状态。(4)本案赃物已全部追回,未给被害人造成实际损失,且数额不是很大。综上,辩护人建议对被告人刘某从轻或者减轻处罚并适用缓刑。

北京市通州区人民法院经审理认为,被告人王某某、刘某以非法占有为目的,结伙盗窃他人财物,数额较大,二被告人的行为均构成盗窃罪,依法应予惩处。通州区人民检察院指控被告人王某某、刘某犯盗窃罪事实清楚,证据确实、充分,指控的罪名成立。被告人王某某到案后如实供述罪行,依法可从轻处罚。其曾因盗窃犯罪被判处刑罚,此次又犯盗窃罪,对其酌予从重处罚。被告人刘某曾因故意犯罪被判处有期徒刑,刑罚执行完毕后五年内又故意犯应当判处有期徒刑之罪,系累犯,依法应当从重处罚。其当庭认罪悔罪,对其酌予从轻处罚。另外,鉴于涉案赃物均已起获发还被害人,第二批32套尚未运走等情节,依法对二被告人酌予从轻处罚。辩护人的相应辩护意见,予以采纳。但关于辩护人认为被告人刘某属于从犯的意见,虽然本案的犯意系被告人王某某提起、犯罪地点、对象系王某某选择,但被告人刘某与王某某共同将涉案消防水带卸下、装袋、运走,系实行犯,依法不属于从犯,故对辩护人的该辩护意见,不予采纳。但鉴于被告人刘某在共同犯罪中作用小于王某某,在量刑时酌予考虑。关于辩护人建议对被告人刘某适用缓刑的意见,被告人刘某系累犯,依法不适用缓刑,故对其该意见亦不予采纳。另外,被告人刘某前罪被判处的剥夺政治权利一年在案发时尚未执行完毕,应将剩余的剥夺政治权利期限与此次犯罪判处的刑罚数罪并罚,合并执行。综上,根据二被告人各自犯罪的事实、情节以及对社会的危害程度等,判决:被告人刘某犯盗窃罪,判处有期徒刑十个月,罚金人民币1000元;与前罪尚未执行完毕的剥夺政治权利十七日数罪并罚,决定执行有期徒刑十个月,剥夺政治权利十七日,罚金人民币1000元。被告人王某某犯盗窃罪,判处有期徒刑十个月,罚金人民币1000元。已扣押红色轿车一辆,退回公诉机关处理。

二、相关法律问题分析

本案的争议焦点之一在于涉案的刘某的汽车是否应予没收。

我国《刑法》第64条规定,犯罪分子违法所得的一切财物,应当予以追缴或者责令退赔;对被害人的合法财产,应当及时返还;违禁品和供犯罪所用的本人财物,应当予以没收。没收的财物和罚金,一律上缴国库,不得挪用和自行处理。本案中,被告人刘某在盗窃作案过程中使用汽车作为运输工具,将盗窃所得赃物消防水带予以转移;另外,其本人供述该车登记在其名下,属于其所有,相关车辆信息查询结果、行驶证复印件也能对此予以印证。可以说,本案中的汽车,形式上符合《刑法》第64条关于"应当予以没收"的"供犯罪所用的本人财物"的条件。

但是,在追缴、没收违法所得与犯罪工具等涉案财物时,司法机关需受到一定限制。该限制细化成原则后,又被称为相当性原则,即没收的结果应与犯罪情节的可责程度相当。相当性原则是罪刑相适应原则在刑事财物处理中的具体运用与体现。从实践来看,需要从涉案财物的利用方式、使用频度、与犯罪行为的关联程度上,也可以表现为涉案财物的价值大小、没收结果与犯罪后果的对比程度加以判断。也就是说,追缴没收应以犯罪的社会危害性为基础,全面、充分考虑犯罪的性质、情节、损害后果、财物在犯罪中所起的作用,以及财物处理后可能造成的影响,合理界定"供犯罪所用的本人财物"与"违法所得的一切财物"的范围,兼顾、平衡犯罪人、国家、被害人与善意第三人等各方的利益。犯罪人所获取的利益与没收犯罪工具的价值悬殊不宜太大;对一些社会危害性相对较小的轻微犯罪,如果没收犯罪人大宗财物就可能有失公平、公正。另外,在认定犯罪工具时,财物与犯罪之间应存在直接或密切的关系。所谓直接关系,是指财物对犯罪的完成起到了决定性和促进性的作用;对那些仅与犯罪相关联,但不是直接用于犯罪的财物一般不应视为"供犯罪所用"。所谓密切关系,是指财物与犯罪存在经常性的联系,是专门或主要用于实施犯罪之物,而非仅偶尔用于犯罪。

根据以上相当性原则,本案中,被告人刘某在盗窃犯罪中所使用的汽车虽然系其本人财物,但根据查明的事实,刘某平时将该车用于生活,此次仅仅是受王某某邀约,偶尔用于盗窃,而且仅仅只有这一起盗窃事实,说明其不是将该车专门或者主要用于实施盗窃,该车与盗窃犯罪之间不存在经常性的联系;另外,刘某参与盗窃的赃物仅仅价值数千元,与车辆价值悬殊较大;赃物已经全部起获发还被害人,被害人没有实际的财产损失,本案社会危害性相对较小;在这种情况下,如将刘某所有的价值较大、偶尔用于盗窃的汽车予以没收,显然有失公平、公正。

综上,法院对涉案刘某的汽车不予没收,判决退回公诉机关处理,是正确的。

代替他人参加机动车驾驶资格考试且完成其中两项科目的，应认定为代替考试罪既遂

李中华

一、据以研究的案例

2015年10月至2016年1月，被告人刘某使用黄某某（男，40岁，另行处理）的身份代替黄某某参加机动车驾驶资格考试，双方事前约定考试通过后按照每个科目1000元支付报酬；被告人刘某分别于2015年10月13日、12月22日和2016年1月12日通过了科目一、科目二和科目三的道路驾驶技能考试；2016年1月18日10时许，被告人刘某在本市通州区永顺镇京东考场参加科目三的安全文明驾驶常识考试答题过程中被民警当场抓获。

北京市通州区人民法院经审理认为，被告人刘某法制观念淡薄，代替他人参加法律规定的国家考试，所参加的机动车驾驶人科目二和科目三考试发生在《刑法修正案（九）》（该修正案增设代替考试罪）实施后，严重侵犯了公平、公正的考试制度，其行为已构成代替考试罪，依法应予惩处。公诉机关指控被告人刘某犯代替考试罪的事实清楚，证据确实、充分，指控的罪名成立。被告人刘某到案后如实供述自己的犯罪事实，依法可以从轻处罚。被告人刘某曾两次因赌博被行政处罚，依法可以酌情从重处罚。被告人刘某当庭认罪、悔罪，依法可以酌情从轻处罚。对于辩护人提出“被告人刘某的行为属于犯罪未遂”的辩护意见，经查，代替考试罪属于行为犯，不以犯罪目的是否达到或者犯罪结果是否出现作为犯罪既遂的标准，被告人刘某已实际代替他人参与考试，并通过了部分科目的考试，其行为应认定为犯罪既遂，故上述辩护意见不予采纳；对于辩护人提出“请求法院对被告人刘某减轻处罚”的辩护意见，经查，被告人刘某不具备

减轻处罚的条件,故上述辩护意见不予采纳;辩护人提出“被告人刘某代替他人参加机动车驾驶人科目一考试发生在《刑法修正案(九)》实施之前,不应以此对被告人刘某判处刑罚;被告人刘某有坦白情节,认罪、悔罪”的辩护意见经查属实且于法有据,予以采纳。

法院根据被告人刘某犯罪的事实、性质、情节及对于社会的危害程度等,判决如下:被告人刘某犯代替考试罪,判处拘役二个月,并处罚金人民币 4000 元。

宣判后,公诉机关未提起抗诉,被告人刘某未上诉,现判决已生效。

二、相关法律问题分析

我国《刑法修正案(九)》于 2015 年 11 月 1 日开始实施,该修正案在《刑法》第 284 条后增加一条,增设代替考试罪。根据法律条文,代替考试罪是指行为人实施了代替他人或要求他人代替自己参加法律规定的国家考试的行为。在《刑法修正案(九)》实施后的司法实践中,如何具体界定代替考试罪中“考试”范围以及如何认定代替考试罪的犯罪形态成为审判难点。因此,有必要结合本案对上述难点问题进行深入剖析。

(一)代替考试罪中“考试”范围之界定

在代替考试罪中,“考试”的内涵和外延决定着罪与非罪的认定,是确定刑法干预范围和犯罪圈大小的重要因素。从代替考试罪的罪状看,此罪中的考试是指法律规定的国家考试。判断是否为代替考试罪中的考试,可以从以下两个方面入手:

其一,是否为国家考试。考试是一种严格的知识水平鉴定方法,蕴含着公平竞争的价值,承载着鉴定、选拔人才的功能。在人才鉴定和选拔方面,考试并非唯一方式,还有考察、考核等方式,代替考试罪是对考试秩序进行规制的规范,不包括考察、考核等其他人才鉴定和选拔方式。我国的考试种类多、数量大,根据组织考试的主体不同,可以分为国家考试、社会考试、学校考试等。从概念位阶上看,国家考试是考试的下位概念,是考试的一种,由社会主体组织的计算机水平考试等考试和由学校组织的季度考试、期中考试等考试不属于国家考试,只有国家和各省市地方组织所举办的考试才是国家考试。据统计,我国目前国家考试达 200 余种,按照性质可分为四类:一是教育类考试,如高考、研究生入学考试;二是资格类考试,如国家法律职业资格考试、注册会计师资格考试;三是职称类考试,如教育、卫生等专业职称考试;四是录用任用类考试,如公务员录用考试。

其二,是否为法律规定的国家考试。在国家考试中,有的是全国人民代表大会及其常务委员会制定的法律中规定的考试,有的是国务院制定的行政法规中规定的考试,有的是部委行政规章规定的考试。刑法干预范围是法律规定的国家考试,即全国人民代表大会及其常务委员会制定的法律中规定的考试,不包括其他国家规定中涉及的考试,对代替考试罪罪状中的"法律规定"作严格解释,符合立法本意,可以避免打击范围的扩大。对于全国人民代表大会及其常务委员会制定的法律中规定的考试中的替考行为,以犯罪论处,对于此外考试中的替考行为,不以犯罪论处。

本案中的考试是机动车驾驶资格考试。全国人大常委会于 2003 年 10 月 28 日公布的《道路安全法》第 19 条第 2 款规定,申请机动车驾驶证,应当符合国务院公安部门规定的驾驶许可条件;经考试合格后,由公安机关交通管理部门发给相应类别的机动车驾驶证。我国相关行政法规、规章在此基础上对机动车驾驶证的考试、申领、核发等环节进行了细化规定,机动车驾驶资格考试和驾驶证核发等工作由公安交通管理部门组织实施。据此,可以认定机动车驾驶资格考试属于法律规定的国家考试。

(二)代替考试罪既、未遂标准之界定

从立法条文上看,代替考试罪属于行为犯。行为犯是指只要实施了刑法分则所规定的某种实行行为就构成既遂的犯罪。因此,应当从行为犯的角度去区分代替考试罪的未完成形态和完成形态。

关于代替考试罪的着手认定标准,实践中有两种观点:一是去考场说,即代替考试者出发去考场的路上即为着手;二是进入考场说,即代替考试者进入考场即为着手。着手是犯罪预备行为和犯罪实行行为的分界点,意味着犯罪实行行为的开始。从形式上看,着手是指开始实施《刑法》分则所规定的某一犯罪构成客观要件的行为。从实质上看,侵害法益的行为达到紧迫程度时就是实行行为的着手。由此观之,代替考试罪的着手是指已开始实施代替考试的行为,要求代替他人考试者已经对考试秩序和考生权益产生迫切危险。代替考试者出

发去考场是一种为犯罪制造条件的预备行为,对考试秩序和考生权益侵犯危险尚未达到迫切程度,尚不可认定为着手,只有代替考试者进入考场,才意味着对国家法律秩序的侵害具有紧迫性和危险性,方可以认定为着手。申言之,代替他人考试者在具有代替他人考试的犯意支配下顶替他人进入考场,即为代替考试罪的着手。因此,进入考场说作为代替考试罪着手的认定标准是妥当的。

关于代替考试罪的既遂认定标准,实践中有三种观点:其一是考试通过说,即以考试过关取得合格成绩为既遂;其二是考试完成说,即以答题结束交卷为既遂;其三是开始答卷说,即以收到试卷开始作答为既遂。犯罪既遂是指行为人所故意实施的行为已经具备了《刑法》分则所规定的某一犯罪的全部构成要件。行为犯的既遂以行为的完成为标志,因行为犯中的行为本身即具有社会危害性而应受刑罚处罚,不要求造成物质性和有形的犯罪结果,但是按照法律要求,行为要有一个实行的过程,不是一着手即可,要求达到一定程度,才能认定行为的完成,而行为的程度可以从实质侧面去考察,当实行行为对《刑法》条款所保护法益造成实质侵犯时即标志着行为的完成。具体到代替考试罪,当代替考试者接到试题开始答卷时,已经对考试秩序和考生权益造成实质性的侵犯,此时代替考试者的行为已经符合代替考试罪的全部构成要件,可以认定为犯罪既遂,而考试通过说和考试完成说忽视了代替考试罪的本质特征,使代替考试罪犯罪既遂认定过于延后,不利于考试秩序和考生权益的保护。因此,开始答卷说作为代替考试罪的犯罪既遂认定标准是妥当的。值得说明的是考试通常包含若干科目,从考试秩序和考生权益是否受到实质侵犯的角度来看,只要代替考试者在其中一个科目中开始答卷即可认定为犯罪既遂,不要求全部科目均已开始答卷。

犯罪未遂是指已着手实行犯罪,而由于意志以外的原因未得逞。代替考试罪的犯罪未遂发生在代替他人考试者进入考场到在试卷上书写这一过程中,由于被监考老师识破等意志以外的原因而导致考试不能进行下去,即已着手代替考试而由于意志以外的原因未能开始答卷进行考试。本案中,被告人刘某已经代替他人完成并通过机动车驾驶资格考试部分科目,在参加科目三的安全文明驾驶常识考试答题过程中被监考民警查获,对考试秩序和考生权益已经造成实质侵犯,属于犯罪既遂,不应认定为犯罪未遂。

综上,法院判决认定被告人刘某的行为构成代替考试罪且属于犯罪既遂是正确的。

在办公室内泼洒汽油并威胁点火的行为应认定为放火罪

李中华

一、据以研究的案例

2012年9月20日14时许,被告人史某某因工程款问题携带装有车用汽油的汽油桶到北京市通州区马驹桥镇合生世界村I区项目部中建四局六公司部门经理毕某某办公室内,将汽油桶盖打开并将办公室门关上,在与毕某某发生争吵后将部分汽油泼洒在办公桌上并拿出打火机威胁点火,被毕某某等人阻拦,未完成点火行为;被告人史某某明知毕某某报警而在现场等候处理,供犯罪所用的打火机1个和汽油桶1个(内有车用汽油6.05kg)已被起获。

北京市通州区公安消防支队在本案侦查期间提供技术支持,认为根据被告人史某某在约20平方米的房间内将车用汽油(约2到3两)泼到办公桌上并准备用打火机点燃时被制止的情况得出结论如下:一是打火机能够直接将车用汽油点燃(最少点火能量约0.1至0.2毫焦耳);二是车用汽油由液态变为气态,与空气容易形成混合性爆炸气体,如达到爆炸浓度极限范围内(浓度1.7%~7.2%),遇点火源具备爆炸的可能性。

公诉机关认为,被告人史某某泼洒汽油并威胁用打火机点火,危害公共安全,尚未造成严重后果,构成以危险方法危害公共安全罪。同时认定被告人史某某具有自首情节。提请法院依法惩处。

被告人史某某在开庭审理过程中对公诉机关指控的犯罪事实无异议。

北京市通州区人民法院审理后认为，被告人史某某的行为，虽然尚未造成严重后果，但足以危害公共安全，其行为已构成放火罪，依法应予惩处。公诉机关指控的事实清楚，证据确实、充分，但将罪名认定为以危险方法危害公共安全罪缺乏依据，法院依法将罪名予以变更。被告人史某某已着手实施放火行为，由于意志以外的原因而未得逞，属于犯罪未遂，依法可以比照既遂犯从轻或者减轻处罚。被告人史某某明知他人报警而在现场等候处理，到案后如实供述自己的罪行，系自首，依法可以从轻或者减轻处罚。鉴于被告人史某某无犯罪记录，认罪态度较好，有犯罪未遂和自首情节，法院依法决定对其减轻处罚并适用缓刑。综上，根据被告人史某某犯罪的事实、性质、情节及对于社会的危害程度等，判决如下：一、被告人史某某犯放火罪，判处有期徒刑一年六个月，缓刑二年；二、供犯罪所用的打火机一个和汽油桶（内有车用汽油）一个，予以没收。

二、相关法律问题分析

在本案审理期间，对于被告人史某某的行为如何定性存在两种意见：一种意见认为，被告人史某某的行为既有引发火灾的危险，又有引发爆炸（车用汽油蒸汽）的危险，在无法确定具体危险形态时，应定性为以危险方法危害公共安全罪，公诉机关持此意见。另一种意见认为，被告人史某某故意引起火灾，危害公共安全，应定性为放火罪。本案判决时采纳了后一种意见。主要理由如下：

（一）以危险方法危害公共安全罪作为“堵截式”罪名不可任意扩张适用

根据《刑法》第114条、第115条，以放火、决水、爆炸、投放危险物质之外的其他危险方法危害公共安全，属于以危险方法危害公共安全罪。《刑法》将以危险方法危害公共安全罪设置为“堵截式”犯罪构成，未对本罪的具体行为结构和方式进行描述，导致司法实践中对于其他危险方法的内涵和外延存在不同理解，在适用上有扩大化的趋势，被人诟病为“口袋罪”。为防止以危险方法危害公共安全罪被滥用，需要在罪刑法定原则下从体系解释和同类解释的角度界定该罪的实行行为，其他危险方法必须符合以下两个条件：一是必须是放火、决水、爆炸、投放危险物质以外的方法；二是必须是与放火、决水、爆炸、投放危险物质的危险性相当、足以危害公共安全的方法。质言之，以危险方法危害公共安全罪作为堵截式罪名，与放火罪、决水罪、爆炸罪、投放危险物质罪相并列，不是一般法和特殊法的关系，在适用上是非此即彼，且应优先适用放火罪、决水罪、爆炸罪、投放危险物质罪等普通罪名。

被告人史某某尚未完成点燃车用汽油的行为，其行为所造成的具体危险形态不确定，既可能引起火灾，也可能引发爆炸，抑或火灾、爆炸兼而有之。但是以危险方法危害公共安全罪有其内在的规定性，并不是一个“筐”，什么都能往里装，具体危险形态不确定，不应作为认定以危险方法危害公共安全罪的理由。根据普通罪名和“堵截式”罪名的适用规则，普通罪名应当优先适用，既然被告人史某某的行为有引起火灾或爆炸的危险，那就优先考虑适用放火罪、爆炸罪，不应选择适用以危险方法危害公共安全罪。

（二）具体危险犯中的危险可以分为直接危险和伴随危险，应以直接危险的属性确定罪名

现代社会是风险社会，风险不仅无处不在，还会混杂交叉。如放火行为可能引起火灾，继而可能引发爆炸，爆炸后会引起更大规模的火灾以及危险物质泄漏等。从行为自然属性的角度，可以把危险行为所导致的危险区分为直接危险和伴随危险，危险行为所导致的直接必然危险可称为直接危险，所导致的伴随或然危险可以称为伴随危险。事物的性质取决于事物主要矛盾的主要方面，在对行为进行定性时应看行为的主要方面，以行为的主要方面来确定行为的性质。

从北京市通州区公安消防支队经过专业论证得出结论可以看出，车用汽油的最少点火能量约 0.1 至 0.2 毫焦耳，非常易燃，用火点燃即会引发火灾，而车用汽油爆炸需要具备的条件较高，应先由液态变为气态，与空气混合组成混合型气体，在浓度达到 1.7%～7.2% 后，遇点火源才具备爆炸的可能性。本案中，被告人史某某在办公室内实施犯罪的时间较短，且现场照片显示办公室有 1 扇窗户呈开启状，被告人史某某携带的车用汽油由液态变为气态需要一定时间，与空气混合浓度达到 1.7%～7.2% 亦需要一定时间，而现场非密闭空间的客观环境对混合气体的浓度会产生较大影响，故爆炸的发生处于或然状态。总之，被告人史某某使用打火机点燃车用汽油的行为必然会引发火灾，火灾是直接危险，而爆炸是基于放火行为附带可能产生的后果，属于伴随危险。因此，被告人史某某的行为应认定为放火。

(三)定罪时应坚持主客观相统一原则,对爆炸危险存在主观认知是爆炸罪成立的条件

主客观相统一原则是定罪时必须坚持的基本原则。它的基本含义为只有在犯罪主观要件和客观要件有机统一的情况下才能追究行为人的刑事责任。如果缺少主观或者客观任何一方面的要件,犯罪就不能成立。因此,在认定犯罪时必须防止客观归罪和主观归罪。具体言之,爆炸罪的成立不仅需要客观上存在爆炸的危险,而且要求行为人主观上明知自己的行为会产生爆炸的危险。

从社会经验看,一般人难以认识到点燃车用汽油会引起爆炸,除非学习过这方面的专业知识。被告人史某某到案后的多份供述印证了这一点,其对于点燃车用汽油引起火灾主观上有明确认知,但未认识到其行为会引起爆炸,故不能认定被告人史某某主观方面具有爆炸的故意。因此,从主客观相统一的角度考察,被告人史某某的行为不构成爆炸罪。

综上,法院认定被告人史某某构成放火罪是正确的。此外,被告人史某某正着手实施放火行为,因被及时发现阻止,尚未能使对象物燃烧,应认定为犯罪未遂。

依附于信用卡的贷款业务及尚未到期的账单分期额度等不应全部计入信用卡恶意透支犯罪数额

蒋为杰　张赫赫

一、据以研究的案例

2012 年 8 月,被告人宫某申领上海浦东发展银行信用卡 1 张(卡号为 498451120436××××),后又申请了该行信用卡“万用金”业务。2015 年至 2016 年,被告人宫某使用该信用卡在北京市通州区等地多次透支消费并使用分

期还款;还使用10万元的“万用金”额度并使用分期还款;截至2016年4月6日透支本金累计人民币103 501.99元,后经银行多次催缴仍超过3个月不归还欠款。2016年9月3日,被告人宫某接到民警电话传唤后到北京市公安局通州分局梨园派出所接受审查。涉案透支款项已于2016年9月6日全部偿还。

通州区人民法院认为:被告人宫某以非法占有为目的,超过规定期限透支信用卡,经发卡行催收后仍不归还,数额达2万余元,属于恶意透支、数额较大,其行为构成信用卡诈骗罪。公诉机关指控的罪名成立。

关于公诉机关指控被告人宫某“截至2016年4月6日透支本金累计人民币103 501.99元”的意见,法院认为:公诉机关指控的犯罪数额包含了依附于信用卡的万用金现金分期业务数额以及信用卡自由分期、账单分期后未到还款期的数额,上述数额不应全部计入信用卡恶意透支犯罪数额。理由如下:

首先,关于依附于信用卡的万用金现金分期业务数额。万用金额度是银行在信用卡固定额度外另行批准的一笔现金贷款,该笔贷款不是打入持卡人相应信用卡内,由持卡人根据需要进行任意额度的刷卡消费或取现使用,按时还款会有免息期;而是一次性打入持卡人的某一借记卡,持卡人必须接受分期,此后每月按期偿还本金及相应手续费等,没有免息期。因此,“万用金”等类似依附于信用卡的现金分期业务,本质上是一种民事贷款,不符合“凭信用免费使用银行资金”的信用卡根本属性,不应作为信用卡恶意透支问题来对待,相应数额不应计入信用卡诈骗犯罪数额。

其次,关于信用卡自由分期、账单分期后未到还款期的数额。已办理分期付款业务的透支本金,从客观方面来看,尚未到期的分期消费的还款期限未到,银行对持卡人进行的三个月内两次以上催收,催收的也只是已经到期的分期数额,尚未到期的数额银行并未催收过,或者说没有满足三个月内两次以上催收的条件;从主观方面来看,由于有的分期数额尚未到还款期限,尚未出账单,持卡人主观上也认为还没有到还款时间,因此无法推定持卡人在主观上对于尚未到期的分期数额具有非法占有目的。因此,对于分期后未到还款期的数额,不应计入信用卡诈骗犯罪数额。

经计算,本案符合司法解释规定的“超过规定期限透支,并且经发卡银行两次催收后超过3个月仍不归还的”条件、能够计入信用卡恶意透支犯罪数额的信用卡欠款本金数额为20 225.04元,应以该数额作为定罪量刑的基础。

关于本案的具体量刑,法院考虑到:(1)被告人宫某前期信用良好,坚持还款;(2)其接电话传唤自动到案,如实供述罪行,有自首情节;(3)其到案后及时还清所有费用,认罪、悔罪。故综合全案情况,认为其犯罪情节轻微,决定对其免予刑事处罚。依照《刑法》第196条第1款、第2款、第67条第1款、第37条和《最高人民法院关于办理妨害信用卡管理刑事案件具体应用法律若干问题的解释》第6条之规定,判决如下:

被告人宫某犯信用卡诈骗罪,免予刑事处罚。

判决作出后,被告人未上诉,公诉机关亦未提出抗诉,现该判决已生效。

二、相关法律问题分析

本案的争议焦点有二:一是关于依附于信用卡上面的贷款产品透支额度性质的认定;二是关于信用卡"分期付款"恶意透支数额的认定。

(一)依附于信用卡上面的贷款不应计入信用卡透支额度

当前,在竞争激烈的银行业,为争取客户,很多银行将原本属于个人消费贷款的业务,如家庭旅游贷、装修贷、家用电器贷等业务,纷纷通过在消费者的个人信用卡账户上另行开立一个信用贷款额度的方式进行操作,且相应的贷款使用规则亦与信用卡信用额度的使用规则明显不同。这种依附于信用卡上面的贷款产品的透支额度,是否应当一并计入信用卡诈骗总数额当中,实践中存有争议。

一种意见认为,从此类产品的使用条件来看,与信用卡的信用额度使用有明显区别:一是该产品必须分期还款并支付一定的手续费,无免息期;二是限制使用商户;三是有单次最低消费限制;四是消费金额累计计算至授予的额度止,不能在额度内循环使用。由此,从本质上来讲,此类产品应当认定为个人消费贷款,是一种银行信用贷款而非信用卡透支。而且,从《商业银行信用卡业务监督管理办法》第55条即"发卡银行不得为信用卡转账(转出)和支取现金提供超授信额度用卡服务。信用卡透支转账(转出)和支取现金的金额两者合计不得超过信用卡的现金提取授信额度"的有关规定来看,此类产品名为信用卡透支,实际上是银行为规避相应贷款业务审批手续或者变相提高持卡人授信额度而违规办理的银行业务,因持卡人无法归还该部分款项的纠纷,应通过民事诉讼途径解决而非纳入信用卡诈骗罪来追究刑事责任,否则是将"恶意透支"的相关司法解释又作扩大理解,有违刑法的谦抑性,更不符合罪刑法定原则。综上,从罪刑法定原则和有效打击银行业违规变相放贷的角度出发,此类产品的透支额度应从信用卡诈骗总数额中予以扣除。

另一种意见认为,根据银监会发布的《商业银行信用卡业务监督管理办法》第2章第7条的规定,信用卡是指记录持卡人账户相关信息,具备银行授信额度和透支功能,并为持卡人提供相关银行服务的各类介质。因上述依附于信用卡上面的贷款产品所具有的透支消费及还款功能,与信用卡授信、透支功能一致;且持卡人获得相应额度后在明知无还款能力的情况下仍进行套现透支,该行为亦与常见的利用信用卡恶意透支行为无异。由此,可以认定上述产品的授信额度也是信用卡透支额度,应当将该部分透支额度一并计入信用卡诈骗总数额当中。

笔者同意第一种观点。笔者认为,“万用金”等类似依附于信用卡的现金分期业务,本质上是一种民事贷款,不应作为信用卡恶意透支问题来对待。万用金额度是信用卡固定额度外另行批准的一笔现金贷款,该笔贷款不是打入持卡人相应信用卡内,由持卡人根据需要进行任意额度的刷卡消费或取现使用,而是一次性打入持卡人的某一借记卡,然后不管持卡人是否使用、消费,都要开始收取手续费或者利息;该笔贷款自打入持卡人借记卡后即视为贷出并收取费用,持卡人必须接受分期,此后每月按期偿还本金及相应手续费等,没有免息期,不像信用卡消费一样按时还款会有免息期;提前偿还未到期分期虽可免收相应手续费,但却转而收取违约金,总之不像信用卡消费一样可以免息使用一定时间。故笔者认为类似于“万用金”“好享贷”等依附于信用卡的银行衍生业务的性质更相近于贷款业务,而非信用透支。

(二)信用卡固定额度内的分期业务,案发时未到还款时间的分期数额不应计入犯罪数额

实践中,当持卡人在出现逾期还款超过规定时间的情况时,发卡银行往往根据内部规定,取消分期付款业务,将未到期的分期付款本金一并计入透支数额并进行催收。对此,在认定分期付款恶意透支数额时,究竟是仅以银行两次催收后超过三个月仍不归还的到期分期消费已出账单数额来计算,还是要将尚未到期的分期消费未出账单数额一并计入,司法实践中仍存有争议。

笔者认为，信用卡固定额度内的分期业务，无论是账单分期业务抑或是单笔消费分期业务，案发时未到还款时间的分期数额均不应计入犯罪数额。已办理分期付款业务的透支本金，从客观上来讲，尚未到期的分期消费的还款期限未到，银行对持卡人进行的三个月内两次以上催收，催收的也只是已经到期的分期数额，尚未到期的数额银行并未催收过，或者说没有满足三个月内两次以上催收的条件；主观上来讲，由于有的分期数额尚未到还款期限，尚未出账单，持卡人主观上也认为还没有到还款时间，因此无法推定持卡人在主观上对于尚未到期的分期数额具有非法占有目的。从权责对等的契约原则来看，在持卡人逾期还款的情况下，且无论发卡银行单方取消分期付款业务是否具有法律效力，即便其有权取消，但其既没有降低办理分期付款手续费用标准，也没有将已支付的分期付款手续费用于冲还透支本金，明显违反公平、对等原则，更何况这种单方调整民事法律关系进而影响甚至加重持卡人承担刑事责任的情形，在刑法理念上也是不允许的，应从刑法的谦抑性精神出发考虑，坚持有利于被告人的原则从严掌握，即严格按照经银行两次催收后超过三个月仍不归还的到期分期消费已出账单数额来计算。对于银行催收所没有涉及的部分，不能推定行为人具有非法占有的故意而认定为恶意透支。

综上，该判决是正确的。

诈骗款项未到账之前将银行卡交付给取款人的联络人应当认定为电信网络诈骗罪的共犯

徐　莉

一、据以研究的案例

2014年3月起，被告人秦某明知他人实施诈骗而安排邱某甲负责提取被骗赃款。2014 年 6 月 16 日 9 时许,北京某公司账户内的人民币 160 万元因法人代表李某的 QQ 号被人冒用且虚构转账事由而汇入刘某甲账户内,其中 151.96 万元再次转入邱某乙账户;当日 12 时许,被告人秦某电话通知邱某甲利用 POS 机从事前提供的冒用邱某乙身份办理的银行卡内提取 150 万元,后在邱某甲等人收取相应提成后取走 120 万余元;2016 年 6 月 23 日,被告人秦某到广西壮族自治区宾阳县公安局城南派出所投案;后秦某亲属等人退缴 21.96 万元。

北京市通州区人民法院经审理认为:被告人秦某以非法占有为目的,明知他人实施诈骗行为,而积极为诈骗犯罪分子提取诈骗款,数额特别巨大,其行为已构成诈骗罪,依法应予惩处。公诉机关指控的罪名成立。被告人秦某无犯罪记录,自动投案,涉案部分违法所得已扣押发还被害人,依法可以酌情从轻处罚。被告人秦某在共同犯罪中的具体行为和作用,法院在量刑时予以考虑。对于被告人秦某的辩解意见和辩护人关于本案罪名认定的辩护意见,经查,在案证据相互印证,足以证明被告人秦某明知他人实施电信网络诈骗犯罪而积极参与共同犯罪活动,负责转取赃款,具有共同诈骗的犯罪故意,其行为符合诈骗罪的犯罪构成要件,应承担相应的刑事责任,故上述辩解、辩护意见法院不予采纳。对于辩护人提出的“被告人秦某具有自首情节”的辩护意见,经查,虽然被告人秦某自动投案,但未如实供述所犯罪行,不符合自首的条件,故上述辩护意见法院不予采纳。法院根据被告人秦某犯罪的事实、性质、情节及对于社会的危害程度等,判决:被告人秦某犯诈骗罪,判处有期徒刑 11 年,剥夺政治权利 2 年,并处罚金人民币 11 000 元;扣押在案 POS 机和银行卡,予以没收;冻结在案的刘某乙、马某、王某、陈某账户内的存款,发还北京某有限公司;继续追缴其余违法所得,发还北京某公司。

一审判决后,被告人秦某提起上诉,二审法院经审理,判决驳回上诉,维持原判。

二、相关法律问题分析

本案的争议焦点为被告人秦某作为电信网络诈骗案件中的联络人其行为应认定为诈骗罪还是认定为掩饰、隐瞒犯罪所得罪。审理中存在两种意见:第一种意见认为,秦某未实施诈骗行为,只是在他人实施诈骗行为后帮助联络提取诈骗款,应认定为掩饰、隐瞒犯罪所得罪;第二种意见认为,秦某虽未实施电信网络诈骗行为,但在诈骗款项到账之前在行为人与取款人之间牵线搭桥,帮助取款,此时诈骗行为尚未既遂,且秦某与诈骗行为人存在事前通谋,应当认定为诈骗罪的共犯。笔者同意第二种意见,理由如下:

(一)电信网络诈骗实行犯实际控制财物后才告既遂

目前,刑法学界对诈骗犯罪的既遂标准存在两种主流观点:一种是失控说,认为财物所有人或占有人一旦失去对财物的控制,就意味着其财产权益已遭受侵害,无论行为人是否实际获得财物,均构成诈骗罪;另一种是控制说,认为即便财物所有人或占有人基于错误认识失去对财物的控制,也不必然意味着行为人一定会实际取得或控制财物,因此,行为人必须在客观上有效控制或实际取得财物,诈骗行为才告既遂。

从电信网络诈骗的构造来看,犯罪行为和犯罪结果的发生之间有一定的时间间隔。电信网络诈骗的基本构造是"行为人虚构事实或隐瞒真相——被害人陷入错误认识——被害人向行为人提供的银行账户汇款——行为人提取诈骗款",行为人与被害人之间存在银行这一媒介,行为人对被害人财物的非法占有必须通过控制银行卡来实现。为了防范和打击电信网络诈骗行为,2016 年 9 月 23 日,最高人民法院、最高人民检察院、公安部、工业和信息化部、中国人民银行、中国银监会联合下发了《关于防范和打击电信网络诈骗犯罪的通告》,要求自 2016 年 12 月 1 日起,个人通过银行自助柜员机向非同名账户转账,资金 24 小时后才到账,在转账 24 小时内,转账人一旦发现自己被骗,可以取消转账或去银行止付。这一政策的实施进一步拉长了电信网络诈骗犯罪行为和犯罪结果的发生的时间间隔,意味着即使行为人完成了诈骗行为,一旦被害人在 24 小时内发现被骗便可取消转账或要求公安机关冻结账户,此时行为人所期待的控制权便无法实现,而行为人非法占有的目的也就无法达到。因此,笔者认为控制说更符合电信网络诈骗的特性。

在本案中,行为人在实施电信网络诈骗之前联系被告人秦某让其帮忙取款,并承诺给其好处费,被告人秦某随后联系邱某甲(本案中的取款人)并将邱某甲的联系方式和地址告知行为人,邱某在收到银行卡一段时间后,被告人秦某电话通知其可以取钱。可以看出,在邱某取得银行卡时诈骗款项并未汇入银行卡内,此时行为人所期待的控制权尚未实现,诈骗行为尚未既遂,而被告人秦某作为联络人在诈骗款项尚未到账之前在行为人和取款人之间牵线搭桥的行为亦发生在诈骗行为既遂之前，因此，其行为应认定为诈骗罪。

（二）电信网络诈骗中的联络人与实行犯事前有通谋的应认定为共同犯罪

《关于办理电信网络诈骗等刑事案件适用法律若干问题的意见》（以下简称《意见》）对电信网络诈骗的帮助行为作出了明确解释，其中，依据第三部分第5条规定，明知是电信网络诈骗犯罪所得及其产生的收益，予以转账、套现、取现的，依照《刑法》第312条第1款的规定，以掩饰、隐瞒犯罪所得、犯罪所得收益罪追究刑事责任，但是，事前通谋的，以共同犯罪论处。另外，第四部分准确认定共同犯罪与主观故意依据第3条的规定，明知他人实施电信网路诈骗犯罪，具有下列情形之一的，以共同犯罪论处，其中第8项为“帮助转移诈骗犯罪所得及其产生的收益，套现、取现的”。

当前，电信网路诈骗案件中，犯罪分子为了逃避侦查和打击，往往将取款、转移赃款的行为设置在犯罪行为实施地以外的地点，且作案模式多样化，甚至出现了“职业取款人”群体，更有甚者行为人与联络人、取款人之间互不认识。本案即是如此。被告人秦某虽然未参与实施诈骗行为，却与行为人相互配合，事前通谋，在诈骗行为既遂前在行为人与取款人之间牵线搭桥，并帮助行为人辗转到异地取款，其行为是整个犯罪的重要环节。被告人秦某虽然辩称自己不知道款项是诈骗所得，但在案证据证明其在此之前就已经以同样的方法帮助行为人提取过款项，取款人邱某甲的证言也能证实秦某在与其联络时已告知其是诈骗款项，并承诺给予其提成，此点，汤某、周某的证言也能相互印证。根据《意见》的规定，“明知他人实施电信诈骗犯罪”应当结合被告人的认知能力、既往经历、行为次数和手段、与他人关系、获利情况、是否曾因电信网络诈骗受过处罚、是否故意规避调查等主客观隐私进行综合分析认定。本案被告人秦某户籍地广西宾阳地区属于电信网络诈骗的高发地区，被告人秦某当庭也供称曾经以刷卡方式帮别人取过款，且承认此次取款提取的点数较高，综合各方面因素考虑可以认定其明知他人实施诈骗行为而提供帮助。因此，被告人秦某的行为应认定为诈骗罪的共犯。

综上所述，一审法院的判决是正确的。

被害人承诺健康权益受损害阻却故意伤害罪的成立

李中华

一、据以研究的案例

被告人王某受被告人张某雇用长期在其经营的汽车配件厂工作。被告人张某与李某存在经济纠纷。2012 年 7 月 11 日 15 时许,李某去被告人张某经营的汽车配件厂院内找张某解决纠纷时,与王某发生纠纷并互相推搡,王某报案。被告人张某欲借机陷害李某,许诺给被告人王某 5000 元,在征得被告人王某同意的情况下,以用草扎耳孔等方式,致被告人王某左耳鼓膜穿孔。经鉴定:被告人王某左耳鼓膜穿孔的损伤属于轻伤,被告人张某、王某要求公安机关以故意伤害罪追究李某的刑事责任,并要求李某赔偿经济损失,被告人张某还多次催促公安机关尽快办理,致使李某被刑事立案调查。公安机关办理李某故意伤害案期间,将被告人王某作为被害人进行询问时,被告人王某主动交代了诬告陷害的事实,公安机关遂对诬告陷害事实进行调查,并将被告人张某查获。

法院审理后认为:被告人张某、王某共同捏造事实诬告陷害他人,意图使他人受刑事追究,情节严重,二被告人之行为已构成诬告陷害罪,依法应予惩处。被告人王某有自首情节,依法可以从轻处罚。被告人张某当庭认罪、悔罪,依法可以酌情从轻处罚。根据被告人张某、王某犯罪的事实、性质、情节及对于社会的危害程度等,分别以诬告陷害罪判处被告人张某有期徒刑一年六个月和有期徒刑一年、缓刑一年。一审判决后,被告人张某提出上诉,二审法院经过审理,裁定驳回上诉,维持原判。

二、相关法律问题分析

本案诬告陷害罪事实清楚,证据确实、充分,对于认定二被告人构成诬告陷害罪不存在争议,存在争议的问题是对被告人张某是否以故意伤害罪追究刑事责任。一种观点认为,被告人张某故意伤害被告人王某身体,致其轻伤,已构成故意伤害罪,应与其所犯诬告陷害罪进行并罚;另一种观点认为,被告人张某实施故意伤害行为时得到了被告人王某的同意,被害人承诺阻却故意伤害罪的成立,不应以故意伤害罪追究被告人张某的刑事责任。根据本案的案情,我们同意第二种观点。

被害人承诺,或者被害人同意,是指法益主体对他人侵害自己能够支配的利益表示允诺或者同意。作为一种阻却犯罪成立的事由,虽然我国刑法没有明确规定,但已经为国内外的刑法学者所认可。刑法的目的是保护法益。刑法将某种利益作为法益加以保护,主要是因为这种利益是个人自我决定或自我实现所不可缺少的前提。法益只有在对个人的自我实现具有积极意义的限度内,才具有刑法保护的意义。相反地,如果保护某种法益成为个人自我决定或自我实现的障碍,就没有必要对其进行法律保护,这种情况下,尊重个人意愿,任其放弃可以自由处分的权益,就是其个人自我实现的表现。因此,被害人自愿放弃能够处分的利益,在现代刑法中应当允许,对于侵害被放弃的利益的行为,不能作为犯罪予以追究。当然,被害人的承诺有一定的限度,不能绝对化,生命是自己决定权的基础,对于自我决定或实现不可或缺,剥夺了人的生命,就剥夺了个人自我决定的权利,与刑法保护个人决定的宗旨相悖。生命权不具有可承诺性,除了生命之外的个人法益,个人均可处分。

被害人承诺本质上就是被害人自由地行使自主决定权,被害人承诺有效的条件是具有承诺能力的人针对自己可以处分的一定法益进行真实自由的允诺。从承诺主体上看,能够对侵害法益表示承诺的,必须是具有承诺能力的人。从承诺对象上看,不仅包括侵害法益的结果,也包括引起该结果的行为,就是符合构成要件的事实。从承诺时间上看,承诺必须在结果发生时存在。从承诺的表示方式看,无论是明示,还是默示,都可以作为承诺的意思表示方式。从承诺的真实性上看,被害人承诺应当是在没有受到外在强制或者欺骗的情况下,基于自己的内心判断,自由作出的承诺。被害人作出有效承诺,且承诺放弃的是生命之外的法益,其所承诺放弃的法益就缺少了刑法保护的必要性,加害人侵犯该法益,不构成犯罪。

本案中,被告人王某作为成年人,为了获取财产利益,在被告人张某故意伤害其身体害前,明确表示同意被告人张某损害其身体健康权益,接受轻伤的后果,未受到他人的强制或欺骗,其承诺有效,阻却故意伤害罪的成立。

综上所述,法院对被告人张某未以故意伤害罪和诬告陷害罪并罚而仅以诬告陷害罪进行处罚是正确的。

针对已结束的不法侵害进行"防卫"不构成正当防卫

王欢欢

一、据以研究的案例

2014 年 6 月 13 日 18 时许,被告人王某某在北京市通州区马驹桥镇北门口村吉祥公寓门前路边其水果摊处,无故被李某、丛某、王某和靳某某拳打脚踢,当上述四人欲离开时,其持水果刀将李某、丛某、王某扎伤,致李某腹膜破裂,后腹膜巨大血肿,左侧降结肠前壁全层破裂,丛某腹腔积血,王某左胸壁及右上臂开放性损伤。经通州区公安司法鉴定中心鉴定,李某、丛某身体所受损伤均为重伤二级,经北京市红十字会急诊抢救中心司法鉴定中心鉴定,王某身体所受损伤为轻微伤。

公诉机关以故意伤害罪将王某某诉至法院。被告人王某某在开庭审理过程中认罪,但辩称李某等人持续对其进行殴打,无离开的意思。辩护人的辩护意见为,被告人王某某的行为属于正当防卫,有自首情节,请求法院依法宣告被告人王某某无罪。公诉机关认为被告人王某某的行为不构成正当防卫。

在审理期间，经依法调解，被告人王某某与被害人李某、丛某、王某达成赔偿谅解协议，由被告人王某某一次性赔偿三名被害人全部经济损失共计人民币7万元，三名被害人对被告人王某某表示谅解。

北京市通州区人民法院经审理认为，被告人王某某在其人身权利受到侵害后未能正确处理，持械故意伤害他人身体，致二人重伤、一人轻微伤，其行为已构成故意伤害罪，依法应予惩处。公诉机关指控的罪名成立。被告人王某某自动投案，如实供述主要犯罪事实，系自首，依法可以减轻处罚。被告人王某某积极赔偿被害人经济损失，取得了被害人谅解，且被害人对于本案的发生存在过错，依法可以酌情从轻处罚。对于被告人王某某的辩解意见，经查，与在案证据所证明的事实相悖，故不予采纳。对于辩护人提出的“被告人王某某的行为属于正当防卫”的辩护意见，经查，被告人王某某的行为并不是针对正在进行的不法侵害，其行为不符合正当防卫的条件，故该意见不予采纳。其他辩护意见经查属实且于法有据，予以采纳。故作出判决：被告人王某某犯故意伤害罪，判处有期徒刑一年四个月。

一审判决作出后，被告人王某某未上诉，检察院未抗诉，判决已经生效。

二、相关法律问题分析

本案的争议焦点在于被告人王某某的行为是否构成正当防卫。被告人王某某对公诉机关指控的基本犯罪事实无异议，但辩称其持刀扎人时，不法侵害行为仍在持续。辩护人的辩护意见为，被告人王某某的行为属于正当防卫。公诉机关认为被告人王某某的行为不构成正当防卫。

根据《刑法》第20条的规定，正当防卫是指为了保护国家、公共利益、本人或者他人的人身、财产和其他权利免受正在进行的不法侵害，采取对不法侵害人造成或者可能造成损害的方法，制止不法侵害的行为。正当防卫分为两种：一般正当防卫(《刑法》第20条第1款)与特殊正当防卫(《刑法》第20条第3款)。后者是针对正在进行的严重危及人身安全的暴力犯罪所进行的防卫，不存在防卫过当的问题；前者是针对正在进行的其他不法侵害所进行的防卫，具有防卫限度因而存在防卫过当的行为。

(一)正当防卫的条件

公民在进行正当防卫的时候,不得不当地损害其他法益,否则就会造成新的不法侵害,故实施正当防卫必须符合一定的条件。

1. 必须存在现实的不法侵害行为,是正当防卫的起因条件。不法侵害包括犯罪行为和其他一般违法行为。有观点认为,公民仅能针对犯罪行为进行正当防卫。然而,笔者认为,公民一时很难区分不法侵害是犯罪行为还是其他一般违法行为,将不法侵害限于犯罪行为,不利于公民进行正当防卫,且法条使用了“不法”一词,而没有使用“犯罪”概念,表明对其他一般违法行为可以进行防卫。但是,并非对于任何违法犯罪行为都可以进行防卫,只是对具有进攻性、破坏性、紧迫性的不法侵害,在采取正当防卫可以减轻或者避免法益侵害结果的情况下,才能进行正当防卫。例如,重婚罪、贿赂罪等虽然是犯罪行为,不能对之进行正当防卫。此外,对于轻微的不法侵害,对于处于被保护、被监护地位的人的一般不法侵害,对于自己所引发的一般侵害行为,不宜实行正当防卫。

2. 不法侵害必须正在进行,具有紧迫性。不法侵害正在进行时,才使法益处于紧迫的危险之中,才使防卫行为成为保护法益的必要手段。不法侵害正在进行,是指不法侵害已经开始且尚未结束。对于不法侵害的结束时间,理论上有不同观点。一种观点认为,排除了不法侵害的客观危险时就是结束时间;另一种观点认为,不法侵害被制止时就是结束时间;还有一种观点认为,不法侵害已经结束,是指法益不再处于紧迫、现实的侵害、威胁之中。笔者认同第三种观点。不法侵害结束表现为不法侵害人已经被制服,不法侵害人已经丧失了侵害能力,不法侵害人已经自动终止了不法侵害,不法侵害人已经逃离现场,不法侵害已经造成了侵害结果并且不可能继续造成更严重的结果等。在不法侵害尚未开始或者已经结束时,进行所谓“防卫”的,不是正当防卫,应以故意犯罪论处。

3. 必须针对不法侵害人本人进行防卫。针对不法侵害人进行防卫,使不法侵害人不再继续实施不法侵害行为,才可能制止不法侵害,保护法益。如果故意针对第三者进行所谓防卫,应作为故意犯罪处理。

4. 必须没有明显超过必要限度造成重大损害。对于“必要限度”,应以制止不法侵害、保护法益的合理需要为标准,即是制止不法侵害、保护法益所必需行为。是否“必需”,应通过全面分析案件得出结论。一方面,要分析不法侵害行为的危险程度、侵害者的主观内容,以及双方的手段、强度、人员多少与强弱、在现场所处的客观环境与形势等。另一方面,应权衡防卫行为所保护的法益性质与防卫行为所造成的损害结果。即所保护的法益与所损害的利益之间,不能相差过大,不能为了保护微小权益而造成不法侵害者重伤或者死亡。

(二)结合案情具体分析

根据上述正当防卫的条件,结合本案的具体案情进行分析如下:

1.本案存在现实的不法侵害行为,但不法侵害行为已经结束。根据本案中被害人陈述可以证实,被害人李某之婶子高某某与被告人王某某因卖水果抢占摊位产生矛盾,被害人李某受高某某指使,纠集同事被害人王某、丛某,证人靳某某去教训被告人王某某,被害人李某与被告人王某某发生口角,后被害人李某等四人对被告人王某某拳打脚踢。故本案中,李某等四人对王某某实施的殴打行为,对王某某而言,构成了现实的不法侵害,但该不法侵害行为已经结束。通过被害人陈述、证人证言可以证实,被害人李某等四人对被告人王某某拳打脚踢,看王某某没有还手,就都停手了欲离开。被告人王某某在公安机关做过多次供述,在侦查阶段前期,王某某对其持刀扎人的行为避而不提,称自己遭到了李某等人的抢劫,是受害者,其没有还手,更没有用刀扎人。在侦查阶段后期,王某某称四名男子对其拳打脚踢,他们打得有点缓了,其从车厢里拿了好像是刀一样的东西对着对方的人乱扎乱挥,对方的人就开始跑,其用手里的东西向着对方的人扔过去,其弟弟和父母也赶过来追到一名男子。在庭审中,王某某供述亦前后矛盾,第一次庭审中其否认持刀扎人的行为,第二次庭审中其承认自己当时失去理智,好像是拿刀扎人了,但是李某等人当时持续对其进行殴打。对比被害人陈述、证人证言及被告人供述,三名被害人及证人靳某某之间虽存在利害关系,但对于首先殴打王某某的事实均予以认可,均证实当时王某某没有还手,四人停手欲离开。而被告人王某某供述极不稳定,对其持刀扎人的行为多次回避,后期供述其乱扎乱挥,对方的人开始跑,其用手里东西向对方扔过去。结合全案证据可以认定:三名被害人及证人靳某某在对被告人王某某实施了不法侵害行为后,该不法侵害已经结束,后被告人王某某实施了持刀追扎三名被害人的犯罪行为,造成两名被害人重伤、一名被害人轻微伤的犯罪后果。

2. 被告人王某某的行为明显超过必要限度。第一,分析不法侵害行为的危险程度及侵害者的主观内容。被害人李某之亲属与被告人王某某因卖水果抢占摊位存在矛盾,被害人李某受托纠集同事丛某等四人去教训被告人王某某,被害人李某、丛某等人与被告人王某某之间并不认识且无直接矛盾;李某等人对王某某拳打脚踢,致王某某身体挫伤,经法医鉴定为轻微伤,从该伤害结果可以推断出:案发当时被害人李某等人对被告人王某某的不法侵害行为并未达到严重程度。第二,分析现场所处的客观环境与形势。案发当时是 6 月,正处夏季,时间是下午 6 时许,案发地点位于小区门口集市,人流集中,且被告人王某某的父亲、弟弟均在其水果摊位附近摆摊。结合被告人王某某亲属的证言,其弟弟听到王某某叫了一声抢劫,遂追赶上一名男子并报警,其父亲听人喊其子王某某被打后追赶上一名男子。因此,可以推断:被告人王某某所处的客观环境决定其可以采取呼救的方式获得救济,但其并没有采取。第三,分析双方的手段、强度、人员多少与强弱。被害人李某等四名青年男子对被告人王某某一名青年男子,从力量对比上来看,被告人王某某处于弱势;从手段上看,被害人李某等人没有持工具,被告人王某某持刀,在作案工具中,刀属于危险系数相对较高的工具,即使当时被害人李某等人的不法侵害行为仍在继续,被告人王某某持刀后已经可以与对方相抗衡,假使其持刀扎向第一名被害人的行为具有防卫性质,但其持刀扎向第二名、第三名被害人的行为显然已经构成犯罪。第四,权衡防卫行为所保护的法益性质与防卫行为所造成的损害结果。李某等四名青年男子对王某某进行殴打致王某某轻微伤,属于一般违法行为,依法应予以行政处罚。王某某持刀扎丛某前胸一刀,李某腹部一刀,王某胳膊、前胸各一刀,致李某腹膜破裂,后腹膜巨大血肿,左侧降结肠前壁全层破裂,丛某腹腔积血,王某左胸壁及右上臂开放性损伤,经鉴定李某、丛某均为重伤,王某为轻微伤。对比可以看出:被告人王某某的行为明显超过了防卫的客观需要,缺乏必要性。

综上所述,一审法院的判决是正确的。

贩卖毒品案件中毒品未完成交付也认定为犯罪既遂

赵程宇

一、据以研究的案例

2013年3月27日16时许，被告人杨某在河北省三河市燕郊镇向他人购买冰毒，联系好买家后，于当日20时40分许，被告人杨某打车到本市通州区易初莲花超市永和大王店内，欲以人民币3500元的价格向马某某贩卖冰毒一包，后杨某在等候马某某送钱的过程中被接到举报的通州分局焦王庄派出所民警抓获；民警当场起获白色晶体1袋，经鉴定为甲基苯丙胺类毒品3.32克，起获毒品后被收缴。

被告人杨某在开庭审理过程中对公诉机关指控的犯罪事实无异议，其辩护人认为被告人杨某贩卖的毒品还未实际交付即被公安机关抓获，其行为属于犯罪未遂。

北京市通州区人民法院经过审理认为，被告人杨某无视国法，向他人贩卖甲基苯丙胺，其行为已构成贩卖毒品罪，依法应予惩处。北京市通州区人民检察院指控被告人杨某犯贩卖毒品罪，事实清楚，证据确实、充分，指控的罪名成立。被告人杨某到案后如实供述所犯罪行，依法可以从轻处罚。鉴于被告人杨某有坦白情节，涉案毒品已被收缴，并考虑到本案其他具体情节，依法决定对其从轻处罚。对于辩护人提出的“被告人杨某的行为属于犯罪未遂”的辩护意见，经查，被告人杨某购进毒品后用于贩卖，与购买人达成买卖合意后到达交易地点，在毒品交付过程中被公安机关抓获，属于犯罪既遂，故法院对上述辩护意见不予采纳；对于辩护人提出的“杨某贩卖的毒品数量较少，请求法院对被告人杨某判处管制或者适用缓刑"的辩护意见,经查,贩卖毒品,无论数量多少,都应依法追究刑事责任,予以刑事处罚,被告人杨某贩卖甲基苯丙胺数量已达3.32克,对其不宜判处管制或适用缓刑,故对上述辩护意见不予采纳。综上,法院根据被告人杨某犯罪的事实、性质、情节及对于社会的危害程度等,依照《刑法》第347条第1款、第4款、第67条第3款、第52条之规定,以犯贩卖毒品罪判处被告人杨某有期徒刑一年,并处罚金人民币2000元。

判决作出后,被告人杨某未上诉,判决已经生效。

二、相关法律问题分析

本案控辩双方争议的焦点在于被告人杨某的行为是否属于犯罪未遂。

辩护人认为,根据我国《刑法》第23条第1款的规定,已经着手实施犯罪,由于犯罪分子意志以外的原因而未得逞的,是犯罪未遂。被告人杨某贩卖的甲基苯丙胺始终在其兜里,并未实际交付给买受人,应认定为未遂。

刑法学界对于贩卖毒品罪的既遂与未遂标准,目前存在以下几种观点:一是契约说,即贩卖毒品的双方当事人就毒品交易事项达成一致便构成既遂,而不管毒品是否已经交付。二是实际交付说,例如,张明楷教授认为贩卖毒品以实际上转移给买方为既遂,转移毒品后行为人是否已经获取了利益,则不影响既遂的成立。毒品实际上没有转移时,即使已经达成转移的协议或者行为人已经获得了利益,也不宜认定为既遂,行为人以贩卖为目的购买了毒品后但未能出售给他人的,应认定为贩卖毒品未遂。三是进入交易说,即以毒品是否进入交易为准,至于是否实际成交、行为人是否获利,都不影响既遂的成立。

笔者认同第三种观点,即用进入交易说作为判断贩卖毒品罪既遂与未遂的标准,无论是购买还是卖出,只要行为人实施了其中一个行为,就应该视为是贩卖毒品罪既遂,如果行为人因为意志以外的原因而明显未进行实质性的毒品交易行为,则才属于犯罪未遂。理由如下:

1.贩卖毒品的行为通常始于购买,仅就购买毒品而言,就具有双重的社会危害性,一方面,行为人从"上线"处购买毒品,这一行为本身就已经造成了毒品的非法流通,如果没有购买的行为,那么毒品犯罪本身就不会继续非法进行下去;另一方面,购买毒品的行为本身就意味着可能出售毒品,是实施贩卖行为的起点和前提,因而购买行为本身就包含了很大的社会危害性。

2. 在实际发生的大量贩卖毒品案件中,大量的被抓获的犯罪分子其行为都停止在进入交易后而未卖出的阶段,或者是处于正在交易而人赃并获的阶段,真正等到毒品交付给买方,毒品交易全部完成再将犯罪分子抓获的实属极少数,因此,如果以毒品是否实际交付来判断既遂或者未遂,必然导致大量此类案件作为未遂处理,不利于打击毒品犯罪,反而会放纵毒品犯罪分子。

此外,最高人民法院原副院长张军在全国部分法院审理毒品犯罪案件工作座谈会上的讲话,对于毒品犯罪的既遂与未遂问题明确指出,对于实践中出现的极为典型的未遂案件,应按照犯罪未遂处理,例如毒品若是祖传下来的,尚未出手即被查获,可认定为犯罪未遂,而对于毒品交易双方已经明确约定了交易地点,即使尚未见面,在路途中被抓获的,对卖方也应认定为犯罪既遂,因为其是为贩卖而购买或走私、制造的毒品。

本案中,被告人杨某为贩卖而向他人购买毒品,经他人联系好买家并约定了交易地点后打车前往,在交易地点等待买方送钱的过程中被抓获,并当场从其身上起获毒品,应认定为贩卖毒品罪的既遂。

综上,一审判决是正确的。

犯罪嫌疑人暴力抗拒公安机关查扣赃物致民警轻微伤应定性为妨害公务罪并与前罪数罪并罚

赵程宇

一、据以研究的案例

2009 年至 2013 年 6 月,被告人顾某在其经营的“北京兴盛鑫泰食品经营部”内,非法经营“德国黑倍”“虫草丸”等保健食品;2013 年 6 月 24 日被查获,当场起获“德国黑倍”“虫草丸”等保健食品共计 56 盒,经北京微量化学研究所分析测试中心检测，均含有非法添加的西药西地那非成分。2013 年 6 月 24 日，被告人顾某在北京市公安局通州分局对其经营的“北京兴盛鑫泰食品经营部”进行执法检查时，以暴力方法阻碍公安机关工作人员依法扣押涉案有毒、有害食品，并将执法民警郭某、王某咬伤、抓伤，经北京市公安司法鉴定中心鉴定，二人均为轻微伤。后检察机关指控顾某犯销售有毒、有害食品罪和妨害公务罪，被告人顾某在开庭审理过程中对公诉机关指控的犯罪事实无异议。

北京市通州区人民法院经审理认为：被告人顾某无视国法，销售明知掺有有毒、有害的非食品原料的食品，并以暴力方法阻碍国家机关工作人员依法执行职务，其行为已构成销售有毒、有害食品罪和妨害公务罪，依法应予数罪并罚。公诉机关指控的罪名成立。被告人顾某到案后如实供述所犯罪行，依法可以从轻处罚。被告人顾某已经通过家属赔偿受害民警经济损失，取得了民警的谅解，依法可以就其所犯妨害公务罪酌情从轻处罚。法院根据被告人顾某犯罪的事实、性质、情节及对于社会的危害程度等，依照《刑法》第 144 条、第 277 条第 1 款、第 67 条第 3 款、第 52 条、第 53 条、第 64 条、第 69 条之规定，作出判决：被告人顾某犯销售有毒、有害食品罪，判处有期徒刑九个月，并处罚金人民币 2000 元，犯妨害公务罪，判处有期徒刑六个月，决定执行有期徒刑十个月，并处罚金人民币 2000 元；扣押在案的有毒、有害保健食品 56 盒、账本 1 册，予以没收。

一审判决作出后，被告人顾某未上诉，检察院未抗诉，判决已经生效。

二、相关法律问题分析

本案的争议问题是被告人顾某在公安机关民警查扣其赃物的过程中将民警致伤的行为，是否单独构成妨害公务罪，并与前罪数罪并罚。

对于被告人实施其他犯罪行为，在抗拒抓捕等情形下又实施了妨害公务的行为这种存在牵连关系的犯罪，在刑法理论中称为牵连犯。牵连犯是指出于一个犯罪目的，而犯罪的方法（手段）或者结果又牵连的触犯了其他罪名的犯罪，例如，犯罪嫌疑人在实施组织、运送他人偷越国（边）境时，可能以暴力、威胁方法抗拒国家机关工作人员的检查，犯罪嫌疑人基于组织、运送他人偷越国（边）境的故意，同时实施了妨害公务和组织、运送他人偷越国（边）境的行为就属于牵连犯。牵连犯属于处断的一罪，即实质上应构成数罪，但因其特殊的情形及性质又被司法机关作为一罪处断的犯罪形态。

对于牵连犯的处理原则为:《刑法》分则对于特定犯罪的牵连犯规定了处断原则的,均应该严格按照《刑法》分则的条文规定裁判;如果《刑法》分则条文没有明确规定处断原则的牵连犯,理论上均应该按照从一重罪处断的原则。例如,我国《刑法》第157条第2款明确规定,以暴力、威胁方法抗拒缉私的,以走私罪和本法第277条规定的阻碍国家机关工作人员依法执行职务罪,依照数罪并罚的规定处罚,此为《刑法》分则条文明确规定的对于妨害公务的牵连犯进行数罪并罚的情形;再如,《刑法》第318条第1款第(5)项之规定,对于组织他人偷越国(边)境的,处二年以上七年以下有期徒刑,并处罚金,对于以暴力、威胁方法抗拒检查的,处七年以上有期徒刑或者无期徒刑,并处罚金或者没收财产,此为将妨害公务的行为作为组织他人偷越国(边)境罪的加重处罚情节的情形,不再就两罪进行并罚。

以上是我国刑法学界对于牵连犯的处理达成共识的原则。但是,对于因实施其他犯罪行为,后又实施了抗拒抓捕等妨害公务的行为这种牵连犯应该如何处理,笔者认为不应一概而论,而应该具体分析被告人对于牵连行为的主观故意和客观行为,从而决定是否按照从一重罪处断的原则处理。

首先,要考察被告人是否出于同一的犯罪目的,如果犯罪目的被割裂开,出现两个犯罪目的的时候,就不属于处断的一罪;其次,要考察行为人是否实施了数个犯罪行为,而且行为之间是否存在手段行为与目的行为,或者原因行为与结果行为的牵连关系,如果两种行为之间联系较弱,则不应该认为该两种行为之间存在牵连关系,也不应按照从一重罪处断的原则处理。

以数据为例,在某份关于妨害公务案件的调研中,选取了2007年至2009年全北京市检察机关提起公诉的527件妨害公务的案件,其中涉及妨害公务行为是否应与前罪并罚的为15件,在这15件案件中,多为犯罪嫌疑人在实施犯罪过程中使用暴力手段抗拒抓捕,对这些案件,其中有11件公诉机关认定为数罪,即将前罪与妨害公务罪并罚;有4件被公诉机关认定为一罪,即未将妨害公务行为单独定罪。结合以上数据,具体到以暴力抗拒抓捕的行为与之前的犯罪行为之间是否构成牵连犯,如果拒捕行为是在行为人实施其他犯罪之后,为了逃匿等而实施的与之前行为紧密联系的本能的反抗行为,则应认定为牵连犯,按照从一重罪处断的原则处理;如果行为人并非简单地为了逃匿而实施的出现间隔的本能的暴力拒捕行为,即拒捕行为与先行行为不存在牵连关系的时候,则应该单独构成妨害公务罪,且应与前罪并罚。当然,对于《刑法》分则对特定犯罪的牵连犯已经规定了处断原则的,均应该严格按照《刑法》分则的条文规定处理。

回到本案中,尽管《刑法》分则条文并没有规定在对销售有毒、有害食品的行为进行执法、查扣的过程中,被告人以暴力、威胁方法阻止国家机关工作人员执法、查扣的,按照《刑法》第 277 条处理,单独构成妨害公务罪,但是,本案中被告人顾某的两种犯罪行为其主观故意和客观行为均不存在牵连关系,顾某对民警实施暴力行为其目的是阻止公安机关依法查扣其涉案物品,这与其明知销售的食品掺有有毒、有害物质而仍然予以销售,从而达到获利的目的在主观目的上是有区别的。而在客观行为上,顾某的举动亦不是为了逃跑而采取抗拒民警抓捕的行为,其销售行为与抗拒查扣的行为之间不存在紧密的联系,且顾某的暴力行为造成了两名执法民警轻微伤的结果,因此,顾某的暴力抗拒查扣的行为与前罪不构成牵连犯,应单独构成妨害公务罪,且应与销售有毒、有害食品罪并罚。

综上,一审法院的判决是正确的。

行政篇

事实行为引发的行政赔偿案件中赔偿机关、判决形式与起诉期限的确定

曹 慧

一、据以研究的案例

1985 年 4 月 17 日，原告郭某的档案由其单位国家建委第一工程局第五建筑工程公司（现更名为中国建筑第一工程局第五建筑公司，以下简称建委一局五公司）转至北京市公安局通州分局草场派出所（以下简称草场派出所），此后其档案一直存放于草场派出所。1993 年草场派出所档案室发生火灾，郭某档案被烧毁。2002 年，草场派出所并入北京市公安局通州分局漷县派出所（以下简称漷县派出所）。2006 年 6 月 9 日，漷县派出所出具证明，证明草场派出所档案室于 1993 年失火，郭某的档案已烧毁，请有关部门协助补办。2010 年，郭某通过信访接待途径向北京市公安局通州分局（以下简称通州公安分局）提出赔偿请求，后双方协商未果。2012 年郭某提起民事诉讼要求通州公安分局赔偿其财产损害，北京市通州区人民法院经审理后作出（2012）通民初字第 12142 号民事裁定书，以案件纠纷不属于人民法院受理民事诉讼的范围为由裁定驳回了郭某的起诉。现郭某认为通州公安分局的行为让其失去了生活来源，故提起行政诉讼要求判令通州公安分局对其进行行政赔偿。

原告郭某诉称：其档案于 1985 年 4 月 17 日由建委一局五公司转至草场派出所，后草场派出所于 2002 年并入漷县派出所。1993 年草场派出所档案室失火致使郭某的档案材料被烧毁，通州公安分局并未将上述事实及时告知郭某。郭某知情后积极采取补救措施，但档案仍无法复原。郭某多次找到通州公安分局协商具体行政赔偿事宜，均未达成一致意见。郭某认为因为通州公安分局的

行为造成其无法正常办理退休及医疗保险等手续,故诉至法院请求判令通州公安分局支付其各项损失共计人民币 54 万元。

通州公安分局辩称:原告郭某只是于 1980 年至 1985 年在建委一局五公司工作,此部分档案能够恢复,不会给郭某造成任何经济损失,且郭某自 1985 年离职后,应自食其力积极参与就业,如此就不存在其因档案毁损无法办理退休手续及医疗保险等问题。综上,郭某的赔偿请求缺乏事实和法律依据,请求法院驳回其诉讼请求。

北京市通州区人民法院经审理认为:行政机关对档案的保管行为是基于其行政职权而实施的行政事实行为,其虽不以形成、变更或消灭行政法律关系为目的,但对当事人的权利义务亦可构成影响。如行政机关作出的行政事实行为对当事人造成损害,当事人可针对该行政事实行为提起行政赔偿诉讼。本案中,根据双方当事人的当庭陈述及提交的证据可以证明草场派出所于 1985 年 4 月 17 日接收原告郭某的档案,后档案被烧毁的事实。草场派出所接收郭某的档案后,即应对该档案妥善保存和管理,该所未尽到档案管理职责造成档案被烧毁的行为已构成违法,其违法行政行为的后果应当由设立该派出机构的通州公安分局承担。《国家赔偿法》第 2 条第 1 款规定:“国家机关和国家机关工作人员行使职权,有本法规定的侵犯公民、法人和其他组织合法权益的情形,造成损害的,受害人有依照本法取得国家赔偿的权利。”因此,通州公安分局应对郭某档案被烧毁的后果承担行政赔偿责任。因郭某没有证据证明其要求赔偿的 54 万元系通州公安分局所造成的直接损失,法院不予支持。但鉴于通州公安分局对于郭某档案被烧毁的行为应当承担行政赔偿责任,故法院对于赔偿数额予以酌定。据此,依照《最高人民法院关于执行〈中华人民共和国行政诉讼法〉若干问题的解释》第 57 条第 2 款第(2)项、《国家赔偿法》第 2 条、《最高人民法院关于审理行政赔偿案件若干问题的规定》第 33 条、第 34 条的规定,判决确认通州公安分局丢失原告郭某档案的行为违法,并责令其于本判决生效之日起七日内赔偿原告郭某人民币 3 万元。

一审判决宣判后,双方当事人均未提起上诉,现判决已履行完毕。

二、相关法律问题分析

（一）通州区公安分局应作为本案的适格被告

本案中，郭某提起行政赔偿诉讼的被告为通州公安分局，但 1982 年，北京市人民政府发出《转发〈关于企业开除、除名职工的情况和意见的报告〉的通知》（京政发〔1982〕143 号），该通知规定由派出所接收被企业开除、除名人员的档案，派出所基于该通知接收了大量的被企业开除、除名人员以及其他一些自行离职人员的档案材料。该通知将接收被企业开除、除名人员的档案的职权授予了派出所，所以从通知上看，派出所应该是公安机关丢失人事保管档案类行政案件的被告，实践中以公安分局和派出所为被告起诉的案例亦都存在。然而，虽原告郭某的档案系由草场派出所负责保管，且其档案被烧毁的事实也发生在草场派出所内，但派出所作为公安机关的派出机构，仅能成为行为主体而不能成为责任主体，除《治安管理处罚法》第 91 条规定的情形外，即警告、500 元以下的罚款可以由公安派出所决定，其他情形下应由设立该派出机构的公安机关承担行为的相应责任，故公安机关派出机构将档案丢失的法律责任由其所属的公安机关承担为宜，在本案中应将通州公安分局作为被告。

（二）针对事实行为提起的行政赔偿应对致害行为违法性一并确认

《国家赔偿法》并未针对事实行为提起的行政赔偿诉讼作出具体规定。实践中，原告多在提起行政赔偿诉讼的同时提起行政诉讼，要求确认被告丢失档案的行为违法，经办法院也大多区分上述两项诉求进行分案处理。本案中，原告郭某并未提出要求确认通州公安分局丢失档案行为违法的诉讼请求，直接提出行政赔偿请求，针对此种情况，合议庭是否有必要向郭某进行释明，要求其增加确认事实行为违法的诉讼请求，如果郭某增加该诉求，是否需要分案处理。合议庭认为，根据最高人民法院行政审判庭《关于如何适用最高人民法院〈关于审理行政赔偿案件若干问题的规定〉第二十一条第（四）项和第三十四条规定的答复》（行他字〔2001〕第 10 号），因行政机关的具体行政行为引起的行政赔偿，赔偿请求人单独提起行政赔偿诉讼的，应当符合第 21 条第 4 项规定的起诉条件，即加害行为已被确认为违法；因行政机关的事实行为引起的行政赔偿，赔偿请求人单独提起行政赔偿的,应当适用第34条的规定,即对赔偿请求人未经确认程序而直接提起行政赔偿诉讼的案件,人民法院在判决时应当对赔偿义务机关致害行为是否违法予以确认。因此,在本案中,虽原告郭某未提出要求确认通州公安分局丢失档案行为违法的诉讼请求,但在判决时仍应对通州公安分局丢失档案行为的违法性进行确认。

(三)本案的起诉期限不应适用诉讼时效的规定

《国家赔偿法》第39条第1款规定,赔偿请求人请求国家赔偿的时效为两年,自其知道或者应当知道国家机关及其工作人员行使职权时的行为侵犯其人身权、财产权之日起计算,但被羁押等限制人身自由期间不计算在内。在申请行政复议或者提起行政诉讼时一并提出赔偿请求的,适用行政复议法、行政诉讼法有关时效的规定。本案中,原告郭某2006年就知道其档案丢失的事实,其后一直与漷县派出所、通州公安分局沟通协商赔偿事宜,直至2012年11月才提起本案的行政诉讼,则其起诉期限从何时开始起算,目前仍存在争议。《民法通则》第139条规定,在诉讼时效期间的最后六个月内,因不可抗力或者其他障碍不能行使请求权的,诉讼时效中止。从中止时效的原因消除之日起,诉讼时效期间继续计算。第140条规定,诉讼时效因提起诉讼、当事人一方提出要求或者同意履行义务而中断。从中断时起,诉讼时效期间重新计算。现行《行政诉讼法》中虽无关于起诉期限中止、中断的明确规定,但在本案中,原告郭某知道档案丢失的事实后,一直在与相关部门就如何赔偿进行沟通,即始终在积极主张自己的权利,且通州公安分局将档案丢失的违法行为确实损害了郭某的合法权益,本着加大矛盾化解力度,切实保护相对人合法权益的原则,在本案中不宜以超过起诉期限为由裁定驳回郭某的起诉,而应从实体上对于郭某所受损失酌定后判决予以赔偿。

综上,法院的判决是正确的。

法院在审查具体行政行为合法性的同时，可对所依据的规范性文件附带审查

金 涛

一、据以研究的案例

2007年，被告北京市通州区台湖镇人民政府（以下简称台湖镇政府）制定医疗补助等相关补助政策。2013年3月29日，台湖镇政府制定了《关于对患有重大疾病人员住院费用进行年终困难补助的实施意见》（以下简称《困难补助实施意见》）（台政发〔2013〕4号）、《关于新型农村合作医疗实行镇级住院医疗补助的实施意见》（以下简称《医疗补助实施意见》）（台政发〔2013〕5号），对获得困难补助和医疗补助的条件、补助标准及不享受补助政策的情形等内容进行了规定，其中《困难补助实施意见》第5条、《医疗补助实施意见》第6条均规定“在中心镇建设及2011年15个村拆迁工作中未签订拆迁协议（包括已签约但未按规定拆除地上物）的住户不享受此政策”。因杨某某未签订拆迁补偿协议，台湖镇政府未向其支付2011年的困难补助7676元和2012年至2015年的医疗补助31 888元。原告杨某强系杨某某之子，杨某某（诉讼中死亡）和原告杨某强对台湖镇政府未向其发放上述补助的行为不服，提起诉讼，请求：第一，判决台湖镇政府支付杨某强医疗补助31 888元并按照相关规定支付困难补助；第二，一并审查台湖镇政府制定的《困难补助实施意见》第5条及《医疗补助实施意见》第6条的合法性。

被告台湖镇政府辩称：原告杨某强的诉讼请求缺乏事实和法律依据，主要理由为：一是自2007年制定医疗补助政策至今，此政策已执行近9年，2013年由于市、区合作医疗报销政策进行了调整，北京市通州区台湖镇经党委、政策研

究决定特修改制定了《困难补助实施意见》《医疗补助实施意见》,为辖区内参加新型农村合作医疗的人员报销部分医疗费用,2014 年和 2015 年市、区合作医疗报销政策未作调整,台湖镇一直延续 2013 年的政策;二是《困难补助实施意见》第 5 条、《医疗补助实施意见》第 6 条均规定在中心镇建设及 2011 年 15 个村拆迁工作中未签订拆迁协议(包括已签约但未按规定拆除地上物)的住户不享受补助政策,杨某某一户属于上述条款规定的范围内人员,不应享受补助政策;三是台湖镇政府制定的《困难补助实施意见》《医疗补助实施意见》不违反法律法规的强制性规定,合法有效。综上,请求法院驳回杨某强的诉讼请求。

北京市通州区人民法院经审理认为,根据《困难补助实施意见》及《医疗补助实施意见》第 1 条的规定,台湖镇政府对辖区内的居民给予困难补助和医疗补助的目的在于进一步提高居民健康水平和生活质量,切实缓解和解决"因病致贫、因病返贫"问题,但《困难补助实施意见》第 5 条、《医疗补助实施意见》第 6 条将签订拆迁补偿协议作为获得困难补助和医疗补助的前提条件,该规定并无相应的法律依据,并且也与《困难补助实施意见》《医疗补助实施意见》的制定目的相悖,故台湖镇政府依据《困难补助实施意见》第 5 条、《医疗补助实施意见》第 6 条未向杨某某一户支付困难补助和医疗补助的行为不妥,因杨某某已死亡,台湖镇政府应当向原告杨某强支付 7676 元困难补助和 31 888 元医疗补助。判决被告北京市通州区台湖镇人民政府于本判决书生效之日起五个工作日内向原告杨某强给付重大疾病年终困难补助和镇级住院医疗补助共计 39 564 元。

原告杨某强不服,提出上诉。北京市第三中级人民法院经审理认为:根据《困难补助实施意见》及《医疗补助实施意见》的规定,台湖镇政府负有向台湖镇符合补助条件的人员给予相应困难补助、医疗补助的义务。本案中,台湖镇政府未发放困难补助和医疗补助的依据系《困难补助实施意见》第 5 条、《医疗补助实施意见》第 6 条的规定,一审法院经审查认为上述规定无法律依据,法院对一审法院的上述认定不持异议。台湖镇政府拒绝履行给付义务的理由不能成立,因杨某某已死亡,台湖镇政府应当向原告杨某强支付困难补助和医疗补助,上述补助款的数额,杨某强、台湖镇政府于二审期间均表示认可,法院予以确认。综上,判决驳回上诉,维持一审判决。

二、相关法律问题分析

本案的争议焦点在于被告台湖镇政府制定的《困难补助实施意见》第 5 条和《医疗补助实施意见》第 6 条规定有无相关法律依据，能否作为其行政行为的依据。审理中有以下两种意见：

第一种意见认为，本案中被告台湖镇政府制定的《困难补助实施意见》和《医疗补助实施意见》系台湖镇根据本行政区域内的具体情况制定的、仅适用于本行政区域内的规范性文件，补助款的来源是征地补偿，原告的家庭没有签订拆迁补偿协议，因此征地补偿款中并没有原告家庭的份额，因此，原告不应该享受医疗补助和困难补助政策，这两个规定并不违反法律规定，可以作为被告作出行政行为的依据。

第二种意见认为，台湖镇政府制定的《困难补助实施意见》第 5 条和《医疗补助实施意见》第 6 条规定没有法律依据，不能作为其行政行为的依据。

笔者同意第二种观点，理由如下：首先，《困难补助实施意见》和《医疗补助实施意见》的制定目的是提高居民健康水平、解决居民“因病致贫、因病返贫”问题，因此不论补助款的来源是什么，都应该适用于辖区内每一位公民；其次，政府制定的规范性文件应该平等的适用于辖区内的每一位公民，如果有所差别，应当具有相应的法律依据，现行法律法规中并没有对于获得医疗补助、困难补助前需要签订拆迁补偿协议的相关规定；最后，医疗补助、困难补助与拆迁并非同一法律关系，在拆迁案件中，对于没有签订拆迁补偿协议的被拆迁人，拆迁人可以采用扣减、取消提前搬迁奖励等补助，但如果将签订拆迁补偿协议作为获得医疗补助、困难补助的前提条件，明显涉嫌胁迫不拆迁人搬迁，与《国有土地上房屋征收与补偿条例》第 27 条第 3 款确定的禁止采取暴力、胁迫等方式迫使被征收人搬迁的法律原则相违背。综上，台湖镇政府制定的《困难补助实施意见》第 5 条和《医疗补助实施意见》第 6 条不能成为台湖镇政府不向杨某支付困难补助和医疗补助的合法依据。

本案的典型意义在于法院对规范性文件的附带审查。《行政诉讼法》第 53 条规定：“公民、法人或者其他组织认为行政行为所依据的国务院部门和地方人民政府及其部门制定的规范性文件不合法，在对行政行为提起诉讼时，可以一并请求对该规范性文件进行审查。”第 64 条规定：“人民法院在审理行政案件中,经审查认为本法第五十三条规定的规范性文件不合法的,不作为认定行政行为合法的依据,并向制定机关提出处理意见。”本案中,原告在提出被告台湖镇政府支付杨某强医疗补助31 888元并按照相关规定支付困难补助的同时要求一并审查台湖镇政府制定的《困难补助实施意见》第5条及《医疗补助实施意见》第6条的合法性,一审法院认定《困难补助实施意见》第5条、《医疗补助实施意见》第6条将签订拆迁补偿协议作为获得困难补助和医疗补助的前提条件缺少相应的法律依据,不能作为认定台湖镇政府拒绝履行给付义务合法的依据,一审法院的认定符合前述法律规定。二审法院确认《困难补助实施意见》第5条、《医疗补助实施意见》第6条的规定无法律依据,台湖镇政府拒绝履行给付义务的理由不能成立,对于台湖镇政府制定的规范性文件的合法性进行了审查,具有示范意义。

综上,一审、二审判决是正确的。

从事特殊工种工作的年限必须能够视同为其个人缴费年限,否则不符合提前退休的条件

武　威

一、据以研究的案例

原告王某出生于1956年3月12日,1978年10月至1990年6月曾在北京电冰箱附件厂(以下简称电冰箱厂)从事热轧钢工(高温)工作。1990年6月,王某因犯故意伤害罪被法院判处有期徒刑二年。1991年1月,电冰箱厂对王某作出除名决定。1992年6月,王某刑满释放后回到原单位工作,没有再从事特殊工种工作,其养老保险费一直持续缴纳。2011年2月,王某向第三人北京市通州区职业介绍服务中心递交《退休申请表》,第三人向被告北京市通州区人力

资源和社会保障局申报了王某的档案、《退休申请表》等材料。被告于同年3月18日作出《一次性告知书》(通劳险字〔2011〕第55号)并送达至第三人。第55号《一次性告知书》的主要内容为:需要核实王某的视同缴费年限,暂不予核准退休申请,退回所提交材料;如能重新提供相关资料,符合政策规定可按原渠道重新申报。3月30日,第三人依据第55号《一次性告知书》作出《一次性告知书》并送达至王某,王某不服,诉至法院要求撤销被告作出的第55号《一次性告知书》。

法院经审理认为:王某服刑后没有再从事特殊工种工作,其已不再符合按特殊工种职工办理提前退休的条件。根据《国务院关于工人退休、退职的暂行办法》的规定,从事井下、高空、高温、特别繁重体力劳动或者其他有害身体健康的工作,男年满55周岁、女年满45周岁,连续工龄满10年的,应该退休。《内务部关于工作人员曾受过开除、劳动教养、刑事处分工龄计算问题的复函》规定:工作人员受过开除处分或者刑事处分的,应当从重新参加工作之日起计算工作年限。原告王某因犯故意伤害罪被判处两年有期徒刑,应当从其1992年6月重新参加工作之日起计算连续工龄,王某服刑后没有从事特殊工种工作,故其已不符合提前退休的条件。另根据《北京市劳动局关于企业职工个人缴纳基本养老保险费有关问题的通知》的有关规定,自1992年10月1日起以职工个人缴纳基本养老保险费的年限作为计发基本养老金的依据。连续工龄不再作为计发基本养老金的依据,职工个人缴纳基本养老保险费以前,按国家有关规定计算的连续工龄视同职工个人缴费年限(视同缴费年限)。所以被告作出第55号《一次性告知书》,认定需要核实王某的视同缴费年限、暂不予核准提前退休资格的审核意见,并无不妥。综上,依照《最高人民法院关于执行〈中华人民共和国行政诉讼法〉若干问题的解释》第56条第4项的规定,判决如下:驳回原告王某的诉讼请求。

王某不服一审判决提起上诉,二审法院判决维持原判。

二、相关法律问题分析

本案的争议焦点在于北京市实施企业职工个人缴纳基本养老保险费制度前,企业职工提前退休,其从事特殊工种工作的年限是否必须计入连续工龄(视同缴费年限)。

第一种意见认为,根据《国务院关于工人退休、退职的暂行办法》《关于制止和纠正违反国家规定办理企业职工提前退休有关问题的通知》《北京市基本养老保险规定》等有关文件的规定,并不能当然得出从事特殊工种工作的年限必须视同为企业职工的个人缴费年限,故王某只需要满足三个条件即可以办理提前退休手续:一是年满55周岁,二是从事高温工作满9年,三是累计缴费年限满15年。王某符合上述三个条件,故应为其办理提前退休手续。

第二种意见认为,王某从事特殊工种工作的年限必须能够视同为其个人缴费年限,否则将不能办理提前退休手续。虽然王某从事过9年以上的高温工作,但由于其在1990年6月受过刑事处分,所以王某受刑事处分前的工作时间均不能视同王某的个人缴费年限,其服刑后没有再从事特殊工种工作,已不符合提前退休的条件,故应驳回王某的诉讼请求。

笔者同意第二种意见,具体理由如下:

提前退休制度是计划经济时代的产物,当时企业职工的工作条件和环境都比较艰苦,该制度对于保护从事高负荷、高危险及对身体有害劳动的劳动者的人身权益起到了积极作用。随着市场经济体制的逐步确立,企业职工的工作环境和条件都得到了极大的改善和提高,提前退休制度的价值也远不如前;在企业职工退休后的生活保障领域也经历了从退休制度向养老保险制度的转变。在养老保险制度中,退休的内涵发生了变化,它是指企业职工办理退休手续后按月领取养老保险金,而计发养老保险金的依据则是累计缴费年限,在此有必要对其来龙去脉进行说明。

1978年6月2日《国务院关于工人退休、退职的暂行办法》颁布前,国家对职工在企业连续工作的时间称为工作年限,《国务院关于工人退休、退职的暂行办法》颁布后将其称为连续工龄,1992年10月1日,北京市实施企业职工个人缴纳基本养老保险费制度后,将职工的连续工龄视同职工个人缴费年限,将职工个人实际缴纳基本养老保险费的年限称之为实际缴费年限,将视同缴费年限与实际缴费年限之和称为累计缴费年限,作为计发企业职工养老金的依据。故连续工龄与视同缴费年限所指相同,且在新制度下"连续工龄"已被"视同缴费年限"替代。

从《国务院关于工人退休、退职的暂行办法》第1条的规定来看,除因工致残导致完全丧失劳动能力外,正常退休与提前退休的一个必要条件是连续工龄要达到相关要求,可见连续工龄已成为退休制度中判断职工能否退休的标准。《北京市基本养老保险规定》第22条规定表明,达到国家规定的退休条件并办理相关手续的企业职工，累计缴费年限满 15 年的可以按月领取基本养老金，也就是说养老保险制度中企业职工能否按月领取基本养老保险金的现行判断标准是累计缴费年限。在《国务院关于工人退休、退职的暂行办法》的基础上，劳动和社会保障部于 1999 年制定《关于制止和纠正违反国家规定办理企业职工提前退休有关问题的通知》对企业职工提前退休从事不同特殊工种工作的最低年限作出了规定，就本案中王某的情况来讲，从事高温工作应当在该工种岗位上工作累计满 9 年，只有这个工作时间包含在王某的连续工龄中，即能够被视同为王某的个人缴费年限，才能作为王某提前退休、计发养老金的依据，不能被视同为职工个人缴费年限、单纯的从事特殊工种工作的经历不能成为企业职工提前退休、影响职工养老金的依据。本案中，由于王某曾在 1990 年 6 月受过刑事处分，根据《内务部关于工作人员曾受过开除、劳动教养、刑事处分工龄计算问题的复函》《北京市劳动局关于企业职工个人缴纳基本养老保险费有关问题的通知》的规定，国家对其受刑事处分前从事特殊工种的连续工龄均不予认可、不视同为王某的个人缴费年限，不计算在王某的累计缴费年限中，其服刑前从事特殊工种工作的年限仅为工作经历，对其提前退休没有影响。服刑后，王某并未再从事特殊工种工作，其已不符合提前退休的条件，王某只能等到 60 周岁办理正常退休手续，故被告对王某暂不予办理提前退休手续并无不当。

综上，法院的判决是正确的。

擅自使用其他企业字号参加百度推广的，应适用《反不正当竞争法》进行认定和处罚

武　威

一、据以研究的案例

原告郭某系某摄影工作室的负责人，自 2011 年 9 月起，原告郭某擅自使用

"吴刚婚纱摄影""吴刚影楼""吴刚婚纱"等文字为关键词参与百度搜索推广活动,并在摄影工作室网站中宣称:"从一家不足50平方米的专业外景摄影机构发展成为拥有两店三棚十外景的超大规模新派婚纱摄影机构,旗下珠江帝景伯爵店——欧美风情、空中别墅;新华联家园贵宾店——金牌社区、奢华入住""公司2010年斥巨资特聘韩国设计师倾力打造《幸福庄园》360度奢华实景拍摄基地,总营业面积1000平方米""月销量冠军套系月销量过500套"等宣传内容。2011年9月29日,被告北京市工商行政管理局通州分局接到北京吴刚婚纱摄影中心投诉,发现郭某存有上述行为,同日,展开立案调查。后被告对郭某进行了询问并制作了询问笔录。同年12月27日,被告向郭某送达了《行政处罚听证告知书》,告知拟对郭某作出处罚的事实、理由及依据,同时告知郭某享有申请举行听证等权利。2012年1月12日,被告依郭某的申请举行了听证。同年2月28日,被告作出了《处罚决定书》。郭某不服,在收到该《处罚决定书》后向法院提起诉讼。

北京市通州区人民法院认为:关于原告郭某在其摄影工作室网站上发布的信息内容,各方当事人均不持异议,被告调取的证据材料亦能证实相应事实。本案各方当事人的争议焦点在于:(1)郭某在其工作室网站上发布的相关信息及使用"吴刚婚纱摄影""吴刚影楼""吴刚婚纱"等文字参与百度搜索推广是否属于引人误解的虚假宣传;(2)被告所作的《处罚决定书》适用法律是否正确。首先,吴刚婚纱摄影中心为通州区成立较早、规模较大并在同行业中具有较高影响的婚纱摄影机构,本案中郭某经营的摄影工作室与第三人吴刚经营的北京吴刚婚纱摄影中心不存在隶属及合作关系,亦无业务往来,郭某在百度搜索推广系统中使用"吴刚婚纱摄影""吴刚影楼""吴刚婚纱"足以使消费者误认为北京逸品视觉摄影工作室与北京吴刚婚纱摄影中心有关联,具有误导性。其次,郭某在摄影工作室网站中称:"从一家不足50平方米的专业外景摄影机构发展成为拥有两店三棚十外景的超大规模新派婚纱摄影机构""月销量冠军套系月销量过500套""公司2010年斥巨资特聘韩国设计师倾力打造《幸福庄园》360度奢华实景拍摄基地,总营业面积1000平方米"等宣传表述,足以使消费者对其摄影工作室的实际规模及经营状况产生错误的认识并影响消费者的判断及选择,理应属于引人误解的虚假宣传行为。关于被告所作的《处罚决定书》适用法律是否正确的问题,法院认为原告郭某存在《反不正当竞争法》第9条第1款规定的虚假宣传的行为,被告依据该法第 24 条的规定作出的行政处罚适用法律正确。被告在作出处罚前已向原告郭某告知了作出处罚决定的事实、理由及依据,履行了告知义务,并依法举行了听证,保障了郭某享有的陈述、申辩权及申请举行听证的权利,其执法程序未违反《行政处罚法》等相关法律、规章的规定。综上,判决维持被告作出的《行政处罚决定书》。

原告收到一审判决后,未提起上诉。

二、相关法律问题分析

本案的争议焦点在于,原告未经许可使用“吴刚婚纱摄影”“吴刚影楼”“吴刚婚纱”等文字参与百度搜索推广的行为应如何定性,对此存在两种意见:一种意见认为,原告参与百度推广的行为属于竞价排名,是广告行为的一种,由于在其广告中使用了“吴刚婚纱摄影”“吴刚影楼”“吴刚婚纱”等其他企业的名称,混淆商品来源、误导消费者的行为应认定为违反《广告法》的有关规定,故被告适用《反不正当竞争法》对原告进行处罚属于适用法律错误。另一种意见认为,原告的行为违反了《反不正当竞争法》的规定,被告认定事实清楚,适用法律正确。笔者同意第二种意见。

百度推广是百度公司推出的搜索引擎营销方式之一,它是一种按效果付费的网络推广方式,首先,需要客户在网上申请,提交拟竞价的关键字和排名;其次,百度公司会对客户提交的关键字进行审核,审核合格就会给客户一个账户,客户缴纳开户费(其中包括预存的点击费和服务费)后,就可以开始竞价排名推广。当网民在百度中输入的查询词与企业提交的关键词相同时,为每次点击付费越多的客户的网站链接排名就越靠前,从而达到了竞价排名“宣传、推广”的目的。

(一)百度推广的性质界定

百度推广究竟属于何种性质,在我国仍然莫衷一是,多数学者认为百度推广属于广告,而百度官方始终坚持这是一种“技术服务”,而非“广告服务”,而且在百度开给客户收费的收据是“技术服务费”而不是“广告服务费”,也有相关判决支持了百度公司的意见。

我国 1994 年公布的《广告法》第 2 条第 2 款规定:本法所称广告,是指商品经营者或者服务提供者承担费用,通过一定媒介和形式直接或者间接地介绍自己所推销的商品或者所提供的服务的商业广告。

从百度推广的内容和特点来看,百度推广是商品经营者或服务的提供者向百度公司支付点击费,通过文字连接的方式向网民推荐经营者或服务的提供者的网站,进而向网民宣传、推销其商品或服务的。可见,百度推广符合我国《广告法》中对于广告的规定,具有广告的性质。

(二)对于百度推广的法律调整

将百度推广直接纳入《广告法》的调整范围存在一定的困难,我国现行的《广告法》于1995年2月1日起实施。当时互联网并不普及,制定法律时考虑更多的是对传统形式广告的约束,并未对诸如百度推广这种宣传形式是否属于广告作出明确规定。随着互联网技术的兴起,广告的形式也变得日益多样化,对于新技术下的"技术服务"与"广告服务"之争,有权机关并未作出盖棺定论的解释。而作为案件的裁判者——法官只能在现有的法律规范下,寻找与案件实质最为相近的法律规定作出裁决。

本案中,原告未经许可使用"吴刚婚纱摄影""吴刚影楼""吴刚婚纱"参与百度推广活动,其行为目的,就是利用其他企业的字号或商誉来吸引消费者,造成消费者对商品或服务来源的混淆,以此推销自己的商品,从中获利。吴刚影楼在通州区内具有较高的知名度,连续数年在通州地区进行广告宣传和投入,在行业内影响较大。原告正是利用吴刚婚纱摄影中心在通州区的影响来吸引网民眼球,让网民点击包含"吴刚婚纱摄影""吴刚影楼""吴刚婚纱"等文字的网站链接,但当网民点击该链接进入网站后看到的内容却与"吴刚婚纱摄影""吴刚影楼""吴刚婚纱"没有任何关系。根据前述分析,对原告非法使用其他企业名称参与百度推广的行为,直接适用《广告法》的规定进行认定和处罚缺乏法律依据。但《反不正当竞争法》作为规范商品销售者或服务提供者经营行为的基础性法律为解决本案中出现的法律适用问题提供了一个可行的解决办法。该法第9条第1款规定:经营者不得利用广告或者其他方法,对商品的质量、制作成分、性能、用途、生产者、有效期限、产地等作引人误解的虚假宣传。本案中,原告在百度推广中,将"吴刚婚纱摄影""吴刚影楼""吴刚婚纱"等词组或短语设为关键词,在网民搜索"吴刚""吴刚婚纱摄影"等类似词组时,搜索结果中出现的包含"吴刚摄影"等文字的网址链接,指向的却是原告的网站。这势必会误导消费者,使消费者误以为原告与吴刚婚纱摄影中心存在某种联系,并骗取消费者的点击量,影响本应属于吴刚婚纱摄影中心网站的点击量,进而影响本吴刚婚纱摄影中心的客户数量,侵害其合法权益。原告未经许可,擅自使用其他企业名称作为搜索关键词的行为,违反了《反不正当竞争法》第 9 条对于不得对商品或服务的来源进行虚假陈述的规定,应依据该法对原告作出处罚。

综上,法院的判决是正确的。

交通标线中的导向箭头、停止线不属于控制车辆优先通行的交通标线

武　威

一、据以研究的案例

2012 年 11 月 19 日 10 时 15 分,原告赵某驾驶车牌号为京 MS××××的小型汽车由南向北行驶至北京市通州区马驹桥镇物流园区苏宁电器配送中心(二期)西路口,适逢第三人毕某驾驶的车牌号为皖 A×××××的小型汽车由东向西行驶至该路口,两车发生碰撞。涉案路口没有交通信号灯控制、没有交通警察指挥、不存在交通标志,但在路口的路面上划有导向箭头、停止线等交通标线。事故发生后,北京市公安局公安交通管理局通州交通支队长陵营大队(以下简称长陵营大队)进行了立案、现场勘查、拍照、调查取证等工作,适用简易程序,于 2013 年 3 月 15 日作出京公交决字〔2013〕第 111202 - 2800011910 号《公安交通管理行政处罚决定书》(以下简称《处罚决定书》),依据《道路交通安全法》第 90 条、《北京市实施〈中华人民共和国道路交通安全法〉办法》(以下简称《实施办法》)第 92 条第 1 项的规定,给予赵某罚款 100 元,并记 3 分的处罚。赵某认为:长陵营大队作出的《处罚决定书》认定事实不清、适用法律不当,故其

诉至法院,请求法院撤销长陵营大队作出的《处罚决定书》。

北京市通州区人民法院经审理认为:《实施条例》第 52 条第 1 项规定:有交通标志、标线控制的,让优先通行的一方先行,该条第 2 项规定:没有交通标志、标线控制的,在进入路口前停车瞭望,让右方道路的来车先行。从上述规定可以看出,此处的"交通标志、标线"指的是控制车辆优先通行与否的交通标志、标线,而非其他交通标志、标线。长陵营大队及赵某提供的现场照片显示,涉案路口的路面上划有人行横道线、导向箭头、停止线等交通标线,根据 GB 5768.3—2009 中华人民共和国国家标准《道路交通标志和标线第 3 部分:道路交通标线》4.9.1、4.9.4、4.15.1、5.5.1 的规定,人行横道线标示一定条件下准许行人横穿道路的路径,又警示机动车驾驶人注意行人及非机动车过街;在无信号灯控制的路段中设置人行横道线时,应在到达人行横道线前的路面上设置停止线;导向箭头用以指示车辆的行驶方向;停止线表示车辆让行、等候放行等情况下的停车位置。从上述规定可以看出,涉案路口施划的交通标线并非控制车辆优先通行与否的交通标线,故长陵营大队认定涉案路口系无交通标志、标线控制的路口是正确的。赵某提出的依据《实施条例》第 52 条第 3 项、第 4 项的规定,导向箭头具有控制进入路口的车辆先行、让行的作用以及停止线是控制车辆让行标线的意见,因转弯的机动车让直行的车辆先行、相对方向行驶的右转弯的机动车让左转弯的车辆先行系源自法律法规的规定,而非导向箭头本身具有的含义,且涉案路口的停止线划于到达人行横道线前的路面上,其作用在于标示机动车避让正在通过人行横道的行人时的停车位置,故赵某的意见缺乏事实及法律依据,不应予以支持。综上,长陵营大队作出的《处罚决定书》认定事实清楚,适用法律正确,履行程序正当,赵某要求撤销《处罚决定书》的理由,无事实及法律依据。依据《最高人民法院关于执行〈中华人民共和国行政诉讼法〉若干问题的解释》第 56 条第 4 项之规定,判决驳回原告赵某的诉讼请求。

判决作出后,赵某不服,向北京市第二中级人民法院提起上诉,二审法院维持原判。

二、相关法律问题分析

本案的争议焦点在于涉案的北京市通州区马驹桥镇物流园区苏宁电器配送中心(二期)西路口是否存在交通标线控制。从本案原告、长陵营大队提供的证据来看,可以确定涉案的十字路口的路面上划有人行横道线,在到达人行横道前的路面上划有停止线、导向箭头,在路段中划有白色实线和双黄实线。一种观点认为,停止线、导线箭头、人行横道线具有控制车辆停止、减速、转向等作用,《实施条例》第52条规定的"交通标志、标线控制",此处的"控制"应当采用广义的理解,指的是"任何控制",由于路口处的指示标线对来往车辆进行了"控制",故长陵营大队作出的《处罚决定书》认定涉案路口不存在交通标志、标线控制属于认定事实不清。另一种观点认为,从《实施条例》第52条第1项"有交通标志、标线控制的,让优先通行的一方先行"和第2项"没有交通标志、标线控制的,在进入路口前停车瞭望,让右方道路的来车先行"的规定来看,这两项规定中的"控制"具有特定含义,指的是"控制车辆是否具有优先通行权",而非泛指"任何控制",故被诉的《处罚决定书》认定事实清楚,并无不当。

笔者同意第二种意见。《实施条例》第52条第1项规定,"有交通标志、标线控制的,让优先通行的一方先行",分析该条规定我们可以发现其中隐含的逻辑关系,即因为"有交通标志、标线控制",故可以确定"优先通行的一方",因为存在"优先通行的一方",故"让优先通行的一方先行"。通过上述分析我们可以看出,"有交通标志、标线控制"指的是存在控制车辆是否享有优先通行权的标志、标线,对车辆是否可以优先通行进行的控制。《实施条例》第52条第2项规定,"没有交通标志、标线控制的,在进入路口前停车瞭望,让右方道路的来车先行",从形式上看,该项规定与第1项规定相呼应,共同组成一个周延的逻辑体系,第2项规定"没有交通标志、标线控制"中的"控制"与第1项规定中的"控制"的含义是相同的。解决了《实施条例》第52条第1项、第2项规定中"控制"的含义,接下来让我们判断涉案路口是否属于有标志、标线"控制"的路口。

根据原、长陵营大队双方提供的现场照片看,涉案路口的路面上施划有导向箭头、人行横道线、停止线、白色实线和双黄实线,并不存在交通标志,故可以排除涉案路口系有交通标志"控制"的路口。根据GB 5768.3—2009中华人民共和国国家标准《道路交通标志和标线第3部分:道路交通标线》4.9.1、4.9.4、4.15.1、5.5.1及表1道路交通标线的形式、颜色及含义的规定,人行横道线标示一定条件下准许行人横穿道路的路径,又警示机动车驾驶人注意行人及非机动车过街;在无信号灯控制的路段中设置人行横道线时,应在到达人行横道线前的路面上设置停止线;导向箭头用以指示车辆的行驶方向;停止线表示车辆让行、等候放行等情况下的停车位置;白色实线划于路段中时,用以分隔同向行驶的机动车、机动车和非机动车,或指示车行道的边缘;双黄实线划于路段中时,用以分隔对向行驶的交通流。涉案路口的停止线划于到达人行横道线前的路面上,其作用在于标示机动车避让正在通过人行横道的行人及非机动车时的停车位置,而不是控制机动车是否具有优先通行权。有的人可能会认为,根据《实施条例》第52条第3项的规定,转弯的机动车让直行的车辆先行,所以导向箭头具有控制转弯的机动车让直行的机动车先行的作用,对于导向箭头的含义,前面已经进行过论述,其功能就是指示车辆的行驶方向,而“转弯让直行”系源自法律法规的规定,而非导向箭头本身具有的含义,故导向箭头亦不是控制车辆优先通行的交通标线。另外,涉案路口并不存在让行线(包括停车让行线和减速让行线)等控制车辆优先通行权的交通标线。故本案中,施划于涉案路口的各种交通标线均不具有控制车辆优先通行的作用,长陵营大队认定涉案路口是没有交通标志、标线控制的路口,原告在通过路口前,应当停车瞭望,让右方道路的来车先行的意见是正确的。长陵营大队依据《道路交通安全法》第90条、《实施办法》第92条第1项的规定对原告赵某进行处罚,认定事实清楚、适用法律正确、处罚得当。

综上,一审、二审法院的判决是正确的。

工商所发现案件不属于自己管辖时应依法履行移送职责

曹　慧

一、据以研究的案例

2014年10月13日,原告沈某向北京市工商行政管理局通州分局梨园工商所（以下简称梨园工商所）邮寄了投诉举报信，举报内容为沈某在北京物美商业集团股份有限公司通州果园店（以下简称物美果园店）购物时发现有“2010 温家宝总理第三次视察物美”的宣传用语，并配有温家宝总理的照片，其认为该用语涉嫌违法，且物美果园店未建立沈某所购买产品的进货台账并索要检验报告。梨园工商所于同年 10 月 14 日收到投诉举报信，并于当日电话告知沈某其投诉举报的物美果园店不在梨园工商所辖区范围内，建议其向北京市工商行政管理局通州分局永顺工商所（以下简称永顺工商所）投诉。10 月 15 日，梨园工商所将上述投诉举报材料通过挂号信寄回至沈某。后沈某向永顺工商所邮寄了关于物美果园店的投诉举报信，永顺工商所于 10 月 22 日予以受理，现已处理完毕。沈某认为，依据《工商行政管理机关行政处罚程序规定》（以下简称《处罚程序规定》）第 11 条之规定，梨园工商所负有依法移送案件的法定职责，故诉至法院，请求确认梨园工商所向沈某退回投诉举报信的行政行为违法。

北京市通州区人民法院经审理认为：《处罚程序规定》第 11 条规定表明，工商行政管理机关发现所查处的案件不属于自己管辖时，应当将案件移送有管辖权的工商行政管理机关。本案中，梨园工商所认为《处罚程序规定》适用对象是行政查处的案件，沈某个人的投诉和举报并不属于《处罚程序规定》的适用范围，且永顺工商所和梨园工商所同为北京市工商行政管理局通州分局（以下简称通州工商局）的派出机构，并非上述规定中的工商行政管理机关，故彼此间不适用移送的规定。法院认为：《处罚程序规定》中并未明确规定其仅适用于行政查处案件而不适用于个人投诉，且在《处罚程序规定》中明确规定了工商行政管理机关收到投诉、举报后的查处程序，故个人的投诉、举报仍可以适用该规定，对于梨园工商所关于原告沈某的投诉举报不适用于《处罚程序规定》的主张，法院不予支持。关于梨园工商所主张其与永顺工商所同为通州工商局的派出机构，故彼此间不适用移送规定的主张，法院认为：虽然法律、法规、规章并未明确规定作为派出机构的工商所发现所查处案件不属于自己管辖时的移送职责，但依照《处罚程序规定》第 11 条之保护、便利相对人主张合法权益的原则，在相对人不能够对管辖机关进行准确判断的情形下，工商所作为工商行政管理机关的派出机构，理应受到上述规定的约束，在发现案件不属于自己管辖时应依法履行职责。梨园工商所将沈某的投诉举报信直接退回而未依法进行移送的行为，属拒绝履行法定职责，但鉴于沈某已将关于物美果园店的投诉举报信邮寄至永顺工商所且永顺工商所已处理完毕,故依照《行政诉讼法》第 74 条第 2 款第 3 项之规定,判决确认梨园工商所未履行移送职责而将原告沈某的投诉举报信退回的行为违法。

一审判决后,双方当事人均未提起上诉,现判决已生效。

二、相关法律问题分析

(一)梨园工商所是本案适格的行政诉讼被告

关于本案被告主体资格的确定即作为工商行政管理机关派出机构的工商所能否成为行政诉讼被告问题,法院认为:《最高人民法院关于执行〈中华人民共和国行政诉讼法〉若干问题的解释》第 20 条第 2 款、第 3 款规定,行政机关的内设机构或者派出机构在没有法律、法规或者规章授权的情况下,以自己的名义作出具体行政行为,当事人不服提起诉讼的,应当以该行政机关为被告。法律、法规或者规章授权行使行政职权的行政机关内设机构、派出机构或者其他组织,超出法定授权范围实施行政行为,当事人不服提起诉讼的,应当以实施该行为的机构或者组织为被告。根据上述法律规定,行政机关的内设机构或者派出机构在有法律、法规或者规章授权的情况下,以自己的名义实施的行政行为,当事人不服提起诉讼的,应当以该机构为被告。

《工商行政管理部门处理消费者投诉办法》(以下简称《投诉办法》)第 7 条规定,县(市)、区工商行政管理部门负责处理本辖区内的消费者投诉。有管辖权的工商行政管理部门可以授权其派出机构,处理派出机构辖区内的消费者投诉。据此,工商所可以依据其所属的工商行政管理部门授权,处理其辖区内的消费者投诉。《投诉办法》系由国家工商行政管理总局制定的部门规章,结合《最高人民法院关于执行〈中华人民共和国行政诉讼法〉若干问题的解释》第 20 条规定,可以认定规章已对工商所处理其辖区内的消费者投诉进行了授权,对其实施的行政行为,当事人不服提起诉讼,应当由工商所作为被告,故在本案中梨园工商所具备被告主体资格。

(二)派出机构之间适用《处罚程序规定》中关于移送规定

《处罚程序规定》第 11 条规定,工商行政管理机关发现所查处的案件不属于自己管辖时，应当将案件移送有管辖权的工商行政管理机关。依据该规定，当工商管理机关发现查处案件不属于自己管辖时，负有移送有管辖权的工商行政管理机关的法定职责。本案中梨园工商所认为永顺工商所和梨园工商所仅是同属于通州工商局的派出机构，并非上述法律规定中的工商行政管理机关，故彼此间不适用移送的规定。然而，合议庭认为，虽然法律、法规、规章并未明确规定作为派出机构的工商所发现所查处案件不属于自己管辖时的移送职责，但依照立法原意，该条规定旨在保护、便利相对人主张合法权益，而对工商行政管理机关可能出现的消极履责现象进行规制，工商所作为工商行政管理局的派出机构，理应适用关于移送的规定，本案中，梨园工商所在确定沈某针对物美果园店的投诉举报系由永顺工商所管辖后，应依据上述规定将沈某的投诉举报移送至永顺工商所，故梨园工商所关于沈某的投诉举报不适用于移送规定的主张，于法无据。

综上，一审判决是正确的。

人民法院应当对行政机关履行举报答复职责的期限进行合理性审查

佟艳艳

一、据以研究的案例

2014 年 7 月 30 日，原告王某向北京市工商行政管理局通州分局（以下简称通州分局）邮寄关于第三人某公司天猫店涉嫌虚假宣传的举报信，后经由工商行政管理部门之间的移转，8 月 21 日，通州分局对某公司涉嫌虚假宣传立案调查。2015 年 2 月 2 日，通州分局作出行政处罚决定书，对某公司罚款 5000 元。后通州分局向某公司送达了 45 号决定书，未向原告送达。

2015 年 5 月 28 日，原告向通州分局申请政府信息公开，申请事项为：公开通州分局对某公司违法行为的处理进展情况，处理结果及行政处罚决定书复印件,请书面答复申请人。同年 6 月 18 日,通州分局作出政府信息公开告知书,将处罚决定书邮寄送达给原告。

原告诉称:其于 2014 年 7 月 30 日向被告举报某公司虚假宣传,并要求被告将处理结果书面告知原告,但被告一直都未给予任何答复。直至 2015 年 6 月 18 日原告通过政府信息公开途径才得知被告已于 2015 年 2 月 2 日对某公司作出 5000 元行政处罚。被告未依法及按照原告的要求进行答复,属于行政不作为,请求法院确认被告针对原告关于某公司在天猫商城虚假宣传的举报未履行答复义务的行为违法。

通州分局辩称:本着对法律负责、严谨的工作精神,被告未立即书面答复原告,而是准备等待某公司缴纳罚款及经过三个月诉讼期之后再书面告知原告。在此期间,原告申请政府信息公开,被告于 2015 年 6 月 18 日通过政府信息公开方式告知该案的处理结果,不必再以书面形式重复告知,且相关法律法规并未明确规定书面告知处理结果的期限,故被告已经履行了法定职责,请求法院依法驳回原告的诉讼请求。

北京市通州区人民法院经审理认为:工商行政机关对举报涉及的违法当事人或嫌疑人作出行政处罚等处理决定的,应当将处理结果告知具名举报人,举报人要求书面告知的,应以书面形式告知。本案中原告作为具名举报人要求书面告知,通州分局在对某公司作出 45 号决定书后理应将处理结果书面告知原告王海,尽管《工商行政管理机关行政处罚程序规定》(以下简称《工商行政处罚程序规定》)、《北京市工商行政管理局行政处罚程序实施办法》(以下简称《实施办法》)并未规定书面告知的期限,但通州分局自作出处罚决定书后至今已一年有余,始终未给予原告书面答复,实为不妥,故通州分局应当对原告履行书面答复义务,鉴于原告已经通过政府信息公开的形式得知其举报的处理结果,判决通州分局履行书面告知职责没有意义,故法院依据《行政诉讼法》第 74 条第 2 款第 3 项之规定,判决确认被告通州分局对原告举报未履行书面告知职责的行为违法。

判决作出后,双方均未提起上诉,现该判决已发生法律效力。

二、相关法律问题分析

工商行政管理机关对举报涉及的违法当事人或犯罪嫌疑人作出行政处罚等处理决定的,应当将处理结果告知具名举报人,举报人要求书面告知的,应以书面形式告知,尽管法律上并未规定明确的答复期限,但人民法院应当对答复期限进行合理性审查,以此督促行政机关及时履责,提升行政机关工作效率,对于不具有合理性的,判决行政机关在一定期限内履行法定职责,判决履行没有意义,判决确认违法。本案被告没有对举报人主动履行书面告知义务,而是原告通过政府信息公开方式获知举报处理,关于被告履行告知举报人处理结果的期限,《行政处罚法》及《工商行政处罚程序规定》等均无明确规定,法官在审理时如何运用合理性原则对履责期限进行审查是本案值得探讨的问题。

(一)合理性原则的含义及基本内容

合理性原则,是指行政审判权审查行政自由裁量行为是否符合理性、公平正义的准则,即行政机关作出自由裁量行政行为应遵循的规则,是否"合理、善意而且仅为正当目的行使,并与授权法精神及内容相一致"的原则。根据《行政诉讼法》第6条的规定,人民法院审理行政案件,对行政行为是否合法进行审查。从这一条来看,似乎我国仅有合法性审查原则,并无合理性原则,但第70条对"滥用职权"和"明显不当"审查标准的规定,法院已经承认并初步确立了合理性审查原则。笔者认为以下三个基本原则构成了合理性原则的基本内容:(1)权利保护原则。一方面促进相对人合法利益的实现,另一方面要使相对人负担最小化。(2)平等原则。指行政主体针对多个行政相对人实施行政行为时应遵循的规则,包括同样的情况要同等对待,不同的情况要区别对待。(3)比例原则。比例是公平正义观念的内在标准,政府作为自由与平等的维护者,应当采取与比例相一致的行动,在自由裁量的范围内,行政机关的执法手段或措施与执法目的之间也应当保持某种适当的比例,否则就会产生不合理的结果。

(二)相关法律规定及执法实践

《工商行政处罚程序规定》第58条及《实施办法》第59条规定,工商行政管理机关对举报涉及的违法当事人或犯罪嫌疑人作出行政处罚等处理决定的,应当将处理结果告知具名举报人,举报人要求书面告知的,应以书面形式告知。但均未对告知期限作出强制性的明确规定。根据《行政诉讼法》第47条关于行政机关不履行法定职责的起诉期限的规定,可以反推在法律、法规没有对行政机关履行职责的期限做另行规定的情况下,两个月是留给行政机关处理申请人申请的“适当期间”。而再看《工商行政处罚程序规定》中关于举报违法案件的办理期限的规定,适用一般程序处理的案件为90日,案件复杂,可以延长30日,案件特别复杂经延期仍不能作出处理决定的,应当由工商行政管理机关有关会议集体讨论决定是否继续延期,也就是说,案件处理结果将在办案期限内送达给违法犯罪嫌疑人。一般情况下,也会在送达违法犯罪嫌疑人同时送达给具名举报人。

(三)本案被告的行为不符合合理性原则的要求

本案中,被告在接到原告的举报及立案后,经过两次延期,于2015年2月2日作出处理结果,后向被处罚人送达,但并未案号原告的要求进行书面答复。6月18日,原告通过政府信息公开方式获得上述处理结果。但至本案原告起诉时止,被告并未针对原告的举报作出书面答复。对此,被告的解释是:第一,本着认真负责的工作态度,被告要等待被处罚人诉期经过后再将结果告知原告;第二,原告已经通过政府信息公开的方式获得处理结果,被告不必再行书面告诉;第三,相关法律没有明确规定告知期限。结合被告提交证据的情况及原告的当庭陈述,合议庭认为,被告的行为不符合合理性原则的要求,被告不合理延迟履行法定职责构成程序不当,属于行政不作为,应当判决被告在一定期限内履行法定职责,但鉴于原告已经获知相关结果判决履行书面告知职责没有意义,故应当判决确认违法,理由如下:

首先,被告延迟履行期限不属于合理范围内。根据《行政诉讼法》的相关规定,一般给予被告的“适当期间”是两个月,而本案被告至起诉时已经一年有余,远远超过“适当期间”。

其次,不符合平等原则的要求。本案中被告于2月2日作出处罚决定书,于2月3日向被处罚人送达,但并未向举报人书面告知。

最后,原告于处罚决定书作出后3个月申请政府信息公开,并获得举报结果,但不能基于此免除被告履行书面答复的义务。在庭审中被告抗辩以政府信息公开方式告知原告举报结果也属于履行告知义务的一种形式,但从其提交的证据来看,并没有口头或者书面的能够反映被告上述抗辩意见的证据。另外,本案被告依原告申请公开政府信息,并非被告主动向原告公开相关信息,故被告的上述抗辩不能成立。

综上,本案法院的判决是正确的。

执行篇

对不作为请求权执行案件应采取间接强制措施进行执行

李福华

一、据以研究的案例

邓某与谢某系同村村民,双方承包的土地相邻。2012 年 5 月下旬,邓某准备在自己承包的土地上建蔬菜大棚,谢某以道路归自己为由,阻挠邓某施工。后邓某诉至法院,请求法院判令谢某停止妨碍邓某建墙并赔偿邓某误工损失。通州区人民法院经审理后认为:经现场勘察,原告邓某垒墙不影响被告谢某正常通行,谢某阻碍原告邓某垒墙的行为不妥,但对邓某要求被告谢某给付误工费的诉讼请求,因证据不足,法院不予支持。2012 年 8 月 27 日,法院判决谢某不得阻碍邓某在其承包地垒墙。

一审判决后双方未上诉,该判决已生效。后邓某继续施工,但谢某依然阻挠邓某施工,邓某遂向法院申请强制执行。

二、相关法律问题分析

实践中对于如何执行不作为请求权案件存在争议,第一种观点认为,行为请求权有作为请求权和不作为请求权之分,因不作为请求权既不具有可执行性,也无明确法律依据,立案后无法执行,故对该类案件应不予立案,权利人可通过其他方式另行解决;第二种观点认为,行为类案件有其特殊性,针对不作为请求权不是不能执行,而是执行方式不同于一般金钱履行案件和为一定行为的行为履行案件,该类案件可以立案执行,但应采取间接的强制执行措施进行执行。如在本案中可依相关法律的规定对被执行人谢某进行训诫教育,告知其拒不履行法院判决的严重后果,如果其继续拒不履行判决,则对其进行罚款、拘留,并可依法责令其支付迟延履行金以补偿申请人,情况严重的则可追究其刑事责任。笔者同意第二种观点,下面具体进行分析。

随着司法实践中行为请求权执行案件的增多,行为请求权的执行越来越成为民事执行活动中的一项重要内容。行为请求权的基本含义是指权利人根据生效的裁决请求义务人为或者不得为一定的行为的权利,其分为作为请求权和不作为请求权。在司法实践中,作为请求权一般可以依据法律的规定要求被执行人履行或者法院委托有关主体代为履行,但不作为请求权的执行因其人身依附性、专属性的特点很难直接强制执行,这是法律规定在当下司法实践中的困境,但这并不能说明不作为请求权是不能执行的,理由如下:

第一,行为请求权案件虽然在法律规定上并不明确和详细,但也是有法律依据的。根据《民事诉讼法》第 252 条、第 253 条和《最高人民法院关于人民法院执行工作若干问题的规定(试行)》第 60 条第 3 款的规定,对于被执行人拒绝履行裁判文书指定的行为的,人民法院可以强制执行或者委托他人代为履行;对于只能由被执行人完成的行为,经教育被执行人仍拒不履行的,人民法院应按照妨害执行行为的有关规定处理;被执行人未按生效法律文书指定的期间履行金钱给付义务的,应当加倍支付迟延履行期间的债务利息,未按生效法律文书指定的期间履行其他义务的,应当支付迟延履行金。依据《民事诉讼法》第 111 条第 1 款第 6 项的规定:(被执行人)拒不履行人民法院已经发生法律效力的判决、裁定的,可以予以罚款、拘留,构成犯罪的,依法追究刑事责任。所以,如果某一生效判决裁决某人不得为一定行为,该义务人就负担了法律上的禁止性义务,若该义务人违反该禁止性义务,就是拒不履行人民法院已经生效的法律文书,根据上述法律规定,法院可责令被执行人缴纳迟延履行金以补偿权利人,并可以依据《民事诉讼法》的相关规定对该义务人予以处罚,这是针对不作为行为请求权执行案件的基本法律依据。

第二,不作为请求权案件可以执行,但是不能强制义务人履行或者委托他人代为履行,只能采取间接的强制措施予以执行。执行可分为直接执行和间接执行两种,能够通过直接执行标的物的行为满足权利人要求的为直接执行,如对金钱债务的执行和对物的交付请求权的执行,可采用冻结、查封、扣押、划拨等直接执行的方法。间接执行是指通过对被执行人实施一定的压力,迫使其履行特定行为或不为一定行为的执行方法。在行为请求权的执行中,因行为与人身的特定联系,直接执行常常存在法律、道德和伦理的困境,故多采用间接的强制执行措施,从而构成了该类案件的执行特点。

不作为请求权的案件即有此类特点,在该类案件中,被执行人负有了法律上的不得为一定行为的义务,如果该义务人继续为一定行为,即违反了裁判文书所确定的义务,若在此类案件中权利人无法申请强制执行,那么该类判决如同白纸一张不具有任何意义。故在无其他替代执行的方式出现之前,法院不应也不能拒绝权利人的强制执行申请。但在执行立案后,对于该类不作为请求权的案件,法院无法直接强制义务人不得为一定行为,这在司法操作中无法实现,如在本案中法院不可能一直派人看管被执行人谢某使其不得阻挠申请人垒墙,这不具有可操作性,而只能依据法律规定采取其他间接的强制执行措施,对被执行人谢某施加压力,强制其履行判决书所确定的不作为义务。

在本案立案执行后,执行法官向被执行人谢某送达了执行通知,并进行了训诫谈话,告知其不得阻挠申请人邓某在自己的土地上垒墙,否则就要承担妨碍执行的法律后果,轻者予以罚款、拘留,重者则要追究其刑事责任。经谈话教育,面对法律规定的拒不履行的严重后果,被执行人谢某表示其并不是要故意阻碍邓某施工,也并不是要故意不履行法院判决,只是担心自己的权益受到损害;同时表示愿意同申请人进行沟通解决问题,并将不再阻碍申请人邓某进行施工。

综上,这种通过间接的强制措施执行不作为义务类案件的方式,既可实现该类案件中裁决的意图,又可尽量地保护双方当事人的合法权益,事实证明此方式是合法且合理的。

被执行人拆迁补偿款被政府扣留，法院可以强制执行

刘 振

一、据以研究的案例

2013年7月8日，被告江苏某旺食品有限公司(以下简称某旺公司)从原告柳某处借款人民币1550万元，被告某旺公司和被告许某就上述借款承担连带赔偿责任。2013年7月15日，被告某旺公司偿还原告柳某人民币800万元，剩余750万元至今未向原告柳某偿还。2014年5月22日，原告柳某与被告某旺公司、被告许某签订《和解协议》一份，其中约定：第一，被告某旺公司应于2014年5月28日前一次性向原告柳某支付剩余本金750万元及因索要款项垫付的诉讼费70 438元。第二，被告许某为上述借款承担连带责任；若被告某旺公司、被告许某未能按期履行义务，原告柳某有权在其居住地北京具有管辖权的法院起诉，并保留全部权利。上述协议签订后，被告某旺公司、被告许某仍未按《和解协议》约定内容向原告柳某支付拖欠款项，再次违约。为维护原告柳某的合法权益，故诉到法院，请求判令：被告某旺公司、被告许某连带偿还所欠原告柳某欠款人民币750万元及第一次诉讼原告柳某支付的诉讼费用70 438元，上述两笔款项共计7 570 438元，从2013年7月15日起至实际给付时止的逾期付款利息(按同期银行贷款利率计算)。被告某旺公司认可借款事实，愿意于2014年6月18日之前偿还原告柳某750万元并给付其诉求的案件诉讼费70 438元。被告许某对上述债务承担连带保证责任，被告许某若承担保证责任后，有权向某旺公司追偿。在审理过程中，经北京市通州区人民法院主持调解，双方当事人自愿达成如下协议：被告江苏某旺食品有限公司偿还原告柳某借款750

万元并给付其案件诉讼费 70 438 元，于 2014 年 6 月 18 日前一次性给付清；被告许某对上述第一项调解意见中的所有债务承担连带保证责任；被告许某承担上述连带保证责任后，有权对被告江苏某旺食品有限公司进行追偿。

该案在法院进入执行程序后，执行法官经调查发现被执行人江苏某旺食品有限公司有一笔拆迁补偿款，是被执行人江苏某旺食品有限公司与某村委会签订的《房屋收购协议书》所列明的拆迁补偿款。但通州区法院发现该笔拆迁补偿款被当地镇政府扣留，导致无法将该笔拆迁补偿款提取至通州区法院账户。

二、相关法律问题分析

本案的争议焦点为被执行人的拆迁补偿款被政府扣留，法院能否强制执行，主要有以下两种观点：

第一种观点认为，根据《最高人民法院关于人民法院执行工作若干问题的规定（试行）》第 68 条的规定，在对第三人作出强制执行裁定后，第三人确无财产可供执行的，不得就第三人对他人享有的到期债权强制执行。据此对镇政府扣留的拆迁补偿款法院无权进行强制执行。

第二种观点认为，根据《最高人民法院关于人民法院执行工作若干问题的规定（试行）》第 61 条的规定，被执行人不能清偿债务，但对本案以外的第三人享有到期债权的，人民法院可以依申请执行人或被执行人的申请，向第三人发出履行到期债务的通知。根据《最高人民法院关于人民法院执行工作若干问题的规定（试行）》第 65 条的规定，第三人在履行通知指定的期限内没有提出异议，而又不履行的，人民法院有权裁定对其强制执行。此裁定同时送达第三人和被执行人。所以本案中被执行人的拆迁补偿款是被执行人的到期债权，镇政府扣留的拆迁补偿款，法院应当强制执行。

笔者原则上同意第二种观点，现予以分析。

一是被执行人的拆迁补偿款是一种到期债权，该拆迁补偿款是被执行人与村委会签订的《房屋收购协议书》所列明的补偿款，根据《民法通则》《合同法》的规定，被执行人对村委会享有到期的债权，即拆迁补偿款。

二是镇政府与村委会在本案中应当作为共同第三人，虽然二者作为不同的主体存在，但二者实际上在财政支出方面有隶属关系。通过调查得知，该村是镇管村，该笔拆迁补偿款已经在镇政府账户，但却一直没有拨付给村委会，而村委会的财政开支都需要镇政府的审批和同意。所以镇政府在本案中是为村委会管理该笔拆迁补偿款,该笔拆迁补偿款不是村委会对镇政府享有的到期债权,两者并没有债权债务关系。

综上所述,法院可以提取镇政府所扣留的拆迁补偿款。

公司成立后是否抽逃注册资金由股东承担举证责任

何婉如

一、据以研究的案例

北京某科技公司诉北京某装饰公司买卖合同纠纷一案,法院于 2010 年 9 月 20 日作出一审判决,判令被告某装饰公司给付原告某科技公司货款 82 585.24 元、违约金 60 287.23 元,双方当事人均未提起上诉,该判决书发生法律效力。案件进入执行程序后,法院依法对被执行人名下财产进行调查,发现被执行人某装饰公司已经停止经营,且名下无存款、房产、车辆等可供执行的财产。申请执行人某科技公司认为被执行人某装饰公司的股东存在抽逃注册资金的行为,并以此为由申请追加装饰公司股东甲、乙、丙、丁四人为本案的被执行人。

执行法院查明,被执行人某装饰公司于 2006 年登记设立,原始股东为甲、乙,公司注册资本 50 万元,两股东均以货币出资,其中股东甲出资 15 万元,占 30%,股东乙出资 35 万元,占 70%。2009 年 8 月,甲将其在装饰公司的全部股权 15 万元转让给丙,丙代替甲成为某装饰公司新股东。2010 年 12 月,股东乙、丙分别与丁签订股权转让协议,约定股东乙、丙将其在某装饰公司的全部股权转让给丁,丁以货币出资 50 万元占注册资本的 100%,成为公司新的股东和法定代表人。

法院通过对被执行人某装饰公司的工商档案材料及银行账户调查发现，股东甲、乙在装饰公司成立时，将应缴货币出资50万元存入指定的验资账户，会计师事务所于2006年4月20日出具验资报告。2006年4月29日，50万元注册资金转入某装饰公司设立在中国银行某支行的企业基本账户内。同日，某装饰公司将50万元转给北京某农产品公司。在审查过程中，某装饰公司和被申请追加人甲、乙、丙、丁对上述资金转入农产品公司的用途均未举证。

执行法院审查后认为，甲、乙作为被执行人某装饰公司的开办股东，无法举证证明装饰公司注册资金的转移符合法律规定或者属于公司正常经营内容，依据现有证据应认定甲、乙存在抽逃出资行为，裁定追加甲、乙为本案被执行人，在抽逃出资范围内对科技公司承担清偿责任。被申请追加人丙、丁波并非装饰公司开办股东，且无证据证明丙、丁知道上述抽逃出资行为，故追加丙、丁为本案被执行人证据不足，法院不予支持。

二、相关法律问题分析

本案的争议焦点在于：被执行人的注册资金在进入账户当日即发生转移，能否构成抽逃出资。

一种意见认为，被执行人在注册资金50万元转入公司账户当天即将注册资金转出，有可能是抽逃出资，也有可能是用于公司的生产经营，其行为是否构成抽逃出资需要证据进一步证明，根据"谁主张、谁举证"的原则，申请执行人应当对被申请追加人存在抽逃出资的行为承担举证责任，否则就要承担举证不能的法律后果。本案申请执行人某科技公司不能提供充分证据，仅凭被执行人注册资金的异常转移行为，不能认定为被执行人的股东构成抽逃出资，因此法院应当驳回申请执行人科技公司的追加申请。

另一种意见认为，被执行公司在注册资金注入公司基本账户的当天即将注册资金全部转出，其行为存在抽逃出资的嫌疑。此时，应当由被执行人的股东承担举证责任，如无法提供相关证据证明资金的合法用途，可以认定股东构成抽逃出资。因此，法院应裁定追加被执行人开办时的股东甲、乙为被执行人，在抽逃出资范围内承担清偿责任。

笔者赞同第二种意见。具体分析如下：

(一)从法理基础上看,注册资金未经法定程序抽回,股东应承担连带清偿责任

公司独立人格与公司有限责任是现代公司制度的两大基石,公司享有独立人格并独立承担责任,股东仅以出资额为限对公司债务承担责任。但是,股东获得“有限责任”庇护的重要前提在于公司资本充足、股东足额出资。如果股东出资不实或抽逃出资,则势必严重削弱公司的偿债能力,损害公司债权人的合法利益,进而危及市场交易的正常流转与信用安全。

依照2013年修订的《公司法》第28条、第35条,股东应当按期足额缴纳公司章程中规定的各自所认缴的出资额,公司成立后,股东不得抽逃出资。《最高人民法院关于适用〈中华人民共和国公司法〉若干问题的规定(三)》第12条对抽逃出资行为进一步予以明确:“公司成立后,公司、股东或者公司债权人以相关股东的行为符合下列情形之一且损害公司权益为由,请求认定该股东抽逃出资的,人民法院应予支持:(一)制作虚假财务会计报表虚增利润进行分配;(二)通过虚构债权债务关系将其出资转出;(三)利用关联交易将出资转出;(四)其他未经法定程序将出资抽回的行为。”因此,股东未经合理程序抽逃出资,应承担瑕疵出资的责任,股东应当继续履行义务,向公司补足出资,如果公司对外负债,按照债务代为承担理论,公司债权人可以代位向股东行使债权,股东应当在抽逃出资范围内向债权人承担连带清偿责任。《最高人民法院关于人民法院执行工作若干问题的规定(试行)》第80条规定,被执行人无财产清偿债务,如果其开办单位对其开办时投入的注册资金不实或抽逃注册资金,可以裁定变更或追加其开办单位为被执行人,在注册资金不实或抽逃注册资金的范围内,对申请执行人承担责任。本案被执行人装饰公司的股东甲、乙,在开办公司后将50万元注册资金全部转出,该行为具有严重的抽逃资金嫌疑,如果认定为抽逃出资,则应向本案申请执行人承担连带清偿责任。

(二)从程序公正上看,注册资金发生异常转移,应由被执行人股东承担举证责任

本案中,被执行人某装饰公司在注册资金注入公司基本账户的当天,即将50万元注册资金全部转出,且收款单位是与某装饰公司经营业务没有关联的农产品公司,其行为存在抽逃出资嫌疑。但在没有其他证据的前提下,上述行为

是否确实构成出逃出资，关键要看举证责任应当由哪一方承担。程序公正在法律制度中具有举足轻重的独立价值，举证责任的分配也应当体现程序公正的价值准则。因此，法律没有明文规定举证责任的情况下，应当根据程序公正的价值取向，确定举证责任的分配。

1. 应当将举证责任置于有条件、有能力举证证明的一方。双方当事人对某一待证事实的证明能力往往是不等的，举证责任的分配应当考虑双方当事人距离证据的远近、接近证据的难易程度，只有将举证责任置于有条件、有能力收集证据的一方当事人，才符合程序公正的要求。本案中，被执行人某装饰公司注册资金在成立后发生异常转移，是否构成抽逃资金的关键在于抽出资金是否有法定程序和合法用途，被执行人股东不仅了解公司注册资金的去向，而且掌握着公司的财务账簿等关键证据材料。申请执行人举证较困难，他对被执行人公司的资金运作情况无法得知，对被执行人的财务资料更是难以接近，如果将举证责任交由申请执行人承担，则是科以其难以完成的责任，违背了程序公正的价值。因此，本案的举证责任应当置于有能力提供证据的被执行人股东一方。

2. 应当将举证责任置于故意妨害举证的一方。按照举证责任分配的一般规则，申请执行人应当对其主张的被执行人股东存在抽逃出资的事实负举证责任，但是证明该事实的重要证据被执行人公司账务账簿、会计报表等恰恰为对方所掌握和控制，举证行为的完成在很大程度上依赖于对方的善意协助。但是，被执行人及其股东却拒绝将公司账目等财务资料向法院提供，也无法说明公司注册资金转入农副产品公司的具体用途。如果因被执行人及其股东拒绝提供证据，而使申请执行人承担不能举证的不利后果，显然与程序公正的要求背道而驰。因此，被执行人股东无法举证证明注册资金的抽出经过法定程序、用于公司正常经营活动，就要承担举证不能的法律后果，认定其行为为抽逃出资。

综上，被执行人某装饰公司股东甲、乙的行为构成抽逃出资，申请执行人某科技公司提出的追加申请理由成立，执行法院应追加甲、乙为本案被执行人，要求其在各自抽逃资金范围内向申请执行人承担清偿责任的裁定是正确的。

对判决利息、违约金部分不应作为计算基数索要迟延履行的债务利息

王　林

一、据以研究的案例

2010年12月3日,原告某电气公司与被告某工程公司签订《产品购销合同书》,约定被告向原告购买电缆;具体数量以实际送货量为准;合同总金额为714 354元;合同签订后,被告支付200 000元的预付款,同时原告提供同等金额的普通商业发票;卖方免费送货到工地;质保期为1年,并提供终身免费咨询指导服务;如买方在约定的时间内因自身原因不能按时付款,则按照每延迟一天向卖方交纳合同总金额0.5%的违约金,违约金最多不超过合同总金额的15%。此外,合同还约定了其他内容。合同签订后,原告向被告供应了价值769 502.8元的电缆等货物。被告给付原告货款650 000元,尚欠119 502.8元未给付。

庭审中,被告否认原告提交的《产品购销合同书》的真实性,不认可合同中"某工程公司联东U谷(项目部)"印章的真实性,且认为合同中签字的武某并非其公司的工作人员。经查,被告认可本案所涉联东U谷项目部为被告所承包,且被告的发包方某置业公司向法庭出具的证明中写明武某系被告在工地上的经办人,且武某与郑某代表被告与联东公司结算。

法院经审理认为:原告与被告签订《产品购销合同书》,双方形成买卖合同关系,且该合同不违反法律以及行政法规的强制性规定,应为合法有效,双方均应恪守履行。原告依约履行了向被告提供电缆的义务,被告亦应按照约定给付原告货款,其拖欠至今,已构成违约,应承担违约责任,对于原告要求被告给付货款的诉讼请求合理,证据充分,法院予以支持。因双方约定的违约金计算方

式过高,法院予以调整。被告答辩称:其与原告不存在买卖合同关系,根据查明的事实,本案所涉工程系被告自某置业公司承包,某置业公司出具的证明可以证明武某系被告公司在工地的经办人,对于被告的答辩意见,与事实不符,法院不予采信。综上,依据《合同法》第 107 条以及《民事诉讼法》第 64 条第 1 款之规定,判决如下:被告某工程公司于本判决生效之日起七日内给付原告某电气公司货款 119 502 元;被告某工程公司于本判决生效之日起七日内给付原告某电气公司违约金,即自 2012 年 1 月 1 日起按违约金额以中国人民银行同期贷款利率的四倍为标准,计算至实际给付之日止;驳回原告某电气公司其他诉讼请求。如未按判决指定的期间履行给付金钱义务的,应当依据《民事诉讼法》第 253 之规定加倍支付迟延履行期间的债务利息。案件受理费 1345 元,由被告某工程公司负担,于本判决生效之日起七日内交纳。

一审判决后,被告某工程公司提出上诉,二审法院经审理后作出驳回上诉、维持原判的判决。判决生效后,被告某工程公司拒不履行生效法律文书所确定的义务,原告某电气公司依法向法院申请强制执行,要求某工程公司给付:货款 119 502 元;违约金(自 2012 年 1 月 1 日起按违约金额以中国人民银行同期贷款利率的四倍为标准,计算至实际给付之日止);案件受理费 1345 元;加倍支付迟延履行期间债务利息。

二、相关法律问题分析

在执行过程中,法院以货款金额 119 502 元为基数,按照中国人民银行 6.15% 同期贷款利率的四倍计算出至 2014 年 10 月 29 日的违约金为 119 502 × 6.15% ×4 ×1033/360 =84 354 元。但是对于迟延履行期间债务利息的计算,产生两种意见。

第一种意见认为,对于迟延履行期间的债务利息,应当以判决书第一、二项,即货款及违约金的总和作为基数计算,即(119 502 +84 354)×5.6% ×7/365 +(119 502 +84 354)×0.0175% ×90 =3430 元。之所以应将执行依据中确定的本金和债务利息、违约金、赔偿金等全部加在一起,作为计算迟延履行期间债务利息的基数,是因为执行依据确定的债务利息、违约金、赔偿金等已经是确定的债务,处于实然状态,已成为债务总额的一部分,属于被执行人应当履行的债务。如果被执行人不按期自动全额履行,不仅构成对判决或调解本金的迟延履行,同时也构成对本金以外的其他给付义务(包括判决确定的债务利息、违约金、赔偿金等)的迟延履行,依法应当以判决书确定的债务履行总额为基数,双倍计算迟延履行期间的债务利息,这样更加有利于保护申请执行人的合法利益。

第二种意见认为,对于迟延履行期间的债务利息,应当只以判决书第一项货款本金的数额为计算基数计算,即 119 502 × 5.6% × 7/365 + 119 502 × 0.0175% × 90 = 2010 元。之所以不应当把债务利息、违约金、赔偿金等计算在迟延履行利息内,是因为对于迟延履行期间债务利息的计算基数范围不应扩大,如果任意扩大就会有"利滚利、驴打滚"之嫌,重复计算产生复利现象。

笔者赞同第二种意见,分析如下:

(一)符合民法公平保护原则

《民事诉讼法》对迟延履行给付金钱义务的,按照双倍利率支付迟延履行债务利息,对迟延履行非金钱给付义务的,应当支付迟延履行金,且无论是否给申请执行人造成了损失,造成损失的,还要补偿申请执行人已经受到的损失。法院以高于普通合同收益的标准来强令被执行人支付迟延履行债务利息或迟延履行金,其本身就是对迟延履行行为的一种制裁和惩罚,并通过该方式达到惩戒违法、维护权利人合法利益的目的。立法的初衷是通过惩罚怠于履行法律义务的被执行人,让其付出额外的代价,湮没其迟延履行可能取得的利益,促使其自觉主动履行法律义务,增强法律的权威。由此可见,迟延履行利息制度的任务在于促使债务人履行义务,从而实现债权人的债权。虽然该制度的主要目的是保护债权人的合法权益,但是,也不能过分加重债务人的负担。如果利息负担过重,致使债务人放弃偿债的努力,破罐子破摔,反而不利于及早实现债权。从平等保护当事人合法权利的原则出发,无疑是平衡了当事人之间的利益。

(二)顺应了司法解释的规定

《最高人民法院关于执行程序中计算迟延履行期间的债务利息适用法律若干问题的解释》(法释〔2014〕8 号)明确区分了"一般债务利息"和"加倍部分债务利息",并且规定各算各的,互不影响。由此可见,对于这两部分利益的保护，是显著区分了的。在多数有一般债务利息的执行案件中，计算加倍部分债务利息和迟延履行期间的一般债务利息，已经充分保护了债权人的权益。计算加倍部分债务利息具有惩罚性，但惩罚应当适度，如果生效法律文书指定履行期间届满前的一般债务利息也作为计算基数，对那些标的相当大的案件来说，计算结果显然过高。

（三）与现阶段执行机制相适应

我们的执行制度和机制已经大大丰富完善，执行措施更有力度，网络查控机制、限制高消费制度和失信被执行人名单制度等成为执行工作的有力武器。所以，将迟延履行利息制度对被执行人的惩罚控制在适当范围，着眼于通过各项措施的综合作用，促使被执行人及时履行义务，而不仅是依靠迟延履行利息的高低来保护申请执行人的利益。

因此，法院按照第二种意见计算迟延履行期间债务利息的做法是合法、合理的。

对小产权房的居住行为不宜代替债权得到求偿

杨冀承

一、据以研究的案例

2012 年 12 月 20 日，原告闫某某（乙方）与被告公司（甲方）签订了《商品房买卖合同》（以下简称合同），合同约定："一、房屋基本状况：乙方认购甲方开发建设的位于北京市通州区漷县镇中心区政府街（漷马路）南侧万驰家园楼盘房屋 1 套（七号楼一层，具体房号暂不固定，待开盘后双方协商确定）。房屋面积 67 平方米，房屋单价 7000 元/平方米，总房款暂定为（小写）469 000 元，（大写）肆拾陆万玖仟元整。房款依实际交易房屋面积确定，多退少补。二、付款方式：

乙方同意在与甲方签订本合同后向甲方一次性支付购房价款。”合同第四条甲方承诺约定:“(1)具备商品房销售条件,如果甲方故意隐瞒重要事实或者提供虚假情况导致此协议无效,甲方应承担缔约过失责任,除退还乙方购房价款外,还应赔偿购房价款总额的5%给乙方。(2)甲方承诺于本合同签订后3个月内开盘销售,若无法按时开盘,甲方向乙方全额返还购房价款。(3)甲方在正式开盘后为乙方办理网签、房屋产权过户等手续。(4)待正式开盘后,如乙方有意出售所购房屋,甲方承诺按当时该套房屋的开盘价向乙方全额回购。”合同第5条约定:“甲方出现以下情形之一,乙方有权解除协议,甲方应向乙方全额返还购房价款,并赔偿购房价款总额的5%给乙方。(1)甲方依本协议第三条向乙方提供的证明文件不完整、不真实或有瑕疵;(2)甲方存在其他违法行为导致本合同无法履行的。”合同签订的当日,原告闫某某向被告公司交纳了购房款469 000元,但被告公司至今未与原告闫某某确定所售房屋房号,也未交付房屋。

北京市通州区人民法院经审理认为:依法成立的合同,对当事人具有法律约束力。根据查明的事实,被告公司并未按照合同约定与原告闫某某确定所售房屋具体房号并向其交付房屋,构成违约,现原告闫某某要求解除该合同、退还购房款并要求被告公司给付购房款5%的违约金的诉讼请求,并无不当,法院对此予以支持。故判决被告公司退还原告闫某某购房款469 000元并承担相应的违约金损失。

判决生效后,闫某某据此向通州区人民法院提出执行申请,要求被告公司返还相应款项。法院立案后查明,被告公司目前已无有效可供执行财产,其名下商品房均为证照不全房产,无法通过正常渠道进行评估拍卖或过户。申请人据此提出请求,要求实际住进双方签订合同时所指向的房屋,以保障自身的实际居住权来抵偿部分房款。

二、相关法律问题分析

本案最大的争议焦点在于申请人作为享有债权的一方,在债务人房产产权证照不齐的前提下,能否主张通过行使形式上的居住行为来抵偿债务人的部分债务。

根据我国《民法通则》和《合同法》的规定,公民的居住权、债权等合法权益受到法律保护。公民行使债权时,本着公平、公正、有利于债权实现的原则,可以由双方在不违反法律规定的前提下自主选择债权的实现方式，对此，人民法院应当予以支持。据此，可以引出以下两种观点：

第一种观点：房屋买受人可以通过实际居住标的房屋来折抵一部分债务。即债权通过实现对房产的用益物权来实现收益，比如通过自身居住或者出租房屋来获得租金收益等。实际上，无论房屋证照是否齐全，待房屋处于完工且可实际使用状态的情况下，房产的使用价值已经存在，权利方只是自愿行使房产的使用价值，只要不危害到第三方利益，完全可以施行，这也是充分利用社会存在资源的表现。实践中，确实有部分申请人得知被执行人暂时无能力履行判决书义务时，提出过类似请求已达到维护自身利益的目的。

第二种观点：房屋买受人不能通过实际居住该房屋来折抵判决书所指的金钱给付内容。实际上，居住权与债权是两个完全不同的概念。"居住"本意是一种行为，而债权通常指要求义务主体为或不为一定行为的权利。将两个不同概念混淆，并不利于权利义务方所指标的的真正实现。

本文同意第二种意见，但仍然需要区别对待情况。

（一）本案出卖方不能彻底行使其对房屋的处分权

当房屋产权证照不齐全，出卖方并不具备完全的售房资质时，该房屋的权利存在瑕疵，出卖方并不能彻底地行使对房屋的处分权。在众多小产权房案例中，开发商在建房之初以其可能获得的正式售房资质与购买方签订购房合同，当开发商不能实际获得正式的售房资格时，便无法在法律程序上完全履行合同，即履行不能。本案判决书判令解除双方合同实际上也是基于一方履行不能的基础之上。买方建立合同的目的则是为了能够实际居住使用该房屋，是一种自然行为，这中自然行为的实施在实际操作中并不受产权瑕疵的影响。买方在现实中能够实现对房屋的居住或使用，从短期来看，这似乎是一种可行行为，尤其是当事人双方均同意以此方式来代替权利义务的实现的时候，这更像是一种正常的私权处分。但这仅是表象，从长远来看，小产权房在今后时期中可能会受到政策或法律的影响，申请人的居住行为并没有完全受到法律的保护，尤其当房屋因为政策或法律的原因而灭失或被强制转为它用时，申请人是没有任何可以维护自身基于该居住行为所产生的权利的。从民法角度来讲，"标的"的不合法决定了其不能成为民事法律行为中被承认的"标的"，实质只是当事人私下的不完全处分而已。基于保护当事人长远利益来讲，法院决定驳回当事人的请求是合法合理的，是维护当事人长远利益的表现。

（二）合同解除后，原买受人不能擅自对他人财产行使用益物权

即使房屋产权证照，出卖方具备完全的售房资质，因合同被解除，原买受人亦不能单方面行使对该房屋的居住权。首先要明确一个前提，即原买卖合同已经被法院判令解除，买受方对房屋的居住已经不是基于合同中所能够期待的"对自有合法财产的正当使用"，而是一种对他人财产的使用。在这里似乎又回到了原点，既然买受方是为了居住房屋而签订的合同，那么在合同解除之后仍然要居住该房屋，实际上就是对原合同签订目的的变相实现。对出卖方来说，此时虽然失去了对房屋的使用权，但仍然保留着对房屋的最终处分权。很明显，原买受方不能擅自对他人财产行使用益物权，退一步讲，即使原出卖方同意由买受方实际居住使用该房屋来抵偿原购房款，也不能完全排除出卖方在买受方居住使用过程中处分该财产的可能，而对买受方来说不合时宜的处分，可能会对其造成额外的损失，并且，实际占有使用期间所折合的款项也可能会使双方产生新的纠纷。更坏的是，假如原买受方在使用期间又将该房屋转租，则可能会把更多人牵涉到纠纷当中。

对申请人提出以居住权来代替债权的申请，法院经过研究后决定驳回。并告知当事人如果希望通过居住权来代替债权的实现，也可以待原出卖方具备完全售房资质后再与其签订新商品房买卖合同，同时以该笔债权款项冲抵相应新的购房款。

综上所述，法院的做法是正确的。

再审维持非金钱给付义务的迟延履行金是否应该支付

徐寒军

一、据以研究的案例

第三人迁安奥特房地产开发有限责任公司(以下简称奥特公司)在河北省迁安市开发建设奥特永顺小区,小区承建方为被告天保建设集团有限公司(以下简称天保公司),天保公司将劳务部分发包给被告四川省蜀信建筑装饰工程劳务承包有限公司(以下简称蜀信劳务公司)。2008 年 8 月 22 日,原告北京市震山建筑设备租赁有限公司(以下简称震山租赁公司)与蜀信劳务公司签订《模板租赁合同》,合同约定:震山公司向蜀信公司出租模板,用于天保公司总承包、蜀信公司劳务分包的河北省迁安市奥特永顺小区 1#、2#、3#楼工程, 因施工中产生矛盾,蜀信劳务公司于 2010 年 4 月 10 日前撤离,但未支付震山公司租金。故此震山公司起诉至法院,要求蜀信劳务公司给付 2008 年 9 月 30 日至 2010 年 4 月 9 日期间的租金及违约金;奥特公司给付自 2010 年 4 月 10 日起至模板退回之日止的租金并与蜀信劳务公司共同返还租赁物。

蜀信公司同意给付自租赁物实际进场之日起至 2009 年 12 月底的租金。

奥特公司认可自 2010 年 4 月 10 日起实际使用并控制本案所涉租赁物。但是提出自己使用租赁物时间为 2010 年 4 月 10 日起至 2010 年 5 月 22 日。因为 2010 年 5 月 22 日,奥特公司向震山公司发出通知函称:迁安市永顺嘉园(原天保公司)施工工地的大钢模板、异型角模等,奥特公司已使用完毕,现通知震山公司速来提走。因此,这段时间的租金可以按市场价给付,但租赁物应由蜀信劳务公司返还,不承担返还租赁物的义务。

北京市通州区人民法院经审理认为，蜀信劳务公司与震山公司的合同有效，蜀信公司应该支付租金及相应的违约金。自2010年4月10日起，奥特公司实际使用并控制本案所涉租赁物，奥特公司应当支付自2010年4月10日起的租金，租金的计算标准，应参照蜀信公司与震山公司签订的租赁合同中的标准执行，全部租赁物按日5562.41元计算。奥特公司现实际控制使用租赁物，本案在审理过程中，其亦表示同意返还租赁物，奥特公司应当承担返还租赁物之责，蜀信公司作为最初的承租人，且对租赁物实际使用了一段时间，本案在审理过程中，其亦表示应与奥特公司协商解决租赁物返还事宜，蜀信公司亦应承担租赁物返还之责。

2010年6月28日北京市通州区法院判决：一、蜀信劳务公司给付原告震山公司2008年9月30日至2010年4月9日租金2 820 141.87；二、第三人迁安奥特房地产开发有限责任公司给付原告北京市震山建筑设备租赁有限公司2010年4月10日起至退还租赁物之日止的租金（全部租赁物按日5562.41元计算），于判决生效之日起七日内执行清；三、被告四川省蜀信建筑装饰工程劳务承包有限公司与第三人迁安奥特房地产开发有限责任公司共同返还原告北京市震山建筑设备租赁有限公司租赁物（附返还租赁物明细表），如不能返还则按明细表所附赔偿标准承担赔偿责任，于判决生效之日起七日内执行清。

一审判决后，奥特公司上诉。北京市第二中级人民法院维持第一项判决，但认为奥特公司不是租赁合同的当事人，且2010年5月22日已通知震山公司提货，同时，一审法院在审理期间已经采取了查封的保全措施，客观上不具备返还租赁物的基础。因此改判第二项为第三人仅支付2010年4月10日起至2010年5月22日租金。仍然与蜀信公司共同承担返还租赁物义务。

二审判决后，奥特公司申请再审。2011年12月20日，北京市第二中级人民法院再审判决恢复了通州区法院判决的内容，即第三人奥特公司应该支付2010年4月10日起至返还租赁物之日的租金。

震山公司持北京市第二中级人民法院再审判决向通州区人民法院申请执行。通州区法院经过做工作，奥特公司在2013年5月28日陆续将租赁物送至震山公司库房，通州区法院冻结、扣划了奥特公司应支付的存款，数额为2010年4月10至2013年5月28日应付的使用费及丢失的租赁物赔偿费。

奥特公司继续申请再审。北京市高级人民法院于2013年11月25日作出

(2013)高民提字第2614号判决,该判决仍然判决奥特公司仅需支付2010年4月10日起至2010年5月22日的租金,但仍然与蜀信公司共同承担返还租赁物义务。

至此,该案共经过四次审理,四次判决对奥特公司和蜀信劳务公司共同承担返还租赁物并赔偿丢失租赁物的义务均持一致意见,对于租赁物使用费,北京市高级人民法院最终认为应该支付期间为2010年4月10日起至2010年5月22日。

二、相关法律问题分析

本案租赁物系于租赁期限届满三年后的2013年5月28日返还,而本案最终判决是2013年11月20日作出。奥特公司和蜀信公司承担的返还租赁物义务在法律上又称非金钱给付义务,未履行非金钱给付义务的,应支付迟延履行金。本案争议的焦点为:奥特公司和蜀信公司是否应该承担自2010年5月22日承租至2013年5月28日奥特公司实际返还租赁物止的迟延履行金。如果应该承担,如何计算,如果不承担,震山公司的损失如何处理?

第一种意见认为,最终的判决生效时,租赁物已经返还,即非金钱给付义务已经履行完毕,因此不存在迟延履行金问题。执行法院扣划奥特公司的存款中,扣除2010年4月10日起至2010年5月22日的租金和丢失租赁物赔偿费外,其余部分应退还奥特公司。震山公司对于2010年5月22日至2013年5月28日期间的租赁物损失应自行承担。

第二种意见认为,四次判决均认为奥特公司和蜀信公司应共同返还租赁物,2010年5月22日至2013年5月28日的租赁物损失实际存在,应该根据《民事诉讼法》第253条的规定,奥特公司和蜀信公司应共同支付迟延履行金。迟延履行金的计算依据就是震山公司损失的双倍。

第三种意见认为,奥特公司和蜀信公司虽然有共同返还租赁物的义务,但是高级法院的再审判决已明确租赁物使用费计算时间为2010年4月10日起至2010年5月22日,因此不应该再另行计算迟延履行金,如果震山公司认为奥特公司和蜀信公司的行为给自己造成了损失,可以就该损失另行起诉。

笔者同意第三种意见。

本案中,四份判决均确定了奥特公司和蜀信公司的返还租赁物义务,租赁物未能返还必然会造成震山公司的损失,如果法院无视这种损失的存在,奥特公司和蜀信公司则可以继续拒绝返还租赁物。从另一个角度来看,高级法院提审本案时,租赁物已经返还,如果不考虑震山公司的损失,则在判决主文中可以不再提及。因此由震山公司完全承担全部损失不合情理,也违背公平原则。

如果奥特公司和蜀信公司应该支付迟延履行金,根据《民事诉讼法》第253条及《北京市高、中级法院执行局(庭)长座谈会(第四次会议)纪要——关于计付迟延履行利息、迟延履行金若干问题的意见》的规定,被执行人迟延履行非金钱给付义务,给申请执行人造成损失的,应当双倍补偿申请执行人的损失。据此,奥特公司和蜀信公司不但要支付2010年5月22日至2013年5月28日期间的使用费,还要加倍支付。这显然不是高级法院再审判决的原意,更不是奥特公司申请再审的目的,也不是申请人震山公司追求的目标。因此,本案适合由执行部门直接裁定迟延履行金数额。

还有人提出,本案中,因为两次再审而导致执行案件中止,执行中发生需中止执行的情形,此时执行义务不履行相关义务系属"事出有因"而非主观上故意迟延履行。换言之,执行义务人虽然未履行义务,但基于法律规定的原因,不能认为其构成迟延履行,与之相应,对其科以迟延履行金也就缺乏必要的事实基础。

在租赁物已经返还的情况下高级法院的再审仍然判决返还租赁物,也就是说,最终生效的判决生效后,被执行人已经不存在"未履行非金钱给付义务"情形,从这一角度看,执行部门也不应该裁定给付迟延履行金。但是,无论何种原因造成申请人的租赁物长期滞留在被执行人处,申请人因此遭受的损失是以使用费的形式还是以租赁物价值利率的形式均应该由审判部门全面衡量后作出判断。最后,申请人震山公司就奥特公司和蜀信公司滞留租赁物造成的损失另行起诉,法院已经受理此案。

被执行人高于判决义务履行法院应如何认定

庄庆龙

一、据以研究的案例

刘某(男)系北京市通州区S小区业主,X物业公司系为该小区提供物业服务的公司。刘某所住的房屋与物业公司办公用房仅一墙之隔。S小区的开发商将刘某隔壁的房屋作为物业用房,该房屋在竣工验收后,其北侧外墙上的窗户被改造为门,并交由X物业公司使用。X物业公司使用改造后的北门出入物业用房。该房北门上安装有门铃,X物业公司24小时值班,其使用北门的行为对刘某的生活造成一定影响。双方对由此产生的问题无法达成解决办法,刘某将X物业公司起诉至法院,2012年10月25日法院一审判决被告X物业公司将物业用房北墙上由窗户改造成的门恢复成窗户的原状。判决生效后刘某向北京市通州区人民法院申请强制执行,请求法院对窗恢复原状,法院于2013年1月14日立案执行。在接到法院执行通知后,被执行人X物业公司主动将物业用房北墙门用水泥进行封堵,并悬挂告示牌提醒小区业主走物业用房前门进行物业服务。刘某对此不认可,仍然请求法院强制将已封堵的门恢复成窗户的原状。

二、相关法律问题分析

本案中,对于是否要将已封堵的门恢复成窗户存在不同观点。一种观点认为,该判决主文非常明确地判定被执行人将门恢复成窗户的原状,就必须严格按照判决执行,否则就是没有履行;另一种观点认为,原告诉讼目的本质不是为了把门恢复成窗而是希望借此手段恢复安静的生活居住环境。现被告将门封堵放弃了整堵墙以及对窗户的使用功能,其效果要远远好于恢复成窗的效果,属于高于判决履行了义务，因此不需再恢复成窗。笔者原则上同意第二种观点，现予以具体分析。

本案的争议焦点在于被执行人的行为是否属于履行判决的义务。

从申请人的诉讼目的角度考虑，物业公司将窗改门之后24小时不间断的人员往来严重干扰了其正常的休息，其希望通过恢复原状排除妨害的方式还以一个安静的生活环境，也即恢复成窗只是手段并不一定能达到最终的心理预期。而日常的生活实例表明，很多机构的办公与服务都是以窗口的形式开展的，比如银行的柜台窗口，法院的立案窗口、财务窗口。在这样的环境下，窗口就成为一种半封闭的门，若物业公司将门恢复成窗口并改成办事服务窗口那么原告的诉讼目的不仅没有实现反而可能还要再诉被执行人停止侵害，排除妨碍，增加其诉累。

从申请人的心理层面出发，从产生纠结到诉讼结束再到强制执行，其间双方产生了大量的误解、怨气与愤怒。法院调查询问申请人得知，其生活在被执行人将窗封堵后已无影响，申请人坚持恢复原状带有利用法院的强制之手从看到被执行人建了拆、拆了建的行为中获得心理满足与解气之嫌，但法院强制执行要从公平公正与保证和谐稳定的局面出发，而不是为谁出气的工具。

从物的使用功能角度出发，被执行人将门封堵放弃了窗的使用功能，对整个房屋的通风、日照、采光和物业服务功能都造成了影响，可以认为是高于判决所判定的内容履行了义务，是一种值得肯定的行为。否则不但会增加被执行人的守法成本，还会给外界造成一种执法僵化不讲情理的印象。

根据《物权法》的相关法理，不动产的相邻各方，应当按照有利生产、方便生活、团结互助、公平合理的精神，正确处理相邻关系。给相邻方造成妨碍或者损失的，应当停止侵害，排除妨碍，赔偿损失。

综上，法院在被执行人高于判决所判义务履行的情况下，认定其已履行完毕是合理而合法的。

公司注销后可否继续执行

赵广兴　刘相斌

一、据以研究的案例

王某于2009年11月至2011年4月进入北京某马业有限公司(以下简称马业公司)担任销售代表,其间,马业公司未与王某签订劳动合同、未为其缴纳社会保险并拖欠其工资。王某于2011年5月向朝阳区劳动争议仲裁委员会申请仲裁,马业公司(住所地在通州区某地,实际经营地为朝阳区某地)无正当理由未到庭,2011年10月27日,仲裁委员会缺席裁决马业公司支付拖欠王某的工资26 631元。

本案进入执行程序后,经法院执行部门调查,2011年8月2日,马业公司因经营不善成立清算组启动注销手续,成员为股东李某、秦某和吴某。2011年9月2日该公司召开股东会,一致表决通过清算组出具的清算报告,决议注销公司。清算报告载明:"1.该公司各项税款已结清;2.该公司债权、债务已清理完毕;3.职工工资已结清;4.已于2011年5月31日在法制晚报刊登了注销公告。"但马业公司及清算组均未将公司清算事项告知王某和仲裁庭,也未通知王某申报工资债权。2011年9月2日,工商局核准注销了马业公司。2013年1月8日,王某持生效裁决书到通州法院申请强制执行。

二、相关法律问题分析

本案的争议焦点在于,公司注销之后,申请人申请执行的,是否应该继续执行。对此,主要有两种意见:

第一种意见认为,公司清算组在清算时未通知王某申报债权,清算时也未对该债权进行清理,虽然作为被执行人的企业法人已经注销,但作为清算组成员的三位股东李某、秦某和吴某对此有过错,出具虚假的清算报告,谎称职工工资已经结清,存在逃避债务的嫌疑,故本案应继续执行,直接变更清算组成员李某、秦某和吴某为被执行人,对拖欠王某的工资,三人负有连带清偿责任。

第二种意见认为,在王某申请执行时,马业公司作为企业法人已经被核准注销,该案已无执行相对人,故应裁定终结执行;同时应该告知王某:公司清算组出具虚假的清算报告,致使该公司被核准注销,王某可以依照《公司法》的相关规定,另案对有过错的义务人提起诉讼。

笔者同意第二种意见。具体分析如下:

第一种意见没有法律依据,本案不属于可以直接变更和追加被执行人的情形。《民事诉讼法》第232条、《最高人民法院关于适用〈中华人民共和国民事诉讼法〉若干问题的意见》第271~274条、《最高人民法院关于人民法院执行工作若干问题的规定(试行)》第76~82条详细列举了可以适用变更和追加被执行人的十种情形。本案中,三股东出具错误的清算报告,致使作为被执行人的企业法人被注销,并不属于可以追加和变更被执行人的十种情形之一。所以直接变更三股东为本案被执行人、继续执行的意见没有法律依据。

第二种意见于法有据、合情合理。根据《民事诉讼法》第257条第6项,本案在王某申请执行时,企业法人已经被核准注销,已无执行相对人,人民法院应依法裁定终结执行;根据《最高人民法院关于适用〈中华人民共和国公司法〉若干问题的规定(二)》第20条第1款的规定:"公司解散应当在依法清算完毕后,申请办理注销登记。公司未经清算即办理注销登记,导致公司无法进行清算,债权人主张有限责任公司的股东、股份有限公司的董事和控股股东,以及公司的实际控制人对公司债务承担清偿责任的,人民法院应依法予以支持。"在人民法院依法裁定终结执行的同时,执行法官负有告知义务,应告知王某可以依据以上相关规定,对有过错的义务人另案提起诉讼,待义务承受人经另案确定后,王某可以重新申请执行。

本案中虽然清算组成员有过错,出具虚假清算报告致使作为被执行人的企业法人注销,人民法院并不能直接变更清算组成员为被执行人,从而继续执行。而是应该裁定终结执行,并告知申请人另行起诉,追究过错人员的责任。

综上,法院的裁定是正确的。

委托执行案件中委托法院可以收取被执行人案款

王　辉

一、据以研究的案例

许某诉张某机动车交通事故责任纠纷一案，通州法院于 2012 年 11 月 2 日作出一审判决，判令被告张某赔偿许某医疗费、住院伙食补助费、面部疤痕修复费共计人民币 14 082.28 元。案件进入执行程序后，通州法院依法调查被执行人张某名下财产，发现其在北京只有一辆汽车，并且汽车评估价值过低，无法支付全部赔偿费用；之后承办法官查到被执行人张某在中国农业银行长葛市支行后河分理处有一笔存款，且被执行人张某住所地也在河南省长葛市后河镇芝芳村，因此通州法院依法办理了委托执行手续，委托河南省长葛市人民法院依法执行通州法院作出的民事判决书。

河南省长葛市人民法院接到委托程序后，依法调查了被执行人张某在长葛市的财产，发现其在中国农业银行长葛市支行的确有一笔存款，长葛市人民法院立即对该账户进行了冻结，在强制执行的巨大威慑下，被执行人张某主动到通州区人民法院交纳案款，履行了自己的法律义务。

二、相关法律问题分析

本案的争议焦点在于：案件委托执行后，委托法院对该案是否还有管辖的权利，是否能够收取被执行人的案款。对此，在案件处理过程中有如下两种意见：

第一种意见认为，《民事诉讼法》第 229 条规定了“被执行人或者被执行的财产在外地的，可以委托当地人民法院代为执行”的内容。《最高人民法院关于委托执行若干问题的规定》第 2 条第 1 款规定：“案件委托执行后，受托法院应当依法立案,委托法院应当在收到受托法院的立案通知书后作委托结案处理。”根据以上法律规定,法院将案件委托执行后,对案件进行结案处理,即丧失了对原案件的执行管辖权,没有受托法院的同意不得自行执行,因此对于被执行人交纳的案款也不能自行收取,而应当及时通知受托法院。

第二种意见认为,依据管辖权唯一原则,案件执行只能由第一审人民法院或财产所在地人民法院受理,在案件委托执行后,委托法院对委托案件做结案处理后,自然丧失了对案件执行的管辖权,但基于更好地保护申请人的合法利益目的,及时实现案结事了人和,在被执行人主动向委托法院缴纳案款时,委托法院可以收取。

笔者同意第二种意见,因为根据《最高人民法院关于委托执行若干问题的规定》第10条规定了“委托法院在案件委托执行后又发现有可供执行财产的,应当及时告知受托法院”的内容。此项法律规定仅仅规定委托法院发现可供执行财产后,要及时通知受托法院,并没有禁止委托法院收取被执行人自动履行的案款,因此为保护申请人的合法利益,当被执行人自动履行法律义务时,委托法院可以收取案款,但必须及时通知受托法院。

综上所述,委托法院在案件委托执行后,为维护申请人的合法利益,降低被执行人自动履行法律义务的成本,收取被执行人的案款是正确的行为。

未公开出版作品的著作财产权可以被冻结

殷　超

一、据以研究的案例

原告张某与被告田某因民间借贷一事,诉至法院,经法院主持调解,双方当事人自愿达成和解协议,约定分期履行。调解书生效后,被告田某未如期履行义务,原告张某向法院申请执行。启动执行程序后,经调查发现被执行人田某拥有《语言思维新体系》著作版权，该作品尚未公开发行。执行法官告知被执行人田某如果其拒不履行调解书确定的义务，拥有的著作权将会被冻结。被执行人田某在认识到不利后果后，主动提出分期履行的和解方案，申请人同意该方案。法院鉴于双方已达成和解，且现有证据不足以证明被执行人拥有的著作权已产生经济利益，故暂时中止对著作权的冻结行为。

二、相关法律问题分析

本案的争议焦点在于未公开出版作品的著作权能否被冻结，有以下三种观点：一是著作权可以被冻结。著作权具有财产权利的属性，可以给著作权人带来经济利益，属于其他财产性权利，法院可以冻结。二是著作权不可以被冻结。著作权可以给著作权人带来经济利益，但本案中著作物尚未公开发行，尚未给当事人带来经济利益，因此尚不属于其他财产性权利，不应当被冻结。三是著作权可以有条件的被冻结。著作权有人身权属性也有财产权属性，无论著作物是否公开发行，财产权系法定权利，只不过这种权利是一种尚未实现的利益。因此，著作权中的财产权是可以被冻结的。笔者同意第三种观点，理由如下：

（一）著作权中的人身权不可被冻结

根据《著作权法》的规定，著作人身权包括：发表权，即决定作品是否公布于众的权利；署名权，即表明作者身份，在作品上署名的权利；修改权，即修改或者授权他人修改作品的权利；保护作品完整权，即保护作品不受歪曲、篡改的权利。人身权又称作精神权利，与人身关系紧密相连且又无直接的财产内容，不可转让、不可剥夺。因此，针对著作权中的发表权、署名权、修改权、保护作品完整的权利，执行法院不可以作出冻结行为。

（二）著作权中的财产权可以被冻结

著作财产权是作者对其作品的自行使用和被他人使用而享有的以物质利益为内容的权利。著作财产权的内容具体包括复制权、发行权、出租权、展览权、表演权、放映权、广播权、信息网络传播权、摄制权、改编权、翻译权、汇编权、追续权以及应当由著作权人享有的其他权利。财产权的最大的特点是以物质利益为内容的权利，属于强制执行中的其他财产权利，法院可以对著作权中的财产权进行冻结。在冻结时,可以参照《〈关于征求对协助执行专利申请权财产保全裁定的意见的函〉的答复意见》(〔2001〕民三函1号),在协助执行通知书中载明要冻结的著作权名称、著作权人、冻结期限以及协助执行的具体内容,包括禁止著作权人利用财产权或变更财产权的权属人等。

(三)协助执行的机关是版权局

如何确定协助执行的机关?主要通过质权登记机关来认定。《著作权质权登记办法》规定著作权质权的设立、变更、消灭自记载于《著作权质权登记簿》时发生效力。比照质权登记方法,法院冻结著作权的强制措施,只有将冻结行为登记于版权局,才可以产生对抗善意第三人的法律效果。

综上所述,执行法院有权力对被执行人田某的著作财产权进行冻结。鉴于双方当事人已达成和解协议,依照《民事诉讼法》的规定,应中止执行程序,因此执行法院中止了冻结行为。如果被执行人田某不按约履行义务,执行法院可根据申请人张某的申请重新冻结被执行人田某拥有的著作权。

执行中发现不符合立案条件的应当裁定驳回执行申请

刘相斌

一、据以研究的案例

申请执行人叶某是河北邯郸人,于2012年2月13日入职被执行人福建某化妆品有限公司(以下简称福建某公司)工作,担任岗位经理一职,月工资3550元。在职期间,双方未签订劳动合同,福建某公司拖欠叶某2012年7月1日至11月30日期间的工资,2012年11月30日该公司无故辞退叶某。为此,叶某向北京市通州区劳动人事争议仲裁委员会(以下简称区仲裁委)申请仲裁,2013年10月29日,区仲裁委裁决福建某公司一次性支付拖欠叶某的工资14 156.60元、未签订劳动合同二倍工资差额30 422.10元、解除劳动关系经济补偿金3538.40元。

2014年4月25日,叶某向北京市通州区人民法院申请强制执行,称被执行人在通州区有财产,但未能提供书面证明。法院立案受理后,执行法官立即开展调查,发现福建某公司在通州区无可供执行的财产,其住所地、实际经营场所、公司财产均在福建省厦门市某地,该案执行工作陷入僵局。

二、相关法律问题分析

本案的争议焦点在于,执行过程中,发现不符合执行案件立案条件的,应该委托执行还是驳回执行申请。对此,有以下两种意见:

第一种意见认为,法院应该立案受理执行,经调查被执行人无财产,应委托相关法院执行。叶某持生效的仲裁裁决书,向通州区法院申请强制执行,一是因为他能提供被执行人在北京市通州区有财产的口头线索,况且通州法院是作出裁决书的区仲裁委所在地的法院,理应受理执行;二是因为叶某现在北京打工,不便去福建省相关法院申请执行,相比之下,到通州法院方便申请执行和查询执行进展。如果执行法官调查发现被执行人福建某公司在通州区管辖范围内无可供执行财产,可以依法委托被执行人住所地或者财产所在地人民法院执行。

第二种意见认为,虽已立案,但当执行中发现不符合立案条件,执行法官应当依法裁定驳回执行申请。虽然,叶某持生效法律文书申请执行,不能出具财产所在地在通州的书面证明,并且被执行人的住所地在福建省厦门市某地,故法院应该裁定不予受理。即使立案庭予以立案,执行法官经查实,也应该依法裁定驳回执行申请,并告知申请人到有管辖权的法院申请执行。

笔者同意第二种意见。具体分析如下:

(一)申请人应向有管辖权的法院申请执行

本案生效的法律文书是区仲裁委作出的裁决书,仲裁裁决书与法院的判决、裁定具有同等的效力,由有管辖权的人民法院负责执行。依据《民事诉讼法》第224条第2款:“法律规定由人民法院执行的其他法律文书,由被执行人住所地或者被执行的财产所在地人民法院执行。”本案中,申请人叶某应该持生效裁决书,向被执行人住所地或者财产所在地人民法院申请执行,所以叶某应该向福建某公司的住所地或者财产所在地人民法院申请执行。

(二)通州法院无委托外埠法院执行的权力

本案中,通州区既不是被执行人的住所地,也不是实际财产所在地,并非当然的管辖法院。申请人叶某仅仅凭借被执行人在通州区有财产的口头线索,以及在通州区申请执行较便利,就认为通州法院有管辖权,明显不符合《民事诉讼法》有关管辖的规定。委托执行是建立在委托法院有管辖权的基础上的,既然通州法院没有执行管辖权,就没有权力委托相关法院去执行。但是,如果叶某确实能提供福建某公司在北京市通州区有财产的书面证明,通州法院也可以审查立案。

(三)立案后发现不符合立案条件的应裁定驳回执行申请

依照《最高人民法院关于人民法院执行工作若干问题的规定(试行)》,执行案件的法定结案方式有执行完毕、裁定不予执行、和解并履行完毕、裁定终结执行四种结案方式,本案均不适用上述结案方式,可以参照民事诉讼案件予以处理。从立案程序看,执行立案与诉讼立案完全一致,出现相同的法定情形,可以采取立案诉讼的相关处理方式。《民事诉讼法》第119条明确规定起诉必须符合的四项条件,民事诉讼案件在立案审查时认为不符合起诉条件的,在七日内裁定不予受理,立案后发现起诉不符合相关规定的,应当依据《民事诉讼法》第154条第3项裁定驳回起诉。《最高人民法院关于适用〈中华人民共和国民事诉讼法〉若干问题的意见》第139条规定了“立案后发现起诉不符合受理条件的,裁定驳回起诉”的内容。所以,执行案件立案后在执行过程中发现不符合申请条件的,可以参照民事诉讼案件的处理方式,裁定驳回执行申请。

综上,对于叶某申请执行福建某公司劳动争议一案,因通州法院没有执行管辖权,不应委托执行。立案后,发现不符合立案受理条件的,应该依法裁定驳回执行申请,并告知叶某向有管辖权的人民法院申请执行。

法院可采取反规避执行措施保全被执行人未到期债权

崔鸿伟

一、据以研究的案例

2011 年 1 月，北京市通州草厂建筑公司（以下简称通州草厂公司）起诉北京加增工贸有限公司（以下简称加增工贸公司）建设工程施工合同纠纷一案，法院最终判决加增工贸公司给付通州草厂公司工程款 2350 万元。2011 年 3 月，通州草厂公司向北京市通州区人民法院申请执行加增工贸公司工程款 2350 万元。通州法院立案后查明：被执行人加增工贸公司原注册地址为北京市朝阳区常营乡。由于加增工贸公司与土地出租方北京市常营农工商公司（以下简称常营农工商公司）发生租赁合同纠纷，双方解除了土地租赁合同，加增工贸公司从常营乡迁至通州区于家务乡农业经济产业开发区内，并与通州草厂公司签订了建设施工合同，由通州草厂公司负责在其租赁的土地上建造厂房。厂房建成后加增工贸公司未给付工程款，通州草厂公司诉至法院。另查：被执行人加增工贸公司现已经停产歇业，除在常营农工商公司有尚未确定数额的待腾退租赁场地和地上物的补偿款外，无其他财产可供执行。2012 年，加增工贸公司与常营农工商公司因租赁土地及地上物补偿问题诉至朝阳区人民法院，后双方达成调解协议约定：“北京市常营农工商公司给付北京加增工贸有限公司补偿款 42 163 867. 35元，付款方式和时间为：1. 常营农工商公司于 2013 年 2 月 10 日前给付加增工贸公司补偿款 4 200 000 元；2. 双方在 2013 年 3 月 3 日前签订人员清退确认书，并于次日后给付加增工贸公司补偿款 8 400 000 元；3. 加增工贸公司于 2013 年 4 月 15 日前腾空租赁场地及地上建筑物并交付常营农工商公司,常营农工商公司在十日内支付补偿款23 500 000元。”

2013年2月16日,北京市朝阳区常营回族乡合作经济联合社(以下简称常营合作经济联合社)按照调解书的约定将补偿款4 200 000元汇入加增工贸公司的关联公司北京加增食品有限公司(以下简称加增食品公司)账户内。3月7日又依约定将补偿款8 400 000元汇入常营农工商公司账户内,并于次日转入加增食品公司账户内。加增工贸公司在取得补偿款后并未将补偿款用于给付申请执行人通州草厂公司,而是采用规避执行的方式隐藏转移财产。

另查:常营农工商公司系1998年北京市农工商联合总公司场乡体制改革以前其下属设立的公司,在场乡体制改革以后随乡镇划归北京市朝阳区人民政府管辖,常营农工商公司划归地方政府管辖以后虽仍在工商管理部门注册登记(未注销登记),但早已不实际经营,其职权一直由北京市朝阳区常营回族乡人民政府行使。另查,常营合作经济联合社系北京市朝阳区人民政府办公室批准设立的北京市朝阳区常营乡人民政府的下设经济机构,并无独立的法人资格。常营农工商公司支付的补偿金均由常营合作经济联合社拨款,并以常营农工商公司的名义对外支付补偿款。

二、相关法律问题分析

案例焦点:一是常营农工商公司应该给付被执行人加增工贸公司的第三期补偿款23 500 000元是否属于被执行人的未到期债权,法院可否采取保全措施;二是如果法院针对加增工贸公司的未到期债权采取保全措施,常营农工商公司既不否认未到期债权又不予配合的情况下,可否依法冻结存在常营合作经济联合社账户上的23 500 000元补偿款。

针对上述问题,笔者认为:

(一)常营农工商公司应该给付被执行人加增工贸公司的第三期补偿款23 500 000元属于被执行人的未到期债权

未到期债权的实现具有不确定性,但是本案中常营农工商公司应该给付加增工贸公司的23 500 000元补偿款是法院民事调解书确定下来的,具有法律上的确定性。虽然常营农工商公司有请求加增工贸公司腾空租赁场地及地上建筑物的先履行抗辩权,但是在加增工贸公司尚未违约的情况下,未到期债权仍然具有约束力，而且经过法院调解书确定下来的债权还具有可诉请执行性，因此对这种未到期债权可以进行保全。

（二）采取保全措施时，可以依法冻结常营合作经济联合社账户上的23 500 000元补偿款

常营农工商公司作为腾退租赁场地及地上物的补偿方，虽然具有独立法人资格，但在场乡体制改革后随乡划归北京市朝阳区政府管辖，其职权一直由常营乡政府行使，资金亦由常营合作经济联合社临时划拨。如果常营农工商公司既不否认未到期债权又不予配合的情况下，根据《最高人民法院关于依法制裁规避执行行为的若干意见》第13条的规定，“依法保全被执行人的未到期债权。对被执行人的未到期债权，执行法院可以依法冻结，待债权到期后参照到期债权予以执行。第三人仅以该债务未到期为由提出异议的，不影响对该债权的保全”。法院可以直接冻结常营合作经济联合的银行存款23 500 000元。常营农工商公司具有司法协助义务，在接到法院协助执行通知书后，应该暂停向被执行人支付补偿款，或将补偿款交至法院指定账户。本案中常营农工商公司账户上并无存款，待付款前一日，常营乡政府指令常营合作经济联合社将补偿款汇入常营农工商公司账户上，再由常营农工商公司交付给加增食品公司的关联公司加增工贸公司。如果常营农工商公司拒不履行司法协助义务，继续向加增食品公司支付补偿款，被执行人可能采取转移财产的方式规避执行，因此必须采取相应的保全。常营农工商公司在场乡体制改革后，其职权一直由常营乡政府行使，接受乡政府的管理，资金亦由乡政府指定部门划拨，常营农工商公司的行为实际上就是政府行为，常营乡政府应该对常营农工商公司的行为负责。同时常营合作经济联合社无独立法人资格，是朝阳区政府办公室批准设立的乡政府的经济机构，因此对常营合作经济联合社账户上的相应资金采取保全措施是合理、合法的。

据此，执行法院最终裁定：冻结北京市朝阳区人民法院作出的（20××）×民初字第×××号调解书中确认的，由北京市朝阳区常营回族乡人民政府实际行使职权并由北京市朝阳区常营乡合作经济联合社拨款的北京市常营农工商公司应该给付北京加增工贸有限公司的补偿款2350万元。

申请执行金额暂不确定的,法院应当裁定中止执行

马　巨

一、据以研究的案例

2013 年 2 月 4 日,经北京链家房地产经纪有限公司居间介绍,原告陈某与被告汪某签订《北京市存量房屋买卖合同》,约定由陈某购买汪某所有的位于北京市通州区梨园镇万盛北里×号楼××单元×××房,陈某按照合同约定给付了汪某购房定金及购房首付款,履行了合同义务。但是,汪某未按合同约定履行配合、协助陈某办理房屋过户登记手续及交付房屋的义务。后本案经北京市通州区人民法院审理,判决被告汪某协助、配合原告陈某将坐落于通州区梨园镇万盛北里×号楼××单元×××房屋过户至原告陈某名下;被告汪某按每日 80 元的标准给付原告陈某自 2013 年 5 月 21 日起至实际交付通州区梨园镇万盛北里×号楼××单元×××号房屋之日止的房屋占有使用费。

判决生效后被告汪某未履行生效判决书所确定的义务,原告陈某依法向北京市通州区人民法院申请强制执行。申请人陈某所申请事项包括:(1)责令被执行人协助、配合申请人将坐落于通州区万盛北里×号楼××单元×××号房屋过户至申请人名下;(2)责令被执行人按每日 80 元的标准给付申请人自 2013 年 5 月 21 日起至实际交付通州区万盛北里×号楼××单元×××号房屋之日止的房屋占有使用费。通州法院受理本案后,依法强制将涉案房屋过户至申请人陈某名下。但是由于涉案房屋进入执行阶段后仍由被执行人汪某实际控制,房屋占有使用费尚无法确定。对于房屋占有使用费应否执行、如何执行出现了争议。

二、相关法律问题分析

在本次执行程序中对暂不确定的房屋占有使用费如何执行存在两种不同

意见：

第一种意见认为，在本次执行程序中不应执行房屋的占有使用费，应当裁定不予执行。因为在判决中明确载明房屋占有使用费应给付至实际交付涉案房屋之日止，而目前房屋仍然由被执行人汪某实际控制，其仍然在使用涉案房屋，房屋并没有实际交付，无法计算出房屋的占有使用费的具体金额。根据《最高人民法院关于适用〈中华人民共和国民事诉讼法〉的解释》第 463 条之规定，当事人申请人民法院执行的生效法律文书应当具备下列条件：(1)权利义务主体明确；(2)给付内容明确。根据上述司法解释的精神，当事人申请执行的给付内容应当明确，而本案中所申请执行的房屋占有使用费，由于涉案房屋现在仍在被执行人的占有使用之下，由其实际控制，无法计算出房屋占有使用费的具体金额，给付内容不明确。因此，在本次执行程序中应当裁定不予执行。

第二种意见认为，本案由于客观上的原因，暂时无法计算出房屋占有使用费，应当暂时中止本案的执行，待房屋实际交付后再恢复执行程序。因为在判决主文中有关于房屋占有使用费的判项，进入执行程序后应当按照判决主文的内容执行。但是，鉴于目前房屋未实际交付，房屋占有使用费尚无法确定具体金额，应当裁定暂时中止执行。由于判决中已经明确房屋归原告陈某所有，而且判决主文也明确房屋占有使用费按照每日 80 元的标准给付。虽然目前无法计算出应当执行的具体金额，但是待房屋实际交付后，应当执行的金额应当是确定的，并没有违反《最高人民法院关于适用〈中华人民共和国民事诉讼法〉的解释》第 463 条给付内容明确的规定。申请人陈某可以在法院依法将房屋过户至其名下以后，可以另行起诉排除妨碍，要求被执行人汪某腾退房屋。房屋腾退完毕，实际交付申请人陈某后即可计算出被执行人汪某实际占有使用房屋的时间，可以计算出应当给付的房屋占有使用费。实际上，正是因为客观上的原因导致目前无法执行房屋的占有使用费，但是并不代表房屋的占有使用费无法确定，在申请人陈某实际占有房屋后，该金额即可确定，执行法院即应当恢复执行。

对此，笔者赞同第二种意见。暂时中止本案的执行，待房屋实际交付后再恢复执行程序。中止执行是指在执行过程中，由于发生某种特殊情况而暂时停止执行程序，待该情况消除后再恢复执行的制度。执行中止使已经进行的执行行为和执行措施维持现有状态。人民法院在受理执行案件后，一般情况下，应当在法定期限内将案件执行完毕，但在遇到某些特殊情况时，需要暂时停止执行程序。正是为解决执行程序无法继续进行的特殊问题,《民事诉讼法》规定了中止执行制度。按照《民事诉讼法》第256条第5项之规定,人民法院认为有应当中止执行的其他情形时,应当裁定中止执行。中止执行的情形消失后,恢复执行。

执行中止所要解决的问题是在执行过程中,因为某些客观上的原因导致本次执行程序暂时不能进行下去时如何处理的问题。执行中止只是暂时不能执行,但是暂时不能执行并不代表不能执行,待影响执行的情形消失后即可恢复执行。在本案中,判决主文部分中有关于房屋占有使用费的内容,而申请执行人也申请执行房屋的占有使用费,法院在受理执行案件后就应当执行,只是由于某些客观上的原因本案暂时无法确定应当执行的具体金额。但是在房屋实际交付申请人后该金额即为确定的数额,法院即可立即执行。一般来说,中止执行的应当出具执行裁定,中止执行裁定应当写明中止执行的相关事实、理由和法律依据。如果生效法律文书主文部分可分的,人民法院只需对部分内容中止执行,生效法律文书主文确定的其他内容应继续执行。因此,在本案中,对于房屋过户部分法院可以强制过户,而对于申请执行房屋占有使用费的部分则可裁定中止执行,待影响中止执行的因素消失之后再恢复执行。

执行和解中不能直接裁定执行担保财产

王　辉

一、据以研究的案例

申请人黄某依据生效的裁决申请法院,要求被执行人康某给付拖欠的承揽费55 000元。启动执行程序后,被执行人康某与申请人黄某达成和解协议,康某自愿偿还黄某欠款6万元,每月还款2万元,共计三个月还清,康某的朋友李某以自己名下的一辆金杯汽车为康某履行和解协议提供担保,并将金杯车交由黄某保管,直到欠款还清后黄某返还李某金杯汽车,但三个月后康某并未按期履行和解协议。

二、相关法律问题分析

本案的争议焦点在于:当被执行人康某未按期履行和解协议时,人民法院能否参照执行担保规定,直接裁定执行保证人李某提供的担保财产金杯汽车。

第一种意见认为,可以直接裁定执行保证人李某担保的金杯汽车。依据《北京市法院工作规范》第 56 条的规定,执行担保中,被执行人在担保期满后仍不履行法律义务的,人民法院可以执行担保财产,或者裁定执行保证人的财产。第 62 条第 2 款规定,为和解协议的履行所提供的担保,参照本规范关于执行担保的规定执行。因此当被执行人不履行和解协议时,人民法院可以依据执行担保的规定,直接裁定执行保证人提供的担保财产。

第二种意见认为,不能直接执行保证人担保的金杯汽车。依据《民事诉讼法》第 231 条的规定,在执行中,被执行人向人民法院提供担保,并经申请执行人同意的,人民法院可以决定暂缓执行及暂缓执行的期限。被执行人逾期仍不履行的,人民法院有权执行被执行人的担保财产或者担保人的财产。执行担保中,担保财产是向人民法院提供的,人民法院可以直接执行担保财产,而在本案中双方当事人达成了和解协议,为保证和解协议的按期履行,保证人李某向申请人提供了担保财产,人民法院没有参与到和解协议的达成过程,只是将和解协议记录在案,因此不能参照执行担保的规定直接执行担保财产。

笔者同意第二种意见,原因有以下几点:

第一,执行担保是被执行人直接向人民法院提供的担保,并且应当向人民法院提交担保书,依据《北京市法院工作规范》第 54 条的规定,担保书应当载明以下详细内容:被担保的债权及数额、担保方式、被执行人履行义务的期限、担保人作出的自愿接受人民法院强制执行的意思表示等。执行担保的成立具有明确的法律程序,而本案中保证人李某只是将自己名下的金杯汽车交由黄某保管,以担保和解协议按期履行,并不是向人民法院提供担保。

第二,执行担保中担保的对象是生效法律文书所确定的被执行人尚未履行的法律义务,经过审判程序确定的;而执行和解中担保的对象是当事人双方放弃原生效法律文书而重新达成的和解协议,为确保和解协议三常履行而提供担保。本案中生效法律文书判决康某偿还欠款 55 000 元,但双方当事人达成和解协议,康某偿还6万元,保证人李某为康某的6万元提供了担保,明显超出了生效法律文书的确定的标的额,如果强制执行李某的金杯汽车,如何确定标的额没有定论。

第三,依据《民事诉讼法》第230条第2款的规定,当事人不履行和解协议的,人民法院可以根据当事人的申请,恢复对原生效法律文书的执行。《最高人民法院关于适用〈中华人民共和国民事诉讼法〉若干问题的意见》第266条规定:一方当事人不履行或者不完全履行双方自愿达成的和解协议,对方当事人申请执行原生效法律文书的,人民法院应当恢复执行,但和解协议已履行的部分应当扣除。和解协议已经履行完毕的,人民法院不予恢复执行。从现行法律规定可知,当事人不履行和解协议的,只能根据申请恢复原生效法律文书的执行,和解协议本身没有强制执行效力,依托于和解协议作出的担保也不具有强制执行效力,因此不能直接执行李某提供的担保财产。

综上所述,在执行和解协议中提供的担保不能简单参照执行担保的规定,直接裁定执行担保财产或保证人的财产。

孙某某申请执行彭某某抚养费案

马　巨

一、据以研究的案例

申请人孙某某与被执行人彭某某经人介绍于2001年9月登记结婚,婚后于2007年8月生育一子彭小某。后因生活琐事及性格差异导致双方发生矛盾,夫妻感情破裂。2013年彭某某起诉要求离婚,婚生子由其抚养。后经通州法院判决准许二人离婚,婚生子由孙某某抚养,自2013年12月起彭某某每月给付孩子抚养费1000元,于每月25日前付清,至彭小某满18周岁止。判决生效后,被执行人彭某某未按照判决指定的期间履行给付抚养费的义务。2015年

6 月北京市通州区人民法院受理孙某某申请执行彭某某抚养费纠纷一案，申请人孙某某申请法院执行 2014 年 11 月至 2015 年 5 月的抚养费共计 7000 元。

北京市通州区人民法院立案后，执行法官电话联系了被执行人彭某某，告知孙某某申请执行孩子抚养费一事，并要求被执行人彭某某给付孩子的抚养费。但是，被执行人彭某某坚称其是彭某某的弟弟，执行法官遂请求其转告彭某某履行给付抚养费的义务，其表示可以尝试联系彭某某。其后，执行法官又多次联系彭某某，但彭某某仍声称不是本人，而是彭某某的弟弟。执行法官询问为何彭某某的电话一直在其弟弟身上，彭某某声称那是单位的业务电话，彭某某不在北京回老家了，由其负责彭某某的业务。彭某某何时回京自己并不清楚，执行法官又询问彭某某有无其他联系方式，彭某某告知没有其他联系方式。经查，彭某某当时银行账户无存款。

后来，执行法官通知申请人到法院并告知了上述情况。申请人孙某某表示对方就是彭某某，彭某某也有工作，只是其不愿意给付抚养费。执行法官又当即联系了彭某某，但其仍声称其并非彭某某。听到电话声音后，孙某某当即表示对方即是被执行人彭某某，彭小某也表示对方即是其父亲彭某某。并且指出彭某某的弟弟住在农村，不会说普通话，当即拆穿了彭某某的谎言。执行法官告知彭某某，如拒不履行生效判决，给付抚养费，法院将依法将其纳入失信被执行人名单，并视情将追究其刑事责任。但是，被执行人仍未主动履行给付抚养费的义务。通州法院遂依法将被执行人彭某某纳入失信被执行人名单，并将其银行账户全部冻结。后经执行法官查询，被执行人又在工商银行信用卡中心开设一张信用卡，执行法官又将该账户冻结。后来，被执行人彭某某在信用卡中存入现金，执行法官依法强制扣划了案款，该案现已执行完毕。

二、相关法律问题分析

本案是被执行人有给付孩子抚养费的能力而拒不履行法院生效判决，拒不给付未成年子女抚养费的案件。并且被执行人还采取编造谎言欺骗法官的方式拒不履行生效判决所确定的义务，严重缺乏社会诚信。《婚姻法》第 21 条规定：父母对子女有抚养教育的义务；子女对父母有赡养扶助的义务。父母不履行抚养义务时，未成年的或不能独立生活的子女，有要求父母给付抚养费的权利。彭某某作为彭小某的生父，对彭小某有抚养的义务，此种义务并不会因父母离婚而受影响。离婚后,父母对于子女仍有抚养和教育的权利和义务。根据《婚姻法》第 37 条第 1 款的规定,离婚后,一方抚养的子女,另一方应负担必要的生活费和教育费的一部或全部。就本案而言,法院作出的生效判决也明确彭某某每月 25 日前应给付彭小某抚养费 1000 元,直至彭小某满 18 周岁时止。但是,彭某某并未主动履行法院生效判决所确定的义务,不仅对其亲生儿子彭小某不闻不问,还拒绝给付孩子抚养费,未能尽到一个父亲应尽的义务。在法院立案执行后,彭某某虽有履行能力却拒不履行给付抚养费的义务,还编造谎言逃避法院的执行。这种行为不仅没有尽到一个父亲应尽的法律义务,也背离了中华民族尊老爱幼的传统美德。被执行人不仅未主动履行给付孩子抚养费的义务,还编造谎言逃避法院执行的行为是严重缺乏社会诚信的表现。人无信不立,诚信是为人处事的基本准则,也是中华民族的传统美德。现代社会是一个讲究诚信的社会,一个缺乏诚信的人不可能得到他人的尊重和社会的认同。目前,我国正大力推进社会信用体系建设,加大对被执行人的信用惩戒。未来,诚信可走遍天下,失信将会寸步难行。